D1930988

Marion Zimmer Bradley wurde 1930 in Albany, New York, geboren. Internationale Berühmtheit erlangte sie vor allem mit ihren Sciencefiction- und Fantasy-Romanen. Zu ihren berühmtesten Werken zählen die Romane um den König-Artus-Mythos: ›Die Nebel von Avalon‹, ›Die Wälder von Albion‹ und ›Die Herrin von Avalon‹.
Sie lebt mit ihrer Familie in Berkeley in Kalifornien.

Drachenschwester. »Sword and Sorceress« – Frauen als Kämpferinnen und Zauberinnen – sind traditionell die großen Leitfiguren der von Marion Zimmer Bradley herausgegebenen ›Magischen Geschichten‹. Daneben tritt nun auch die Frau als Heilerin immer öfter auf. Neben bewährten und bekannten schriftstellerischen Mitstreiterinnen von Marion Zimmer Bradley wie Diana Paxson, Mercedes Lackey und Vera Nazarian gibt es wieder neue und frische Talente zu entdekken – und auch etwas Abwechslung bei den Themen: ein neuer Sinn fürs Phantastische, mal schleicht sich ein wenig Horror ein, es gibt eine reizvolle Geschichte zum Thema »Der betrogene Betrüger« und eine Variante: Sankt Georg und der Drache – wie es wirklich war.

Im Fischer Taschenbuch Verlag sind erschienen: ›Die Nebel von Avalon‹ (Bd. 8222), ›Tochter der Nacht‹ (Bd. 8350), ›Die Feuer von Troia‹ (Bd. 10287), ›Lythande‹ (Bd. 10943), ›Luchsmond‹ (Bd. 11444) und ›Die Wälder von Albion‹ (Bd. 12748) sowie die von Marion Zimmer Bradley herausgegebenen ›Magischen Geschichten‹: ›Schwertschwester‹ (Bd. 2701), ›Wolfsschwester‹ (Bd. 2718), ›Windschwester‹ (Bd. 2731), ›Traumschwester‹ (Bd. 2744), ›Zauberschwester‹ (Bd. 13311) und ›Mondschwester‹ (Bd. 13312).

Drachenschwester

Magische Geschichten VII

Herausgegeben von

Marion Zimmer Bradley

Aus dem Amerikanischen
von Wolfgang F. Müller

Fischer Taschenbuch Verlag

Deutsche Erstausgabe
Veröffentlicht im Fischer Taschenbuch Verlag GmbH,
Frankfurt am Main, Juli 1997

Die amerikanische Originalausgabe erschien 1990 unter dem Titel
›Sword and Sorceress VII‹ bei DAW Books, Inc., New York
Copyright © 1990 by Marion Zimmer Bradley
Für die deutsche Ausgabe:
© Fischer Taschenbuch Verlag GmbH, Frankfurt am Main 1997
Gesamtherstellung: Clausen & Bosse, Leck
Printed in Germany
ISBN 3-596-13313-0

Gedruckt auf chlor- und säurefreiem Papier

Inhalt

Einleitung

Ich frage mich immer mal wieder, wie ich bloß auf die Idee kommen konnte, Schriftstellerin (oder Herausgeberin) zu werden. Aber dieser Entschluß liegt so weit zurück, daß ich das wirklich nicht mehr weiß.

Sicher, jeder Beruf hat so seine Probleme. Als Schauspieler etwa kann man eine Schminkenallergie entwickeln; was mich jedoch, ganz abgesehen von der Frage des Talents, abhielt, eine Bühnenlaufbahn anzustreben, war, daß ich bei Tag einfach nicht schlafen kann und morgens um fünf unweigerlich aufwache, gleichgültig wie lange ich am Abend zuvor aufgeblieben bin.

Sollten Sie zu den Beneidenswerten gehören, die nicht wissen, wie die Welt um fünf Uhr morgens aussieht, muß ich Ihnen sagen: nicht besonders reizvoll! Ihre Firma ist noch zu, Sie können also nicht arbeiten gehen; die übrigen Familienmitglieder schlafen noch, Sie können also nicht ihre Gesellschaft genießen. Sie können nicht in der Bibliothek arbeiten, weil die noch geschlossen ist, und nicht einmal einkaufen gehen, weil die Geschäfte ja erst Stunden später öffnen.

Aber Sie können sich hinsetzen und *schreiben*. Vermutlich bin ich deshalb Schriftstellerin geworden – denn Schreiben war eines der wenigen Dinge, die ich in den frühen Morgenstunden, während die übrige Welt noch schlief, tun konnte. Das könnte auch der Grund dafür (oder die Folge davon) sein, daß ich zwei Männer geheiratet habe, die es als Zumutung empfanden, vor Mittag schon auf und zu einem klaren Gedanken fähig zu sein. Da war Schreiben wohl eine der wenigen Tätigkeiten, die mir blieb und bei der ich auch ein Auge auf meine Kinder haben konnte. Denn als Schuhverkäuferin oder als Hebamme hat man es schwer, gleichzeitig Kinder großzuziehen.

Gründe dieser Art dürften bei der Berufswahl häufig den Ausschlag geben. Ich erwache nun einmal zu einer Stunde, da sogar das Radio noch stumm ist, oder es war, als ich zu schreiben begann; selbst das Fernsehprogramm ging damals etwa um zwei Uhr morgens zu Ende. (Daraus können Sie ja vielleicht auf mein Alter schließen. Als ich ein Kind war, gab es überhaupt noch kein Fernsehen.)

Wer schreibt, um sich seinen Lebensunterhalt zu verdienen, bildet ein ganz besonders gespaltenes Bewußtsein aus. Kaum einer der mir bekannten Autoren kann ohne jene Ruhe und Ungestörtheit arbeiten, die etwa Marcel Proust in seinem berühmten korktapezierten Zimmer fand – aber alle mir bekannten Autorinnen haben in der hektischen Atmosphäre, wie sie in der Redaktion einer Tageszeitung herrscht, schreiben gelernt. Die Frauen, die für meine Fantasy-Anthologien schreiben, sind – wie ich – Expertinnen im Improvisieren. Wir warten nicht ab, bis wir »die Zeit zum Schreiben finden«, sondern setzen uns hin und fangen an. Wir haben nicht die Zeit zum Schreiben, wir *nehmen* sie uns.

Wenn ich mich richtig erinnere, dann behauptet Virginia Woolf in ihrem berühmten Essay *A Room of One's Own* (Ein Zimmer für sich allein), die Frauen machten in den schönen Künsten deshalb keine Fortschritte, weil ihnen die elementare Voraussetzung – die Zeit, der Raum, die Muße zur schöpferischen Arbeit – fehlte. Ich frage mich oft, ob Frau Woolf je einen ihrer großen Romane geschrieben hätte, wenn sie ihr Zimmer verlassen und in einer Redaktion hätte arbeiten müssen.

Die meisten Schriftstellerinnen, die ich kenne, haben keine Zeit zum Schreiben – sie nehmen sie sich. Und wenn sie dafür um vier Uhr aufstehen oder (wie jene preisgekrönte Kurzgeschichtenautorin und Englischlehrerin) die Pause zwischen zwei Unterrichtsstunden nutzen müssen – dann tun sie das eben.

Man kann auch schreiben, wenn die Kinder durchs ganze Haus toben (besser natürlich, wenn sie in der Schule sind). Ich denke nicht, daß es mit ihrem Älterwerden leichter würde: Babys schlafen viel und benötigen nur eine trockene Windel, und Kleinkinder brauchen nur ab und an ein Erdnußbutterbrot; Halbwüchsige aber muß man ob ihrer Sprunghaftigkeit andauernd im Auge behalten. Natürlich muß man ihnen ab und zu etwas zu essen machen und die Wäsche waschen (ganz zu schweigen davon, daß man das Haus häufig genug ausmisten muß, um der Aufmerksamkeit des Gesundheitsamts zu entgehen). Aber wenn mir jede Frau, die mir gesagt hat, sie würde gern schreiben, *wenn sie die Zeit hätte*, auch nur eine Mark gegeben hätte, wäre ich heute steinreich. Das ist das Entscheidende: *Niemand hat Zeit zum Schreiben*. Man nimmt sie sich. Man knapst sie vom Schlafe ab, wenn man muß, oder hängt sie wie Abraham Lincoln an einen langen Arbeitstag an. Man stiehlt sie. Man geht nicht zum Kaffeeklatsch, Rendezvous oder Tanzabend. Mir waren derlei Dinge damals ohnehin nicht wichtig. Mein erster Mann nannte meine Schriftstellerei immer eine »asoziale Krankheit«; als ich in Texas lebte, gebrauchte ich sie immer als guten Vorwand und bequeme Ausrede, wenn ich nicht zu irgendeinem Kaffeekränzchen wollte.

Schlechte Aussichten, meinen Sie? Wenn Sie einen Beruf vorziehen, bei dem Sie bis um acht Uhr schlafen können – nun, es verbietet Ihnen ja niemand, Klempner zu werden. Man bekommt in diesem Leben in etwa das, was man will; aber man muß sich sicher sein, daß man es will, bevor man anfängt.

Ich habe meine Tochter, eine begabte Tänzerin, einmal gefragt, ob sie es nicht bedaure, daß sie keine Ballettkarriere gemacht habe. Sie verneinte es und sagte: »Ich hätte ja auch lahm, Analphabetin und mit dreißig am Ende sein können.«

Und ich hätte auf Staten Island in der Sekundarstufe unterrichten können.

Marion Zimmer Bradley

STEPHANIE SHAVER

Eine der Freuden, die diese Herausgebertätigkeit auch dann noch bietet, wenn sie den Reiz des Neuen schon zu verlieren und eine Plackerei wie alle anderen zu werden beginnt, ist die Entdeckung einer wirklich frischen, originellen Stimme, die zudem die einer sehr jungen Autorin ist.

Stephanie Shaver war gerade mal vierzehn Jahre alt, als sie diese Story, die sich von den üblichen »Erstlingswerken« doch erheblich unterscheidet, einreichte. Ich habe in ihrem Alter ja auch schon geschrieben – das tun vermutlich alle geborenen Autoren –, aber meine damaligen Geschichten waren ganz und gar konventionell und hätten niemanden vermuten lassen, daß ich auch nur einen Funken eines wie immer gearteten Talents besäße.

Stephanie sagt, sie sei eine »mittelmäßige Künstlerin« (wobei es aber für ein wirkliches Urteil zu früh sei) und Besitzerin einer Katze, die sie »wegen ihrer Wutausbrüche und ihres ungewöhnlichen Schnurrbarts ›Mama Hitler‹« nenne, und sie sei außerdem eine eifrige Verfasserin von Briefen, Geschichten und schlechten Gedichten.

Aufgrund langer Erfahrung denke ich, daß sich aus dem Werk eines jungen Autors auf kaum mehr als auf einen wachen Geist schließen läßt, der alle möglichen Wege gehen kann, wenn sein Besitzer alt genug wird, um zu wissen, welches seiner zahlreichen Talente er fürderhin entwickeln will. Kein Mensch erinnert sich heute mehr an Françoise Sagan, die einst alle Welt mit einem packenden und scharfsinnigen Roman, den sie mit sechzehn schrieb, schockierte; Robert Silverberg hingegen, der schon mit siebzehn seine Science-fiction publizierte, hat sich gehalten, ist inzwischen einer der berühmtesten Autoren in

diesem Genre. Daher genügt es vollauf zu wissen, daß da ein aufgeweckter junger Mensch schreibt, statt nur herumzusitzen und fernzusehen.
Außerdem könnte es ja sein, daß sie beim Schreiben bleibt; denn heute werden die Kinder nicht mehr – wie ich auf der High School – ermahnt, »ihren Grips nicht für derlei Zeug zu vergeuden«. (Wie viele potentielle AutorInnen guter Unterhaltungsliteratur mögen durch so schlechten Rat im Alter von vielleicht fünfzehn Jahren wohl für immer entmutigt worden sein, ihrer Neigung zu folgen und ihr Talent zu entwickeln?) – MZB

STEPHANIE SHAVER

Wenn es Mitternacht schlägt

Trotz des Lärms, der in der Kneipe »Zum Blutigen Säbel« herrschte, hörte ich, wie ganz in der Ferne die großen Turmglokken der Stadt Mitternacht läuteten. Ich war (noch) nicht betrunken, aber auch nicht mehr völlig nüchtern. Ich sah noch klar und konnte um mich blicken, ohne daß sich dabei die Gaststube vor meinen Augen drehte. Kaum eine Minute nach dem Mitternachtsläuten schweifte mein Blick »zufällig« zur Tür, und da sah ich, wie sie sich öffnete und wer nun eintrat.

Es war Scaz.

Sie trug einen schwarzen Umhang, der bis zum Boden reichte, hatte aber ihre riesige Kapuze zurückgestreift, so daß man jeden Zug ihres narbenübersäten Gesichts erkennen konnte. Sie war gewiß nicht schön, aber das war ja keiner der Matrosen (oder vielmehr: Piraten) der *Albatros*, auf der wir beide damals fuhren. Selbst uns, ihre männlichen Kollegen, hatten die Hitze und Kälte, die einem die Haut abwechselnd schwärzten und zerfetzten, und die Tage, an denen wir stundenlang an den Riemen gesessen und gepullt hatten, so mitgenommen... daß wir eher wie Unterweltdämonen denn wie Menschen aussahen.

Und eine Frau hätte das eigentlich noch mehr mitnehmen müssen.

Aber Scaz kam damit und mit ihrer Arbeit gut zurecht; wir hatten sie, als sie auf die *Albatros* kam, sogar für einen Mann gehalten und erst später die Wahrheit über sie herausgefunden. Nicht ihr Aussehen hatte uns getäuscht (sie wirkte eben wie ein zum Seemann gewordener Söldner), sondern ihre Stimme. Und die paßte genau zu ihrem Gesicht, einer ledrigen, narbigen Dämonenfratze mit tiefliegenden Frettchenaugen. Ihre Stimme war fürchterlich. Sie war rauher als das Krächzen eines Raben und entnervender als das Kreischen einer Eisensäge. Scaz sprach selten; aber wenn sie es einmal tat, brachte sie Glas zum Zerspringen. Daher geschah, was geschehen mußte, als sie die Schenke betrat, und ich bemitleidete sie deshalb.

»He, sing uns was! Los, du häßliche Kröte, sing!« brüllte einer aus dem hinteren Teil der Stube, und seine betrunkenen Kumpane lachten und grölten. Scaz setzte sich, den Kopf tief über ihren Bierkrug gebeugt, an einen leeren Tisch und wandte dabei, da sie offenbar in Ruhe gelassen werden wollte, den Lachern den Rücken zu.

Das konnte die Männer aber nicht bremsen. Ja, das Gehänsel wurde immer lauter, bis in dem Lärm nur noch die Rufe »Sing! Sing!« zu unterscheiden waren. Selbst die Kellnerinnen fielen in den Chor ein und drängten Scaz höhnisch, endlich etwas zu singen.

Sie tat mir beinahe leid, als man sie nun zur Theke hinschob. Als sie sich auf einen Schemel setzte, drückte ihr jemand eine kleine Harfe in den Schoß.

»Was willst du singen, du Kröte?« fragte einer spöttisch.

»›Wenn es Mitternacht schlägt‹«, krächzte Scaz und ließ ihre Hand über die Saiten gleiten, entlockte ihnen einen süßen Seufzer, der in der nunmehr fast stillen Stube widerhallte. Dann begann sie zu singen. Da verstummte auch der letzte Schreier.

Ihre Singstimme war so wunderschön, daß ich mich auch als alter Mann noch an sie erinnern werde, schöner als alles, was je die Lippen Sterblicher hervorbrachten. Sie zog wie ein Hauch durch den Raum und betörte uns mit ihrer Schönheit, verzauberte jeden mit ihrer Nachtigallenlieblichkeit. Aber selbst in dieser Stimme nahm ich noch eine tiefe Traurigkeit und unterdrückte Tränen wahr. »Wenn es Mitternacht schlägt...« ist eine Art Klagelied, das man singt, wenn ein Seemann dem Schnitter Tod begegnet. Ich überlegte, für wen Scaz wohl sänge, vergaß die Frage aber sogleich wieder, denn ihr Lied löschte alles Denken aus. Sie sang, und jeder, der sich in Hörweite befand, erstarrte zu Stein.

Wenn es Mitternacht schlägt, glühen hell die Sterne
Und senden ihr Licht in die nächtliche Ferne,
Und schauen hinab auf Wald und Wüstensand,
Und ihnen folgt mein Herz ins Heimatland.

Wenn es Mitternacht schlägt, schleicht wie ein Traum
Die Stille tief ins Kastell und in den Laderaum,
Liegen die Schiffe still auf der wogenden See,
Und ihnen folgt mein Herz so voller Heimweh.

Scaz sang weiter und weiter; alle lauschten gebannt. Als sie zur vierzehnten und letzten Strophe anhob, wünschte ich fast, daß sie einen anderen als den üblichen Text sänge. Und sie tat es!

Wenn es Mitternacht schlägt, geht der Tod um,
Reihen sich bald schon neue Geister ein,
Die meisten ohne Grab oder Ruhestatt
Und stets vergeblich auf der Suche,
auf der Suche nach einem Zuhaus.

Diesen Vers hatte ich noch nie gehört – aber bestimmt auch keiner der anderen Anwesenden! Als Scaz geendet hatte, hob sie den Kopf und sah mir in die Augen. Ihr Blick ließ mein Herz frösteln, und ich wandte mich schaudernd ab. Als ich mich wieder umdrehte, war sie verschwunden. Aber ich fühlte noch immer ihren eisigen Blick, und mich fror. Ihre Augen waren wie die des Schwarzen Schnitters gewesen!
Da beschloß ich, mich zu betrinken.

Es war nun drei Tage her, daß ich Scaz an der Theke hatte singen hören, und ich hatte immer noch einen kleinen Kater. Um ehrlich zu sein: Von den vergangenen Tagen war mir nichts in Erinnerung geblieben als das Gefühl, von zwei kalten, toten Augen beobachtet zu werden (und natürlich die Erkenntnis, daß meine Börse aufgrund meiner gewaltigen Zecherei an jenem Abend doch erheblich leichter geworden war).

Aber etwas beschäftigte mich. Ich hatte Scaz nun eine ganze Weile nicht mehr gesehen, genauer gesagt: seit jener Nacht. Als ich sie auch beim Abendessen nicht zu Gesicht bekam, fragte ich Joriv, meinen Tischnachbarn, wo sie abgeblieben sein könnte.
Seine Antwort war gar nicht nach meinem Geschmack.
Denn er starrte mich an und fragte: »Du weißt das nicht?«
»Nein, ich habe keine Ahnung, Joriv, sag es mir«, versetzte ich.
»Du weißt das nicht?« wiederholte er erstaunt. »Und das soll ich dir glauben?«
So langsam verlor ich die Geduld. Ich faßte ihn an der Bluse, zog ihn ganz dicht zu mir heran und knurrte zwischen zusammengepreßten Zähnen: »Sag's mir!«
»Sie... sie ist tot! Ist vom Krähennest gestürzt, hat sich dabei den Hals gebrochen.«
Meine Hände erschlafften, ich ließ ihn los. »Wann?« fragte ich schließlich.
»Was meinst du mit ›Wann?‹?«
Ich ballte die Hand zur Faust. Joriv sah das und sagte schnell: »Oh! Du meinst den genauen Zeitpunkt!« Als ich nickte und ihm in die Augen blickte, fuhr er fort: »Ich würde meinen, das war etwa vor drei Nächten um... äh, wie oft hat diese verdammte Uhr noch mal geschlagen?«
Ich hörte ihn kaum noch. Meine Gedanken rasten. Mir fielen längst vergessene Worte ein, Zeilen zur fünfzehnten Strophe eines Liedes...

Die meisten ohne Grab oder Ruhestatt...
Wenn es Mitternacht schlägt, geht der Tod um...

Dann die nächste Zeile – an die ich mich mühelos einfach so erinnerte...

Vergeblich auf der Suche, auf der Suche nach einem Zuhause.

Da drang Jorivs Stimme wieder zu mir durch: »Es war Mitternacht!« rief er aus. »Genau! Zwölf Schläge für Mitternacht!«

Wenn es Mitternacht schlägt...

LAURA THURSTON

Vorurteile können einem manchmal ganz schön den Blick verstellen. Als ich mir diese Geschichte zum erstenmal ansah, hätte ich sie beinahe nicht zu Ende gelesen, weil ich auf zwei Dinge stieß, die ich partout nicht leiden kann (und Langmut gehört nicht gerade zu meinen Stärken!). Als mir da eine Gestalt namens »Großes Oktogon« begegnete, seufzte ich: »Oh, oh!«, und beim Auftauchen der Figur »Gladriel« sagte ich: »He, he… genau aus Tolkins Galadriel*!« Beim Erscheinen »Orians« stöhnte ich schon, und als ich dann noch einen Grammatikfehler fand, der mir ein besonderer Greuel ist, da warf ich den Text kurzerhand auf den Stapel »Abgelehnt«.*

Aber einige Tage später, als ich noch nicht von so einer Flut absolut fürchterlicher Geschichten erschöpft war, die damals aus irgendeinem Grunde zusammen eingetroffen waren, und ich mich ganz ausgeruht über einen Haufen neuer Manuskripte hermachte, las ich die Story erneut und fand sie diesmal recht amüsant.

Was beweist, daß niemand vor Irrtümern gefeit ist, und was mich auch veranlaßt hat, jeder Geschichte eine zweite Chance zu geben. Wenn ich bei der Erstlektüre das Gefühl habe, eigentlich zu ausgelaugt zu sein, lese ich sie erneut, sobald ich mich wieder ein bißchen frischer fühle.

Trotzdem empfehle ich jedem Autor, bei der Taufe seiner Figuren Originalität zu zeigen und seine Manuskripte frei von so dummen Fehlern einzureichen. Denn die Konkurrenz ist groß – und ich bin nicht immer nachsichtig gestimmt!

Laura Thurston ist einundzwanzig Jahre alt und arbeitet in einem Elektronikladen. Dies ist ihre erste Geschichte, und sie widmet sie ihrem Bruder Craig. – MZB

LAURA THURSTON

Weggefährten

»Vergib mir, o Großes Oktogon, mein schreckliches Vergehen einer Wunderheilung...«, betete Bruder Orian.
»Könntest du denn nicht den Mund halten, damit ich etwas schlafen kann?« seufzte Gladriel. »Ein Wunder, daß die Banditen noch nicht auf uns aufmerksam geworden sind! Man hört dich meilenweit.« Sie war sehr verärgert, obwohl sie damit zu leben gelernt hatte, daß er oft mitten in der Nacht mit klagender Stimme zu seinem komischen Großen Oktogon betete. Von dem hatte sie im übrigen vor ihrer Bekanntschaft mit dem frommen Bruder noch nie gehört.
Orian scherte sich nicht um ihre Klage und fuhr in seinem nasalen Singsang so laut fort wie zuvor. Als er damit fertig war, zischte er Gladriel an: »Nicht ich bin es, der uns in Gefahr bringt. Wenn Banditen kommen, dann kommen sie eben. Was sind für uns schon so ein paar Räuber und Strauchdiebe?«
»Du kämpfst ja nie gegen sie!«
»Das ist nicht der Punkt. Ein Blick auf dich, und schon greifen die von Oktogon verfluchten Bauern uns an. Bauern! Bauern, die uns normalerweise in Ruhe lassen würden.«
»Das ist nicht meine Schuld. Du hast mir doch gesagt, daß man das Wasser jener Quelle trinken könne. Du hast doch ein Gebet darüber gesprochen, um es zu läutern. Ich habe nichts anderes gemacht, als es zu trinken.«
»Und woher hätte ich wissen sollen, daß es mit einem Fluch belegt war?« versetzte er und verschwand stumm in seinem Zelt, um den Streit zu beenden. Wenn man eine Zelttür zuschlagen könnte, hätte er die seine jetzt sicherlich auch zugeschlagen – so wütend war er.
Bruder Orian war klein und ziemlich dürr. Er war zwar im Ge-

brauch der Waffen geübt, aber kein sehr guter Streiter, und überließ den Großteil des Kampfes seinen angeheuerten Gefährtinnen Varsh Nitza und Gladriel. Sie suchten nach seinem Bruder, Korellis, und dabei ging es um eine erhebliche Belohnung. Orian hatte angedeutet, sie mit ihnen teilen zu wollen – ohne das in Wirklichkeit vorzuhaben.

Varsh Nitza war eine Kriegerin aus dem Süden und die größte Frau, die ihre Gefährten jemals gesehen hatten; ihre Haut war fast pechschwarz – wäre sie eine Spur heller gewesen, hätten sie die zahlreichen Schrammen, Wunden und Narben bemerkt, die sie bei ihren Schlachten davongetragen hatte. Sie hatte wenig Respekt vor Bruder Orian, aber auch keine Hemmungen, sich von ihm nach einem Kampf ihre Wunden verbinden zu lassen.

Gladriel hatte kein klares Ziel im Leben. Man hatte ihr angeboten, sich entweder in der Kampfkunst oder in der Zauberei ausbilden zu lassen. Ihre Lehrer hatten ihr gesagt: »Entscheide dich. Du kannst nicht beides machen, du würdest dich nur verzetteln und in keinem von beiden gut sein.« Aber sie hatte sie eines Besseren belehrt.

Gladriel war auch das Opfer eines Fluches (oder Empfängerin eines Segens – je nachdem, wie man es betrachtete). Denn sie hatte aus einer verzauberten Quelle getrunken, und da waren ihr sogleich ein Paar wunderschöner, flugtauglicher Schwingen gewachsen. Zur Zeit allerdings waren diese Flügel ein Fluch, denn in dem Land, in dem sie reisten, war jede Art von Zauberei verboten und mit schweren Strafen bedroht.

Nitza hatte nicht mitbekommen, daß sich die beiden hinter ihrem Rücken gestritten hatten, da sie ihre ganze Aufmerksamkeit darauf richtete, das Lager zu bewachen.

Gladriel tippte ihr auf die Schulter und sagte: »He, Nitz, jetzt übernehme ich die Wache. Diese Heulboje hat mich aufgeweckt.«

»Hat der nur Stroh im Kopf? Schließlich könnte ihn ja einer hören und glauben, er zaubere.«

Aber die Nacht verlief ohne jeden Zwischenfall.

Nach dem Frühstück zog Gladriel ihre Landkarte aus dem Rucksack. »Wir haben gestern die Grenze überschritten und sind jetzt hier«, sagte sie und markierte die Stelle mit einem X. »Wir haben zwei Möglichkeiten. Wir können ...«

»Die Straße da nehmen oder den Umweg durch die Berge machen. Für mich ist die Sache entschieden. Wir ziehen durch die Berge, denn wir wollen doch nicht alle Welt wissen lassen, daß wir hier sind und daß Gladriel Flügel hat.«

»Orian, die Straße habe ich nicht einmal in Betracht gezogen. Wir können entweder den Weg durchs Gebirge nehmen oder, wenn wir Zeit sparen wollen, genau nach Norden wandern, also hier auf der Karte direkt durch den weißen Fleck.«

Nitza studierte nachdenklich die Karte. »Ich würde lieber durch die Berge. Wir wissen ja nicht, was nördlich von hier ist.«

»Es gibt wahrscheinlich einen Grund für die Unvollständigkeit der Karte. Vielleicht einen ganz einfachen: so zum Beispiel, daß sie nicht auf dem neuesten Stand ist, oder daß noch keiner lebend von dort zurückgekommen ist.«

»Ich gehe kein Risiko ein«, bemerkte Bruder Orian. »Ich sage, wir kehren um und erzählen dem Rat, wir hätten seine Leiche gefunden, und damit fiele das Erbe an mich. Und was ich sage, wird gemacht.«

»Aber wenn die nun hellsehen können? Unternehmen wir noch einen ernsthaften Versuch. Wir sind nun schon seit einem Jahr hinter ihm her und können doch jetzt nicht so einfach aufgeben ... Wir wissen zumindest, daß er in Stomal ist«, versetzte Gladriel und machte sich daran, ihre Karte zu verstauen.

Orian verdrehte die Augen. Er war der Anführer dieses Suchtrupps – war aber bisher jedesmal, wenn er seinen Willen durchzusetzen versucht hatte, übergangen worden.

»Gladriel, könntest du denn nicht einen Aufklärungsflug über das geheimnisvolle Land unternehmen?« fragte Nitza.

»Ich fliege nirgendwohin. Was passiert, wenn mich jemand sieht? In diesem Königreich ist Zaubern streng verboten, selbst für Leute, die mit einem Fluch belegt sind.«

»Dann bleibt uns nur der Weg durchs Gebirge. Die schnellere Route ist vermutlich sowieso nicht viel schneller.«

Sie brauchten fünf Tage für die Durchquerung der Berge, wobei sie sich bemühten, im Gebiet von deren Ausläufern zu bleiben, wo es flacher war. Am sechsten Tage sichtete Orian eine Handelskarawane.
»Gladriel«, flüsterte er sogleich, »versteck dich. Wenn sie dich zu Gesicht bekommen, sind wir verloren.«
»Ich verberge mich besser auch«, murmelte Nitza ihm zu. »Sollten sie feindlich gesinnt sein und meinen, mit dir allein leichtes Spiel zu haben, überraschen wir sie und fallen wie der Sturm über sie her.« Nun verbarg sie sich mit Gladriel hinter einem riesigen Felsblock und spannte ihre Armbrust, während ihre Gefährtin sich sammelte, um ihre Zauberkräfte zu mobilisieren.
Orian ging nun, zum Zeichen seiner freundschaftlichen Gesinnung, mit offenen Händen auf die Händler zu.
Der Anführer der Karawane trat ihm entgegen und fragte: »Fremder, was führt dich so allein in diese Berge?«
»Ich bin nur ein einfacher Priester und war auf Pilgerreise. Aber nun ist sie zu Ende, und ich bin auf dem Rückweg nach Stomal.«
»Hüte dich und halte die Augen offen! Uns sind Gerüchte zu Ohren gekommen, daß verzauberte Wesen dieses Gebiet durchstreifen.«
Orian glaubte schon, die Händler würden weiterziehen und ihn (und seine verborgenen Gefährtinnen) unbehelligt lassen, als plötzlich einer der Söldner, die die Karawane beschützten, mit dem Ruf »Da ist das Scheusal!« seinen Bogen ergriff und auf Gladriel zielte.
Aber er und zwölf andere, Söldner und Händler, stürzten, wie von Zauberhand gefällt, zu Boden und begannen laut zu schnarchen. Die übrigen fünf Wächter zogen jetzt blank und stürmten zur Rückseite des Felsens. Varsh Nitza schoß einen Bolzen auf sie ab, ließ dann ihre Armbrust fallen und warf sich, das Schwert in der einen Hand und den Dolch in der anderen, den Angreifern entgegen.
Gladriel schwang sich mit ein paar Flügelschlägen empor und hieb aus der Luft auf den Truppführer herab, der zwar von Entsetzen gepackt wurde, sich aber wacker seiner Haut wehrte.

Orian gewahrte, daß einer der Händler zu fliehen versuchte, und wollte ihn verfolgen. Aber da stellten sich ihm zwei der Söldner in den Weg.
Varsh Nitza stand in einer Blutlache, und rings um sie lagen fünf tote Männer. Trotz ihrer schrecklich blutenden Beinwunde humpelte sie auf die beiden zu, die Orian an der Verfolgung des Kaufmanns zu hindern suchten, und setzte sogleich einen von ihnen mit einem gewaltigen Schwerthieb außer Gefecht.
Gladriel erhob sich höher in die Luft und stieß jäh herab, immer ihrer zum Stoß gereckten Klinge nach, und spießte den Truppführer auf, ehe der auch nur aufschreien konnte. Als der letzte lebende Händler das sah, gab er Fersengeld.
Nach kurzem Zögern nahm sie die Verfolgung auf.
Als Nitza eben den letzten Söldner erschlug, erwischte Orian den flüchtenden Kaufmann am Ärmel, gebot ihm Einhalt und rief: »Wie weit ist es bis Stomal? Wenn mir deine Antwort behagt, lasse ich dich am Leben.«
»Ich weiß es nicht.«
»Du lügst.«
»Ich bin noch nie dort gewesen, ich weiß es nicht.«
»Bist du sicher? Ein Händler kommt überallhin.«
»Zwei Tage.«
»In dieser Richtung?« fragte Orian und deutete nach Osten.
»Nein. Nach Norden.«
»Überleg dir's genau.«
»Nach Osten. Aber zuerst müßt ihr nach Norden gehen.«
»Das gefällt mir schon besser. Wo biegt man nach Osten ab?«
»Ihr gelangt zu einem Bach. Durchquert ihn. Und nach einer Meile wendet ihr euch nach Osten. Ihr stoßt dort auf einen Pfad, der zu einer Straße wird.«
»Sehr gut, mein Freund. Zur Belohnung bekommst du den Dolch eures Führers.« Damit drückte er dem eingeschüchterten Mann das Messer in die Rechte, zerrte ihn zu den schlafenden Söldnern und befahl: »Schneide ihnen die Kehle durch.«
Der Mann schüttelte entsetzt den Kopf.
»Gut. Gladriel, willst du ihn vielleicht zu gehorchen lehren?«

»Orian«, schimpfte Nitza, »laß nicht andere die Schmutzarbeit für dich machen! Warum sollen wir sie abschlachten? Sie sind harmlos. Außerdem ist es feige, Wehrlose zu töten.«
Gladriel säuberte vollends ihre Klinge und sprach: »Orian, Nitza hat recht. Ich kümmere mich schon um unseren Gefangenen.«
Sie führte den Mann hinter den Felsblock und kehrte gleich darauf mit ihm zu den anderen zurück. Er war nun sogar willens, sie nach Stomal zu führen.
»Gladriel, was hast du ihm da hinten gesagt?«
»Orian, ich habe ihn nur gebeten, mir zu helfen. Er konnte es mir nicht abschlagen, weil ich ihn verzaubert habe. Hoffentlich hält der Zauber lange genug an«, flüsterte sie und stellte Bruder Orian und Varsh Nitza den Händler Sardok förmlich vor.
Nun, da der Kampf vorüber war, überfiel Nitza der Wundschmerz; er traf sie wie ein Keulenschlag. Sie stöhnte auf und sagte: »Orian? Kannst du dir mal mein Bein ansehen?«
»Du weißt doch, was das Große Oktogon davon hält, wenn ich alle Welt durch Handauflegen heile.«
»Wenn wir auf Freunde dieser Leute da stoßen und ich dann nicht kämpfen kann... wir wissen doch alle, daß du nicht mit Waffen umzugehen weißt. Du heilst mich, um deine eigene Haut zu retten. Sag das deinem Großen Oktogon!«
Orian überlegte schnell. Das Große Oktogon war nicht freigebig mit Heilgaben oder anderen Wohltaten. Andererseits: Wenn eine seiner Gefährtinnen stürbe, müßte er das ganze Unternehmen abblasen und würde vielleicht nicht mehr lebend nach Hause kommen, denn dieser Heimweg war sehr lang und gefährlich.
Er flüsterte: »Vergib mir« und legte beide Hände auf Varsh Nitzas wundes Bein.
Derweil erkundigte sich Gladriel bei Sardok, wer im Land denn die Zauberei verboten habe und warum.
»Ein Erlaß des Königs. Sein Palast befindet sich in Stomal. Ich weiß nicht, warum er es verfügt hat, aber es gibt dazu viele Gerüchte. Manche sagen, das Land sei verflucht, so daß hier kein Zauber wirkt.«
»Wenn das zuträfe, wäre ich meinen Fluch schon los.«

»Laut einem anderen Gerücht soll sein Bruder durch Zauberwerk auf schreckliche Weise zu Tode gekommen und er gezwungen worden sein, es sich anzusehen. Das habe ihn so erschüttert, daß er jedermann, Guten wie Bösen, jede Art von Zauberei verboten habe.«

»Natürlich sind sich diese Leute über die Art jenes schrecklichen Todes uneins.«

»Natürlich. Ich würde dir nicht empfehlen, nach Stomal zu gehen. Du könntest deine Flügel unmöglich verbergen. Du wurdest bereits von einigen Leuten gesehen, und das spricht sich schnell herum.«

»Das habe ich mir schon gedacht.«

Drei Tage später (Sardok hatte sich bei seiner Zeitschätzung doch gründlich vertan!) langte die kleine Gruppe endlich vor den Toren von Stomal an. Sardok führte sie an, hinter ihm kam Bruder Orian. Die Nachhut bildete, mit einer ganzen Pferdelänge Abstand, Varsh Nitza. Sie waren sämtlich zu Fuß.

Der Torwächter fragte nach ihrem Woher und Wohin und Begehr.

»Mein Name ist Sardok«, versetzte der Führer der kleinen Gruppe. »Ich bin Kaufmann. Meine Karawane wurde in den Makrai-Bergen von Räubern überfallen und vernichtet. Ich bin der einzige Überlebende. Dieser gute Bruder hat mir erlaubt, mich ihm anzuschließen. Ich will hier nun etwas Geld verdienen, um Männer zu dingen, die den Mord an meinen Gefährten rächen!«

»Ich bin Bruder Orian«, schloß der sich an, »Priester des Großen Oktogon.« Daß der Wächter bei der Erwähnung seiner kaum bekannten Sekte keinerlei Reaktion zeigte, überraschte Orian nicht. Er fuhr also unbeirrt fort: »Das ist meine Leibwächterin Varsh Nitza. Wir sind auf der Suche nach meinem Bruder. Er ist zu großem Reichtum gekommen und hat einen Adelstitel erlangt. Sag, ist hier ein Fremder ansässig, der groß und hager ist, rote Haare hat und sich Korellis nennt?«

»Ich kenne keinen, der so heißt oder auf den diese Beschreibung paßt«, erwiderte der Wächter. Orian wirkte zwar betrübt, verlor aber nicht die Hoffnung.

Jemand nieste. Varsh Nitza sagte mit übertrieben starkem südlichem Akzent: »Entschuldigt! Aber ich bin ein wärmeres Klima gewöhnt.«
»Du hast doch gar nicht geniest«, bemerkte der Wächter scharf.
»O doch, das war ich«, beharrte Nitza und schniefte. Auch das war gespielt. Dann hustete sie sogar noch.
»Ich weiß, daß du nicht geniest hast. Ich habe dich ja die ganze Zeit angesehen. Weil mir noch nie jemand so Schwarzhäutiges wie du unter die Augen gekommen ist.«
Jemand fluchte leise, eine Brise zog vorbei – und das an einem so windstillen Tag! Keiner dieser drei Fremden da hatte auch nur die Lippen bewegt. Der Wächter sah sich argwöhnisch um. Irgend jemand zauberte doch! Er konnte die Leute entweder anzeigen oder sie ein Schweigegeld entrichten lassen. Er entschied sich für die zweite Möglichkeit. Ein Torwächter verdiente schließlich kaum genug zum Leben. Ein kleines Zubrot war also nicht zu verachten...
Zum Glück hielt Gladriels Unsichtbarkeit jedoch bis ins Gasthaus »Zum Goldenen Dolch« vor, wo sie sich einquartierten. Nitza ging sogleich in die Schankstube hinab, um dem Würfelspiel zu frönen, während Orian wenigstens zehn Kneipen aufsuchte, um zu trinken, Wirte zu schmieren und zu versuchen, so viele Informationen über seinen Bruder wie möglich zu sammeln.
Der Morgen fand sie der Länge nach auf dem Fußboden ihrer Zimmer liegend. Nitza war um fünf Kronen ärmer, Orian hatte den ärgsten Kater seines Lebens, und Gladriel langweilte sich. Sie hatte die ganze Nacht über nur Zaubersprüche rekapituliert und geschlafen.
Orian hielt sich mit beiden Händen seinen pochenden Schädel. »Was für ein Kater! Aber immerhin habe ich bei der Zecherei einiges in Erfahrung gebracht. Niemand hier kennt Korellis, aber sie klagen alle über den König, der ein unglaublicher Tyrann sei. Die Wirte, mit denen ich sprach, erzählten mir schreckliche Geschichten über seine Gewalttätigkeit. Etwa, wie er mit bloßen Händen...«
»Erspare uns die Enzelheiten. Wozu soll das nützen?«

»Geduld, Gladriel! Der König ist ein Tyrann... und der, der das Zaubern untersagt hat. Irgendwie erinnert er mich an die Art von Abschaum, mit der sich mein Bruder so herumtrieb. Jedenfalls hat er sich immer mit Magie abgegeben und eine gewisse Meisterschaft darin erreicht.«

»Was macht er dann in Stomal, wo doch hier die Zauberei untersagt ist?« fragte Varsh Nitza. »Das könnte gut wieder eine vergebliche Suche werden.«

»Ich bin sicher, daß er hier ist. Aber falls nicht... Wir haben ja unser Bett und Essen für eine Woche im voraus bezahlt und können daher ebensogut hier bleiben.«

»Du warst diesmal erfolgreicher als ich. Ich habe bloß verloren. Ich würde schwören, daß diese Würfel gezinkt waren, kann es aber nicht beweisen.«

»Du solltest nicht spielen. Das Große Oktogon sagt...«

»Und du solltest nicht trinken. Du hast genausoviel eingebüßt wie ich und kannst nicht einmal deinen eigenen Kater beheben.«

»Und da ich so ein miserabler Heiler bin, der nichts recht machen kann, wirst du wohl von nun an nach dem Kampf leiden müssen. Wenn ich dein Bein nicht geheilt hätte, hättest du es jetzt womöglich gar nicht mehr.«

Varsh Nitza scherte sich nicht darum: Er würde seine Worte bald vergessen, wie immer in solchen Fällen. Sie sagte den anderen, sie gehe nun zur Stellenbörse. Vielleicht könne sie sich ja für einige Zeit verdingen und jemanden kennenlernen, der etwas wüßte.

Orian lag schon wieder laut schnarchend auf seinem Strohsack.

Da glättete Gladriel ihre Schwingen, schritt über den Liegenden hinweg, schloß fest die Augen und flüsterte: »Die Sehenden sehen mich nicht.« Sie wiederholte das immer und immer wieder, bis sie endlich unsichtbar wurde.

Die Tür öffnete und schloß sich wie von allein.

Durch die Luft brauchte Gladriel nur wenige Augenblicke bis zum Königspalast, wo überall schwer gepanzerte Wächter standen. Aber keiner spürte jene sanfte Brise, die da an diesem windigen Tag an ihnen vorüberstrich. Und keiner merkte, daß sie aus der falschen Richtung wehte.

Gladriel befand sich inzwischen im Inneren des Palasts. Wenn ich recht habe, dachte sie, müßte Korellis hier sein, denn nach allem, was Orian mir über seinen Bruder erzählte, müssen er und der König dieselbe Person sein. Sie blickte hinab, nahm jedoch nichts wahr. Niemand sah sie lächeln, als sie den Gang entlangschritt.

Am Ende des langen Flurs stieß sie auf eine riesige Doppeltür, die sie vorsichtig einen Spalt weit öffnete. Aber diese Türflügel, obschon reichgeschnitzt, goldplattiert und mit kostbaren Steinen besetzt, knarrten wie eine hundsgemeine Gesindestubentür.

Ein massiger Mann mit feuerrotem Haar, der von innen unverwandt auf diese Tür starrte, rief mit dröhnender Stimme: »Zeige dich, oder ich rufe die Wachen herbei!«

Er saß auf seinem Thron und stampfte mit einem Fuß auf den Boden, die Lippen zu einem sadistischen Lächeln verzogen. Er wartete.

Gladriel wurde es siedendheiß. Irgendwie wußte sie, daß der König sie sehen konnte, obwohl sie unsichtbar war. So stieß sie die Tür vollends auf, trat in den Saal und schritt auf den Wartenden zu.

Seine kupferrote Mähne stach Gladriel ins Auge. Sie hatte in ganz Stomal bei niemandem so eine Haarfarbe gesehen. Orian hatte gesagt, sein Bruder habe feuerrotes Haar. War er also Korellis? Nach dem, was Orian ihr erzählt hatte, mußte das Leben mit ihm ein Alptraum gewesen sein. Seine Eltern hatten Korellis bevorzugt, da er alles zu sein schien, was sie sich zeit ihres Lebens bei einem Sohn je erwartet hatten. Er war stark, hochintelligent, schön – ganz im Gegensatz zu Orian.

Aber Schönheit ist vergänglich. Der Mann, der da vor ihr saß, war jedenfalls alles andere als schön. Ein bequemes Leben mochte ihn fett und träge gemacht haben. Aber seine tyrannische Art war ihm geblieben.

»Du wagst es, mit zauberischem Blendwerk vor den König zu treten! Aber mich führst du mit so schlichtem Zauber nicht hinters Licht. Ich sehe, was der Pöbel nicht sieht.«

Gladriel wußte, daß man sie streng bestrafen würde, gleichgültig, was sie auch täte... Daß man sie töten, vielleicht foltern würde. Oder sie, wenn ihre Vermutung richtig war, womöglich gar belohnen würde.

»Du bist König Korellis, Bruder von Orian, der Priester des Großen Oktogons ist. Ich habe...«

Der König lachte. »Ich hab's doch gewußt, er hätte sich so einer obskuren Sekte nie anschließen sollen. Das Große Oktogon, so, so. Und wie kommt es, daß du ihn kennst?«

»Ich bin Gladriel. Er hat mich gedungen, damit ich ihm helfe, dich zu finden. Er hat Neuigkeiten für dich, aber es ist wohl besser, wenn er sie dir selbst überbringt«, antwortete die Kriegerin und begann, wieder Gestalt anzunehmen. »Orian hat mir so viel von dir erzählt.«

»Du hast ja Flügel!«

»Deshalb mußte ich mich auch unsichtbar machen. Sonst hätte ich sicher nie eine Audienz bei dir erhalten.«

»Wie das? Bist du denn kein menschliches Wesen?«

»Doch, aber ich habe aus einem Strom getrunken, aus dem ich nicht hätte trinken sollen«, versetzte sie und erzählte ihm sodann, wie Orian die Quelle gesegnet, aber dabei nicht bedacht habe, daß ein Segen allein keinen Fluch aufheben kann.

Korellis spottete: »Das sieht Orian ähnlich! Er ist völlig unfähig und ein Feigling dazu. Er hätte als erster davon trinken müssen. Bring ihn zu mir. Ich werde ihm die Hammelbeine langziehen!«

Bald schon standen Gladriel, Varsh Nitza und Bruder Orian vor dem König.

»Korellis! Und ich dachte schon, ich würde dich nie wiedersehen.«

»Das wäre auch besser für dich gewesen. Ohne die beiden hättest du es wohl nicht bis hierher geschafft. Aber du hast mir diese Große dort noch nicht vorgestellt.«

»Man nennt mich Varsh Nitza. Ich freue mich, deine Bekanntschaft zu machen. Dein Bruder hat Gladriel und mir von dir erzählt. Wir wollten sehen, wieviel davon Wahrheit und wieviel Dichtung ist.«

»Und was hat er euch berichtet?«
»Daß du schön, furchtlos und stark und in den Zauberkünsten sehr bewandert seist. Wenn dem so ist... warum ist dann die Zauberei hierzulande verboten?«
»Weil das Gesetz es so bestimmt.«
»Korellis, die Eltern sind gestorben. Laut ihrem Testament sollst du alles erben. Ihr ganzes Geldvermögen, ihr Land, alles. Der Rat hat mich ausgesandt, dich zu finden. Du kannst mit mir kommen und deinen Erbanspruch geltend machen oder als König von Stomal hier bleiben.«
»Mit anderen Worten: Ich könnte auf mein Erbe verzichten und hier in Stomal weiterregieren oder Stomal aufgeben und jenes armselige Gut einfordern, das die Eltern mir hinterlassen haben. Richtig? Falsch. Ich werde mein Erbe einfordern, Orian. Damit es dir nicht in die Hände fällt. Denn du könntest das Haus und das Land nicht halten. Du kannst beim besten Willen kein Gut führen. Ich werde das Erbe annehmen und meinen vertrauenswürdigsten Gardeoffizier zu dessen Verwalter machen. Stomal wird wachsen, und viele Länder werden mir Tribut zahlen. Kaiser Korellis... Bruder, du hast mir wahrlich gute Neuigkeiten gebracht. Tut mir leid, daß ich dich so enttäuschen muß.«

Als die drei mit einer versiegelten Botschaft Korellis' die Stadt verließen, beklagten sie einhellig diese neueste Entwicklung der Dinge.
»Ein Hexer!« murmelte Gladriel. »Deshalb also hat er die Zauberei verboten. Weil er es nicht ertrüge, wenn einer darin besser wäre als er. Er ist einfach zu eitel.«
Orian schimpfte: »Was fällt ihm ein! Er hat mir mein ganzes Leben lang die Butter vom Brot genommen und sich damit selbst gemästet. Er würde auch nicht zögern, dem ärmsten Bettler seine paar Kröten zu rauben.«
»Er hätte dir wenigstens dankbar sein können, wie es sich gehört. Ja, wir hätten damals umkehren sollen. Du hast ihn schon richtig eingeschätzt!«
»Er schätzt dich falsch ein, Orian«, sagte Varsh Nitza. »Wenn ich

dich je einen Feigling geschimpft oder mich über deine Heilkünste lustig gemacht habe, dann nur im Zorn. Es war nie ernst gemeint.«

»Soll das eine Entschuldigung sein? Wenn ja, nehme ich sie an.«

»Ich frage mich, was wohl das Große Oktogon davon hält«, bemerkte Gladriel.

»Es ist über Korellis Habgier und seine Hartherzigkeit gegenüber einem seiner Priester sicher sehr verstimmt«, vermutete Nitza.

»Wir stellen ihn als Feigling bloß... denn eben das ist er ja, einer, der die Konkurrenz anderer Zauberer fürchtet. Wir werden ihn als Hexer demaskieren«, rief Gladriel zornfunkelnden Blicks. Ihre Zunft würde von dieser Sache bestimmt Wind bekommen. Und auf derlei feiges Benehmen war die gar nicht gut zu sprechen.

Orian lächelte. Er legte seine mageren Arme um seine Gefährtinnen und murmelte: »Ich habe wohl einen Bruder verloren... dafür aber zwei Schwestern gefunden.«

MARK TOMPKINS

Mark sagt: »Ich schreibe schon etwa seit dem siebten Lebensjahr, aber Die Wolke des Bösen *ist meine erste richtige Publikation. Zu den Autoren, deren Werk mich als Schriftsteller besonders geprägt hat, zählen Clark Ashton Smith und H. P. Lovecraft, Ray Bradbury, Robert E. Howard, Robert Bloch und Harlan Ellison. Am wichtigsten war für mich aber die freundliche Unterstützung von Marion Zimmer Bradley. Ohne ihre Ermutigung hätte ich mir wahrscheinlich nie die Mühe gemacht,* Die Wolke des Bösen *zu schreiben.*
Zu meinen Zukunftsplänen gehört, professioneller Fantasy-Autor zu werden und in einer Rockband Gitarre oder Keyboard zu spielen.
Ich bin achtzehn Jahre alt und College-Student und wohne in New Jersey. Laut meinen Eltern ist Manhattan mein Geburtsort; aber mir haben eindringliche und wiederkehrende Träume offenbart, daß ich tatsächlich in Dunwich, Massachusetts, geboren wurde, auf dem Gipfel des Sentinell Hill.« Gilt das nicht für uns alle?
Die meisten Storys, die Mark mir schickte, gehörten so völlig zum Genre »Horror« (darunter fasse ich »absolut fürchterliche Dinge, die absolut netten Leuten ohne jeden Grund zustoßen« – und das im Gegensatz zur »Fantasy«, die sich durchaus den Luxus leistet, der Welt einen Sinn zu geben), daß ich schon alle Hoffnung aufgegeben hatte, von ihm jemals etwas für diese Anthologien Brauchbares zu bekommen. Diese hier schien es mir aber wert, veröffentlicht zu werden, weil sie meines Erachtens genügend Struktur und Fantasy-Gefühl aufweist. Aber seien Sie gewarnt: Es ist wirklich Horror; und für manche Leute ist Horror ja ein Greuel. – MZB

MARK TOMPKINS

Die Wolke des Bösen

»Wir leben auf einer friedlichen Insel der Unwissenheit inmitten schwarzer Meere der Unendlichkeit, und weit fortzureisen ist uns nicht bestimmt.«
aus: H. P. Lovecraft, Cthulhu

Ich werde Ihnen von der Zauberin Niandra und der Wolke des Bösen berichten und diese meine Botschaft in abertausend Kopien überall im Land verbreiten... in der Hoffnung, daß irgend jemand, der in den magischen Künsten besser bewandert ist als ich, eine davon zu Gesicht bekommt und liest, so daß er, beziehungsweise sie, anhand der darin gegebenen Information versuchen kann, das schreckliche Verhängnis aufzuhalten, das uns nun allesamt zu vernichten droht. Obwohl die Zeit, vor allem wohl für mich, nun fürchterlich knapp wird, muß ich – im Interesse der Zauberei, dieses Landes und der Geschichte (sollte irgend jemand noch in der Lage sein, sich mit Geschichte zu befassen, wenn dieser Alptraum zu Ende ist) – die Ereignisse so umfassend wie möglich schildern, die dem Aufkommen jener fürchterlichen Bedrohung vorausgingen, der wir uns jetzt gegenübersehen.
Ich heiße Slonich und wurde in der rauhen Wüste Khrali geboren, wo Männer wie Frauen nur überleben, wenn sie ihr Schwert gut zu führen wissen. Da meine Eltern weithin geachtete und gefürchtete Krieger waren, war es für sie so enttäuschend wie peinlich, bald nach meiner Geburt feststellen zu müssen, daß ich viel langsamer wuchs als meine Altersgenossen und wohl nie deren Körpergröße und Stärke erlangen würde. Um diesen Mangel auszugleichen, versuchten sie meine ganze Kindheit lang, mich rigoros im Waffenhandwerk zu schulen. Ich sollte ein gewandter Streiter werden und durch meine Kühnheit im tödlichen Kampfe meine Klein-

wüchsigkeit und Schwäche wettmachen. Aber ach, ihr Plan ging nicht auf, weil ich ein recht bockiger Schüler war und mich ihnen wo immer möglich widersetzte; das aufreibende Leben eines Kriegers zu führen – das schien (und scheint mir noch heute) eine höchst banale und öde Beschäftigung, vor allem für jemanden mit meinen ungewöhnlichen intellektuellen Fähigkeiten, und ich wollte mich keinesfalls den kruden Zwängen einer Gesellschaft unterordnen, in die mich der Zufall der Geburt verschlagen hatte. So konnte es nicht ausbleiben, daß ich während eines Großteils meiner Kindheit zum wehrlosen Objekt des Spottes, der Häme und der Brutalität meiner Kameraden wurde. Jede Unbill, die ich damals erlitt, nahm meinen Eltern ein Stück der Hoffnung, die sie in mich gesetzt hatten, bis sie sich sogar schämten, daß ich ihr Sohn war, und mir das auch immer wieder auf schmerzliche Weise klarmachten. Ich hätte, sagten sie, ihren Ruf als große und edle Krieger befleckt, ihr Ansehen gemindert, sie zur Zielscheibe des Spotts gemacht – denn die Vorstellung, daß zwei so furchtlose und gefürchtete Streiter wie sie mit ihren eisernen Lenden einen elenden Schwächling wie mich hervorbringen könnten, sei für viele Leute irre komisch und der Gipfel der Ironie. Ja, ich hätte ihnen Schande gemacht, und dafür würden sie mich verachten.
Als ich volljährig war und mir gerade eine Bande von wahnsinnigen Rüpeln den Kopf blutig gehauen und das Nasenbein gebrochen hatte, schlug mir mein Vater vor, der Wüste den Rücken zu kehren und zur Akademie für Magie und Hexerei zu reisen, um dort zu studieren. »Diese Welt hier ist nichts für einen so jämmerlichen Waschlappen wie dich«, sagte er, ohne sich darum zu scheren, daß mir das Blut aus meinen klaffenden Wunden in die Augen troff. »Du bist leider nicht aus jenem Holz geschnitzt, aus dem man Krieger macht, und kannst daher nur kraft der Zauberkunst überleben.«
Sein Vorschlag war aus zwei Gründen überaus verlockend für mich. Zum einen, weil mir die Chance, das verfluchte Land zu verlassen, wo man mich drangsalierte und wie einen Ausgestoßenen behandelte, wie ein Geschenk der Götter vorkam. Zum anderen, weil die Magie mich faszinierte; aus alten Legenden und der

Überlieferung wußte ich schon viel darüber, und die Aussicht, diese Kunst nun selbst zu erlernen und auszuüben, entzückte mich zutiefst. Ich willigte daher augenblicklich ein und brach schon in der folgenden Nacht ganz allein zur Zauberakademie auf. Meine einzigen Führer waren dabei die Sterne und die Richtungsangaben, die mir meine Mutter bereitwillig gemacht hatte.

Nun, im grausigen Licht der unergründlichen und tödlichen Gefahr, die dem ganzen Land droht, mögen meine Erinnerungen schrecklich banal erscheinen. Aber habt bitte Verständnis für meine Not; denn ich werde bald ausgelöscht werden wie eine Kerze und muß daher in diesen letzten Augenblicken versuchen, mein Leben noch einmal zu leben, mich noch einmal zu erinnern, denn eine andere Gelegenheit dazu werde ich nicht haben. Sicherlich tun die Menschen in jedem Winkel des Landes eben jetzt dasselbe.

Nach sechs Tagen ermüdenden Wanderns durch die zerklüftete Wüste erspähte ich endlich jenes gewaltige Sandsteinkliff, auf dem die berühmte Akademie thront. Mir hüpfte das Herz vor Freude, als ich das massige schwarze Bauwerk wie eine Heimstatt der Götter gegen den azurblauen Himmel emporragen sah. Ich benötigte einen ganzen Tag, um die steil aufsteigende Felswand zu erklimmen, und als ich schließlich oben anlangte, brach ich zusammen – auf meinen Lippen aber lag ein Lächeln. Nun war ich der eisernen Ketten ledig, die mich an dieses herzlose, undankbare Land Khrali gefesselt hatten, und war bereit, ein neues Leben zu beginnen.

Ein grauhaariger alter Mann in einer blauen Robe weckte mich und gab mir durch ein paar seltsame Worte, die er sprach, neue Kraft und Frische. Als mich der Hexer, der Klote hieß, in die Akademie führte, erkundigte er sich nach dem Grund meines Kommens, und da erzählte ich ihm die Geschichte, die ich Ihnen soeben geschildert habe. Klote hörte voller Mitgefühl zu, da er in seinem Leben ähnliches durchgemacht hatte und das Unglück und die Entfremdung dessen, der in einem Kriegerland zum Gelehrten geboren wird, aus eigener Erfahrung kannte. Nach eingehender Beratung mit etlichen Kollegen teilte er mir mit, ich würde in die Akademie aufgenommen – wenn ich gewillt sei, als Entgelt für den

Zauberunterricht, wie alle anderen Schüler auch, verschiedene Hausarbeiten zu erledigen und einen Eid zu schwören, niemals den Verlockungen der Schwarzen Magie nachzugeben. Ich erklärte mich ohne Zögern einverstanden und leistete jenen feierlichen Schwur, obwohl ich mir unter »Schwarzer Magie« nichts vorstellen konnte. Dann führte man mich in eine schöne Kammer, wo ich die ganze Nacht hindurch wie ein Murmeltier schlief. Am nächsten Morgen begann der Unterricht.

Während der vier Jahre, die ich an der Akademie zubrachte, lehrte man mich, Djinns, Feen und Gnome zu beschwören und die Künste der Telekinese und Transformation zu meistern, frei zu schweben und mit den Fingerspitzen Blitze zu schleudern, fliegende Teppiche zu lenken und die Größe eines Riesen oder eines Insekts anzunehmen, hungrige Bestien zu beruhigen, in aberhundert alten, vergessenen Sprachen zu schreiben und zu sprechen, mich unsichtbar zu machen... kurz, eine Vielzahl nützlicher Zauberpraktiken anzuwenden. In jenen vier Jahren wurde ich der Stolz meiner Lehrer. Ich zog aber auch den Neid meiner Kollegen auf mich, weil, wie Klote mir einst sagte, nur wenige ein so großes natürliches Zaubertalent besaßen und die magischen Techniken so geschickt und mühelos einzusetzen verstanden wie ich. Er sagte mir zudem, ich hätte das Zeug, »einer der größten Hexer aller Zeiten zu werden«.

Im Rückblick erscheinen mir meine Jahre an der Akademie als die glücklichsten meines Lebens... fand ich dort doch die Freundschaft, Achtung und Selbstachtung, die ich nirgendwo sonst gefunden hatte.

Eines Morgens, es war genau eine Woche nach dem vierten Jahrestag meiner Aufnahme in die Akademie, kam mich die Versuchung an, jene Abteilung unserer enormen Bibliothek zu erkunden, die zu betreten unsere Mentoren uns immer streng untersagt hatten. Da alle Hexer zu einem mehrtägigen Magierkongreß gereist waren, der am anderen Ende des Landes stattfand, gab ich der Versuchung rasch nach und sah mich in dem verbotenen Raum um. Dabei wurde mir der Grund des Verbots sofort klar: Die Mahagoniregale dieser Sektion waren mit Büchern zur Theorie und Praxis der Schwarzen Magie vollgestopft – jenes Zweigs der Zauberkunst also, die sich mit den Mächten der Finsternis, des Todes und des Bösen befaßt, mit Dämonen und dem Unbekannten. Die verstaubten Bände zogen mich so unwiderstehlich an, daß ich etliche aus den Regalen nahm und darin herumzulesen begann. Jedes Buch, das ich solcherart durchging, enthüllte mir zahllose Geheimnisse. Die Materie faszinierte mich bald so, daß ich mir vornahm, sämtliche Werke, die da standen, zu lesen. Eine der nützlichen Fähigkeiten, die einer beim Magiestudium erwirbt, ist ja die, Texte in praktisch jeder Sprache, in archaischen wie modernen, mit einer unglaublichen Schnelligkeit, die oft tausend Seiten pro Minute betragen kann, zu lesen und sich so Wissen in übermenschlichem Tempo anzueignen. Kraft dieser Fähigkeit las ich in kaum einem Tag alle dort versammelten Lehrbücher zur Schwarzen Magie. Ich war wie elektrisiert von der Fülle gotteslästerlicher Wunder, die ich entdeckt hatte.

Als ich am nächsten Morgen in meinem Studierzimmer saß und über die in jenen Schwarten beschriebenen unergründlichen Mirakel der Schwarzen Magie sinnierte, kehrten die Hexer zurück. Mit einmal stürzte Klote zu mir herein. Auf seinem alten, runzligen Gesicht malten sich Entsetzen und Scham.

»Du hast die verbotenen Bücher gelesen!« rief er, bevor ich etwas sagen konnte, und fuhr fort: »Versuche nicht, es zu leugnen, denn die unsichtbaren Elfen, die über die Bibliothek wachen, haben mir von deinem unwürdigen Tun erzählt. Du hast damit nicht nur deine Gehorsamspflicht gegenüber den Hexern verletzt, denen du all dein Wissen und Können verdankst, sondern auch den Eid gebrochen, den du bei der Aufnahme in die Akademie geschworen hast. Ich verbanne dich hiermit in Schimpf und Schande von der Akademie und verbiete dir, jemals hierher zurückzukehren oder irgendwo in diesem Land die Zauberkunst auszuüben.«

Ehe ich auch nur das geringste zu meiner Verteidigung vorbringen konnte, sprach Klote eine kurze Zauberformel, und schon fand ich mich am Fuß jenes Kliffs wieder, auf dem sich die Akademie erhob; sie schien nun böse und traurig zugleich auf mich

herabzublicken. Überraschenderweise empfand ich kaum Bedauern über meine so jähe Verbannung... sondern eher eine Art Erleichterung über meine neu gewonnene Freiheit, zu tun, was mir beliebte.
Aber was sollte ich denn tun? Wohin sollte ich gehen? Sollte ich in meine Heimat Khrali zurückkehren, um meinen Eltern zu zeigen, was aus ihrem Sohn geworden war, um mich vielleicht an jenen zu rächen, die mich mißhandelt hatten? Nein, dachte ich, das würde doch nicht viel nützen... Während ich noch weitersann, zogen am azurblauen Himmel drohende schwarze Wolken auf, aus denen sofort ein schwerer Regen brach, der meine seidenen Gewänder durchnäßte (das war bestimmt Klotes Werk!). Da fiel mir eine Zeile ein, die ich in einem jener verbotenen Bücher gelesen hatte: »Wer von den Jüngern der Weißen Magie verstoßen wird, kann immer im Schloß der Zauberin Niandra Trost suchen.« Sogleich stieg eine Flut anderer Texte in meinem Gedächtnis hoch, die sich alle irgendwie auf die berühmte Niandra, die Großmeisterin der Schwarzen Magie, bezogen. Ja, dachte ich, zu ihrer Burg zu reisen, ist mir bestimmt; unter ihren Fittichen die Künste der Schwarzen Magie zu erlernen, ist mir vom Schicksal zugedacht. Darum zauberte ich einen fliegenden Teppich aus dem Sand, schwang mich damit über die Sturmwolken und begann meine Reise zum Schloß der legendären Hexe, wobei ich den Kurs steuerte, den jene Bücher für meinen Ausgangspunkt angaben.
Mehr als sieben Tage lang flog ich über weite Wüsten und riesige Städte dahin, bis ich endlich zu ihrem gewaltigen Obsidianschloß gelangte, das am Ufer einer endlosen, schäumenden See auf einer steil aufragenden Klippe steht. Es war tiefe Nacht, als ich dort ankam, und als ich das weitläufige Schloß mit seinen unzähligen Türmchen und Giebeln, Kuppeln, Glockenstuben und Tortürmen in den smaragdgrünen, purpurroten und bernsteingelben Strahlen der drei Dreiviertelmonde aufscheinen sah, spürte ich diese unglaublichen Kräfte, die von ihm ausgingen, fühlte ich mich von einer noch nie gespürten Erregung überkommen. Da lenkte ich meinen Teppich durch eines der offenen Fenster in ein von Dunkelheit erfülltes Zimmer, in dem, wohl kaum ganz zufällig, die

Zauberin Niandra harrte. Sie saß auf einem mit Edelsteinen besetzten Ebenholzthron, der in einer Ecke des Raumes stand, und starrte mir entgegen, ohne auch nur im geringsten überrascht zu wirken.

Niandra war fraglos die schönste Frau, die ich je gesehen hatte. Sie war schlank und geschmeidig und unsagbar anziehend, vor allem in diesem spinnwebzarten schwarzen Gewand, das sie in jener Nacht trug. Ihr ebenholzschwarzes Haar war lang und wallend, ihre Augen glommen hellgrün, ihre Haut hatte die Farbe frischer Buttermilch, ihre Miene wirkte gelassen, sogar unschuldig in seiner Zartheit. Niandras Schönheit verzauberte mich so, daß ich sie minutenlang nur anstarren und ihren göttlichen Körper bewundern konnte.

»Du bist also gekommen, Slonich«, begann sie endlich, mit einer Stimme so zart wie ein Windhauch.

Verblüfft fragte ich: »Du wußtest von meinem Kommen?«

»Wir Schwarzen Magier wissen um viele Dinge«, murmelte sie, erhob sich, schritt wie schwerelos auf mich zu, nahm meine Hände in die ihren, als ich von meinem schwebenden Teppich herunterstieg, und sagte sanft: »Komm mit mir.«

Da zuckte ein vielfarbiger Blitz auf. Dann flogen Niandra und ich nackt durch die purpurroten Wolken irgendeines vergessenen Landes und küßten und streichelten uns voller Leidenschaft, während die warmen Winde uns durch ungeahnte, traumgleiche Himmel trugen. Wir schwebten ewige Zeiten lang über dieses zeitlose Wunderland, bis schließlich meine letzten lüsternen Begierden gestillt waren; von diesem himmlischen Moment an hatte sie absolute Macht über mich. Ihre Reize, ihre Kraft waren so unwiderstehlich, daß ich mir nur noch das eine wünschte: ihr für immer zu dienen und auf ewig im bösen Reich der Schwarzen Magie ihr Sklave zu sein.

Ich erwachte jäh in einer mit warmem Blut gefüllten Badewanne aus schierem Gold und sah Niandra splitternackt auf mir liegen. Den Tag zuvor noch hätte mich die Vorstellung, in Blut zu baden, mit unsäglichem Abscheu erfüllt, aber nun, da ich so erschöpft dalag, empfand ich nichts dergleichen, sondern fühlte mich von

dem Blut belebt, mit einer Kraft, einer Energie erfüllt, die mir für mein ganzes weiteres Leben zu genügen schien.
»Nun sind wir eins«, flüsterte Niandra, als sie mir zärtlich die bloße, blutnasse Brust massierte. »Wir sind eine einzige vereinte Macht der Schwarzen Magie und werden tun, was immer uns beliebt.« Nach diesen sanft geflüsterten Worten weihte ich meine Seele gern der Schwarzen Magie, wissend, daß die Zukunft für mich wunderbare Dinge bereithielt.
Die nächsten zwanzig Jahre meines Lebens habe ich ausschließlich mit der Magierin Niandra verbracht. Wir beschworen Teufel aus der Unterwelt, verdammten unzählige Menschen zu ewigen Höllenqualen, aßen das Fleisch und tranken das Blut aller Tierarten, die es je auf Erden gab; wir durchmaßen die Hölle und andere dunkle Welten, stürzten Hunderte von Menschen ins Chaos und vollzogen Tausende blutiger schwarzer Riten; wir verehrten Götzen längst vergessener Äonen, erschufen und vernichteten Wesen jeglicher Beschaffenheit, sprachen Abermillionen blasphemischer Zaubersprüche und brachten den Toten Leben und den Lebenden Tod; wir reisten frei durch Zeit und Raum, fühlten jede je gefühlte Emotion und befriedigten jede unserer glühendsten Begierden, lebten jede unserer Launen aus und klärten mit Hilfe der Schwarzen MagierInnen aller, auch künftiger Zeiten praktisch alle dunklen Geheimnisse des Universums. Während dieser zwei Jahrzehnte erwarb ich ein unvorstellbar, unermeßlich großes Wissen, das keines gewöhnlichen Sterblichen Hirn je fassen könnte; mit Niandra als meinem Mentor im Bösen lernte ich dunkle und unsägliche Kräfte beherrschen, die sich dem Verständnis jedes normalen Menschen entziehen... Wir hätten mit Leichtigkeit Welten erobern können, auch unser eigenes Land, aber derlei Taten wären ein Nichts gewesen im Vergleich zu unseren anderen berauschenden, transzendentalen Erfahrungen.
Es war in meinem zwanzigsten Jahr mit Niandra, an einem sonnigen, lieblichen Nachmittag. Wir spazierten Hand in Hand den Sandstrand unter unserem Schloß entlang. (Ja, bei aller Gottähnlichkeit, die uns unsere Macht und unser Wissen verliehen, waren wir doch immer noch Mann und Frau und empfanden mitunter

sogar so etwas Banales wie einen Strandbummel als recht vergnüglich – als eine angenehme Unterbrechung unseres üblichen dämonischen Treibens.) Es war wohl Niandra, die diese Vase entdeckte; ja bestimmt, denn ich erinnere mich, daß sie auf etwas im Sonnenlicht Glänzendes wies, aufgeregt darauf zulief und mich hinter sich herzog. Sie hob die Vase, die wohl erst kurze Zeit vorher angespült worden war, aus dem nassen Sand und rief erstaunt aus, wie leicht sie doch sei. Wir stellten dann fest, daß sie aus einem Metall gefertigt war, das an Messing erinnerte, aber von hellerer Färbung war und ein schwaches, aber deutliches bernsteinfarbenes Leuchten von sich gab, das eindeutig nicht auf das weiße Sonnenlicht zurückging. Die Vase maß ungefähr eine Elle in der Höhe und eine Spanne in der Weite, war aber etwa wie eine Sanduhr geformt; sie hatte keine Griffe, war aber an der verjüngten Mitte leicht mit einer Hand zu umfassen und zu halten.

Als wir den daran anhaftenden Sand abwischten, kamen Gravuren zum Vorschein: etwa hundert ringförmige Textzeilen in einer seltsamen Bilderschrift. Die Schriftzeichen aus verschieden großen und auf vielerlei Arten kombinierten Kreisen und Ovalen glichen in nichts den uns geläufigen. Das war in der Tat eine überaus ungewöhnliche und beunruhigende Entdeckung, denn wir hatten uns eingebildet, in allen früher, jetzt oder künftig geschriebenen oder gesprochenen Sprachen bestens bewandert zu sein.

»Wir müssen herausfinden, aus welchem Land oder Zeitalter das stammt«, sagte ich mit Nachdruck, »denn uns darf auch nicht das kleinste Wissenselement verschlossen bleiben.«

»Dann komm«, erwiderte Niandra, »machen wir uns an die Arbeit!«

Wir brachten die Vase schleunigst in eines der riesigen, düsteren Burgzimmer, in denen wir oft Erscheinungen beschworen, zeichneten dort mit einem aus Menschenknochen hergestellten Pulver ein paar Symbole auf den Fußboden, knieten uns sodann in entgegengesetzten Ecken des Raumes nieder und begannen, unisono eine ellenlange und sehr verzwickte Zauberformel zu rezitieren. Fast im Handumdrehen glomm da mitten im dunklen Zimmer ein unheimliches scharlachrotes Licht auf, in dem ein bärtiger, buck-

liger Alter erschien, der ein vor Urzeiten verblichener Zauberer war.
Niandra streckte ihm die Vase entgegen und sprach: »Utholon, wir riefen dich, um dir einen Auftrag zu erteilen. Wir haben dieses merkwürdige Gefäß einer uns völlig unbekannten Kultur gefunden und befehlen dir, seine Herkunft zu klären.«
»Das soll geschehen«, erwiderte der Hexer, nahm die Vase behutsam entgegen und verschwand im roten Licht. Sekunden später kehrte er bereits wieder zurück und sagte: »Ich kann dir deine Frage leider nicht beantworten. Weder mir noch den Wesen, die ich eben befragt habe, ist diese eingravierte Schrift vertraut.«
»Du nichtsnutziger, erbärmlicher Narr, du!« schimpfte Niandra und verwünschte ihn. Da schrie der tote Magier in Todesqualen auf und verblaßte – aber zuvor riß Niandra ihm noch schnell die Vase aus den Spektralhänden.
Den Rest dieses Tages und die folgenden vier Tage verbrachten wir damit, Dutzende anderer Hexer aus anderen Zeiten zu konsultieren; aber sie konnten uns ebensowenig helfen wie Utholon. Als Niandra nun den letzten dieser Versager verwünscht hatte, erhob sie sich, nahm die Vase und verkündete: »Wir werden jetzt unsere Bücher zu Rate ziehen!«
Wir eilten in die riesige unterirdische Bibliothek, wo unzählige Schriften zur Schwarzen Magie aufbewahrt wurden. Eine Woche lang sahen wir dort Hunderttausende von Büchern durch und verglichen unsere Hieroglyphen mit denen in der Literatur. Aber wir fanden kein Pendant; diese Schriftzeichen waren einzigartig, keiner der in unserer Bibliothek vertretenen Autoren schien sie zu kennen.
Das konnte uns aber nicht entmutigen. »Wir werden nicht ruhen und rasten, bis die Herkunft dieser Vase geklärt ist«, sagte Niandra entschieden, als sie das letzte Werk, von dem wir uns Aufschluß hatten erhoffen können, erfolglos durchforscht hatte. »Wenn weder Bücher noch Geister uns weiterhelfen, müssen wir uns eben an die Götter wenden.«
Vor allem von Kandra, der Göttin der Äonen, versprachen wir uns Hilfe. Um sie beschwören zu können, brauchten wir das Blut einer

Jungfrau. Ich machte mich auf die Suche und fand im nahen Lande Cradd ein geeignetes Opfer. Schlag Mitternacht zwangen wir die Jungfer, die sich verzweifelt wehrte, auf den steinernen Altar, der sich auf dem Dach unserer Burg erhob, und schnitten ihr die Kehle durch. Nachdem wir ihr Blut getrunken hatten, sprachen wir die erforderlichen Beschwörungsformeln. Plötzlich erglühten die Wolken in gespenstischem weißem Licht, und am nächtlichen Himmel erschien das unheimliche, unsäglich seltsame Gesicht der Göttin.

»Was wollt ihr?« donnerte sie.

»Wir wollen wissen, woher diese Vase stammt«, versetzte ich und wies auf das neben mir liegende Gefäß, »und was diese Inschrift bedeutet.«

»Diese Vase«, erwiderte sie mit ohrenbetäubender Stimme, »ist das Werk einer Gattung furchtbarer Wesen, die eure Erde bevölkerten, als sie noch jung war. Sie hießen Jangerronier und verfügten über weit schrecklichere und machtvollere Zauberkräfte als ihr. Über diese Leute ist wenig bekannt. Die Götter haben fast jede Erinnerung an sie getilgt, denn ihr Sterblichen sollt nicht um ihre gefährliche Macht wissen.«

»Ach, bitte, erzähle uns von ihrer Zauberkunst«, flehte Niandra.

»Das werde ich nicht«, antwortete die Göttin.

»Dann sag uns wenigstens, was auf dieser Vase geschrieben steht«, bat ich.

»Das kann ich euch sagen, denn diese Inschrift birgt ja nur einen winzigen Teil des Geheimwissens der Jangerronier, und da ihr zwei mir stets treuer gedient, mich mehr verehrt habt als viele andere Sterbliche, habt ihr wohl auch ein Recht darauf, einige Dinge zu erfahren, die niemand anderes wissen darf. Aber mißversteht mich nicht: Was ich euch offenbare, ist nur zu eurer Erbauung gedacht. Ihr dürft jenes Wissen nie anwenden, denn ihr würdet damit längst vergessene Türen aufschließen, die zu öffnen euch nicht bestimmt war, und die hinter diese Türen verborgene Zaubermacht würde wie eine aus ihrem Käfig entsprungene Bestie hervorbrechen.«

»Wir haben begriffen!« rief ich. »Sage es uns, sage es!«

Als die Göttin uns nun die Inschrift übersetzte, merkten Niandra und ich uns jedes ihrer Worte. Es war die Beschreibung eines sehr komplizierten Rituals, dessen Zweck jedoch nicht erläutert wurde. Allerdings enthielt der Text zahlreiche Anspielungen auf seltsame Arten von Schwarzer Magie, die uns völlig unbekannt waren. Kandra übertrug den Großteil der Inschrift in Sprachen, die uns geläufig waren. Sie las uns aber auch ganze Passagen, die aus Liedern und Litaneien bestanden, in der vorgeschriebenen Originalsprache vor – und die prägten wir uns besonders sorgfältig ein.

Kaum hatte die Göttin geendet, da schwand sie auch schon aus den Wolken und ließ Niandra und mich auf jenem Turmdach mit der Vase und dem blutleeren Leichnam der geopferten Jungfrau zurück.

»Das ist ein unglaubliches Ritual«, bemerkte ich, »wozu es wohl gedacht war?«

»Komm«, erwiderte Niandra und erhob sich eilends. »Wir werden es herausfinden!«

»Hast du Kandras Warnung schon vergessen?« fragte ich entsetzt. »Wir dürfen die Geheimnisse der Jangerronier nicht ergründen. Wir dürfen das, was uns soeben offenbart wurde, nicht verwenden.«

»Höre, du hast doch selbst gesagt, daß uns auch nicht das kleinste Wissenselement verschlossen bleiben darf. Denk doch, dieser Ritus gibt uns zu Wissen Zugang, dessen Existenz wir nicht einmal ahnten.«

»Aber damit ziehen wir den Zorn der Göttin auf uns!«

»Das müssen wir riskieren!« sagte Niandra, kam zu mir und ergriff meine Hand; der feste Druck ihrer zarten Hand beschwichtigte mich augenblicklich. »Kandra zufolge war die Magie der Jangerronier sogar noch stärker als die unsre... weitaus stärker, um genau zu sein. Denk an die Macht, die unser harrt! Wenn wir die Geheimnisse der Jangerronier lüften, können wir gottähnlich, vielleicht sogar Götter werden. Hör, mein Geliebter... wir haben die Chance, eine Macht zu erlangen, die selbst unsere

Vorstellungen übersteigt. Du willst mir doch nicht sagen, daß du dieser Versuchung widerstehen könntest!«

Sie sah mich mit ihren hypnotisch funkelnden und glühenden grünen Augen so eindringlich an, daß mein Widerstand allmählich schwand und ich endlich einwilligte. »Wir werden das Ritual vollziehen«, sagte ich und nickte.

»Dann aber rasch«, rief sie und ergriff die Vase. »Man muß es bei Sonnenaufgang tun, und der läßt nicht mehr lang auf sich warten.«

Erregt von der Aussicht, in das verbotene Unbekannte vorzustoßen, stiegen wir in eines der Aberdutzend finsteren Burggelasse hinab und begannen mit der Vorbereitung des Rituals, das so verwickelt war, daß es unsere ganze Aufmerksamkeit und Sorgfalt erforderte. Wir rekapitulierten gemeinsam Kandras Angaben, malten mit unserem eigenen Blut komplizierte Symbole auf den Boden und stellten dann in genau bestimmtem Verhältnis dazu fünfzehn mannshohe Kerzen auf und zündeten sie an. Danach holten wir aus dem Lagerraum im Stock darüber diverse Chemikalien, Gewürze und Kräuter, brauten daraus einen übelriechenden Sud und begossen uns damit gegenseitig. Als nächstes verlangte das Ritual, daß einer des anderen Blut tränke. Wir schnitten uns also mit rasiermesserscharfen Messern tief ins eigene Fleisch und saugten dann des anderen Lebenssaft auf. Einen Dämonenkopf zu besorgen, der dem Ganzen vorstehen mußte, war auch kein Problem: Ich ging einfach in eine andere Kammer, rief einen bösen Geist aus der Hölle herzu und schlug ihm in dem Augenblick, als er sich materialisierte, mit einem Breitschwert blitzschnell den Kopf ab, spießte ihn auf eine Eisenstange und pflanzte die vorn in der Kammer auf, in dem wir das Ritual vollziehen wollten. Jetzt benötigten wir noch fünfzehn männliche Leichname! Niandra schickte eine Horde Dämonen aus, die einen von ihr ausgewählten Friedhof plünderten und uns die Leichen brachten. Wir plazierten sie, wie die Kerzen, in einem bestimmten Verhältnis zu markanten Punkten der mit unserem Blut auf den Boden geschriebenen Symbole. Als die stark verwesten Leichen an ihren Plätzen waren, steckten wir sie in Brand. Nun waren wir bereit, das Ritual zu

beginnen – gerade zur rechten Zeit, denn die Sonne kletterte schon über den fernen Horizont.
Wir knieten nieder, jeder von uns an einem ganz bestimmten Punkt, und sangen die seltsame Litanei, die wir uns bei Kandras Vortrag Wort für Wort gemerkt hatten, und wir sangen sie in der Sprache, die das Volk der Jangerronier Äonen zuvor gesprochen hatte. Aber es war nicht leicht, sie wie Kandra auszusprechen, denn diese Jangerronierlaute waren eindeutig nicht von menschlichen Mündern hervorgebracht worden.
Als wir die lange Litanei beendeten, war das Gelaß vom stechenden Gestank verbrannten Fleisches erfüllt, waren die Leichen zu Asche geworden. Mit bloßen Händen scharrten wir ihre rauchenden Aschen zusammen und schütteten sie in die Vase, wobei wir jedesmal, wenn wir eine Handvoll davon hinzufügten, dieselben fremdartigen Worte sprachen. Dabei bemerkten wir, daß die Vase jetzt noch intensiver phosphoreszierte; ja, das bernsteinfarbene Licht, das sie ständig ausstrahlte, pulsierte nun wie ein schlagendes Herz. Wir füllten die restliche Asche ein, stellten die Vase auf eines der mit Blut gemalten Symbole, exakt auf den Schnittpunkt mehrerer Linien, und flüsterten noch weitere Worte in dieser rätselhaften Sprache.
Als nächstes mußten wir diesen grotesken Dämonenkopf auf den Mund küssen, was wir denn auch ungerührt taten. Dann vollzogen wir die vorletzte Handlung des monströsen Rituals, die darin bestand, mit der Zunge die mit Blut gemalten Symbole vollständig auszulöschen. Wir fieberten bereits vor einer schier unerträglichen Erwartung.
Nun blieb uns noch eines zu tun: uns einfach in entgegengesetzten Ecken der Kammer niederzuknien, den Blick auf die Vase zu richten und immer wieder mit tiefer, gutturaler Stimme ein und denselben, uns unverständlichen Satz zu rezitieren. Als wir es taten, glühte die Vase von Sekunde zu Sekunde stärker und stärker, bis sie bald den ganzen Raum mit ihrem blendenden Licht erhellte. Während wir gebannt in die Weißglut starrten, tat sich im Boden, dem Schlund eines Riesen gleich, ein gähnender Abgrund auf... ein schwarzer Krater, in den die Vase mitsamt ihrem Licht stürzte,

so daß es in dem Gelaß schlagartig dunkel wurde. Niandra und ich waren von dem Spektakel so gefesselt und so bar jeder Ahnung des Kommenden, daß wir unseren einförmigen Sprechgesang fortsetzten. Durch das tiefe Dröhnen unserer Stimmen hindurch vernahmen wir seltsame erstickte Schreie, die aus dem Krater im Fußboden kamen, Schreie, die nicht aus den Kehlen gewöhnlicher Lebewesen stammen konnten.

Plötzlich fiel ein unheimliches grünes Licht aus dem Loch, stieg aus dessen unfaßlicher Tiefe ein seltsames, gespenstisches Etwas auf, dessen Anblick Niandra und mir den Atem raubte. Es war eine bernsteingelb glühende Wolke, etwa zehn Mannslängen hoch und fünf Mannslängen breit, in deren wirbelnden Schwaden ständig Hunderte von fremdartigen Gesichtern aufschienen und schwanden, im steten Strudel des Miasmas geboren und vernichtet wurden.

Die Wolke verharrte eine Zeitlang über dem abgrundtiefen Krater, und wir, die wir wie abwesend den mysteriösen Satz weitersangen, beobachteten fasziniert, wie sich diese unzähligen alptraumhaften Gesichter verzerrten, nur um gleich darauf in den bernsteingelben Nebeln zu verschwinden und durch noch häßlichere, unmenschlichere Fratzen ersetzt zu werden. Wir zwei hatten ja schon zahllose, auf den ersten Blick wohl beängstigendere Scheußlichkeiten zu Gesicht bekommen, aber noch nie eine, die eine so unglaubliche Kraft und Bosheit ausstrahlte wie diese Wolke; ihre Kraft und Bosheit waren körperlich beklemmend: Sie lasteten widerlich wie Hunderte warmer Hände auf uns und trieben uns wahrhaftig den Angstschweiß auf die Stirn. Von dieser Wolke drohte uns großes Unheil, ja, das war uns augenblicklich klar.

Nun schwebte das schreckliche Wesen langsam auf Niandra zu. Sein Bernsteinlicht pulsierte, und in seinen wirbelnden Giftschwaden erblühten und vergingen die Fratzen in stetem Wechsel. Ich wußte nicht, was tun, kauerte dumpf in meiner Ecke und sah, vor Furcht wie versteinert, zu Niandra hinüber, die vor Entsetzen bloß noch stammeln konnte. Die Wolke war fraglos eine böse, bösartige Kraft und verfügte über einen unendlich viel stärkeren Zauber als wir; gegen sie waren wir machtlos. Die schrecklichen

Schreie, die aus dem schwarzen Schlund drangen, wurden immer lauter. Als sie zum ohrenbetäubenden Geheul anschwollen, stieß die Wolke auf Niandra herab und schluckte sie. Der Todesschrei meiner Liebsten ließ mir das Blut in den Adern erstarren.
Die Wolke stieg wieder empor, so daß ich die leere Stelle sah, wo Niandra noch Sekunden zuvor gekniet hatte, und begann drohend auf mich zuzuschweben. Von Grauen gepackt, zwang ich meine vor Furcht gelähmten Muskeln zu agieren, stürzte aus der Kammer und ließ die schreckliche Wolke in dem festen Gelaß zurück. Ich hatte kaum den Strand erreicht, als unsere Burg explodierte und ein Schauer von Steinbrocken und Mauerteilen auf die gesamte Umgebung niederging. Wenn ich mir nicht sogleich einen fliegenden Teppich hergezaubert und damit das Weite gesucht hätte, wäre ich wohl durch einen der gewaltigen Brocken erschlagen worden.
Als ich nun beim Flug über die schäumende See zu der in Trümmern liegenden Burg zurückblickte, begriff ich, daß wir beide mit dem monströsen Ritual dem Bösen Tür und Tor geöffnet hatten. Denn aus den geborstenen Obsidianmauern stiegen – von diesem Höllenschlund ausgestoßen – dutzendweise wirbelnde Bernsteinwolken auf, die in alle Himmelsrichtungen davonschwebten, um dann jedes Lebewesen zu verschlingen, das ihnen begegnen würde.
Da nahm ich all meinen restlichen Verstand zusammen, wünschte mir eine Rolle Pergament und eine Gänsefeder und begann rasch, diesen Brief zu schreiben. Sobald ich damit fertig bin, werde ich davon viele, viele Kopien zaubern, jede mit Zauberflügeln versehen und dann den Winden anvertrauen, damit die sie in alle Winkel unseres Landes tragen. Ich verleihe jedem dieser Briefe die Gabe, andere Jüngerinnen und Jünger der Weißen Magie ausfindig zu machen, und hoffe, daß wenigstens eines meiner Schreiben einem fähigen Hexer in die Hände fällt, einem, der das darin festgehaltene Wissen in mir unbekannter Weise nutzen kann, um diese schrecklichen Wolken vielleicht doch noch daran zu hindern, sämtliches Leben auf Erden auszulöschen.
Nun, da mein Teppich mit Windeseile zu irgendeinem unerreich-

baren Ort des Trosts und der Zuflucht fliegt, wird mir so richtig klar, welch scheußliches Verbrechen Niandra und ich begangen haben. Wir haben uns wissentlich und leichtfertig auf Dinge eingelassen, auf die sich niemand einlassen darf, und die Folgen unseres Vergehens werden jeden im Land treffen. Mir fehlen die Worte, um das Grauen und die Scham zu beschreiben, die mich erfüllen... denn ich habe höchstwahrscheinlich Tod und Zerstörung über mein Land gebracht, und von dieser Sünde wird mich keiner je freisprechen können.

O Schreck! Eine Wolke folgt mir mit rasender Geschwindigkeit. Sie kommt rasch näher... Ich spüre schon ihre scheußliche Kraft, ihre unendliche Bösartigkeit... ich sehe die verzerrten Fratzen, die in ihren Schwaden zucken... Sie ist zu schnell für mich, ich kann sie nicht abhängen... Sie wird mich bald verschlingen... o welch furchtbares Los! Ich sehe Niandras gequältes Gesicht in der Wolke... ach, sie schreit und weint vor Pein!

Gleich werde ich bei ihr sein...

ROWENA A. BATHGATE

Selbst nach fast lebenslanger Lektüre von Fantasy-Literatur – die ja eigentlich nur die endlose Variation einiger Kernthemen ist – bin ich noch immer offen für Überraschungen in Form von wirklich originellen und phantastischen Storys.
Wenn man mir, beispielsweise, für jede Vampir-Geschichte, die ich gelesen habe, einen Dollar gäbe, bräuchte ich keine Anthologien mehr herauszugeben, sondern könnte mir meinen eigenen Verlag kaufen.
Rowena Bathgate wurde in Westaustralien geboren und lebt nun wieder dort, hat jedoch einen Amerikaner geheiratet und eine Zeitlang in Nevada gewohnt. Sie schreibt seit fünfzehn Jahren, hat sich aber dem Fantasy-Genre erst vor kurzem zugewandt, und das auf Anregung ihrer noch jungen Kinder. Das ist ihre erste Publikation; sie hat aber ein Konzept für einen Fantasy-Roman in der Schublade. (»Aber wer hätte das nicht?« fragt sie, realistischerweise.) Sie streife gern mit ihrem Hund und ihrem Pferd durchs Land, schreibt sie und fügt hinzu, daß »die Hausarbeit auf meiner Prioritätenliste ganz weit unten steht«. Natürlich, und wie bei mir; wer gerne Hausfrau ist, wird wohl kaum Schriftstellerin. Ich habe damals aus der Not eine Tugend gemacht und meine ersten Texte auch mal auf der Spüle geschrieben. – MZB

ROWENA A. BATHGATE

Eine Herzensangelegenheit

»Vater?«

Die große, schlanke junge Frau stand weißgewandet vor dem Vater. Sie zitterte am ganzen Körper, wie immer in seiner Gegenwart. Der Herzog, der in ein Buch vertieft im Erker saß, hob seine kalten, grauen Augen und blickte seine Tochter an.

»Vascha. Hast du erfahren, warum Dako fort ist? Warum mein einst getreuer Burgvogt mich, seinen Lehensherrn, verraten hat?«

»Ja, mein Herr.«

»Wegen einer Frau?«

»Ja, mein Herr.«

»Sie muß eine Schönheit sein... sonst hätte er seinen Lehenseid wohl kaum gebrochen.«

»Manche sagen, sie sei schön, Vater.« Vascha schluckte, hob dann ihre warmen braunen Augen und trotzte seinem kalten Blick.

»Und sie liebt ihn?« höhnte der Herzog – wie dumm mußte die sein, die es in Kenntnis der darauf stehenden Strafe wagte, ihm seinen getreuesten Diener abspenstig zu machen! Denn die Burgvögte waren in allen Herzogtümern dieses Königreiches durch ihren Eid für die gesamte Amtszeit zum Zölibat verpflichtet, und die Strafe für den Eidbruch, die stets der Burgherr bestimmte, war üblicherweise die Hinrichtung aller Beteiligten.

»Ich glaube nicht, daß sie von seiner Liebe wußte, Vater...«

»Aber liebt sie ihn denn?« fragte er eisig.

»Nun, da sie seine Gefühle kennt, liebt sie ihn vermutlich«, sagte Vascha mit zitternder Stimme.

»Genug, um für ihn zu sterben?« versetzte der Herzog ruhig. Jetzt wieder völlig beherrscht, fuhr er fort: »Bring mir ihr Herz!«

»Vater?« fragte Vascha ungläubig.

»Dako muß für seinen schändlichen Verrat büßen! Es wird ihm seine Freiheit vergällen, wenn du mir das Herz dieser Hündin bringst!«
»Aber Vater...«
»Willst du mich auch verraten, Tochter? Willst du deinen Eid als meine Leibeigene brechen?« In seinen Worten lag eine ruhige, aber grenzenlose Drohung.
»Das möchte ich ja nicht, mein Herr und Gebieter, aber du weißt, ich habe einen Eid geschworen...«
»Du hast geschworen, mir zu gehorchen«, beschied der Herzog sie und wandte sich wieder seinem Buch zu. Die Audienz war beendet.

Draußen auf dem Flur blieb Vascha stehen. Sie zitterte immer noch heftig und hielt die geballten Hände an ihre Schenkel gepreßt. In ihr tobte ein schrecklicher Konflikt: Ihre Ehre gebot ihr zu tun, was ihr Lehensherr befahl – ihr Hexeneid aber verbot ihr das.
»Tochter?« Ursula, ihre Mutter, faßte sie sanft an der Schulter. »Hast du deinem Vater sagen können, was er wissen wollte?«
»Ja, Mutter. Aber nun soll ich ihm das Herz der Frau bringen, der Dakos Liebe gehört.«
Ursula erbleichte. »Dann mußt du es tun«, flüsterte sie.
»Mutter, du weißt, mein Hexeneid verbietet mir zu töten.«
»Du bist eine mächtige und kluge Hexe, Vascha. Du findest sicher einen Weg, es zu tun, ohne sie zu töten«, hauchte die Mutter mit nun ebenfalls bebender Stimme. Für einen Augenblick sahen Mutter und Tochter einander verzweifelt an. Dann aber schluchzte Vascha auf und wandte sich ab.

Als Vascha wieder in ihrem Gemach war, trat sie ans Fenster und sah niedergeschlagen auf die grünen Felder hinab. Ihr schauderte beim Gedanken an jenen entsetzlichen Befehl ihres Vaters. Es war unmöglich, einem Menschen das Herz herauszunehmen, ohne ihn dabei umzubringen – es sei denn... Wie elektrisiert drehte sie sich um und eilte, ja, flog quer durch ihr Zimmer zu ihren Bücherregalen, die eine Wand dieses Raums einnahmen. Auf ihren Wink schwebte ein riesiger, kaum benutzter Band vom obersten Bord herab und in ihre Hände. Da blies sie den Staub, der sich darauf angesammelt hatte, mit einem sanften Hauch geradewegs zum Fenster hinaus und schlug den Buchdeckel auf. Sie las bis spät in die Nacht hinein und nahm sich kaum die Zeit, die Kerzen anzuzünden, als die Abendschatten länger wurden. Die angegrauten Pergamentseiten drehten sich ganz von selbst um – bald schnell, bald langsam, je nachdem, wie zügig Vascha die Sendschreiben und Zaubersprüche las. Aber noch ehe der orangerote Mond durch ihre Fenster hereinschien, stieß sie einen kurzen Triumphschrei aus. Sie ließ das Buch aufgeschlagen liegen, zündete rasch sieben große Talglichter an und stellte sie auf die Spitzen eines in den Steinboden geritzten siebenzackigen Sterns. Dann kehrte sie zu ihrem Buch zurück, las noch einmal sorgfältig die Worte, die ihren Freudenschrei ausgelöst hatten, begann sanft zu singen und suchte nebenher die anderen Dinge zusammen, die sie für den Zauber benötigte.

Die Worte im Buch begannen zu leuchten, sich zu verselbständigen, sprangen heraus und wirbelten umeinander, als sie jene magischen Kräfte und die Energie sammelten, derer es bedurfte. Die Zauberin stand mit hängenden Armen und zurückgeworfenem Kopf inmitten des Sterns und speiste den Wirbel über ihr mit ihrer eigenen Kraft.

Wieder trat Vascha vor ihren Vater. In ihren zarten Händen hielt sie eine riesige kristallene Schale. »Herr, ich habe getan, was du befohlen. Hier ist das Herz der Frau ... wie du es wolltest.«

Der Herzog nahm die Schale, starrte auf den blutigen Klumpen, den sie barg, warf sodann seiner Tochter einen bohrenden Blick zu und sprach: »Dieses Herz hier schlägt noch.«

»Ja, mein Herr«, entgegnete Vascha und erwiderte den Blick ihres Vaters, ohne mit der Wimper zu zucken.

»Dann lebt das Weib also noch?«

»Ja, Vater, aber sie kann nicht mehr lieben, weil du ja ihr Herz hast.«

Er lächelte böse. »Du hast also einen Weg gefunden, meinen Befehl auszuführen, ohne deinen Eid zu brechen. Du bist schlau, Tochter, du hast jede meiner Proben bestanden.« Nun stellte er die Schale auf seinen Schreibtisch und fuhr fort: »Geh jetzt, du hast mich wieder einmal überlistet, und doch getan, was ich dir befohlen.«

Vascha atmete langsam aus, bevor sie – wie üblich – drei Schritte rückwärts ging, sich umdrehte und ohne Hast den Raum verließ. Sie blickte aus ihrem Fenster flüchtig über die grünen Felder hin und dachte an Dako, an seine brüchige Stimme und an alles, was er ihr zwei Nächte zuvor anvertraut hatte. Dann klappte sie traurig das Buch zu, in dem sie in der vergangenen Nacht so verzweifelt einen rettenden Zauber gesucht hatte. Da fiel ihr Blick auf den Spiegel – sie betrachtete die zarte, wohlgestaltete Frau, die ihr daraus entgegensah, eine junge Frau, die so kurz nur die Liebe gekostet hatte... und sie berührte die schon so gut verheilte Wunde über ihrer rechten Brust. Sie fühlte eine neue, wilde Entschlossenheit in sich, die sie gegen die stählte, die ihr am nächsten gestanden hatten. Mit grimmiger Genugtuung dachte sie daran, wie ihre eitle und dumme Mutter darauf reagieren würde, daß sie nicht käme, ihr das Herz herauszunehmen, und auch daran, daß ja ihr hochfahrender Vater nicht einmal gefragt hatte, wessen Herz er denn in Händen halte, und daß er vergessen hatte, wenn er es überhaupt je gewußt hatte... daß Hexen zwei Herzen haben.

DEBORAH WHEELER

Eine der vielen Freuden jahrelanger Herausgebertätigkeit ist die, daß man sich einen kleinen Stamm von Autoren aufbauen kann, bei deren Storys man im voraus weiß, daß sie des Lesens wert sind. Zu diesen Autoren zählt Deborah Wheeler, die es sogar geschafft hat, eines meiner uralten Vorurteile zu widerlegen. Ich habe im Laufe der Zeit so viele Wolfsgeschichten in Druck gegeben, daß mich das bloße Wort »Wolf« im Titel ihrer Story schon fast aufstöhnen und zu einem Ablehnungsvordruck greifen ließ. Aber ich las sie – weil ich aus Erfahrung weiß, daß jede Erzählung von Deborah, auch wenn ich sie nicht drucken kann, der Mühe des Lesens wert ist; und als ich sie zu Ende gelesen hatte, da konnte ich der Versuchung nicht widerstehen, sie auch meinen Lesern vorzulegen.
Eben das macht einen Herausgeber aus. – MZB

DEBORAH WHEELER

Die mit dem Wolf kämpft

Als Bijara ihr Ohr an die schwere Eichentür des Ratssaales preßte und auf die letzten Bemerkungen der Dorfältesten lauschte, schien die Welt mit ihr zugleich den Atem anzuhalten. Und der zunehmende Mond warf seinen fahlen Schein auf das kleine Dorf Meata, das die Ufer des Flusses säumte und wie eine Lichtinsel in der Weite des schwarzen, düster schweigenden Waldes lag. Drunten am Kai ächzten die Boote unter ihrer Last aus Pelzen und geschnitztem Bernstein. Die Wölfe heulten seit der letzten Woche nicht mehr, als ob ihnen diese schmale Mondsichel nicht des Anheulens wert scheine. Dafür umkreisten sie Bijara in ihren Träumen, lauernd und heißhungrig, und drangen auf sie ein wie der Wald auf das ummauerte Dorf.

Was würde der Rat mit ihr machen? Sie flußabwärts verkaufen, wie der Meister gedroht hatte, nachdem man sie dabei erwischt hatte, wie sie, anstatt zu arbeiten, am Fenster der Wächterin horchte? Oder sie so mit Arbeit überhäufen, daß ihr gewiß keine Zeit mehr bliebe, sich über die Wölfe von Meata oder irgend etwas anderes Gedanken zu machen? Warum hatte die Wächterin sich für sie, eine Leibeigene, so interessiert?

Bijara atmete tief durch und straffte ihre Schultern. Sie war mit ihren sechzehn Jahren beinahe so groß wie ein Mann, hatte breite Backenknochen und rötliches Haar und stach damit deutlich von den dunkelhaarigen, gedrungenen Dörflern ab. Als sie, halb verhungert und vom Verlust ihrer Familie verstört, nach Meata gekommen war, war es ihr wie jeder andere Waldhandelsplatz vorgekommen: als ein scheinbar sicherer Ort, der in Wahrheit nur mit Duldung der Wölfe existieren kann. Nachdem sie den größten Kummer überwunden hatte, war ihr aber aufgegangen, daß die hiesigen Wölfe zwar ebenso wild heulen konnten wie die im Süden, aber niemals, auch bei Vollmond nicht, in das von seinen schwachen Mauern nur schlecht geschützte Meata einbrachen. Den Fremden, die durch den nahen Wald zu reisen wagten, geschah nie etwas. Die Leute sagten, die Wächterin halte die Wölfe mit einem Zauber fern, und sie sagten auch...

Durch die jäh geöffnete Tür fiel Kaminfeuerschein, drang der Duft von Gewürzwein. Bijara konnte einen flüchtigen Blick in den Saal und auf die Ältesten werfen. Sie selbst war, nachdem das Dorf sie als Leibeigene gekauft hatte, schon oft zum Putzen, aber noch nie während einer Ratsversammlung dort drin gewesen.

Akheer, die Wächterin Meatas, trat über die breite Steinschwelle in die Nacht heraus und ließ die Tür wieder hinter sich zufallen. Ihre fein geflochtenen silbernen Zöpfe und ihre schmale Adlernase schimmerten im Sternenlicht. Sie schniefte zweimal, faßte Bijara mit eisernem Griff am Ellenbogen und zog sie mit sich die Straße entlang. Bijara stolperte stumm neben ihr her und überlegte, ob der Rat denn die alte Wächterin mit der Aufgabe betraut habe, sie zu bestrafen.

Als sie so dahinstolperte, fielen ihr all die Abende ein, da sie an Akheers Fenster gehorcht und sie beim Unterricht der Prüflinge belauscht hatte, um irgend etwas über die Künste der Wächterin zu erfahren, einen Zauber, der gegen die Wölfe anzuwenden wäre...

Es war nun drei Abende her, daß sie einen ersten Hinweis bekommen hatte. Sie erinnerte sich genau an das, was sie da gehört hatte: »Das erste, was ihr euch für den Kampf gegen Wölfe merken müßt, ist: Wer sich verteidigt, unterliegt.«

Kampf gegen Wölfe? Sie war wie versteinert stehengeblieben, hatte den Korb mit Kräutern und Zwiebeln für das Mahl des Meisters ganz vergessen, war taub geworden für all die abendlichen Geräusche im nur noch spärlich erhellten Dorf hinter ihr.

Da hatte Akheer mit ihrer trockenen, ruhigen Stimme ihren Vortrag fortgesetzt. »Alles am Wolf, seine Reflexe und seine Muskeln, die Krümmung der Eckzähne, ist für das Reißen einer zurückweichenden Beute ausgelegt. Man kann sich nicht von ihm freikämpfen.«

»Was sollen wir denn dann tun?« fragte der Sohn des Schmiedes und kreuzte die muskulösen Arme über der Brust. »Einfach dastehen und uns töten lassen? Zu sagen: ›Ich bin ein heiliger Wächter‹ ist ja gut und schön, schützt uns aber in Vollmondnächten selbst hier in Meata nicht.«

»Nein«, versetzte die alte Frau. »Du mußt angreifen, bevor er es tut... den Kampf beenden, bevor er beginnt, den Wolf überzeugen, daß du schon der Sieger bist. Der Wächtereid bedeutet nur, daß du derjenige bist, der dem Rudel gegenübertritt, und nicht irgendein argloser Reisender.«

»Bei allem Respekt...«, sagte da ein stämmiges, krähengesichtiges Mädchen in einem Ton, der deutlich machte, daß sie die alte Frau für blöde hielt, »wie kann man von uns erwarten, mit den bloßen Händen gegen Wölfe zu kämpfen... und was soll diese dumme Regel, ihnen nie mit Stahl zu Leibe zu rücken, wo unsere Messer doch so scharf wie...«

Ihr Blick war auf sie, die am Fenster Horchende, gefallen. »Das ist das blonde Mädchen. Sie hat uns belauscht!«

Das nächste, was Bijara wahrgenommen hatte, war, eine Handbreit vor ihrer Nase, das verrunzelte Gesicht der alten Frau gewesen, die geschrien hatte: »Holt den Meister! Darüber muß ich mit den Ältesten reden...«

Nun, drei Abende danach, stolperte Bijara neben der Wächterin die Straße entlang und schwor sich, daß sie, wie hart auch immer man sie jetzt bestrafte, niemals aufgeben und weitersuchen würde, bis sie das Geheimnis des Wolfskampfs gelüftet hätte.

Vor der niedrigen Steinmauer, die ihren Hof umgab, machte Akheer jäh halt und zog Bijara zu sich herum. »Höre, Mädchen«, sagte sie und sah ihr in die Augen. »Ich möchte dich zu meiner Nachfolgerin ausbilden. Aber nur, wenn du es willst. Du kannst jetzt entweder mit mir kommen oder zum Rübenhacken zurückgehen.«

»Du wirst mich nicht... ich werde nicht... bestraft?«

»Nur, wenn du vorhast, die ganze Nacht hier draußen rumzustehen und zu quasseln!«

Sprachlos vor Staunen, folgte Bijara der alten Frau ins Haus.

Am nächsten Morgen fragte sich Bijara, ob sie etwa nur eine Form der Knechtschaft gegen eine andere eingetauscht habe. In Akheers Haus mußte man noch Töpfe scheuern und Kartoffeln schälen. Zudem trug die Wächterin ihr auf, Kräuterarzneien zu brauen. Am Abend brachte sie Akheer nach dem Feuermachen ihren Gichttee. Die Alte hielt die Tasse in beiden Händen, als ob die Heilkräfte durch das Porzellan in ihre geschwollenen Knöchel strömen könnten.

Nach dem Teetrinken zeigte sie Bijara ihre Wegsteine, die magisch glühten, wenn ein Reisender ihre längs der Waldwege angebrachten Pendants passiert hatte, und auch das Amulett, das sie immer trug und mit dem sie die Wölfe sogar in der tiefsten Dunkelheit orten konnte. Bijara faßte nach dem glattpolierten Stein. Sie wagte es kaum zu glauben, daß er wirklich sei und ihr dereinst zu Diensten sein könnte.

Akheer steckte das Amulett wieder unter ihr wollenes Unterhemd. »Es dient nur Wächtern, und du mußt noch viel lernen, ehe du den Eid ablegen kannst. Nun sage mir, was es an diesem Abend denn so Interessantes zu hören gab.«

»Du sprachst über ... die Wölfe«, erwiderte Bijara. Dann schwieg sie, lauschte auf das Pochen in ihrer Brust. Wenn die Wächterin ihre wahre Absicht erriete ...

Akheer nickte ruhig. Ihre Augen funkelten wie Tautropfen in ihrem runzligen Gesicht.

»Aber du sprachst vom Kampf gegen Wölfe«, entfuhr es Bijara. »Ich dachte ... hier würden sie nie angreifen.«

»Du kommst aus dem Süden. Dort sind die Wölfe gesetzlos. Weißt du auch, warum? Weil die Menschen dort mit stählerner Waffe Jagd auf sie machen, alles Schwächere niedermetzeln, ohne jedes Gefühl für Anstand, bis nur noch ein Haufen Leichen übrigbleibt, ein Haufen von Wolfs- und Menschenleichen. Aber in Meata ist das anders. Wir halten den Vertrag ein. Auch hier greifen die Wölfe an, aber nur in ihrem Revier und zu ihrer Zeit. Im Wald, bei Vollmond. Ja, wir beschützen jene Menschen, die dann törichterweise unterwegs sind, setzen dabei aber nur unsere natürlichen Waffen ein. Wir kämpfen also tatsächlich gegen die

Wölfe, aber nur, um sie zu beschützen, denn wenn je jemand eine Stahlwaffe gegen sie richten würde...«

»Kannst du denn mit bloßen Händen gegen einen Wolf kämpfen?« fiel Bijara ihr ins Wort.

Akheers Augen wurden wieder stumpf. »Und ihn töten, wenn es sein muß. Das ist ein blutiges Geschäft. Ich wünschte mir, ich könnte dir versprechen, daß es dir erspart bleiben wird. Aber ich weiß, daß du es tun mußt. Hoffentlich nicht so oft. Aber du mußt immer darauf vorbereitet sein.«

Blut... Bijara schwanden fast die Sinne vor Rachsucht. Wolfsblut an ihren Händen... und überall in den Schneewehen tote Wölfe... so steifgefroren, wie die Leichname ihres Vater und ihrer Brüder gewesen waren, als sie sie gefunden hatte, Auge um Auge, Zahn um Zahn... Ihr schauderte, und sie betete, Akheer möge den in ihrem Herzen lodernden Brand, wenn sie ihn sähe, für das heilige Feuer des Pflichteifers halten.

Der Winterwald weckte zu viele Erinnerungen, Erinnerungen... die selbst das monatelange intensive Training nicht hatte auslöschen können. Bijara stapfte hinter Akheer durch den Schnee, genau in deren Fußspuren. Sie trugen heute nacht Glöckchen, deren Klingen weithin zu hören war.

Bijara hatte seit der Sommernacht, da Akheer sie vom Ratssaal in ihr Haus geschleppt hatte, das Einmaleins der Wolfskunde so emsig gelernt, daß sie es im Schlaf hersagen konnte, und täglich viele Stunden lang elementare Kampftechniken, wie Tritte, Hebelgriffe, Handkantenschläge und Fausthiebe, geübt. Sie hatte trainiert, bis sie so müde und kaputt war, daß nur noch ihr verletzter Stolz sie auf den Beinen hielt. Sie hatte vielleicht noch nicht das Timing und die Balance der alten Wächterin, dafür jedoch mehr Kraft und Reaktionsschnelligkeit. Jetzt war sie endlich bereit, ihre neuen Fähigkeiten zu erproben.

Akheer blieb stehen, um Atem zu schöpfen. Bijara blickte kurz zum Mond hoch, der so voll und rund war, daß er wie schwanger aussah, und sagte: »He, laß mich mal vorangehen.«

»Du solltest... dich nicht... zu sehr anstrengen... vor deinem

ersten Kampf«, keuchte Akheer, überließ ihr aber die Führung. »Es braucht viel... Kraft... den Wölfen... standzuhalten.«
»Es muß doch eine einfachere Möglichkeit geben herauszufinden, ob sie angreifen werden«, murrte Bijara und ging mit raumgreifenden Schritten durch den verharschten Schnee voran.
»Aber die ist doch einfach! Die Wegsteine waren klar, es ist also kein Reisender unterwegs, der zu beschützen wäre. Nur Mikkel, der Nußsammler. Er ist heute nachmittag losgezogen«, versetzte Akheer und hob ihr Amulett empor. »Und er muß ganz in der Nähe sein.«
Bijara behielt den verschneiten Pfad im Auge. Wenn der Nußsammler irgendwo hier draußen war, würde er die Wölfe anziehen. Sie sah sich schon mit einem riesigen Grauwolf kämpfen, sah ihn zu ihren Füßen zusammenbrechen, sah das Blut aus seinen leeren Augenhöhlen ausströmen... Sie wäre am liebsten gerannt, um all das schneller Wirklichkeit werden zu lassen.
Sie hörten den Mann, noch ehe sie ihn sahen. Er rief sie, weil er in der Stille des Waldes ihre Glöckchen vernommen hatte. Bijara erblickte ihn als erste: Eine dunkle Gestalt in einem unförmigen Kaninchenfell-Parka, die an einem umgestürzten Baumstamm lehnte. Als sie zu ihm laufen wollte, hielt Akheer sie am Ärmel fest und wies in die Runde.
Da sah Bijara sie – silberne Augenpaare, die in dem Dunkel rings um die kleine Lichtung leuchteten. Ihr war, als ob sie die Wölfe knurren hörte, tief und drohend.
Unser, schienen sie zu warnen, er ist unser.
Mein, erwiderte sie, ihr seid mein.
Akheer zog sie auf die Lichtung und kniete neben dem Nußsammler nieder.
Bijara sah verblüfft zu ihm hinab. Sie hatte geglaubt, er sei alt und schwach (eben ein Nußsammler!), aber er war so jung wie ihr nächstälterer Bruder an jenem Tage, als die Wölfe kamen. Das vom Schnee reflektierte Mondlicht war schon so hell, daß sie Mikkels jungenhaften Bart und seine runden, von der Kälte rauhen Backen erkennen konnte. Er stöhnte, als Akheer sein ausgestrecktes Bein abtastete.

»Mein Knie...«
»Böse verstaucht«, murmelte die Wächterin.
Der Junge nickte und richtete sich kurz auf. Wenn die Wölfe nicht gewesen wären, hätte er zurückhumpeln können, dachte Bijara.
Sie sah auf. Die Wölfe lösten sich aus der Dunkelheit – grau und schwarz, einer fast weiß. Sie kamen langsam näher, den Kopf tief und die Ohren flach angelegt, und knurrten warnend.
»Das Leittier?« fragte Akheer, ihr dumpfes Grollen übertönend.
»Der weiße.«
»Gut. Wann gehst du ihn an?«
»Ich verkürze die Distanz«, zitierte Bijara ihre Lehrerin, »wenn er die Angriffsposition bezieht«.
Das Rudel blieb stehen, wie im Schnee festgefroren. Nur der weiße Rüde rückte weiter vor. Bijara spürte ihren Herzschlag kaum mehr, so ruhig wurde er. Sie sah die fahlen Lichter des Wolfs, schwarz umringt und schräg gestellt, sah seine spitze Schnauze und jedes seiner gesträubten Rückenhaare. Sie hörte seinen Atem durch seine Nüstern pfeifen und hörte sogar sein Herz pochen, weit lauter als das ihre. Sie machte einen tiefen Ausfallschritt auf ihn zu, dann noch einen, und spähte dabei nach seinen verwundbaren Stellen.
Der Wolf blieb stehen, hob die schneeverkrustete Pfote und legte ein Ohr nach vorn, warf den Kopf zurück und heulte. Bijara preßte das Kinn auf die Brust und atmete ruckartig. Eine Art dumpfes Grollen stieg aus ihrer Kehle auf.
»Er ist gebannt, Mädchen, zieh dich zurück!« zischte Akheer. »Du hast schon gewonnen. Zwinge ihn nicht...«
Bijara hörte die Warnung nur undeutlich. Ihren in Kampfpose halb gebeugten Körper fühlte sie nicht mehr. All ihre Sinne waren auf das Tier vor ihr gerichtet.
Mein, hämmerte sein Puls in ihrem Hirn, mein bist du.
Es war der Wolf, der den Bann brach: Im Zickzack schoß er vor, um sie seitlich zu fassen.
Er will mir die Kniesehnen durchbeißen! fuhr es Bijara durch den Kopf. Sie wirbelte herum, erwischte ihn mit einem kurzen Hieb an

der Schläfe. Der Wolf jaulte auf, überschlug sich und rappelte sich wieder hoch. Seine Rudelgenossen stürmten vor.
Die Wucht eines schweren Körpers warf Bijara auf den gefrorenen Boden. Gebogene Zähne senkten sich in den Ärmel ihrer Jacke und suchten nach ihrem Fleisch. Über die Schulter der Bestie hinweg sah sie Akheer wie einen Tornado umherwirbeln – so schnell und so geschmeidig, daß die Wölfe von ihr abzuprallen schienen.
Das Gefühl der Unwirklichkeit ließ Bijara auch nicht los, als sie ihre Finger in das getupfte graue Fell grub. Sie hatte tausendmal geträumt, an der Seite des Vaters gegen die Wölfe zu kämpfen, und hatte gespürt, wie das Tier ihr die Kehle zerfetzte und ihr das Blut heiß und klebrig die Brust hinabrann, und hatte gefühlt, wie ihr die eisige Luft die Lungen verbrannte. Aber das waren ja nur Träume gewesen.
Der Wolf arbeitete sich mit seinen Zähnen nach oben, auf ihren ungeschützten Hals zu, und versuchte, sich mit den Hinterbeinen an ihrem Bauch festzukrallen. Bijara wälzte sich mit ihm herum, brachte die Knie hoch und stieß sie ihm in den Unterleib. Als er vor Schmerz das Maul aufriß, schob sie ihm eine Hand tief in den Rachen.
Wild mit weit offenem Schlund röchelnd, warf sich der Wolf nach hinten. Seine Genossen heulten im Chor, und Bijara war plötzlich allein im Schnee.
Sie brauchte einen Augenblick, um zu begreifen, daß der Angriff zu Ende war. Da stand sie langsam und unter Mühen auf. Sie wußte, daß sie verwundet war, spürte aber noch keine Schmerzen.
Mikkel kniete über einer dunklen Gestalt und stöhnte: »Nein, o nein...«
Da vergaß Bijara ihre zerfleischte Schulter und ihre zerbissenen Hände und Handgelenke und warf sich neben ihm auf den Boden, in den blutbefleckten Schnee.
»Akheer, nein...«, flüsterte sie immer wieder und legte ihre Arme um diesen wunden, zerbrechlichen Körper.
»Sie hat mit dreien von ihnen gekämpft...«, murmelte Mikkel.
Dann ich also nur mit dem einen, dachte Bijara, und das auch nur,

weil ich zu dumm war, ihre Warnung zu beherzigen. Sie spürte den schwachen, flatternden Atem der alten Frau. Da legte sie das Ohr auf ihre Brust und hörte, wie ihr Herzschlag stockte und sodann gleichmäßig wurde. Durch Akheers blutnassen Wollrock konnte sie fühlen, daß ihr an einem Knie die Sehnen durchtrennt waren. Eine Entzündung wird sie mit ihrer Kräutermedizin verhindern, dachte Bijara, aber wieder heil machen kann sie die mit keiner Medizin der Welt.

Sie sprang auf, da ihr der Wolfsgestank so zu Kopf stieg, daß sie kaum mehr atmen konnte... Die Augen tränten ihr vom Mondlicht. Mikkel klopfte ihr die unversehrte Schulter und sagte: »He, das ist nicht deine Schuld. Du hast deine Sache gut gemacht, für einen Anfänger, und wirst eine großartige Wächterin abgeben.«

Licht weckte Bijara – das Licht des Vollmonds, das kein Vorhang völlig abhalten konnte, und das Licht der Wegsteine, die sie auf Akheers Geheiß neben dem Kopfende ihres Bettes griffbereit hielt. Das Schnarchen der alten Frau war das einzige Geräusch im ganzen Haus. Bijara fluchte leise und setzte sich auf. Dann verscheuchte Tatendrang ihr die letzte Spur von Schlaf aus Kopf und Gliedern. Diesmal gehe ich allein zu den Wölfen! dachte sie freudig und zog lächelnd ihre wärmsten Sachen an.

Die Muster in den Wegsteinen sagten ihr, wo sie suchen mußte. Die Nacht schien tief und still. Ihre Glöckchen klingelten laut. Aber nicht laut genug... um das Wiehern eines geängstigten Pferdes zu übertönen.

»Ich bin hier!« rief Bijara und rannte los. Um eine von mächtigen Eschen gesäumte Wegbiegung kam ihr ein einsamer Reiter auf seiner Apfelstute entgegengeprescht. Auf dem Zaum seines Pferdes und dem Heft des leicht gekrümmten Langschwerts, das er schwang, funkelte kostbares Mondmetall.

»Verdammte Unzucht, Mädchen!« schrie er und riß seine Stute hoch. »Was zum Teufel machst du hier draußen?«

»Ich bin die Wächterin! Steck dein Schwert ein!«

Bijaras Augen durchforschten das Dunkel beiderseits des Wegs. Sie machte vier Wölfe aus, darunter ein schlankes Weibchen mit

grauer Schnauze. Das Leittier, schwarz wie die mondlose Nacht, überragte die anderen. Sie hatten sich noch nicht zum Angriff entschlossen gehabt, und ihr Auftauchen verwirrte sie.
Die Stute wieherte erneut und tänzelte nervös auf der Hinterhand. Bijara sprang einen Schritt zurück. »Jetzt muß ich dich auch noch beschützen!« rief der Mann wütend.
»Das mußt du nicht«, versetzte Bijara mit all der Autorität, die ihr zu Gebote stand. Nach seiner hochfahrenden Haltung und seinem kostbaren Pelzumhang zu schließen, war er wohl einer, der in ihr nur ein kleines Dorfmädchen sähe, von dem er sich nichts befehlen ließe.
»Hast du noch nie von der Wächterin von Meata gehört? Solange ich hier bin, hast du nichts zu befürchten. Stecke jetzt dein Schwert ein, wie der Pakt es vorschreibt, und laß mich das tun, wofür ich ausgebildet wurde.«
Das Rudel hatte derweil den Ring enger gezogen, der kohlschwarze Leitwolf Angriffsposition bezogen. Bijara ging Schritt um Schritt auf ihn zu. Ihr blieb keine Zeit. Sie suchte in ihrem Herzen die blinde Wut, die beim letzten Mal alle Angst hinweggespült hatte, fand aber zu ihrem Erstaunen nur tiefe Furcht darin. Dieser Wolf war so viel größer als die anderen... seine gebleckten Fangzähne schimmerten wie Säbel. Sie zwang sich zu einer weicheren Gangart, verlagerte ihr Schwergewicht nach unten, um blitzschnell agieren zu können.
Das Pferd wieherte erneut und streifte Bijara mit der Schulter, als der Mann es mit den Sporen vorwärtstrieb. Bijara stolperte, fiel auf die Hände. Als sie aufblickte, sah sie sein erhobenes Schwert gleich einem silbernen Schemen das Dunkel durchschneiden.
Der schwarze Wolf sprang zur Seite, wohl zweimal so schnell wie der weiße, gegen den sie gekämpft hatte. Er landete, spannte sich und sprang, alles in einer einzigen Bewegung. Was für eine Kraft in ihm wohnt! dachte Bijara.
Die Stute kippte mit zerfleischtem Hals röchelnd seitwärts und in den Schnee und riß ihren Reiter mit, der Bijara ebenso inbrünstig verfluchte wie den Wolf, und verdrehte ihm dabei ein Bein, begrub es so unter sich, daß er nicht wieder hochkam.

Bijara kochte vor Wut über den sinnlosen Tod der Stute. Nun waren sie wieder genau dort, wo sie am Anfang gewesen waren, ehe dieser Tölpel seine dumme Attacke eröffnet hatte. Sie nahm all ihren Mut zusammen, um dem Wolf entgegenzutreten.
Aber bei dessen Anblick erbebte ihr Herz. Seine Augen, die zuvor wie Mondlichter geschimmert hatten, glühten wie Kohlen, waren von einem unnatürlichen inneren Licht erhellt, und um seinen Körper wogte eine gespenstische, rötliche Aura.
Der Wolf schien sich einzukrümmen, zu schrumpfen, dann wieder zu wachsen, anzuschwellen. Bijara glaubte, Muskelbänder über Knochen scheuern zu hören, als er sich streckte, immer länger wurde. Die Proportionen stimmten nicht mehr – der Kopf war zu schmal und das Vorderteil zu massig. Er wirkte wie eine Kreuzung zwischen Wiesel und Stier.
Dann hob er seinen mißgestalteten Schädel. Das rote Blut, das ihm von einer Schulter troff, erglänzte im Mondlicht. Das Schwert des Reiters hatte den natürlichen Wolf getroffen. Vor ihr stand aber ein anderes Wesen, ein Wesen aus Alpträumen, nein, eines, dessen Bild sie schon im Dämonenbuch eines Priesters erblickt hatte.
Was hatte Akheer gesagt? Wenn je jemand eine Stahlwaffe gegen sie richten würde...
Sie wollte mich warnen, dachte Bijara, mir deutlich machen, warum wir die Wölfe von Meata unbedingt beschützen müssen.
Das Ding, das zuvor ein Wolf gewesen war, senkte den Kopf wieder, beroch den unter der toten Stute eingeklemmten Mann, knurrte aber nicht. Die übrigen Wölfe zogen ihre Schwänze ein, rollten mit den Augen und winselten kläglich.
Da wußte Bijara, daß der Wolf noch lebte: im Inneren des Monsters verborgen und so hilflos wie der Schwertkämpfer hinter ihr. Wenn sie den bösen Geist jetzt nicht aufhielte, würde er sich wie ein Feuer ausbreiten, von allen Wölfen dieses Rudels Besitz ergreifen und sie von innen auszehren, sie für seine Zwecke gebrauchen.
Die Wölfe wären ihrem Zugriff dann für immer entzogen.
»Weiche, Dämon! Der Wolf ist mein!« schrie Bijara. Das glut-

äugige Wesen wandte ihr langsam sein Gesicht zu. Aus seinem weit offenen Maul troff schwach glühender Geifer. Sein Hinterteil spannte sich zum Sprung.
Noch ehe der Dämonwolf springen konnte, schoß Bijara vor. Mit der Stiefelspitze traf sie ihn unten am Kinn, schlitzte sie ihm das weiche Kehlgewebe auf. Die Wucht ihres Tritts ließ den schweren Schädel nach hinten und dann wieder nach vorn schnappen. Das Ding überschlug sich in der Luft, verdreht wie eine Katze, und landete erneut auf den Beinen.
Bijara wußte mit traumwandlerischer Sicherheit, was zu tun war, denn Akheers Lehren waren ihr in Fleisch und Blut übergegangen. Sie schoß vor, als der Dämonwolf geräuschlos zum Sprung ansetzte, rammte seinen schweren Leib mitten im Flug, fuhr herum und nutzte ihren kleineren Drehkreis, um ihm noch schnell knapp unter der Schädelbasis einen Handkantenschlag zu versetzen.
Das Wolfding jaulte, krachte schwer im Schnee auf und schlug mit den Pfoten wild um sich. Bevor es sich wieder aufrappeln konnte, saß Bijara ihm hinter der Schulter rittlings auf dem Rücken und drückte es mit ihrem Gewicht zu Boden. Dann beugte sie sich vor, packte seinen Unterkiefer und riß ihn nach hinten und oben – immer weiter nach oben –, bis sie spürte, daß seine Halswirbel blokkierten. Ein harter Ruck, und dem Wolf bräche das Genick!
Als sie all ihre Kraft für diese letzte Anstrengung sammelte, sah sie, wie er ein Auge nach hinten verdrehte und sie damit flehend und verächtlich zugleich anblickte.
Erlöse mich! flehte der Wolf.
Töte ihn meinetwegen! höhnte der Dämon.
Bijara lockerte vorsichtig ihre Knieklammer, so daß der Wolf sich etwas umdrehen konnte, und drückte ihm mit hartem Hebelgriff den Schädel herum, bis er sie mit beiden Augen ansah.
»Ich werde ihn töten«, sagte sie. »Langsam. Grausam. Und du wirst mit ihm sterben.«
Als sie auf den Wolf unter sich starrte, glomm die rote Aura noch einmal auf und erlosch sodann. Bleiche Mondlichtaugen erwiderten nun ihren Blick. In ihnen war kein Flehen mehr, sondern nur noch ein stilles Sichfügen. Der Wolf hatte sich damit abgefunden,

sein Leben unter den Händen seiner geschworenen Feindin auszuhauchen.

Ich werde dich töten ... wann es mir beliebt.

Damit ließ sie seinen Kopf los und brachte sich mit einem Satz in Sicherheit. Der Wolf blieb noch für ein paar Augenblicke keuchend im Schnee liegen, sprang sodann auf die Beine und humpelte hinter seinen Rudelgefährten her ins Dunkel, ohne sich noch umzusehen.

Bijara strich mit der Hand über das verführerisch glatte Amulett. Es sang in ihrem Blut, sang von Visionen und Macht. Sie brauchte nur ein Wort auszusprechen, und all das würde ihr gehören.

Sie legte den Stein Akheer in den Schoß, erhob sich und sprach: »Ich kann diesen Eid nicht ablegen.«

»Der Händler hat mir erzählt, wie du mit dem Wolf gekämpft hast und daß du ihm das Leben geschenkt hast. Ich habe mich also in dir nicht getäuscht, Mädchen.«

»Du sagst das nur, damit du niemand anderen ausbilden mußt. Weil du nicht ... beim nächsten Vollmond hinausgehen kannst. Ich kann das für dich machen, für eine Weile. Ich kann die Ausbildung für dich übernehmen, aber nicht ... nein, nicht ...«

»Was nicht?« fragte die alte Frau ruhig und setzte sich in ihrem Polstersessel gerader.

»Ich kann nicht schwören, sie zu schützen. Siehst du denn nicht, was ich dir während all der Monate verheimlicht habe? Daß ich nur geblieben bin, um zu lernen, wie man Wölfe tötet?«

»Warum hast du ihn dann verschont?«

»Sollte ich den Wolf diesem Ding da überlassen?«

Jetzt begann Akheer zu lächeln. »Ich habe dich von Anfang richtig eingeschätzt. Ja denkst du denn, eine Wächterin könnte allein aus ihrem Pflichtgefühl die Kraft schöpfen, diesem Rudel Jahr um Jahr die Stirn zu bieten? Glaubst du denn, daß diese Hohlköpfe ... von Dorfrüpeln auch nur ein Zehntel deiner Inbrunst mitbringen?«

»Aber ich bin voller Haß ... und habe geschworen ...«

»Und wer sagt denn, daß Haß keine gute Basis für den Kampf gegen Dämonen sei?« fragte die alte Frau ernst und gab ihr das Amulett zurück.

Bijara spürte seine pulsierende Wärme auf ihrer Haut. Es lag in ihrer Handfläche, glühte von einem inneren Feuer. Ihrem inneren Feuer. Sie schloß die Hand fest darum und ging zur Tür hinaus, in den tief verschneiten Hof. Der Kälte nicht achtend, stand sie an der niedrigen Steinmauer und starrte zum Wald hinüber.

Sie sah sie mit halb geschlossenen Lidern: behende und tödliche Funken silbernen Lichts. Ruhelos den Wald durchstreifend. Durch die Nacht trottend.

Mein, dachte sie, ihr seid mein.

VERA NAZARIAN

Einer der Gründe, warum ich mich stets über Veras Einsendungen zu dieser Anthologie freue – obwohl sie oft zu lang sind –, ist der, daß ich im voraus weiß, daß sie die Mühe des Lesens lohnen. Denn sie sind immer überaus farbig und originell und mit einem echten Sinn für das Phantastische geschrieben. Deshalb bin ich ja auch Herausgeberin geworden und geblieben. Im Moby Dick *heißt es, daß die Walfänger »hinausfuhren, um das beste und frischeste Lampenöl zu besorgen«. Mag auch die Einführung des elektrischen Lichts den Walfang überflüssig gemacht haben … die Jagd der Lektoren auf die besten und frischesten Geschichten geht weiter, und wir versuchen, sie frisch von der Quelle zu bekommen, ehe noch andere an ihnen herumpfuschen konnten. – MZB*

VERA NAZARIAN

Ein Liebesdienst

Es hieß, die Scharfrichterin Faelittal habe weder eine Seele noch ein menschliches Herz im Leib. Eine Seele, sagte man, hätten ihr die Götter verweigert. Ihr Herz – dieses zerbrechliche Organ, das der Sitz der Gefühle sein soll –, ihr Herz, oder was immer sie in der Brust trug, hatte Faelittal zerbrochen, zermalmt und zu Staub zertreten, nachdem sie zum erstenmal, aber mit großer Präzision, jemandem den Kopf abgeschlagen hatte. Jetzt köpfte sie, ohne mit der Wimper zu zucken, ohne ihr bleiches, stolzes Gesicht auch nur die Spur zu verziehen. Das konnte beobachten, wer die Gelegenheit hatte, einer der Hinrichtungen beizuwohnen, da sie, die Schwester der Königin, im Gegensatz zu anderen Scharfrichtern ihren Opfern in die Augen blickte und keine Maske trug.

Lyksandias, die Königin, ließ oft Hinrichtungen anordnen. Für sie waren das »Liebesdienste«, ein Mittel, ihr Volk in der Furcht des Gesetzes zu erziehen, ungesunde Kritik zu unterdrücken sowie das üble Krebsgeschwür abweichenden Denkens auszubrennen. Die Königin besaß absolute Macht – wer das noch nicht begriffen hatte, mußte mit ihrer gnadenlosen Justiz Bekannschaft machen. Lyksandias war wie ein Stein in ihrer »Liebe« zu ihrem Volk.

Sie ließ Männer und Frauen jeden Standes hinrichten. Gewöhnliche Verbrecher, Freie und Händler wurden gemeinhin erhängt, Krieger erschossen oder mit einer Silberschnur erwürgt. Die Silberschnur schickte man, zur gefälligen Verwendung, auch den wohlhabenderen Frauen oder den Damen der Oberschicht – wobei letztere das Recht hatten, statt dessen Gift zu nehmen.

Der Priesterschaft ließ die Königin freie Hand, Ketzer auf ihren Scheiterhaufen zu verbrennen. Daneben hatte man, natürlich, noch viele andere Hinrichtungsarten.

Außerdem gab es, zur Bestrafung der Hochverräter, die Enthauptung mit dem großen Richtschwert oder mit der Axt. Das war eine Kunst, die Faelittal besser als jeder andere beherrschte.

Die düstere Schwester der Königin war ursprünglich bloß Soldatin im Dienst des Gottes der Verteidigung gewesen, Mitglied einer in grauer Vorzeit aufgestellten Ehrengarde, die einst zeremonielle Aufgaben versehen hatte, aber angesichts unserer stürmischen und wahrhaft bedrohlichen Zeiten in ein echtes Elitekorps umgewandelt worden war.

Aber das war lediglich der Anfang ihrer Karriere. Faelittal war ein aufsteigender Stern – der Rang einer Kriegerin war ihr, bei ihren Talenten, nicht genug. So wurde sie dank ihrer eiskalten Beherrschtheit, Gelassenheit und wachen Intelligenz zur ersten Großexekutorin.

»Meine kleine Tigerkatze«, pflegte die Königin zu ihrer gar nicht so kleinen Schwester mit stolzem Blick zu sagen, in dem aber auch etwas Angst mitschwang. Worauf Faelittal statuengleich aus ihrer Mannshöhe auf Lyksandias herabzublicken und zu erwidern pflegte: »Dir stets gehorsam, meine kluge Schwester und Königin.« Wobei in ihren Augen dann etwas lag, das zu anderen Zeiten nicht da war.

Lyksandias hatte viele Liebhaber. Das war sogar einer der Gründe für die Existenz des Großexekutorinnen-Amts. Faelittal hatte sich einige Jahre zuvor gezwungen gesehen, einem durchgedrehten jungen Adligen, der Lyksandias töten wollte, die Kehle durchzuschneiden. Der Mann hatte den vergänglichen Status eines Gatten Lyksandias' erlangt, sann aber auf Verrat, den Sturz der Königin. Lyksandias beschloß, an dem Mann ein Exempel zu statuieren. Sie ließ seine noch warme Leiche auf eine öffentliche Hinrichtungsstätte tragen. Dort warf Faelittal blitzenden Auges ihr Gardeabzeichen zu Boden und legte statt dessen den ebenholzschwarzen Umhang der Nacht und des Todes um. Der aber hatte eine Besonderheit gegenüber anderen Henkerroben: Seinen Rücken zierte ein noch nie gesehenes Symbol – der Silberblitz einer Sternexplosion.

Er wurde zum Emblem der Großexekutorin. Und an jenem Tag köpfte Faelittal mit einem langen, schimmernden Schwert den Leichnam des Verräters.

Mit der Zeit gab es noch mehr solche Gelegenheiten. Die Schwester der Königin wurde berühmt für die seltsame Eleganz und Ruhe, mit der sie den Verurteilten den Tod gab. Manche unter ihnen weinten und bettelten noch bis zum Augenblick des tödlichen Hiebs um ihr Leben. Andere traten in Würde und Gelassenheit vor sie hin, und wieder andere mußten aufs Schafott geschleppt werden, da sie das Entsetzliche, die Hoffnungslosigkeit ihrer Lage nicht ertrugen und ohnmächtig wurden... Ihnen allen zeigte Faelittal nur ein leeres, seltsam empfängliches Gesicht, das nie grausam, aber auch nicht mitfühlend war – nur aufmerksam. In jenen Augenblicken nun begann in den Zuschauern eine abergläubische Angst vor ihr zu keimen, da sie die meisten anderen Reaktionen – wie Mitleid, Schuldgefühl, Furcht oder gar sadistische Lust – verstanden hätten, aber diese eine nicht begreifen konnten. Daraus zogen sie so ihre Schlüsse, deren einer war, daß sie kein Herz habe und nicht wirklich Mensch sei.
Vielmehr eine Dämonin in Menschengestalt.
Als die Königin diese Gerüchte hörte, lachte sie. Die kamen ihr gerade recht, weil sie ihren besonderen Ruf festigten. Faelittal jedoch lachte nicht. Da sie nicht der Typ war, der viel lachte, beschränkte sie sich darauf, noch unergründlicher zu schauen als sonst.
Das war vor langer Zeit gewesen. Nun hatte Lyksandias aber wieder einen Mann zum Tod durchs Schwert verurteilt – und zwar einen bei Hof wie beim Volk sehr beliebten jungen Adligen. Er war aus guter Familie, dachte aber liberal und hielt mit seinen Ansichten nicht hinterm Berg. Und das war ihm zum Verhängnis geworden.
Der Jüngling hieß Remialt und gehörte zum Haus Kellen. Er war nie Liebhaber der Königin gewesen – die ihn aber begehrt haben mußte, wie Faelittal aus ihrer seltsamen Reaktion auf seine öffentlichen Schmähungen schloß, mit der er ihre königliche Autorität in Frage gestellt hatte.
Gerüchte machten nun die Runde, der Hof war in heller Aufregung. Das war wirklich ein beispielloser Vorgang. Daß Remialt so etwas sagen, so etwas hatte tun können...

Denn der junge Kellen war in Anwesenheit des ganzen Hofes vor die Königin getreten und hatte sie eine »goldene Hure« geschimpft und hatte dann gar, ohne mit der Wimper zu zucken, ihre Kompetenz und die Rechtmäßigkeit ihres Thronanspruchs bezweifelt.
Die ansonsten so beherrschte Königin sah ihn mit bebenden Lippen an. Sie erwiderte nichts, sondern ließ, ohne den Hof eines Blicks zu würdigen, ihre Schwester rufen. Was hieß, daß es für Remialt keine Gnade gäbe.
Als Faelittal beim Betreten des Thronsaals ihr künftiges Opfer gewahrte, hielt sie verdutzt inne.
Denn der Blick, den Remialt ihr aus seinen dunklen Augen zuwarf, war ebenso klug wie rechtschaffen. Sie fragte ihn daher mit ihrer sanften Stimme, von der sie nur selten Gebrauch machte und die zu hören nur ein paar privilegierte Verurteilte ein Anrecht hatten: »Ist das wahr, Mann, was du sagst? Bist du denn überzeugt davon und stehst du noch immer zu deinen Worten?«
»Ja«, erwiderte er mit fester Stimme und sah ihr ehrlich und funkelnden Blicks in die Augen. »Ich stehe immer zu meinen Worten.«
»Dann«, versetzte Faelittal mit ausdrucksloser Miene, »wirst du von meiner Hand sterben.«
Jetzt ergriffen die Wächter ihn und führten ihn ab. Und er wehrte sich nicht.
Die Königin bewilligte dem ältesten Sohn des Hauses Kellen – wie in solchen Fällen üblich – eine Woche, sich auf seine Enthauptung vorzubereiten.
Am nächsten Tag trug der halbe Hof Trauer. Es gärte in der Stadt. Die Mitglieder der Familie Kellen gingen umher wie lebende Tote: Was für eine Tragödie und was für eine Schande war über ihr Haus gekommen! Gerüchte, böse Gerüchte, trugen den Funken der Empörung überallhin. Jene, die sich mit derlei auskannten, raunten, jetzt habe Lyksandias den Bogen überspannt, und sie werde sich über die Folgen noch sehr wundern.
»Die Wahrheit...«, flüsterte man einander zu. »Er hat doch bloß die Wahrheit gesagt!«
»Aber die Wahrheit ist hier verpönt«, klagte der alte Kellen, der

nicht gern ein Blatt vor den Mund nahm. »Mein Sohn wird sterben. Oh, warum konnte er nicht wie alle anderen sein und sich mit der Lüge abfinden?«

Darauf gab es keine Antwort.

Aber Chiarn, der jüngere Kellen-Sohn, beschloß, irgend etwas zu unternehmen, um nicht den Verstand zu verlieren und um sich den Glauben an eine Form von höherer Wahrheit bewahren zu können. Er suchte daher insgeheim Faelittal auf, um sie um das Leben seines Bruders zu bitten.

Chiarn war ein finster aussehender Jüngling, hager und groß, der ohne seine stolze Haltung und seinen scharfen, forschenden Blick beinahe wie ein Geist gewirkt hätte. Als er gegen Abend endlich zu Faelittal vorgelassen wurde, ließ ihn der Ärger über das lange Warten sogar noch eine Spur stolzer auftreten als sonst.

Faelittal stand an einem kleinen Fenster des dunklen Zimmers und blickte ins Unbestimmte. Als sie sich nun zu Chiarn umdrehte, sah er, daß sie wie ein Mann gekleidet war; ansonsten konnte er nicht viel erkennen, blieb sie für ihn Silhouette. Sie traut sich wohl nicht, dachte er, mir jetzt ihr Gesicht zu zeigen.

»Wer bist du?« fragte sie ruhig und sah ihn dabei an (ob flüchtig oder forschend, war in der Dunkelheit nicht auszumachen).

»Chiarn Kellen. Der jüngere Sohn. Du gabst Befehl, in drei Tagen meinen älteren Bruder hinzurichten.«

»Ach ja«, erwiderte sie nur. Da spürte er sein Blut aufwallen vor Empörung und Wut, und er wollte aufschreien und sie rütteln. Denn sie stand wie eine Bildsäule vor ihm, mit unergründlicher Miene, größer als er – und irgendwie ewig.

Ihm wurde plötzlich klar, daß er bei ihr nichts erreichen würde, was immer er vorbrächte und wie inständig er sie auch anflehte.

»Ich bin gekommen«, hob er verlegen und schon entmutigt an, »um dich um meines Bruders Leben zu bitten. Um zu hören, o hohe Frau, ob ich irgend etwas tun könnte, um dich zu überzeugen...«

»Sein Leben zu schonen?« unterbrach sie ihn. »Wisse, daß ich nur den Befehl meiner Schwester ausführe. Warum wendest du

dich also an mich statt an sie?« Ihre Augen waren so blank und funkelnd wie die eines Nachttiers, ihr Gesicht aber dunkel.
Ja, warum denn? Chiarn zögerte, als ob ihm der Gedanke nie zuvor gekommen sei. Dann begann er, kühl und nüchtern, laut zu denken: »Vielleicht, weil ich meinte, sie nicht erweichen zu können. Dich berührt... diese Sache nicht so, so persönlich. Was bedeutet das Leben meines Bruders für dich schon? Nichts. Ob du ihn nun tötest oder schonst, ist dir doch gleichgültig. Dir liegt nicht wirklich an seinem Tod. Daher glaubte und glaube ich wohl, dich umstimmen zu können... Irgendwie. Ihn zu verschonen. Bitte! Hab Mitleid mit meiner Familie. Im Namen aller Götter, nenne mir deinen Preis!«
Er wartete auf ihre Antwort, meinte in ihrem Gesicht ein leichtes Lächeln zu sehen. »Mich hat noch nie jemand umstimmen können...«, erwiderte Faelittal. »Armer Junge, bei mir hast du kein Glück! Du bist gekommen, mich um sein Leben zu bitten, obwohl dir ja längst klar war, wie meine Antwort ausfallen würde. Aber dein Stolz war stärker als du. Ja, dein Stolz ließ dich glauben, daß ich deinen Worten nicht widerstehen und mich deiner Bitte nicht verschließen könnte... Weißt du denn nicht, Junge, was für ein Mensch ich bin? Weißt du nicht, daß ich kein Mitleid, keine Gefühle, kein Herz habe?«
Hatte ihre Stimme ironisch geklungen? Aber Chiarn war so vom Zorn überwältigt, daß er es nicht mehr zu sagen gewußt hätte.
»Dann sei verflucht, tausendmal verflucht!« schrie er, wie um den dicken Kloß in seinem Hals loszuwerden, wie um ja nicht in Tränen auszubrechen. »O ja, du bist eine Bestie, eine Dämonin! Aber ich fürchte deine Wut nicht, das laß dir gesagt sein; ich werde dich nun mit eigener Hand töten, damit du siehst, daß ich kein kleiner Junge mehr bin, sondern ein Mann!«
»Ach so...«, erwiderte sie fast gelangweilt. »Ich habe dich also beleidigt. Dann los, Mann, töte mich doch... wenn du es kannst!«
Chiarn faßte jäh nach dem schmalen, funkelnden Dolch unter seinem Gewand. Aber ehe er die Hand heben oder einen Schritt tun konnte, sprang Faelittal wie eine schwarze Pantherin quer durchs

Zimmer zu ihm, umklammerte mit ihren warmen Fingern sein Handgelenk und hielt es eisern fest. Dann... eine schnelle Drehung ihrer Hand, ein Seufzer Chiarns... und der Dolch klirrte über die Fliesen.
Sie ließ ihn erst wieder los, als sein Wutschrei verklungen war. Da brach er stumm in heiße Tränen aus und sank, am ganzen Körper zitternd, langsam auf die Knie und schluchzte, wie von Krämpfen geschüttelt, und schrie: »Mein Bruder... Oh, Remialt, mein lieber Bruder!«
Plötzlich fühlte er, wie sie ihn zart am Kopf berührte. Sie hatte sich herabgebeugt, strich ihm, mit seltsam abwesender Miene, über sein weiches, dunkles Haar und flüsterte: »Kind, Kind...«
Ihre Stimme war ohne jede Bosheit, aber seelenlos.
Chiarn blickte überrascht zu ihr auf, umklammerte dann mit beiden Händen ihre Beine und preßte sein Gesicht und seine Haare an ihre kühlen und derben Lederstiefel. »Frau...«, murmelte er, an seinen Worten fast erstickend. »Oh, Frau, er... liebt das Leben. Da ist eine edle, schöne Frau, die noch diesen Herbst die seinige werden will. Da ist so viel, was er noch tun möchte, für seine Familie... für mich. Wie früher, ich weiß es wie heute... zur Erntezeit sind wir immer zusammen ausgeritten, und er schenkte mir knakkige Äpfel, die nach Herbstsonne schmeckten, und... oh, wie er mich durchs Haus jagte, als wir noch kleine Buben waren... Und einmal, ja, ich erinnere mich... er lächelt ja zumeist, aber... da habe ich ihn weinen sehen. Nur ein einziges Mal! Unsere Mutter lag im Fieber. Sie ist beim Morgengrauen gestorben. Er strich mir übers Haar, ganz sacht, wie du soeben, und...«
Ein Schluchzen nahm Chiarn den Atem, alles um ihn schien sich zu drehen, und er fühlte einen nie gekannten Drang zu weinen.
»Armer Junge«, sagte Faelittal und richtete sich auf. »Du kannst mich nicht umstimmen. Nein, das kannst du nicht.«
Chiarn fühlte neue Wut in sich aufsteigen. Ungläubig, mit Augen wie Vulkanen, sah er auf und starrte zu ihrem fernen, in Dunkel gehüllten Gesicht empor. »Liebst du... denn überhaupt nichts? Liegt dir denn gar nichts am Herzen?« flüsterte Chiarn, der vor Empörung nicht mehr schluchzte.

Die Scharfrichterin erwiderte sanft und gelassen: »Ich liebe die Wahrheit.«

»Und die Königin? Sie ist ja deine Schwester, liebst du sie? Was würdest du tun, wenn man sie zum Tode verurteilte?«

Für einen Augenblick meinte er, ihr Gesicht zucken zu sehen, das Zucken eines Schattens.

»Du stellst die falsche Frage...«, versetzte sie, seltsamerweise, immer noch sanft. »Was ich als ihre Schwester tun würde, ist die eine Sache. Und was als Scharfrichterin ... eine andere ...«

»Dann würdest du also deine eigene Schwester enthaupten. Bei den Göttern!«

»Ja. Nur ich ... aber du ...«, sie hielt inne, als ob sie sich für irgend etwas sammeln müßte, »kannst das nicht verstehen.«

»Nein, das begreife ich nicht«, erwiderte Chiarn. Er spürte eine Furcht in sich aufsteigen. Diese Frau, die ganze Situation, hatte etwas so Eigenartiges an sich – etwas weit Rätselhafteres, als er gedacht hatte. Eine Ansammlung von Widersprüchen. Bislang konnte er sich noch keinen Reim darauf machen.

»Du bist kein Mensch, hohe Frau ...«, begann er auf gut Glück.

»Falsch«, erwiderte Faelittal sachlich. »Ich bin ein Mensch. Wenn du mit dem Dolch schnell genug gewesen wärst, wäre ich jetzt tot. Aber, du warst es nicht ... den Göttern sei Dank! Denn ich muß ja deinen Bruder töten. Weil nur ich das auf die richtige Art kann.«

»Die richtige Art? Es gibt also eine ... richtige Art zu töten?« fragte er mit bitterem Sarkasmus.

Aber ihre Antwort ließ ihm das Blut in den Adern gefrieren.

»Ja. Es gibt sie. Als Großexekutorin wurde mir das Wissen darum zuteil. Aber jetzt frage mich nicht weiter danach, Junge«, sagte sie barsch. »Du hast schon zu viel gehört. Ich habe Geduld mit dir gehabt, wegen deines Bruders und der Art seines Verbrechens ... oder noch besser gesagt, wegen seiner persönlichen Art. Nur seinetwegen ... Geh also!«

»Aber ...«, begann Chiarn, der wieder einen Kloß im Hals fühlte.

»Geh!« fuhr Faelittal ihn zornfunkelnd an, rief ihm dann jedoch

sanfter hinterher: »Glaube nicht, Chiarn Kellen, du seist umsonst gekommen. Denn durch dich ist mir klargeworden, wie dein Bruder sterben muß, um richtig zu sterben.«
Ihre für ihn unverständlichen Worte klangen in ihm nach, während er nach Hause ging. Später erinnerte er sich nur noch daran, daß es bei ihrem Gespräch immer dunkel gewesen war und er ihr Gesicht nie richtig gesehen hatte.

Am Morgen des Hinrichtungstages stand Faelittal – wie immer vor ihrem Auftritt – auf der hohen Palastmauer. Tief unter ihr, auf dem Platz und auf den Straßen der Stadt, drängten sich schon die Schaulustigen, widerlich anzusehen in ihrer Sensationsgier, und gafften und flüsterten, zeigten zu ihr hoch. Auch Chiarn wartete irgendwo da unten, war ein Teil der Menge. Er hatte ja noch nie einem solchen Ereignis beigewohnt und stand unter dem perversen Zwang, alle Details dieses Tages und jede ... ihrer Handlungen mitbekommen zu müssen.
Diese Menge hatte, wie stets in solchen Fällen, viele Gesichter. »Töte ihn, schwarze Frau!« war da zu hören, aber auch: »Verschone ihn, verschone den prächtigen Kellen-Sohn!«
Schwarz wie die Nacht und der Menge nicht achtend, reglos, stand die Großexekutorin dort. Als aber die Sonne mit hellem, rosarotem Schein den Horizont durchbrach, hob sie die Hände zum Himmel auf und beschwor den Gott, dem sie diente.
Dann verschwand sie von der Palastmauer.
Jemand stieß Chiarn an und flüsterte ihm zu: »Warum sie das wohl jedesmal macht? Jedesmal, bevor sie tötet? Ich weiß nicht ... mir läuft es da kalt den Rücken runter, wirklich! Das ist ein Gefühl ... als ob man eins mit ihr wäre, eins mit dem Verurteilten. Als ob man selbst, und nicht er, aufs Schafott ginge!«
»Ich weiß es auch nicht ...«, erwiderte Chiarn hilflos. Er wäre am liebsten fortgerannt, ganz weit fort, aber irgend etwas hielt ihn hier mit eiserner Hand zurück. Er mußte mit eigenen Augen sehen, wie sein Bruder starb.

Faelittal ließ ihren Blick noch immer über die Menge schweifen, sah dabei jeden und alle an. Nur den Verurteilten schien sie zu übersehen.
»Schwester«, drängte die Königin mit wieder fast bebender Stimme, »fahre fort!« Auch Lyksandias erinnerte sich nun, wie merkwürdig, wie schrecklich sie sich bei diesen Hinrichtungen immer gefühlt hatte. Warum dachte sie dann nie daran, ihnen fernzubleiben? Was trieb sie denn, doch herzukommen?
Die sonst so leise sprechende Faelittal rief nun mit schallender Stimme: »Höre, Remialt, Erbe des Hauses Kellen! Bist du bereit zu sterben?«
Der Verurteilte zuckte nicht mit der Wimper. »Ich gehe in den Tod wie ein Mann!« erwiderte er laut, ja trotzig. Nur Chiarn sah die tiefe Müdigkeit in seinem Blick. Irgendwo in der Menge, ein paar Schritte von ihm entfernt, begann ein Mann mit zitternder Stimme bitter zu klagen. Als Chiarn darin die Stimme seines alten Vaters erkannte, wollte ihm das Herz im Leibe zerspringen. An alles das hatte er fast gar nicht mehr gedacht.
Remialt, der droben auf dem Schafott die Klage ebenfalls vernahm, zuckte zusammen.
»Sprich jetzt deine letzten Worte!« fuhr Faelittal fort.
»Meine letzten Worte gelten nur dem Hause Kellen!« antwortete der zum Tod Verurteilte. Er verbeugte sich in die Richtung, in der er den Vater vermutete, und suchte sehnsuchtsvollen Blicks die Menge nach ihm ab. Nach einer Zeit vergeblichen Suchens sagte er ruhig: »Ich hoffe, daß er, der mich nun hört, mir seinen Segen gibt... Ich habe nur die Wahrheit gesprochen!«
Dann jedoch, von Wut und Leidenschaft übermannt, rief er all den Umstehenden zu: »Ich wiederhole es: Lyksandias, eure Königin, ist eine goldene Hure. Ihr, ihr alle... habt es in der Hand und habt die Macht, ihrem Treiben ein Ende zu...« Da schlug ihm einer der Wächter so derb ins Gesicht, daß er verstummte. Aber Faelittal hob drohend die behandschuhte Rechte, und sogleich ließ der Kerl von ihm ab.
Nun gebot die Großexekutorin dem Verurteilten, näher zu treten, und sah ihm zum erstenmal in die Augen.

Er erwiderte ihren Blick. Die Zeit schien stillzustehen, nicht zu existieren. All seine Verzweiflung, Wildheit, Rechtschaffenheit – ja, seine ganze Seele schien in seinem ruhigen Blick unsterblich geworden. Dann sagte sie nur: »Komm, o Mann. Tritt jetzt deinem wahren Tod entgegen.«

Chiarn hielt den Atem an und beobachtete seinen Bruder, verfolgte mit morbider Neugier jede Regung in seinem Gesicht. Und da sah er (vielleicht als einziger unter den Anwesenden, weil keiner ihn so kannte wie er) den raschen Wandel in der Miene des Verurteilten. Ein Ausdruck von Frieden trat an die Stelle unterdrückter Angst und Verzweiflung. Aber er hielt nur kurz vor, machte einer Leere und Empfänglichkeit Platz, die Chiarn merkwürdig bekannt vorkam. Woher kenne ich diesen seltsamen Gesichtsausdruck denn? fragte er sich bestürzt.

Die Menge ringsum atmete plötzlich hörbar ein. Da begriff Chiarn, daß er all das nicht als einziger wahrgenommen hatte, daß er sich nicht als einziger fast völlig in den Verurteilten einfühlte. Ja natürlich, dachte er, wie »zu sich kommend« und ebenso nach Atem ringend, ich bin nichts Besonderes, nicht anders als sie ... Auch sie fühlen – so wie ich sie fühle! Das ist wie in einem riesigen Spiegelkabinett, wo jeder jeden und sich selber sieht. Ich fühle Remialts Emotion. Die Menge fühlt sie. Ich fühle die Emotion, die sie in jedem hier weckt. Jeder, auch ich, fühlt die Emotion jedes anderen ... Und was wir alle spüren, ist Remialts Todeserwartung.

Und ...

Die Scharfrichterin Faelittal zog derweil, stumm wie der Schatten der Morgensonne, das Richtschwert aus der Scheide und hob es dann beidhändig zum Hieb.

Remialt war – mit leeren, empfänglichen Augen, so als ob er jede ihrer Bewegungen ahne – synchron dazu schweigend vorgetreten und vor dem Richtblock mit dem Weidenkorb auf die Knie gesunken. Nun beugte er leicht den Kopf.

Alle Blicke lagen auf dem Verurteilten.

Lyksandias, die glitzernde Puppe, starrte mit geweiteten Pupillen von ihrem Thron auf ihn herab.

Lautlos köpfte Faelittal ihn. Lautlos fiel sein Kopf in den schon wartenden Korb. So klug führte sie die Klinge, daß sein kopfloser Rumpf einige Augenblicke knien blieb – als ob ihn das alles nicht berührte.

Einen Pulsschlag danach brach die Menge in Klagen aus. Der Bann, unter dem diese Menschen seit dem Morgengrauen gestanden hatten, war nun endlich gebrochen. Sie waren erlöst und frei und begannen daher – um sich zu beweisen, daß sie wieder einen freien Willen besaßen – Schreie, Ausrufe, Seufzer oder sonstige Äußerungen, die unter solchen Umständen zur Selbstbestätigung taugen, von sich zu geben.

Chiarn fühlte sich endlich von dem Beobachtungszwang erlöst (was er sich, unbewußt, seit dem Morgengrauen ja so gewünscht hatte). Um nicht von der Verzweiflung, die in ihm aufstieg, überwältigt und betäubt zu werden, begann er nun, sich zu seinem alten Vater durchzukämpfen, um den sich schon der Rest der Familie scharte.

Lyksandias saß grübelnd auf ihrem Thron. Ein Gefühl, das sie sich nicht erklären konnte, quälte sie, und ihr fiel ein, daß sie sich nach jeder Enthauptung so gefühlt hatte – wie in ihrem innersten Sein zerrissen. Und doch, dieser »Riß« pflegte sich zu schließen, in tiefere Tiefen zu sinken, so daß sie ihn vergessen konnte. Ja, sie spürte es bereits...

Faelittal stand für sich. Merkwürdig, wie sich die Aufmerksamkeit aller nun jäh von ihr, dem Leichnam und dem Schafott abwandte. So war es immer nach Enthauptungen – es gab keine Hochrufe und keine Forderungen nach weiterem Blutvergießen. Nie. Wenn es vorbei war, hatten alle den Wunsch, die Hinrichtungsstätte zu verlassen. Auch jetzt leerte sich der Platz bereits.

Faelittal stand wie eine Statue. Ihr scharfer, schweifender Blick umfing die edle Gestalt ihrer Schwester, die inmitten der Eskorte vom Platz eilte... Die Königin blickte kein einziges Mal zurück; sie hatte den Toten bereits vergessen.

Als Faelittal sicher war, daß niemand mehr da war, der sie hätte beobachten (und auch verstehen!) können, holte auch sie, wie eine erwachende Schläferin, tief Atem und fühlte, wie alle Emotion und Empfindung auf den zarten, sterilen Schwingen der Wahrheit in ihr Innerstes zurückkehrten. Und weil nun die Sonne heller schien und die frische Luft ihr die Lungen kühlte und von ihrem Schwert noch immer frisches, scharlachrotes Blut in die kleine Lache zu ihren Füßen tropfte... blinzelte sie, mit Tränen in den Augen.

Einer der Wächter, die unter ihrem Kommando standen, bedeckte mit routinierten Griffen den Toten. Aber Faelittals Tränen versiegten nicht, als sie den nicht länger sah, den sie getötet hatte. Nicht um ihn weinte sie, sondern um seinen unglücklichen Leib. Um das arme Fleisch, die Nerven, die den scharfen Hieb hatten spüren müssen, die zerschnittenen Halsmuskeln und das Rückgrat...

Faelittal wußte, daß er selbst nichts gespürt hatte – sie hatte seinen silbernen Lebensfaden schon zuvor, mit dem Blick in seine Augen, sacht durchtrennt. Sie hatte in ihrem Gespräch mit Chiarn genug über den Verurteilten erfahren, um das auf die richtige Art vollbringen zu können. Nur schade, dachte sie, daß der Junge nie erfahren wird, wie sehr er mir geholfen hat, seinen Bruder eines sanften Todes sterben zu lassen.

Ja, sie empfing immer die Verwandten eines Verurteilten – um sich Einblick in ihre Seelen zu verschaffen. Denn eine Seele ist etwas Einmaliges und Einzigartiges; sie kann jedoch anhand der Kenntnis der Seelen Nahestehender ergründet werden...

Die Seele des ihr Anvertrauten gab sie sacht und mit der größten Sorgfalt frei und richtete dann nur noch seinen Leib hin – so wie beim allerersten Mal. Aber in einem Punkt waren diese Exekutionen anders. Die Angst und die Verantwortung mußten in jedem einzelnen Fall hier bleiben, mußten irgend jemandem aufgebürdet werden – des Gleichgewichts wegen.

Dazu war das »Publikum« da, die Menge. Sie wurde mitexekutiert – die Königin ebenfalls...

Aber warum, könnte man fragen, nahm Faelittal das alles auf sich? Wieso ertrug sie die Launen, die Tyrannei der Königin. Es wäre so viel leichter, Lyksandias' finstere Herrschaft einfach zu beenden und sie zu entmachten, hinzurichten...

Faelittal betrachtete das blutbefleckte Schwert in ihren Händen und dachte nach, wie immer nach einer Exekution.
Es gab in der Welt so viele von Lyksandias' Art, viel zu viele. Beseitigte man den einen, griffe sogleich ein anderer – der eine dreist, der andere subtil – nach den Zügeln der Macht.
Aber solange sie selbst das Amt einer Großexekutorin versah, lag diese dunkle, letzte Macht und Verantwortung in ihren geschulten Händen. Sie würde damit eine okkulte Gerechtigkeit durchsetzen.
Dennoch weinte sie um Lyksandias. Denn die Königin hatte wieder, wie schon unzählige Male, ihre Seele, die sie um einen so hohen Preis für die Wahrheit geöffnet hatte, sich verschließen lassen. Sie hatte sich abgewandt, die strahlende, goldhaarige Schönheit, und schon alles wieder vergessen.
Und Faelittal die Scharfrichterin weinte, weil sie die Feinheit dieser Seele, und damit auch ihrer eigenen, so gut kannte.

DIANA L. PAXSON

Sosehr ich mich über Nachwuchsautoren freue, bin ich doch immer auch froh über Manuskripte erfahrener Autoren, bei denen ich im voraus weiß, daß sie die Mühe und Zeit des Lesens lohnen.

Diana Paxson sagt, sie habe »in eine Familie von Schriftstellern eingeheiratet und habe dort gemerkt, daß Schreiben nicht nur eine Möglichkeit ist, sondern eine Selbstverständlichkeit sein kann«.

Ihre erste Veröffentlichung war People of the Wind *(1983 in der Anthologie* Greyhaven *bei Daw Books erschienen). Seitdem ist Diana unbeirrt ihren Weg gegangen. Sie hat, wie so viele andere Autoren auch, allerlei merkwürdige Jobs gemacht und ein bißchen von allem und jedem veröffentlicht, hat an kalifornischen Volkshochschulen Textinterpretation gelehrt und ist Mutter von zwei halbwüchsigen Söhnen, deren einer, Ian, begeisterter Lesungsbesucher ist und in der technischen Abteilung eines Theaters mitarbeitet.*

Sie hat in ihrer Westria*-Reihe einige Romane veröffentlicht, die Science-fiction und Fantasy vereinen – Romane, die zumindest zum Teil Postholocaust-Charakter haben und Öko-Themen behandeln, zum Teil aber auch Fantasy sind. Zudem hat sie eine Serie urbaner, im heutigen Berkeley spielender Fantasy geschrieben, zu der auch der wundervolle* Brisingamen *(*›Freya's Halsband‹*) und* The Paradise Tree, *ein Werk neueren Datums, gehören. Aus ihrer Feder stammt auch ein großer Artus-Roman über Tristan und Isolde (*Der weiße Rabe*). – MZB*

DIANA L. PAXSON

Die Schwertsklavin

»So, das dürfte den Schmerz stillen...«

Shanna seufzte, als Tara die Schürfwunde an ihrem Arm mit kühler Salbe bestrich, und rümpfte wegen des Pfefferminzgeruchs die Nase. Die Lampe schwelte und zischte und warf einen flackernden Schein auf die straff gespannten ledernen Zeltwände. Von draußen drangen die vertrauten Geräusche eines nächtlichen Karawanenlagers zu ihr herein – das Wiehern eines Pferdes, der Klang von Schritten...

Taras hellblaue Kutte, die sie als Novizin des Mondmütter-Ordens auswies, ließ Shanna an Mutter Elosia denken, die ihr in Otey in schwerer Krankheit so beigestanden hatte. Seit damals war sie mit Bercys Karawane unterwegs... und jetzt trennte sie nur noch eine Tagesreise von der Kaiserstadt Bindir. Aber nun, so kurz vor dem Ziel, widerstrebte es ihr seltsamerweise, diese Reise zu Ende zu bringen. Es war ja so lange her, daß sie so arrogant geschworen hatte, ihren Bruder nach Sharteyn zurückzubringen, und es hatte sich so vieles verändert. Gelänge es ihr nicht, Janos zu finden, wären fünf Jahre des Kämpfens und Umherziehens umsonst gewesen. Schaffte sie es aber wider Erwarten doch, ihn zurückzubringen – würde ihn dann noch der Thron erwarten? Und würde Sharteyn ihr dann noch Heimat sein?

Als Tara das Salbentöpfchen mit einem Stöpsel wieder verschloß, stand Shanna auf.

»Es tut wirklich kaum noch weh. Man könnte meinen, du machst so etwas schon seit Jahren!«

»Ich...«, begann Tara, besann sich dann und lächelte schüchtern zu Shanna empor. »Die Mondmütter nehmen Mädchen eigentlich erst nach den Initiationsriten auf, aber ich wurde als Waise zu ihnen gebracht. Ich gehe schon seit meinem fünften Lebensjahr

bei den Heilerinnen in die Lehre. Komm doch morgen wieder zu mir, und...« Sie hielt inne und horchte.
Draußen schrie gellend ein Mann.
Schon sprang Shanna, die Klinge in der Hand, zur Zelttür. Als sie die Klappe beiseite fegte, hörte sie Schwertergeklirr. Der Göttin dankend, daß sie ihr Kettenhemd und ihren Nietenlederpanzer nicht abgelegt hatte, stürmte sie in das Rund aus festgestampfter Erde. An einem der Planwagen züngelten seitlich Flammen empor; schwarze Schemen huschten über den Platz. Als Shanna aus den Augenwinkeln Metall blitzen sah, fuhr sie herum und hob abwehrend das Schwert. Stahl klirrte gegen Stahl. Shanna beugte den Arm reflexartig zur nächsten Parade und musterte dabei ihren Gegner.
Dem riesigen Pelzumhang nach, der ihn größer wirken ließ, war er kein Soldat. Als ihre Klinge seine Haut ritzte, fluchte er mit südländischem Akzent und stürzte erneut mit geschwungenem Schwert auf sie los. Ein jäher Kehlschnitt, und sein Gefluche erstarb... Shanna hörte Bercy wütend Befehle erteilen und sah drei Schemen, die sich zwischen sie und den Feuerschein schoben.
Chai! rief sie innerlich. Chai! Beim brennenden Wagen... Zu mir! Sogleich schoß die Falkin auf lautlosen Schwingen durch die Nacht herbei und stieß auf einen der Männer nieder. Schreiend schlug er um sich, und seine Klinge klirrte über die festgestampfte Erde.
Das waren sicher Banditen – entlaufene Sklaven und Knechte –, die plündernd durchs Kaiserreich zogen. Aber was hatten sie hier, so nahe bei Bindir, zu schaffen? Es kamen immer mehr... Sie drängten Shanna zur Koppel ab. Jemand hatte die Pferde losgeschnitten. Das Donnern ihrer Hufe übertönte die Flüche und Schreie der Kämpfer. Da sah Shanna ihre Stute Calur im Gewühl und pfiff ihr. Das treue Tier hob den Kopf. Shanna blickte sich um und sah Bercy und ihre Söhne Rücken an Rücken kämpfen. Als sie versuchte, sich zu ihnen durchzuschlagen, versperrten ihr einige laut schreiende Banditen den Weg.
»Bercy, nimm Calur!« schrie sie noch, bevor ein Schlag auf ihren ungeschützten Kopf ihr das Bewußtsein raubte.

Shanna keuchte und kämpfte sich durch abscheuliche Schattenwirbel hoch, öffnete die Augen und rang nach Luft, als jäher Schmerz ihr wie eine Feuerlanze durch den Schädel fuhr.

»Du bist ja wach! Jetzt sieh mich mal an...«, hörte sie jemanden sagen, und sie spürte, wie sie von kühlen Händen gehalten wurde. Als ihre Augen sich an das grelle Licht gewöhnt hatten, sah sie, daß Tara sich über sie beugte. Die Kleine war nackt und schmutzig, schien aber unverletzt. »Deine Pupillen sind gleich groß... gut«, sagte sie. »Du hast einen tüchtigen Schlag auf den Kopf bekommen, wirst dich aber davon erholen.«

Shanna holte behutsam Luft. Die Pritsche, auf der sie lag, ruckte und rüttelte, und die Wagenräder quietschten jämmerlich dazu. Ein Sonnenstrahl fiel durch ein Loch in der Plane über ihr. Als ihre Kopfschmerzen abebbten, spürte sie ihren Körper wieder. Durch die Decke, auf der sie ruhte, stachen ihr Strohhalme in die bloße Haut. Sie fühlte die alten Prellungen wieder und spürte auf ihren Knöcheln eine eiskalte Last. Als sie sich mühsam auf einem Ellbogen aufstützte, sah sie, daß ihre Füße in Ketten lagen.

»Die Banditen haben uns verkauft...«, klärte Tara sie auf. »Wir sind auf einem Sklaventransport, unterwegs nach Bindir.«

Shanna starrte sie entgeistert an. Dann verschwamm alles um sie, und sie versank wieder in Nacht und Dunkelheit.

Während der folgenden zwei Tage kam sie immer nur kurz und unter Qualen zu sich. Am dritten Tag erklärten ihre Bewacher sie für wach und genesen und legten ihr auch die Hände in Ketten. So kam es, daß Shanna, einst Prinzessin von Sharteyn, die Kaiserstadt ihrer Ahnen als gefesselte Sklavin erblickte.

Bindir war ursprünglich eine Festung gewesen – an die Kalkklippen angeschmiegt, die sich über dem brackigen Wasser des ins Westmeer fließenden Weltstroms erhoben. Es hatte aber schon vor langer Zeit begonnen, sich die Hänge hinab und bis zum Hafen auszudehnen, der nun sein Südtor bildete. Die Reste der alten Mauern gürteten noch immer die in der Nachmittagssonne rotgolden leuchtende Zitadelle. Über ihnen ragten die aus vielfarbigem Stein gefügten und reich vergoldeten Adelshäuser empor. Sie bildeten ein farbenprächtiges Mosaik, aus dem sich der weiße, von

Türmen gekrönte Kaiserpalast erhob. Die große Handelsstraße, auf der sich die Sklavenkarawane bewegte, näherte sich Bindir von Norden. Da auf dieser Seite aber das Kriegstor und die Feldlager waren, bog der Zug auf die Straße ab, die in östlicher Richtung um die Stadt führte. Und so kam es, daß die Sklavenkarawane durchs Erntetor in Bindir einzog. Shanna trainierte zu dieser Zeit schon ihre Muskeln, um wieder zu Kraft zu kommen, und schmiedete Fluchtpläne.

Eine Woche lang aß sie, was man ihr gab, und verhielt sich ruhig. Die Sklavenhändler behandelten ihre Ware pfleglich. Shanna wußte, daß sie erst nach ihrem Verkauf die Flucht wagen könnte. Nach der Zeit des Herausmästens wurde sie, noch immer in Ketten, mit ihren Leidensgenossen feilgeboten und bald auch verkauft.

Man sagte ihr, ihr neuer Herr sei Lord Irenos Aberaisi, ein Fürst von Mesith, dessen Familie ihre Freiheit schon vor Urzeiten gegen die goldene Knechtschaft am Hof getauscht habe. Aber Shanna bekam den Mann, der sie gekauft hatte, nie zu Gesicht. Ihre Welt sollte der Frauentrakt seines Palasts in der Zitadelle sein. Dort führte des Lords Gemahlin, Lady Amniset, das Regiment.

»Schon wieder bei Kräften?« fragte die dünne Frau, die hinter dem niedrigen Holztischchen saß, und beobachtete gelassen, wie Shanna erstarrte und dann erneut jene gelöste Kampfhaltung einnahm, die sie schon bei ihrem unfreiwilligen Eintritt instinktiv angenommen hatte.

»Ja, offenbar...«, fuhr Lady Amniset fort und gebot den Soldaten, die Shanna hereingeführt hatten, mit einer knappen Handbewegung, sich zu entfernen. »Das ist auch gut so! Denn wir haben dich als Schwertsklavin gekauft, zum Wachdienst.« Die Fürstin hatte lange, weiße und mit Ringen überladene Hände, aber kräftige und scharfe Fingernägel. Sie thronte vor einem filigran verzierten Wandschirm auf einem prachtvollen Kissenarrangement, und die Seidengewänder, die sie übereinander trug, waren in dekorative Falten gelegt. Die abziehenden Soldaten hatten kaum die Tür hinter sich geschlossen, als Shanna hinter eben jenem Schirm Stoff rascheln hörte, und da wußte sie, daß sie nicht allein waren. Aber Lady Amniset blickte sie mit funkelnden, dunklen Augen unverwandt an – ganz als ob die Tatsache, daß sie beobachtet wurden, ihr gleichgültig wäre.

Shanna erwiderte den Blick ihrer Herrin, ohne mit der Wimper zu zucken. Jetzt verstand sie auch, weshalb man ihr bei der Ausgabe der schwarzen Bluse und der schwarzen Reithose, die hier wohl die Uniform bildeten, ihren roten Lederharnisch und ihr vergoldetes Kettenhemd wiedergegeben hatte. Auf dem Tischchen lag, gut in der abgegriffenen Scheide verwahrt, ihr treues Schwert mit dem ihr so vertrauten Falkengriff. Aber wo war jetzt ihr Schlachtroß? Und wo ihre Freundin, die Falkin Chai? Shanna schluckte mühsam. Ja, sie hatte ständig eine trockene Kehle, seit sie in Bindir war.

»Du bist wohl stumm«, sagte Lady Amniset endlich. Shanna runzelte die Stirn. »Und aufsässig...«, fuhr die Fürstin fort. »Denkst du, von hier aus könntest du leichter fliehen?«

»Ich bin keine Sklavin...«, hob Shanna an, verstummte aber, als hinter dem Wandschirm gedämpftes Lachen erklang.

»Jeder ist ein Sklave von irgend etwas«, erwiderte die Lady kühl. »Aber wer weiß schon um seine Ketten?« Sie nahm eine Karaffe von dem mit Intarsien verzierten Tisch und schenkte etwas Wein in das einzige Glas, das dort stand. Shanna fuhr sich mit der Zunge über die trockenen Lippen. Da lächelte die Lady.

»Hast du Durst? Versuche nicht, es zu leugnen! Dein Durst ist die ganz normale Nebenwirkung jener Droge, die die Sklavenhändler dir verabreicht haben«, erklärte sie und lachte hell, als sie Shannas Mienenspiel sah. »Sie war jedem Essen beigemischt, das du in den letzten zwei Wochen einnahmst... Dabei hätten zwei Tagesrationen längst gereicht, dich abhängig zu machen. Diese Substanz wird aus Lotos gewonnen. Aber dieses Wissen wird dir nicht helfen... da sie durch Zauberkraft so verändert wurde, daß sie nur bei dir wirkt. Wir haben diese Zauberformel mit dir gekauft!«

»Ich glaube dir kein Wort«, murmelte Shanna und starrte auf die Schlieren, die in dem Weinglas aufstiegen.

»Fasten ist auch kein Weg...«, sagte die Lady. »Du würdest, lange bevor der Nahrungsmangel dich schwächen würde, von Muskelkrämpfen befallen. Dein Körper würde sich selbst zerreißen, und du würdest unter unsäglicher Pein sterben. Wir brauchen dich nicht in Ketten zu legen. Du gehorchst uns auch so, weil dein eigener Leib dich dazu zwingt!« Nun reichte sie ihr das Glas und sprach: »Diene uns gut, und dein Lohn...« Und Shanna sah, daß in den blutrot an Lady Amnisets Zeigefinger glühenden Stein seltsame Symbole eingraviert waren, die den Schlieren im Wein ähnelten.

Das glaube ich nicht, dachte Shanna, nein, sicher nicht! Aber ich muß mich, wenigstens eine Zeitlang, gehorsam zeigen... Damit nahm sie das Glas und trank es aus. Sie fragte sich im stillen, ob ihr Widerstand nicht schon eine Illusion sei. Hatte dieser Wein nicht einen merkwürdigen Nachgeschmack? Langsam dämmerte ihr, daß ihre Furcht ein Glied in der Kette war, die sie fesselte.

Als die Lady sie entließ, raschelte es erneut hinter dem Schirm. Aber Shanna scherte sich nicht mehr darum. Erst der Anblick des Hausmädchens, das vor der Tür wartete, um sie in ihr Quartier zu bringen, ließ sie zusammenfahren. Denn es war Tara – hauchfeiner Musselin umspielte ihre glatten Gliedmaßen, und ihr weizenblondes Haar war ganz kurz geschoren. Shanna wollte sie umarmen, sah aber in ihren blauen Augen eine Warnung aufblitzen und ließ es daher sein.

»Ich heiße Ti...«, begann das Mädchen förmlich, als sie den Flur entlanggingen, und fuhr sodann leiser fort: »Du darfst dir nicht anmerken lassen, daß du mich kennst. Man mag hier die Mondmütter nicht!«

Die Tage schleppten sich dahin. Shanna fing an zu begreifen, daß Lady Amniset die Wahrheit gesprochen hatte. Vielleicht wäre alles leichter gewesen, wenn ihr Dienst sie mehr gefordert hätte. Aber den Frauentrakt zu bewachen, das war ja Kinderkram! Die Zitadelle war beileibe kein gefährliches Pflaster. Hier gab es keine Horden entlaufener Sklaven und keine rebellischen Soldaten; nicht einmal ein betrunkener Viehtreiber störte den parfümierten Frieden, der in den Innenhöfen waltete. Shanna patrouillierte durch die Gärten und dunklen Flure – schlank und graziös wie eine von Lord Irenos' Jagdkatzen und scheinbar taub, wenn die Leute hinter ihrem Rücken tuschelten.

Aber sie hörte sie. Glaubten die denn, dieses Geflüster, Gewitzel und Gekicher entgehe ihr? Lord Irenos hatte neben seiner Gemahlin noch drei rechtmäßige Konkubinen, die aus adligem Hause stammten, und dazu ein Dutzend Lustsklavinnen, die er verehrt bekommen oder beim Würfelspiel gewonnen oder auf seinen Reisen als kaiserlicher Gesandter aus einer Laune gekauft hatte. Einige von ihnen hatten Kinder, alle hatten Dienerinnen, und nicht eine unter ihnen hatte genug zu tun. Und Shanna war neu, exotisch... und vielleicht gar gefährlich – letzteres wurde ihnen aber nur bewußt, wenn sie die Fremde bei ihrem täglichen Kampftraining im Garten beobachteten.

Dieses Getue überraschte Shanna nicht, denn derlei oder ähnliches hatte sie im Frauenflügel zu Sharteyn oft genug erlebt. Aber daß die Frauen hier sich Gedanken machten, ob denn ein so muskulöser, stahlharter Leib wie der ihre je ein Kind empfangen und austragen könne, oder sie gar mit einem Begriff titulierten, der soviel wie »Mann ohne männliche Geschlechtsteile« bedeutete, schmerzte doch, wie sie erstaunt feststellte. Nun, da ihr eigener Leib mit ihren Unterdrückern gemeinsame Sache machte, um sie in der Sklaverei zu halten, sollte der Fluch der Dunklen Mutter eigentlich nicht mehr die Kraft haben, ihr Kummer zu bereiten! Aber ihrem Gram war mit Vernunft nicht beizukommen, und so schlug sie beim Training wild um sich, als ob sie mit jedem Streich einen Feind köpfen wollte.

Die anderen Sklavinnen wurden mit der Zeit fett und träge. Shanna aber aß so wenig wie möglich und nahm sich hart ran, obwohl es ja nicht mehr darauf ankam, ob sie dick oder dünn war. Wenn sie ihre Übungen absolviert hatte, blieben ihr eigentlich nur die endlosen Rundgänge... Ihre einzige Zerstreuung war, Lady Amniset bei ihren gelegentlichen Besuchen bei anderen edlen Frauen als Leibwache zu dienen. Dabei bekam sie natürlich einiges an Klatsch und Tratsch mit: Der Kaiser sei krank, ja, sterbenskrank; die aufrührerischen Banden in den Provinzen würden laufend frecher; die Speerpriester würden immer mächtiger, und es gebe Gerüchte, daß gewisse Sekten, die man lange unterdrückt habe, nun mit Magie oder nackter Gewalt versuchten, ihre frühere Macht wiederzuerlangen.

Sie hörte es, hatte aber keine Kraft, darüber nachzudenken; sogar als von der Dunklen Mutter die Rede war, die Shanna vor so langer Zeit verflucht hatte, blieb sie ruhig. »Ich habe sie gezähmt...«, pflegte die Lady zu sagen. »Sieh doch nur, wie sie da an der Tür steht, wie eine Bildsäule. Keine von euch versteht es so wie ich, Sklavinnen mit fester Hand zu führen!« Und dann lächelte die Lady immer.

Eines Abends, als der erste Monat ihrer Gefangenschaft hinter ihr lag, probte Shanna im Garten den Tanz des Todes. Ihr schwirrendes Schwert glühte und funkelte im Licht der untergehenden Sonne, als sie den abwärts gezogenen Überkopfschlag übte und dann die achte Figur, eine Finte, bei der man die Klinge rasch hinter dem Rücken herumführt und dem Gegner Hals, Hüfte oder Knie durchhaut... und schließlich den schrägen Aufwärtshieb, mit dem man einem Mann das Bein hart an der Lende abschlagen kann. Nur das leise Zischen des blitzenden Schwertes und ihr leichter Tritt waren zu hören. Ihre Bewegung war alles und war durch sich selbst gerechtfertigt. Die vollkommene Harmonie von Körper und Klinge ließ Shanna für einen Augenblick innere Ruhe und Frieden finden.

Ein schärferer Sinn als das Gehör alarmierte sie... Als sie, das Schwert schon abwärtsschwingend, herumfuhr und dabei ihr Gewicht verlagerte, senkte sich die rasiermesserscharfe Klinge etwas zu tief. Sich weiterdrehend, zog Shanna sie durch die Blumen steil nach oben... eine Locke des Kindes, das ihr in den Weg gelaufen war, schwebte sacht zu Boden. Shanna führte die Bewegung zu Ende, ließ sich noch einmal von ihrem Schwung um sich selbst drehen und starrte dann, an allen Gliedern zitternd, dem Kleinen in die weit aufgerissenen Augen.

»Schön...«, begann der Junge, hob eine abgeschlagene Olanthblüte auf und hielt sie ihr mit den Worten hin: »Köpfst schöne Blumen!« Er war pummelig und blond und noch zu jung, um mehr als ein goldenes Kettchen mit Medaillon zu tragen.

Shanna erbebte: Sie sah förmlich seinen Kopf über die verstreuten Blüten rollen. So klein das Kind auch war, sie hätte es bemerken müssen. Wie hatte sie bloß ihre Umgebung so ausblenden können? Weil, sagte eine innere Stimme, das deine einzige Möglichkeit ist... daraus zu fliehen. Aber sie hätte um ein Haar diesen Kleinen getötet. Sie war doch noch nicht so verrückt, sich an den Kindern ihrer Feinde zu rächen! Wenn ihr die Gefangenschaft schon so die Sinne verwirrt hätte, müßte man sie dann nicht unschädlich machen – so wie sie einst ihre tollwütige Hündin hatte töten müssen?

Der Junge bot ihr noch immer die Blüte dar. Mühsam lächelnd griff sie danach. Da hörte sie Seidengeraschel und das Geräusch eiliger Schritte.

»Tinu, Tinu...«, rief die junge Frau, die um den Olanthbusch bog. Sie verstummte, als sie Shanna erblickte, stürzte zu dem Kind und packte es an der Hand. Ihrem Gewand und ihren silbernen Armreifen nach war sie wohl keine zum Kinderhüten bestellte Sklavin – eher eine von Lady Amnisets Hofdamen.

Dann wäre der Junge also ein bedeutendes Persönchen. Vielleicht der Erbe... Wenn ich ihn getötet hätte, dachte Shanna, bräuchte ich mir über nichts mehr den Kopf zu zerbrechen!

»Unartiger Tinu!« schalt die junge Frau, offenbar erleichtert, es mit einem ihr verständlichen Problem zu tun zu haben, und schlug dem Kleinen die Blüte aus der Hand. »Du darfst das nicht essen! Sonst wirst du ein ganz, ganz kranker Junge«, mahnte sie und sah Shanna flüchtig an.

»Er wäre jetzt ein toter Junge, wenn er mir ins Schwert gelaufen wäre«, versetzte die Kriegerin kalt. »Behalte deinen Schützling künftig etwas besser im Auge!«

Die Frau preßte Tinus Hand so fest, daß er zu weinen begann. Sie erbleichte, errötete dann und eilte, ohne mit der Schwertsklavin auch nur ein Wort gesprochen zu haben, mit dem verstörten Kleinen in den Frauentrakt zurück.

Als die beiden verschwunden waren, hob Shanna die Blüte auf. Ja, daß der Olanth giftig sei, das hatte ihr schon ihr Kindermädchen gesagt. Ein dünner Aufguß wirkt einschläfernd, ein starker kann zu Lähmungen und zum Tod führen. Zuerst aber, dachte sie, schenkt er süßen, traumlosen Schlaf. Wie von selbst zuckte da ihr Schwert hoch, und die wachsweißen Blüten regneten zu Boden.

Träume von Dunkelheit... Alpträume... Shanna sah rings um sich ihre Gefährtinnen sterben, floh vor dem Gestank des Saibelwurms, wanderte durch die Wildnis oder zerrte an ihren Ketten und hörte wieder die Verwünschungen, die jene Priester der Dunklen Mutter ausstießen, als der Tempel Feuer fing. Als sie begriff, daß ihr altes Kindermädchen sie über die Wirkungen dieses Olanth belogen hatte, war es schon zu spät zum Gegensteuern. Ihr blieb nur noch, die Furcht anzunehmen, sich in den Schlund der Angst zu stürzen, die letzte Dunkelheit zu suchen, die ihr die Freiheit gäbe.

Harte Hände faßten ihre Arme und hielten sie eisern fest. Saibel! Saibel! Die Dunkle Mutter wird dich verschlingen! schrien eklige Dämonen. Sie schlug nach ihnen. Ein flammender Speer bohrte sich ihr in den Bauch. Alles drehte sich, blutrot. Die Tempelvorhänge stürzten herab, und deren Stickereien – eine Wiederholung ein und desselben Symbols – krümmten sich in den Flammen. Wie durch ein Prisma sah Shanna einen Siegelring mit diesem Symbol, einen Rubin... dessen roter Schein in roten Wein fiel... Der Ring, den Lady Amniset trug!

Entsetzt bäumte Shanna sich auf und versuchte, die eiserne Klammer zu sprengen. Ihr Bauch spie Feuer, und die Kehle brannte ihr. Sie wollte schreien, brachte aber nur ein gequältes Krächzen heraus.

»Schlucken, Shanna... bitte, du mußt es versuchen!«

Die Dämonen schnüffelten an ihren Lippen. Aber als sie wimmerte, spürte sie etwas Kühles, schwanden die Flammen für einen Moment, und als sie aufblickte, sah sie kurze blonde Haare und besorgte blaue Augen. Sie schluckte mechanisch. Der Schmerz kehrte zurück, war nun aber erträglicher. Wieder würgte es sie, daß ihr fast die Sinne schwanden. Aber das Feuer wurde schwächer. Nun begriff sie, daß sie in ihrem Bett lag und lebte. Es tat ihr allerdings jeder Muskel weh.

»Shanna... trink das jetzt, es wird den Schmerz lindern.«
Wieder schluckte sie. Dieser Trank schmeckte süßer und nahm ihr den schlimmsten Schmerz. Jetzt waren ihre Augen auch wieder klar, und sie sah, daß sie Tara vor sich hatte.
»Warum?« murmelte sie.
»Weil die Göttin noch Arbeit für dich hat«, erwiderte Tara mit strenger Stimme.
Shanna war zu schwach, um zu widersprechen, und schloß die Lider. Da erblickte sie ein anderes Gesicht, ein Gesicht unter dunklem, mit Sternen gekröntem Haar. Dann schwand auch diese Wahrnehmung. Der Schlaf, in den sie fiel, war so tief und traumlos wie jener, den sie mit dem Blütenaufguß zu finden gehofft hatte.

Beim nächsten Erwachen glaubte Shanna, wieder im Sklavenkarren zu sein – bis sie spürte, daß sie in einem reinen, weichen Bett lag, das nicht ruckte und nicht rollte. Als sie erleichtert die Augen aufschlug, sah sie neben sich die Hofdame, die den kleinen Jungen so schlecht beaufsichtigt hatte.
»Wasser...«
»Du bist also noch lebendig«, meinte die Frau mit fast boshaft zufriedenem Lächeln.
Shanna verzog das Gesicht. Sie hatte keine Schmerzen mehr, aber auch keinen Funken Kraft im Leib. Lebendig? Vermutlich ja. Aber so leer, so ausgehöhlt.
»Wo ist... das blonde Mädchen?« Shanna biß sich auf die Lippen – da hätte sie doch fast den Namen der Kleinen ausgeplappert! Die Frau lächelte von neuem.
»Du meinst die Hexe, die dir Gift verabreichte? Ihre Zauberkünste sind jetzt durch Stahl gebunden. Sie schmachtet im Verlies, bis Lady Amniset ihr den Tod bestimmt hat, der ihre bösen Kräfte am besten bannt.«
Glaubten die, Tara habe sie vergiftet? Shanna bemühte sich, ruhig zu atmen. Die Kleine schützte sie also sogar jetzt noch. Aber die Giftmischerin, das war doch die Fürstin! Was die Hexerei betraf – ihr fiel ein, daß sie diesen Ring an ihrer Hand gesehen hatte. Ob

Lord Irenos wußte, daß seine Gemahlin eine Dienerin Saibels war? Und wußte Lady Amniset, daß sie, Shanna, den nördlich von Fendor gelegenen Tempel der Dunklen Mutter zerstört hatte?
Die Hofdame half ihr auf und reichte ihr einen Becher Wasser. Beruhigt, weil das Wasser klar und rein aussah, trank Shanna ein paar Schlucke und ließ sich sodann zurücksinken. Sie fühlte ihre Lebensgeister wiederkehren. Lady Amniset glaubt, mich gezähmt zu haben, überlegte sie. Ich bin für sie ein wertvoller Besitz. Einer Feindin hätte sie ja keine so hochgeborene Krankenschwester geschickt.
Was kann sie schon tun, wenn sie herausfindet, wer ich bin? sann Shanna weiter. Mich foltern oder töten? Oh, da habe ich mir schon Schlimmeres anzutun versucht! Sie holte tief Atem, da sie spürte, daß sie weniger Drogen im Körper hatte als zu irgendeinem anderen Zeitpunkt in ihrer Gefangenschaft. Aber das war nicht der Grund, warum sie sich plötzlich so frei fühlte. Weder die Droge noch die Fessel, sondern ihre Verzweiflung hatte sie gefangengehalten. Sie war überzeugt, daß sogar die Qualen eines Entzugs nicht schlimmer sein könnten, als das, was sie schon ausgehalten hatte.
»Die Fürstin wird entzückt sein zu hören, daß du auf dem Wege der Besserung bist«, sagte die Hofdame. »Sie möchte unbedingt, daß du der Hinrichtung dieser Hexe beiwohnst.«
Shanna starrte die junge Frau an. Wie ich mich getäuscht habe..., dachte sie. Mich bindet doch noch etwas. Ja, ich muß weiterleben, bis ich Tara befreit habe.

Shanna hob grüßend das Schwert an die Braue, als Lady Amniset ins Zimmer rauschte und ihr einen kalten, abschätzenden Blick zuwarf, der wie eine körperliche Berührung war. Sie wußte nur zu gut, daß sie noch blaß war, fühlte sich aber durchaus fit. Man erholt sich schnell, wenn man eisern trainiert! Sie war bereit zu kämpfen, wenn es sein mußte. Ja, sie brannte so darauf, daß ihr schon beim Gedanken daran das Herz schneller schlug.
»Herrin, ich harre deiner Befehle«, begann sie nun, ihres Planes eingedenk, mit fester Stimme.

»Du bist gut erholt«, sprach die Fürstin, und ihre Seidengewänder raschelten, als sie sich auf ihre Kissen niederließ.
»Ich sinne auf Rache«, antwortete Shanna. »Die Diener der Dunklen Göttin verzeihen eine Kränkung nicht.« Das wußte sie aus eigener Erfahrung, schließlich hatten die Anhänger Saibels sie ja bis in die Katakomben von Fendor verfolgt.
Die Lady sah sie über ihren Fächer hinweg prüfend an. Shanna erwiderte den Blick, ohne mit der Wimper zu zucken. Ihr war klar, welches Risiko sie einging. Aber was blieb ihr anderes übrig? Tara wurde so streng bewacht, daß sie nur als Verbündete der Fürstin Zugang zu ihr bekäme. »Bist du eine von uns?« forschte Lady Amniset. Der große Rubin an ihrer Hand funkelte böse.
»Ich habe vor dem Altar gestanden und der Opferung beigewohnt«, erwiderte Shanna vorsichtig. Sie hatte sozusagen als Meßdienerin fungiert, mit angesehen, wie die Priesterin verbrannte, und dabei das schluchzende Kind, das man eigentlich hatte opfern wollen, in ihren Armen gehalten.
»Und sie haben dich versklavt! So verfolgt man also die Unseren!« schäumte die Fürstin. »Diese Hexe muß irgendwie gewußt haben, wer du bist, oder vielleicht wollte sie dich auch aus dem Weg räumen, um mich angreifen zu können! Eigentlich wollte ich diese Hündin nur auspeitschen lassen. Aber als man sie auszog, fand man an ihr das Mal der Feindin unserer Herrin. Ja, die Großen Überirdischen schlagen ihre Erdenschlachten mit Menschen als ihren Waffen... bist du das Schwert, das sie mir in die Hand gibt?« Das blutrote Rubinfeuer schlug Shanna so in seinen Bann, daß sie ihren Blick nicht mehr davon lösen konnte.
»Ich bin früher schon das Schwert der Göttin gewesen...«, sagte sie mit einer Stimme, die in ihr die Erinnerung an ihren Schwur vor dem Altar von Yraine weckte. »Überlaß diese Hexe nur mir, auf daß ihr Wille geschehe.«
»Kann ich dir auch vertrauen?«
Shanna legte die Rechte auf den Knauf ihres Schwerts. »Möge diese Klinge mich im Stich lassen, wenn ich gelogen habe.«
»Deine Stimme sagt mir, daß du die Wahrheit sprichst«, erwiderte Lady Amniset sanft. »Was ist zu tun?«

»Es muß bei Nacht geschehen«, sagte Shanna und dachte fieberhaft nach. »Und im Freien, wo ich die Klinge schwingen kann. Laßt das Mädchen sich zum Opfer vorbereiten.«
»Ich kann dich jetzt nicht freilassen... das würde bloß Verdacht wecken«, begann die Fürstin. »Und die Droge so zu verändern, daß du dich ihrer Wirkung entziehen kannst, braucht seine Zeit.«
Shanna schloß flüchtig die Augen. Sie hatte sich damit abgefunden, selbst zu sterben, aber nun ging ihr auf, daß es für sie einen Weg gab... sich beider Fesseln zu entledigen. Sie brauchte nur diese Farce zu Ende zu führen. Um ihre eigene Haut zu retten, mußte sie bloß ihre Freundin töten. Sie holte tief Luft und faßte den Griff ihres Schwertes fester.
»Das ist auch nicht nötig. Es kommt nur darauf an, daß ich meinen Schwur erfülle.«
Lady Amniset starrte sie verblüfft an. »Wer bist du wirklich?«
»Das kann ich dir nicht sagen...«, erwiderte Shanna und legte die Hände zusammen, wie sie es bei den Priesterinnen beim Ritual der Dunklen Mutter gesehen hatte; falls die Lady zu den Eingeweihten zählte, würde sie den Betrug womöglich durchschauen. Erleichtert, als sie ihre Augen sich weiten sah, fragte sie mit fester Stimme: »Wirst du gehorchen?«
»In Saibels Namen!« rief Lady Amniset und verbeugte sich.

Shanna rauschte das Blut in den Ohren, wild wie der Nachtwind in den Bäumen. Aber sie stand so unbeweglich wie der Altar, den sie im unteren Garten hatte errichten lassen. Es hatte geregnet. Am Himmel jagten noch mächtige Wolken, die sich jetzt, da der Wind wuchs, zusammenballten und ausbreiteten, bis vom Mond bloß noch ein schwacher Schimmer kündete. Shanna lauschte ins Dunkel. Die mit ihr im Garten warteten, waren so stumm und still wie sie. Es waren nur zwei Männer bei den vier Frauen, zu denen Lady Amniset ebenso gehörte wie das Kindermädchen, die den Jungen mitgebracht hatte.
Shanna runzelte die Stirn. Ihr mißfiel das – aber wenigstens war nicht das ganze Haus erschienen. Als sie die Lady gebeten hatte, nur Gläubige zum Opferritual zu laden, hatte sie nicht zu fragen

gewagt, wie viele das wohl sein würden. Die übrige Dienerschaft schlief oder war in anderen Teilen des Palasts beschäftigt, und Lord Irenos tat, Gottlob!, bei Hofe Dienst. Shanna lockerte das Schwert in der Scheide und war froh, daß sie es nur mit dieser kleinen Schar zu tun haben würde.

Plötzlich schimmerte rotes Licht durchs nasse Laub und färbte die Regenlachen blutrot. Kies knirschte unter Stiefeln. Shanna atmete erleichtert auf, als sie zwei mit Fackeln bewehrte Wächter in den Garten treten sah. Ihnen folgten zwei, die eine schlaffe Gestalt herschleiften. Hatte man Tara etwas angetan? Gib der Gefangenen zu essen, hatte sie zur Fürstin gesagt, sie soll mitbekommen, was mit ihr geschieht! Aber sie hatte die Kleine nicht warnen können. Wenn Tara jetzt bei Bewußtsein ist, dachte die Kriegerin, muß sie mich für verrückt halten.

Die Männer hievten die stöhnende Gefangene auf das Gerüst vor dem Altar, banden sie fest und traten sodann zu den übrigen, die sich davor im Halbkreis aufgestellt hatten. Nun sahen alle Shanna erwartungsvoll an.

»Im Dunkeln sät man den Keim des Lebens!
Ins Dunkel schickt man des Lebens Funken!«

Shanna gebot den Wächtern mit einem Wink, die Fackeln zu löschen, und versuchte, sich den Rest des Gesangs ins Gedächtnis zu rufen, den sie einst im Saibeltempel gehört hatte. Als die Nacht ihre schwarzen Schwingen über den Altar breitete, kamen die Worte wie von selbst.

»Und ist der Funke erst ins Dunkel entflohen,
Wandelt der Geist auf den Wegen der Toten...«

Waren das die richtigen Worte? Die Gläubigen wiegten sich schon halb in Trance. »Er sucht den Pfad der Stille und Erlösung...«, sang Shanna und dachte daran, wie sie selbst Vergessen gesucht hatte. »Frieden ist allein im Schoß der Großen Mutter...«

Das ist nicht einmal gelogen, dachte Shanna, nur haben die Diener

Saibels vergessen, daß die Göttin auch Herrin des Lebens ist. Der Wind frischte auf; Sterne schimmerten durch die dünnen Wolkenschleier. Tara hatte sich in ihren Fesseln aufgerichtet; ihr weißes Gesicht leuchtete gespenstisch aus dem Dunkel.

»Alles, was stirbt und zu Staub wird,
Wird wiedergeboren zu seiner Zeit,
Und das Gericht der Großen Herrin
Kommt so sicher wie das Morgenrot.«

»Ich bin ihr Schwert!« rief Shanna. »Mit der Macht über Leben und Tod!« Die letzten Worte des Eides, den sie in Yraine geschworen, hallten in ihr wider. »Und ihr alle seid in ihrer Hand! Rufe nun deine Göttin an, Mädchen, und sieh, ob sie dich jetzt errettet.«

»Mondmutter!« flüsterte Tara. »Laß mich noch einmal dein Antlitz schauen, offenbare mir deinen Willen!« Niemand rührte sich mehr.

Dann hob jäh der Wind an zu sprechen. Shanna fühlte eine seltsame Wärme, ein Kribbeln in ihren Gliedmaßen, als die Wolken aufrissen und kühles Mondlicht den Garten überflutete. Tara warf den Kopf zurück und schrie. Aber Shanna blickte über das Mondlicht weg und sah das Gesicht der Sternenherrin am Himmel leuchten. Eine sanfte Brise küßte ihr die Wange.

Da lachte sie und flehte: »Herrin, empfange meine Opfergabe!«

Die Klinge zuckte, Mondlicht kreiste über die getrockneten Steine. Abwärts und herum und dann aufwärts blitzte ihr funkelnder Stahl. Shanna fing die niedersinkende Tara auf und riß sie mit fort, als die anderen begriffen, daß sie der Gefangenen nicht die Brust, sondern die Fesseln zerschnitten hatte.

Ein Schwert glitzerte im Mondlicht. Shannas Klinge parierte den Hieb, glitt weiter, biß tief in Fleisch. Frauen schrien entsetzt. Irgendwo im Dunkel ertönte Lady Amnisets Stimme, kalt und wütend, und sofort stürmten zwei Männer vor.

»Tara, lauf!« rief Shanna lachend. »Die Dunkle Mutter schert es nicht, wessen Blut sie zu trinken bekommt...«

»Nicht ohne dich!« schrie Tara und schleuderte einen Altarstein ins Dunkel. Eine Frau schrie jämmerlich.
»Verräterin! Saibel wird dich vernichten!« zischte die Fürstin.
»Das hat sie schon einmal versucht...«, antwortete Shanna atemlos. Stahl klirrte und kreischte. Wieder fiel ein Mann; sein schwarzes Blut spritzte über den Altar. Aus einem Flügel des Palasts erschollen Rufe. Shanna warf sich auf die Frau, die sie versklavt hatte.
Da tauchte vor ihrem Schwert Tinus verzerrtes Gesicht auf. Eine jähe Drehung des Handgelenks, die Shanna fast die Muskeln zerriß, und die Klinge traf Lady Amnisets Hand, die ihren Sohn als Schild vor sich hergeschoben hatte. Ihr nun vom Mondlicht ausgebleichter großer Rubin flog in hohem Bogen in die Bäume.
Die Frauen stellten sich schützend um ihre schreiende Herrin. Die Wächter aber rührten sich nicht mehr. Tara drehte sich keuchend zu Shanna um.
»Schnell, bevor andere kommen«, mahnte die Kriegerin. »Ich habe das Küchentor offen gelassen. Und ich bringe dich zum Hospiz der Mondmütter, ehe...«
»Ehe ich dich mal wieder retten muß?« fiel Tara ihr lachend ins Wort. »Die Göttin hat offensichtlich für uns beide Arbeit, meine Liebe!«
Shanna verzog nur den Mund und blickte auf ihr blankes Schwert, das im Licht der Sternenherrin funkelte.

DIANN PARTRIDGE

»Ich habe vier Geschichten veröffentlicht«, schreibt Diann Partridge, »und zwar alle bei Marion.« Woraus Sie zu Recht folgern können, daß ihre Texte etwas an sich haben, was mir gefällt. Ich glaube, es ist ganz einfach ihre originelle Weltsicht.

Diann lebt in West-Wyoming, ist verheiratet und hat drei Kinder, wovon zwei Teenager sind, und arbeitet zur Zeit »an einer Petit-point-Stickerei, die Wildblumen aus Wyoming darstellt und einen der vierundzwanzig Stühle im Speisesaal des Gouverneurs-Palasts schmücken wird«. (Da kann ich nur sagen: besser sie als ich! Ich mache keine Handarbeit mehr; dazu sind meine Augen nicht mehr gut genug.) Diann fügt hinzu: »... ansonsten tut sich nicht viel in dieser kleinen Stadt«. Deswegen läßt mich der Gedanke, in Wyoming zu wohnen, auch erschaudern. Aber über Geschmack läßt sich nicht streiten: Für manche wäre die Vorstellung, in Berkeley zu wohnen, ganz entsetzlich. Die Lösung (so es eine gibt) liegt wohl darin, sich, wie meine Romanfigur Aratak, der »Vielfalt der Schöpfung« zu erfreuen. – MZB

DIANN PARTRIDGE

Heimholung

»Hier riecht es nach Hexerei«, warnte der Magier Eldrin mit einem Blick auf das Ladenschild, das eine offene Hand darstellte.
»Sicherlich, Eldrin«, antwortete Lord Hazen freundlich, »das muß es wohl auch. Denn es wird einem hier ja die Zukunft geweissagt!«
Daß er an derlei nicht glaubte, war nicht zu überhören. Aber nun lächelte er die beiden jungen Damen an seiner Seite liebenswürdig an und bat sie mit einer höflichen Verbeugung, doch voranzugehen und einzutreten.
Für die vier war es in dem kleinen, mit Krimskams vollgestopften Laden schon recht eng. Als Hazen eine Glocke läutete, die neben der Eingangstür hing, ertönte aus dem durch einen Perlenvorhang abgetrennten Hinterzimmer ein Gebrabbel, das zu verstehen geben sollte, daß man ja nicht taub sei. Auf sein erneutes Läuten schob sich nun ein altes Weib durch den klirrenden Vorhang und musterte schläfrig blinzelnd ihre Kundschaft.
»Ihr seid wohl gekommen, euch die Zukunft vorhersagen zu lassen, nicht wahr, meine Herzchen?« krächzte sie dann. »Nun, da seid ihr bei mir goldrichtig. Niemand versteht sich auf diese Kunst besser als das alte Tantchen.«
»Hüte deine Zunge, Alte«, erwiderte Hazan gereizt. »Vor dir steht Prinzessin Tandra. Sie wird sich demnächst vermählen und erwartet hier in Malterick ihren Bräutigam, den Erbprinzen von Canmal. Sie hatte den Wunsch, den Festplatz zu besuchen und die Lustbarkeiten zu genießen, um sich ein wenig die Zeit zu vertreiben. Und diese Dame hier ist Lady Sarsal, ihre Kusine.« Nach einer kurzen Pause fuhr er gedankenverloren fort: »Der Thronfolger von Canmal wird in zwei Tagen hier sein. Und dann werden wir...«

»Mein Herr...!« fiel Eldrin ihm ins Wort und hüstelte. Lord Hazen fuhr auf und errötete vor Zorn, als ihm bewußt wurde, daß er sich vor dem alten Weib etwas verplappert hatte.
Angesichts seiner Miene ächzte die Wahrsagerin ängstlich und wich einen Schritt zurück. Da trat die Prinzessin vor und legte Hazen besänftigend die Hand auf den Arm.
»Nicht doch, Lord Hazen! Du erschreckst die alte Dame ja«, sagte sie, blickte das Weib dann aus großen blauen Augen an und fragte mit gewinnendem Lächeln: »Bitte, liebe Frau, willst du mir jetzt nicht meine Zukunft weissagen?«
Das war, obzwar in eine höfliche Frage gekleidet, ein Befehl. Da ihre Stimme aber freundlich geklungen hatte, schlurfte die Alte nach vorn und wies auf einen Sessel mit niedriger Lehne, der vor einem kleinen Tisch stand. Lord Hazen rückte ihn zurecht, und die Prinzessin nahm anmutig darin Platz. Dann ließ sich das alte Weib auf einen Stuhl plumpsen und ordnete – wie in grotesker Imitation der ihr Seidenkleid glättenden Tandra – ihre zerlumpten Röcke.
Nun öffnete sie mit knotiger Kralle die mollige, weiche Hand der Prinzessin und fuhr ihr mit rissigem, schmutzigem Fingernagel die Handlinien entlang. Tandra grauste es, aber sie versuchte tapfer, sich ihren Ekel nicht anmerken zu lassen.
»Das ist deine Lebenslinie, Prinzessin«, brummte die Alte. »Sehr lang, siehst du? Das ist deine Herzlinie. Und siehst du diese da? Also die zeigt, daß du mindestens drei Kinder haben wirst... mag sein auch mehr. Und das erste wird ein Junge sein.«
Da lächelte Tandra beglückt und warf einen Blick in die Runde, um sich zu vergewissern, daß sich alles mit ihr über ihre so rosigen Zukunftsaussichten freute.
Als sie hörte, wie die Wahrsagerin etwas zu sich selbst murmelte, beugte sie sich besorgt vor. Die alte Vettel sah plötzlich zu ihr auf. Nur wenige Zentimeter trennten ihr runzliges Gesicht von dem ihren. Die Alte lächelte böse und entblößte ein paar gelbe Zahnstümpfe. Tandra fuhr entsetzt zurück und wollte ihr ihre Hand entreißen. Aber das Weib ließ sie nicht los.
Hazen trat sofort näher, als er die jähe Bewegung der Prinzessin

wahrnahm, und der Magier umklammerte den Seherstein, der an seiner Halskette baumelte.
»Nicht doch, nicht«, krächzte die Alte besänftigend. »Ich wollte dich doch nicht erschrecken, Herzchen. Ich mußte nur noch einen tieferen Blick in deine Zukunft tun.«
Alles atmete auf.
»Ja und, was hast du gesehen?« fragte Tandra barsch. Sie bereute es jetzt, daß sie in diesen Laden gekommen war, und warf Sarsal einen finsteren Blick zu, der zu besagen schien, das sei allein ihre Schuld. Die Alte, deren wäßrigen Augen nichts entging, kicherte vor sich hin und widmete sich wieder Tandras Hand.
»Schau hier, Prinzessin«, krächzte sie und fuhr eine kurze Linie rings um den Daumen entlang, »das ist deine Liebeslinie. Siehst du, wie tief sie ist. Das bedeutet, daß kein Mann, auf den du es abgesehen hast, dir widerstehen kann.«
Das gab Tandra nun ihre gute Laune wieder. Nach einigen weiteren günstigen Voraussagen erhob sie sich und bedeutete Sarsal, ihren Platz einzunehmen.
Diese junge Frau will sich wohl gar nicht die Zukunft weissagen lassen, dachte die Alte bei sich, als sie Sarsals widerstrebende Hand geöffnet hatte. Sieh da... sie hat lange Finger und leichte Schwielen auf der Handfläche. Sehr eng verwandt können die beiden nicht sein. Tandra ist viel kleiner, hat üppige Kurven, trägt ein erlesenes Kleid aus bester südländischer Seide, und ihr schwarzes Haar zeigt einen rostroten Glanz. Sarsal aber hat rabenschwarzes Haar, und ihr Seidenkleid hat bei weitem nicht diese Qualität und ist auch nicht so fein bestickt.
»He, Alte, wie sieht denn die Zukunft dieser jungen Dame aus? Wir haben nicht den ganzen Tag Zeit, schlaf also nicht ein!«
Die Wahrsagerin beugte sich tiefer über Sarsals Hand.
»Hm, ich sehe da ein langes Leben. Aber es wird von Traurigkeit überschattet werden, wenn du nicht in nächster Zukunft eine große Veränderung vornimmst. Und du hast eine tiefe, starke Herzlinie«, sagte sie, zog die Linien nach, die in der Handfläche einen Stern bildeten, und hielt die Hand eisern fest. »Wen wirst du heiraten, Herzchen?«

Die Alte spürte, wie Sarsal sich versteifte, als Tandra an ihrer Stelle antwortete: »Sie heiratet Lord Nelthrinz... einen guten Freund meines Vaters und Kronrat am Hof König Canmals. Er ist der einzige, der um ihre Hand anhielt. Sie hat einen schlechten Ruf, weißt du. Vergangenes Frühjahr hat sie nämlich versucht, mit dem Sohn des Stallmeisters durchzubrennen. Als Lord Nelthrinz ihr die Ehe antrug, entschied mein Vater daher, daß wir zusammen reisen und in Canmal Hochzeit halten werden. Sicher, Lord Nelthrinz ist schon ein bißchen älter als sie... aber auf wen sonst könnte sie wohl hoffen?«

Sarsal biß sich zornig auf die Lippen, und ihre meergrünen Augen funkelten. Der Perlvorhang klirrte, als ob ein Windstoß durch den Raum gegangen wäre. Die Alte starrte in Sarsals wütendes Gesicht, beugte sich wieder über ihre Hand, murmelte noch einige düstere Prophezeiungen und lehnte sich dann abwartend zurück.

Lord Hazen warf zwei Silberstücke auf den Tisch und geleitete die beiden Frauen nach draußen. Der Zauberer Eldrin schwitzte, als er auf die gepflasterte Straße trat, und konnte sich eines Fröstelns nur eben erwehren. Er hätte schwören können, daß es in dem Laden nach Hexerei gerochen hatte, traute aber dieser schmutzigen alten Vettel keine Zauberkräfte zu. Sie verstand sich ja nicht mal aufs Handlesen! So zuckte er die Achseln und beschloß, den Vorfall auf sich beruhen zu lassen.

Die Prinzessin hüpfte beinahe mit Sarsal fröhlich die von Menschen schwarze Straße entlang, und trat mit ihr in diesen und jenen Laden ein. Sie probierte ein Perlenhalsband, besah sich zufrieden in einem Spiegelscherben und drehte sich dann stolz im Kreis, um sich von allen bewundern zu lassen.

Sarsal lächelte mit zusammengebissenen Zähnen und unsteten Augen, blickte die Straße zurück zu jenem Schild mit der geöffneten Hand und runzelte die Stirn.

Derweil hatte sich die Alte von ihrem Stuhl erhoben. Nun las sie die Silberlinge vom Tisch und schlurfte zum Hinterzimmer.

Als sie durch den Vorhang, dessen Perlen sonnenhell funkelten, in den Raum trat, der weit größer als der Laden war, verwandelte sie sich in eine hochgewachsene Frau, die, wie auch ihr graumeliertes Haar zeigte, ihre Lebensmitte schon lange hinter sich hatte, aber noch immer stark und geschmeidig war. Sie hielt einen Moment inne und musterte die zwei Männer jüngeren Alters, die an einem Tisch saßen und dem Würfelspiel frönten.

Einer der beiden, der eben die Würfel wieder einsammelte, fragte hastig: »Ist sie es, Zarka?«

»Wirklich und wahrhaftig, Relf, ja, ich würde sagen, sie ist es«, erwiderte Zarka und ließ den Kopf ein paarmal kreisen, um ihre Nackenmuskeln zu entspannen. »Sie... hat das Sternzeichen in der Hand, so wie wir. Und Nelthrinz versucht ja immer noch, sich eine von uns zu krallen. Bei den Göttern im Himmel, der degenerierte Kerl, der doch älter ist als ich, will dieses Kind heiraten!«

»Glaubst du, daß sie Sarseths Tochter ist?« fragte Relf und trat zu ihr, um ihr die Schultern zu massieren, da ihre Rückenmuskeln nach so langer Zeit in so unnatürlicher Haltung völlig verkrampft waren.

»Darauf würde ich wetten«, erwiderte Zarka wohlig stöhnend. »Sie hat den gleichen Augenschnitt. Und auch seinen Jähzorn, den sie aber besser zügeln kann, als er es je vermochte. Du hättest ihr Gesicht sehen müssen, als die Prinzessin sich den Gag mit Sarsals ›schlechtem Ruf‹ leistete. Ich mußte mir auf die Zunge beißen, um nicht zu lachen!«

»Es wird aber nicht leicht sein, sie wegzubringen. Hazen hat zwei Wächter bei sich, und diesen Zauberer. Ich habe ihn sagen gehört, Canmal treffe in zwei Tagen ein. Da bleibt uns nicht viel Zeit.«

Zarka schüttelte Relfs Hände ab und erhob sich. Bei den Göttern, wie ärgerlich, daß sie das Mädchen nicht einfach gleich holen und mit heimnehmen konnten! Relf grinste ihr verständnisvoll zu. Da hielt sie ihm drohend die Faust unter die Nase.

»Warum hat man mir diese Heimholaktion aufgehalst?« raunzte sie. »Warum ausgerechnet mir und nicht jemand anderem? Ich würde jetzt viel lieber versuchen, Nelthrinz loszuwerden.«

Relf jonglierte gekonnt mit den Würfeln und warf sie dann Zarka zu.

»Weil, mein Herzchen«, erwiderte er im Tonfall der alten Vettel, »du diesem Nelthrinz einst versprochen warst, weißt du noch? Und weil wir Männer nichts als Weiber im Sinn haben, wenn wir aus den Bergen herabsteigen. Die Talbewohner verstehen nichts von wahrer Magie. Was auch Sarsals ›schlechten Ruf‹ erklären dürfte. Wäre es nicht schlimm für dich, wenn Nelthrinz sich so was Besonderes wie Sarsal schnappen würde? Wir haben sie seit Festbeginn gesucht, und jetzt bleiben uns nur zwei Tage, um sie Hazen abzujagen. Hast du in der Hand dieser Gans von Prinzessin etwas entdeckt, was uns weiterhilft?«

Zarka schüttelte den Kopf. Da begann der andere Mann, Krogha, zu sprechen. Seine Stimme war voller Bitterkeit.

»Sarsal ist die einzig Wahre, die sich in der letzten Generation fand, Zarka. Es ist ja schlimm genug, daß unsere eigenen Frauen aufgrund ihrer Hexennatur unfruchtbar sind, aber noch schlimmer, daß wir mit fremden Weibern Kinder zeugen müssen.«

»Du gehst aber wacker zu Werke, seit wir da sind«, fuhr Zarka ihn an. Diese Sucht der Männer, mit Talfrauen zu schlafen, machte sie wütend und war ihr so unerklärlich wie die traurige Tatsache, daß die Männer und Frauen ihres Volks miteinander keine Kinder zeugen konnten.

»Apropos ›zu Werke‹, ich muß mal die hübsche Kleine in dem Laden unten an der Straße besuchen. Ihr Mann ist dreimal so alt wie sie und geht immer früh schlafen«, murmelte Relf und erhob und reckte sich grinsend.

»Dann gehst du wohl auch aus?« fragte sie Krogha.

Seine Bitterkeit machte Verlegenheit Platz. Aber er fand den Mut zu nicken.

Zarka warf Relf die Würfel zurück und mahnte: »Seid aber vor dem Abendläuten wieder da. Ich möchte Sarsal heute nacht suchen. Dazu brauche ich euch, und zwar einigermaßen nüchtern und unversehrt. Vergeßt das bloß nicht!«

Die beiden zogen schnell ab, um weiteren beißenden Bemerkungen zu entgehen. Aber Zarka schrie ihnen noch warnend hinterher: »Vergeßt nicht, daß irgend jemand vielleicht mal euren Nachwuchs heimholen muß!«

Es war spät, schon lange nach dem Abendläuten. Zarka ging unruhig im Hinterzimmer auf und ab. Der Teufel soll die beiden holen! Die müßten schon längst zurück sein. Wo stecken die bloß?
Sie blickte aus dem Fenster. Der erste Mond war aufgegangen. Mit ihrem geistigen Auge sah sie die Berge, die ihre Heimat umgaben, und sah die wenigen der Ihren, die dort noch lebten. Die Macht jener Berge war auch die ihres Volkes... seine »Magie«, wie die Leute im Tal das nannten. Aber die Macht hatte ihren Preis. Sie gab ihnen ein langes Leben, strafte sie aber mit Kinderlosigkeit. Wenn die Männer lange genug im Tal waren, vermochten sie mitunter Kinder zu zeugen. Aber von denen schlug kaum je eines nach ihrem Volke aus.
Wenn sie jemanden wie Sarsal erspürten, schickten sie Leute aus, sie zu finden. So lange wie diese Frau war kaum jemand unentdeckt geblieben. Ja, sie hatten gut einen Monat nach ihr suchen müssen. Diese beiden Blödiane waren ihr dabei keine große Hilfe gewesen. Denn die hatten nur eines im Sinn und mußten immer wieder an ihre eigentliche Aufgabe erinnert werden.
Zarka raufte sich die Haare und knirschte mit den Zähnen vor Wut. Sie war als Kind, ehe man sie heimgeholt hatte, zu Lord Nelthrinz gegangen. Die Erinnerung an ihn verursachte ihr selbst heute noch Alpträume. Aber sie würden Sarsal wegbringen, bevor ihr Ähnliches geschehen könnte.
Weil sie nicht länger warten konnte, gürtete sie ihr Schwert und warf sich einen Umhang über die Schultern. Dann glitt sie in die Nacht hinaus und nahm das Aussehen eines alten Soldaten an, was mit kleinen Korrekturen ihres äußeren Erscheinungsbilds leicht zu bewerkstelligen war. Zu der Krämersfrau, der Relf den Hof machte, war es nicht weit. Als Zarka gleich darauf vor ihrem Haus stand, hörte sie tiefe, gurgelnde Schnarchtöne, die aus einem geöffneten Fenster im Oberstock drangen.
Sie stieg die unebene Backsteinwand hoch und zog sich vorsichtig zum offenen Fenster empor. Als sie den Arm über den Sims hakte, schlug ihr Schwert klirrend gegen die Mauer. Sie lauschte einen Augenblick, aber da sich im Hause nichts rührte, stieg sie ein. Der fette Alte, der da schnarchte, schlief allein in seinem Bett. Er

schrak hoch und richtete sich auf, aber Zarka sandte ihn mit einem kleinen Energieimpuls in seinen Schlummer zurück. Als er sich auf die Seite wälzte, daß die Bettlatten ächzten, trat sie in den dunklen Flur hinaus, um Relf zu suchen.

Eine schmale Treppe am Ende des Gangs zog sie magisch an. Während sie noch überlegte, wie Relf von draußen dort hoch gekommen sein mochte, huschte sie schon die Stiegen empor. Als sie die Tür der vom Mond erhellten Dachkammer aufstieß, sah sie auf einem Bett an der Wand zwei aneinandergeschmiegte Gestalten liegen. Geräuschlos schritt sie über die rohen Dielen und legte Relf die Hand auf die Schulter.

Er erwachte sofort und griff, als sein Blick auf den bewaffneten Mann vor seinem Lager fiel, nach seinem Schwert. Zarka zog eine Grimasse und ließ ihre Maske fallen. Relf entspannte sich, aber nun öffnete die Krämerin die Augen. Da legte er ihr schnell die Hand auf den Mund und sorgte dafür, daß sie sich ruhig verhielt.

»He, du solltest doch vor dem Abendläuten zurück sein!« flüsterte Zarka wütend. »Sollen wir etwa wegen diesem Flittchen draufgehen? Nun feßle sie oder schlage sie bewußtlos und zieh dich an. Wir müssen ja noch Krogha suchen!«

Relf schüttelte den Kopf. »Ich kann sie nicht bewußtlos schlagen, Zarka. Reiße vom Laken einen Streifen ab und feßle ihr damit die Hände, tust du das für mich?«

»Ich würde euch am liebsten beiden eins überziehen«, zischte sie, machte sich aber übers Laken her. Relf umschlang die Krämersfrau, und Zarka packte ihre Hände. Die junge Frau wehrte sich erbittert und gab sich erst nach einem derben Hieb Zarkas geschlagen. Zarka fesselte ihr die Hände, knotete ein paar Tuchfetzen zusammen und gab Relf einen Wink, worauf er die junge Krämersfrau ein letztes Mal küßte – ehe Zarka sie knebelte.

Die Zauberin warf ihm seine Kleider zu, und er zog sich flugs an. Er stieg als erster zu dem kleinen Fenster hinaus und hielt sich sofort an einer Regenrinne fest. Als Zarka ihm vorsichtig folgte, ließ er sich von dem Dachvorsprung auf ein tiefer gelegenes Dach fallen und sprang, nach einem eleganten Rutsch über die feuchten

Dachziegel, mutig in die Tiefe. Zarka versuchte, seinem Beispiel zu folgen, verlor aber die Balance, rutschte aus und fiel.
Sie fing sich mit einer Hand auf, schrie jedoch vor Schmerz, als einer der schweren Dachziegel, der sich gelöst hatte, sie hart am Knöchel traf. Als noch mehr davon rings um sie niedergingen und zerschepperten, begann nahebei ein Hund zu bellen und bald darauf auch ein zweiter. Nicht weit entfernt wurde eine Trommel gerührt. Der Nachtwächter schlug Alarm!
»Es tut mir leid«, flüsterte Relf und half Zarka auf. Als sie ihr Gewicht auf ihren Knöchel legte, ging ihr der Schmerz durch Mark und Bein. »Ich habe es verschlafen. Denkst du, du kannst gehen?«
Zarka hätte liebend gern auf seine Hilfe verzichtet, aber ihr war schwindlig und schlecht vor Schmerzen.
»Damit kann ich nicht rennen, soviel ist sicher. Bei den Göttern, wenn ihr Männer doch auch nur ein einziges Mal mit dem Kopf statt mit den Eiern denken würdet! Hast du eine Ahnung, wo Krogha ist?«
Relf besaß den Anstand, zerknirscht dreinzuschauen, ehe er ihren Arm über seine Schulter legte, damit sie sich auf ihn stützen konnte. So machten sie sich auf den Weg. Aber der Trommelklang rückte näher. In einigen Fenstern der Obergeschosse flammte Licht auf.
»Wenn sie uns jetzt fassen, lochen sie uns bis nach der Hochzeit ein. Ein paar Straßen weiter wohnt eine Freundin Kroghas. Ob du es wohl bis dorthin schaffst?«
Zarka nickte mit zusammengebissenen Zähnen. Hinter ihnen gingen immer mehr Lichter an. Rufe flogen zwischen geöffneten Fenstern hin und her: Was ist denn los? Relf und Zarka flüchteten in ein Gäßchen und versteckten sich im Dunkel eines Tores. Zarka lehnte sich gegen seine Brust, um ihren verletzten Knöchel zu entlasten.
Als der Nachtwächter mit seiner Laterne in ihre Gasse leuchtete, stockte ihnen der Atem. Zarka dehnte sich aus, genug, um sie beide besser mit Dunkelheit zu bedecken. Der Wächter ging weiter. Zarka begann, an Relf angelehnt, mit geschlossenen Augen die Art und Schwere ihrer Verletzungen zu erkunden.

In ihrer Hand pochte es, aber sie war nicht gebrochen. Ihre Knie waren zerschrammt. Den Knöchel hatte es am schlimmsten erwischt: zwei kleinere Knochen zertrümmert, die Muskeln gezerrt. Aber die magische Medizin war nicht eben ihre Stärke, vor allem wenn sie weder die Zeit noch die Energie dazu hatte.

»Wir werden ihn bandagieren müssen«, flüsterte sie Relf zu. »Ich kann ihn jetzt nicht heilen.«

Er nickte und half ihr tiefer in das Gäßchen hinein. Beim Schein des schwachen Lichts, das sie herzauberte, trennte er mit seinem scharfen Messer den Saum ihres Umhangs ab und verband ihr damit den Knöchel. Ihren Stiefel wieder anzuziehen, wurde für Zarka zur reinsten Tortur. Als sie es geschafft hatte, stand ihr der kalte Schweiß auf der Stirn.

Obwohl sie wieder auftreten konnte, nahm sie Relfs Angebot an und stützte sich auf seine Schulter, als sie loszogen. Ihre Schmerzen machten es ihr schwer, den Gesuchten zu erfühlen. Die Straße, in die sie nun gerieten, war von Patrizierhäusern gesäumt. Was hatte dieser Kerl denn in einer so vornehmen Gegend zu schaffen? fragte Zarka sich erstaunt. Es fiel ihr nicht leicht, sich ganz und gar auf Krogha zu konzentrieren.

Als sie endlich eine schwache Emanation empfing, die von seiner Nähe kündete, gingen sie ums Haus, zum rückwärtigen Tor. Es war mit einem schweren Riegel gesichert; links und rechts erstreckte sich ein hoher Bretterzaun, der auf einer niedrigen Backsteinmauer ruhte – für Zarka ein unüberwindliches Hindernis.

Sie atmete ein paarmal tief durch, um sich zu beruhigen. Diesmal vergaß sie nicht, den Hund zu suchen, der sie mit seinem Gebelle verraten könnte. Sie fand ihn auch und schickte ihm einen Schlaf. Relf kletterte auf ihr Nicken hin über den Zaun und entriegelte das Tor von innen.

»Er muß bei einem Dienstmädchen sein«, wisperte er, als Zarka in den Hof trat. Sie horchte angestrengt und zeigte dann nach links, zum Nebenflügel, in dem das Gesinde untergebracht war.

Die Zauberin legte ihre Hand auf Tür um Tür. Als ihre Sinne ihr die Anwesenheit von Kroghas meldeten, nickte sie Relf zu. Und er öffnete die Tür.

Im flackernden Licht einer bis auf einen Stummel herabgebrannten Kerze sahen sie zwei Betten, die in einem Raum zusammengeschoben waren, der für ein einziges zu klein gewesen wäre. Auf dem einen schliefen zwei bleiche Gestalten. Auf dem anderen lag Krogha, der Länge nach auf dem Rücken. Er hatte seine nackten, behaarten Arme unterm Kopf verschränkt und blickte zu seiner Bettgenossin empor, die rittlings auf ihm saß und auf und nieder fuhr.

Zorn stieg in Zarka auf und ließ sie ihre Schmerzen vergessen. Er steigerte sich zur Wut, als Relf amüsiert grinsend an ihr vorbei und zu dem anderen Bett ging. Sie riß ihn mit harter Hand zurück und zog, bevor Krogha oder seine Freundin reagieren konnte, ihr Schwert, stürzte vor, hieb dem Mädchen mit der flachen Klinge auf den Hinterkopf, zerrte es an den Haaren aus dem Bett und auf den Boden.

»Der Teufel soll dich holen, Krogha!« wütete Zarka. »Steh auf und zieh dich an. Wir haben noch etwas zu erledigen. Los, Bewegung!«

Ihre Gegenwart frischte sein Gedächtnis umgehend auf. Er zog sich rasch an, derweil die Zauberin noch ein wenig von ihrer kostbaren Energie darauf verschwenden mußte, der anderen Frau den Schlaf zu verlängern. Wenn ich wieder zu Hause bin, schwor sie sich dabei, verlange ich, daß man alle Männer für alle Zeiten hierher ins Tal schickt. Die taugen ja weniger als nichts!

Immer noch wütend, trat sie in den Hof. Ihr Zorn verrauchte erst, als Krogha ihr berichtete, was er in Erfahrung gebracht hatte:

»Die Prinzessin und Hazen haben hier im Palast Quartier bezogen, um auf Canmal zu warten. Tandra und Sarsal haben ihre Gemächer im zweiten Stock. Die Soldaten sind im Erdgeschoß untergebracht, an jeder Tür steht ein Doppelposten. Aber wenn wir den Weg übers Dach nehmen, dürften wir ins Innere kommen.«

Wieder übers Dach! Zarka stöhnte. Sie wäre am liebsten in den Laden zurückgehumpelt, um ihren Knöchel zu pflegen, aber sie konnte die beiden nicht allein zu zwei jungen Frauen schicken. Außerdem blieben ihnen nur noch zwei Tage. Also biß sie die Zähne zusammen und gebot Krogha voranzugehen. Dabei über-

legte sie, und das nicht zum erstenmal, ob die Talfrauen denn über einen besonderen Zauber verfügten, der nur bei den Männern aus den Bergen wirkte.
Trotz Relfs Hilfe kam sie nur langsam und unter Schmerzen voran. Der zweite Mond ging auf. Zarka spürte, daß ihr Knöchel bei jeder Belastung ein bißchen mehr anschwoll.
Als sie endlich auf dem Dach waren, zeigte Relf auf ein offenes Fenster rechts über ihnen. Da holte Zarka tief Luft und witterte. Diesmal war das Glück mit ihnen: Sarsal schlief in jenem Zimmer. Relf sprang, bekam den Sims zu fassen, schwang sich schnell hoch und stieg durchs Fenster ein. Zarka wußte, daß sie keine andere Wahl hatte, als ihm zu folgen. Sie sprang unbeholfen, erwischte zwar den Sims, rutschte jedoch mit der verstauchten Hand ab. An einer Hand baumelnd, tastete sie mit der anderen nach dem Sims, da sie aus Angst, Lärm zu machen, nicht wagte, mit den Füßen Halt zu suchen. Sie rutschte ein wenig ab. Aber bevor sie fallen konnte, packte Relf ihre Handgelenke und zog sie zu sich herein. Krogha folgte ihr ohne Probleme.
»Wenn ihr noch einen Schritt näher kommt, rufe ich die Wachen«, sprach eine ruhige Stimme hinter ihm. »Was wollt ihr hier?«
Als die drei wie ein Mann herumfuhren, erblickten sie Sarsal, die hoch aufgerichtet in ihrem Bett saß.
»Wir wollen dir nichts antun«, flüsterte Zarka, »sondern dir zur Flucht verhelfen.«
»Du bist die Alte aus dem Laden, nicht?« erkundigte sich Sarsal. »Glaube mir, wenn ich könnte, wäre ich schon längst entflohen.« Damit hob sie den Arm und wies ihnen die Kette, die daran baumelte und sie an ihre Lagerstatt fesselte.
Zarka fühlte Bewunderung für diese junge Frau in sich aufsteigen. Sie trat zu ihr ans Bett und erklärte ihr mit wenigen Worten den Grund ihres Kommens.
»Ich würde gerne mit euch gehen«, erwiderte Sarsal leise. »Aber wie wollt ihr meine Fessel lösen?«
Zarka winkte Relf. Da hielt er grinsend Sarsals Arm ins Mondlicht und stocherte mit seinem kleinen Messer ein bißchen im Schloß

der Handschelle herum, bis sie mit einem Klicken aufging. Sarsal rieb sich das Handgelenk, ergriff dann die leere Schelle und ließ sie wieder zuschnappen.
Als sie sich von ihrem Lager erhoben hatte, zog Krogha die Laken ab, zerriß sie, verknotete sie zu einer Art Seil, band es mit einem Ende an einem Bettpfosten fest und warf den Rest zum Fenster hinaus und stieg daran, Hand über Hand, ins Dunkel hinab.
Die anderen folgten. Als Zarka eben wieder Boden unter den Füßen fühlte, hörte sie das scharfe Kratzen der Krallen des Wachhundes, der über den gepflasterten Hof herbeigerannt kam. Mit einem Wink gebot sie ihren Gefährten, Ruhe zu bewahren.
Diesmal war es mühsamer und brauchte es mehr als tiefe Atemzüge, um die zur Ablenkung des Hundes nötige Energie zu schöpfen. Die Anstrengung trieb ihr kleine Schweißperlen ins Gesicht, die hell im Mondlicht glänzten. Der Hund kam näher, leise winselnd und den Kopf schief gelegt. Zarka stellte sich eine Katze an der gegenüberliegenden Hofseite vor. Der Hund stutzte und verzog die Nase, drehte sich nach kurzem Zögern um und trottete von dannen.
»Das wird ihn nicht lange fernhalten«, flüsterte sie. »Machen wir also, daß wir fortkommen.«
Als sie still durchs Dunkel zum rückwärtigen Tor huschten, hörten sie plötzlich wieder den Hund hinter sich. Diesmal entdeckte er sie und begann sofort, laut zu bellen. Eine Tür flog auf, krachte gegen eine Wand, und eine Stimme erscholl. Ein Licht ging an. Die Nacht belebte sich höchst ungemütlich.
Zarka schob Sarsal zu Krogha hin und flüsterte: »Bringe sie rasch zum Laden zurück. Wartet nicht auf uns!«
Da nahm er Sarsal bei der Hand und rannte mit ihr los. Relf faßte Zarka wieder unter, damit sie nicht fiel. Ihr Bein war schon bis zum Knie taub. Mit einer letzten verzweifelten Anstrengung sandte sie dem zum Tor hinauslaufenden Hund einen Impuls hinterher, der ihn die falsche Richtung einschlagen ließ. Die Soldaten, die aus dem Palast gestürzt waren, hasteten hinter ihm her.
Danach war alles wie ein böser Traum. Lord Hazens Wächter

folgten dem Hund einige Straßen weit und kehrten dann um. Relf trug Zarka zu dieser Zeit schon geschultert durch die Gäßchen. Er brach das Fenster einer Gerberei auf, und nun stiegen sie in den stinkenden Lederschuppen und verbargen sich dort, bis der Frühmond aufging und die Morgenglocke läutete.

Die kurze Rast hatte Zarka die Kraft gegeben, wieder das Aussehen des alten Soldaten anzunehmen. Aber sie mußte sich immer noch auf Relf stützen. Nun mischten sich die zwei unter all die Krämer und Dienstboten, die schon so früh auf den Beinen waren, und wankten zum Laden zurück.

Als Sarsal die beiden Soldaten durch die Hintertür eintreten sah, sprang sie hoch, als ob sie erneut fortlaufen wollte. Aber als Zarka sich zu erkennen gab und sich in einen Sessel plumpsen ließ, faßte sie sich wieder.

»Daß mit diesem Laden etwas nicht stimmt, ist mir schon gestern aufgefallen«, rief sie darauf. »Ich habe mein ganzes Leben lang geglaubt, nur ich könnte mich verwandeln.«

Zarka brachte nicht einmal ein Lächeln zustande. Relf schüttelte nach einem Blick auf ihren Fuß besorgt den Kopf, nahm sein Messer heraus und schnitt ihr behutsam den Stiefel auf. Da begann Zarka, um sich von dem pochenden Schmerz abzulenken, der jungen Frau zu erzählen, wer sie waren und was sie hergeführt hatte.

Sarsal blickte die Zauberin zuerst erstaunt und bald erleichtert an.

»Ich weiß schon seit meinem neunten Lebensjahr«, sagte sie dann, »daß ich die Leute auf diese Weise zum Narren halten kann. Aber leider habe ich Tandra das einmal demonstriert. Sie hat es ihrem Vater erzählt, ja, und irgendwie bekam Lord Nelthrinz davon Wind. Sie präsentierten mich dann in einer Nebenveranstaltung des Fests wie eine Mißgeburt, und ich mußte meine kleinen Tricks vor aller Augen vorführen... Wenn Eldrin meine Trugbilder nicht mit seinem Seherstein hätte durchschauen können, wäre ich schon vor langem fortgelaufen. Dann beschlossen sie, mich Lord Nelthrinz zur Frau zu geben. Hazen läßt mich nun, seit wir hier sind, für die Nacht ans Bett fesseln, da er befürchtet, ich könnte

mich sonst vor dem Eintreffen des Lords aus dem Staub machen.«
Sarsals Stimme klang so bitter, daß Zarka ihr tröstend übers Haar strich. Da ertönten auf der Straße laute Rufe. Krogha glitt sofort durch den Perlenvorhang zur Tür, um nachzusehen, was draußen vorging.
»Sie durchsuchen jeden Laden«, erklärte er, als er zurückkehrte. »Relfs kleine Freundin wird vermißt... Ihr Mann der Krämer liegt Lord Hazels Wächtern in den Ohren, nach ihr zu suchen.«
»Dann muß ich wohl wieder als altes Weib hinaus«, stöhnte Zarka und versuchte aufzustehen.
»Das geht nicht«, erwiderte Relf. »Du hattest ja kaum die Kraft, dich hierher zu schleppen. Wenn der Zauberer dabei ist, fliegen wir alle auf. Er würde dich im Handumdrehen entlarven. Nein, sie muß das machen«, schloß er und wies auf Sarsal.
Krogha und Zarka meldeten energischen Widerspruch an, aber Relf wischte ihren Protest beiseite.
»Wir haben keine andere Wahl«, fuhr er fort, »zumindest diesmal nicht. Sarsal hat gesagt, sie könne sich verwandeln. Wir werden die Stadt erst nach der Hochzeit verlassen können. Wenn niemand aufmacht, werden sie die Tür aufbrechen und diesen ganzen Laden durchsuchen. Zarka, du hast den Raum verzaubert, um den Magier zu täuschen. Gestern hat es doch geklappt, nicht wahr?«
Sarsal nickte und ging auf den Perlenvorhang zu.
»Warte«, rief da Zarka. »Vergiß nicht, Mädchen, daß du diese Alte wirklich sein mußt. Du mußt ihre Art, zu gehen und zu reden, ihre innere und äußere Erscheinung, zu der deinen machen. Du darfst nicht eine Sekunde lang an dich selbst denken. Das ist der ganze Trick. Wenn du dich vertust und sie dich erkennen, ist es mit deiner wie mit unserer Freiheit zu Ende.«
Sarsal schluckte schwer und nickte. Als sie die Hand ausstreckte, um den Perlvorhang zu teilen, pochte es an die Tür. Da holte sie tief Atem und trat durch den Vorhang.
Die Wächter, die durch das winzige Türfenster spähten, sahen

eine alte Frau in zerlumptem Gewand näherhumpeln. Sie schob den Riegel zurück und wurde, als sie hereinstürmten, fast von ihnen zu Boden geworfen.
»Nicht doch, nicht doch!« krächzte sie laut. »Warum so stürmisch, Herzchen! Ihr seid wohl gekommen, euch die Zukunft vorhersagen zu lassen, nicht? Da seid ihr bei mir goldrichtig, Leute. Niemand in dieser Stadt kann das besser als das alte Tantchen.«

Die Hochzeit wurde prächtig und verlängerte das Stadtfest um mehr als zwei Wochen. Aber das mit der jungen Lady Sarsal, der Kusine der Prinzessin, war schon eine traurige Geschichte. Es ist immer traurig, wenn ein so junger Mensch sterben muß. Aber solche Dinge passieren nun mal. Was war schuld daran gewesen? Falsche Ernährung oder verseuchtes Trinkwasser? Keiner vermochte sich das so recht zu erklären. Lord Nelthrinz hatte getobt, als er bei seiner Ankunft davon gehört hatte; aber da war der Leichnam schon längst eingeäschert. Der Prinz von Canmal fuhr mit seiner schönen Gemahlin glücklich und zufrieden auf seine östlich von Malterick gelegenen Besitzungen zurück.
Als alle Festlichkeiten beendet waren, verließen vier Reiter die Stadt und wandten sich nach Westen, den fernen Bergen zu. Es waren zwei junge Männer, ein alter Soldat und ein Weib, das noch älter war als er. Ein so gebrechliches Mütterchen zu Pferd... das war schon ein seltsamer Anblick. Aber schließlich hatte man bei jenem Fest weit Seltsameres gesehen.

MERCEDES LACKEY

Mercedes Lackey hat seit Beginn unserer Zusammenarbeit jedes Jahr eine Geschichte zu Tarma und Kethry für mich geschrieben; das ist eine der vielen Freuden meines Herausgeberlebens. Ich lese diese Storys immer noch mit großem Vergnügen und war entzückt zu sehen, daß bei Daw Books unter dem Titel The Oathbound *schon ein ganzer Band mit Erzählungen von Tarma und Kethry erschienen ist. Was nur verdeutlicht, daß eine der erfolgträchtigsten Methoden in diesem schwierigen literarischen Geschäft darin besteht, eine Figur oder mehrere, die der Leser mag, fortzuschreiben. (Aber Vorsicht: Sie werden Ihre Figuren mit der Zeit wahrscheinlich so leid, daß Sie sie am liebsten ins All schießen würden; Conan Doyle wurde seines Sherlock Holmes so überdrüssig, daß er beschloß, ihn zu beerdigen – »auch wenn mit ihm sein Bankkonto mitbeerdigt würde«. Überlegen Sie sich das also gut!)*
Zum Glück bin ich Tarma und Kethry noch nicht leid.
Und meine Leser auch nicht, denke ich. – MZB

Der Talisman

Kethry hatte Mühe sich vorzustellen, daß der Winter in spätestens zwei Monaten zu Ende sein würde. Die ganze Welt schien aus Schnee und Eis zu bestehen. Schnee, wohin das Auge blickte – selbst auf den kahlen Zweigen der Bäume lag verharschter Schnee. Von dem mit Büschen übersäten Felsenhügel, auf dem sie stand, sah es aus, als ob der Winter von dem Land für immer Besitz ergriffen hätte. Die ganze Erde hatte sich in eine endlose Abfolge von bewaldeten, im Winterschlaf liegenden Hügeln verwandelt, über die sie schon seit zwei Tagen zuckelten, ohne ein Ende abzusehen. Merkwürdigerweise hatten sie in all dieser Zeit nicht eine Menschenseele zu Gesicht bekommen, obwohl doch die Landstraße, auf der sie mühsam hügelauf und hügelab ritten, allem Anschein nach oft benutzt wurde. Kethry stampfte auf die zerfurchte, aber beinhart gefrorene Schneedecke, um wieder etwas Gefühl in die vor Kälte tauben Füße zu bekommen, schirmte dann ihre Augen gegen das grelle Schneelicht ab und sah mitleidig zu ihrem Maulesel hinab, der mutlos an der Eiskruste am Wegrand scharrte, unter der sich doch, für ihn aber unerreichbar, irgendein Grasbüschel verbergen mußte.
Sie hörte neben sich den Sattel ihrer Gefährtin Tarma quietschen. »Göttin!« krächzte die Shin'a'in und stieg vom Pferd. »Ich friere mich noch zu Tode.«
»Du frierst immer...«, brummelte Kethry, ganz damit beschäftigt auszumachen, ob der dunkle Fleck, den sie am Horizont sah, Rauch oder wieder nur eine Wolke war. »Außer wenn ich vor Hitze sterbe. Wo sind wir? Ist das, was ich dort in der Ferne sehe, Rauch, oder handelt es sich um ein Hirngespinst?«
»Mir fällt dazu ein böses Wortspiel ein, aber ich behalte es wohl lieber für mich«, erwiderte Tarma, nahm ihre Wegekarte aus der

Innentasche ihres Umhangs und entfaltete sie geräuschvoll. »Wohl, das ist Rauch, und ich denke, wir befinden uns hier...«

Kethry starrte so angestrengt auf den fernen, von einer Siedlung kündenden Rauch, daß ihr schon die Augen tränten. Nun drehte sie sich um und warf einen Blick auf die Karte, um zu sehen, wo sie sich nach Tarmas Einschätzung befanden. Aber das war nicht eben ein Grund zur Freude. Wenn die Shin'a'in recht hatte, waren sie noch eine Kerzenspanne von einem Fliegenschiß vom Ort entfernt, der so winzig war, daß er nicht einmal Dorf genannt zu werden verdiente und auf ihrer Karte nur mit dem Namen »Töpfer« und dem Symbol für »öffentlicher Brunnen« versehen war.

»Kein Gasthof?« fragte die Zauberin enttäuscht.

»Kein Gasthof«, seufzte die Kriegerin und faltete ihre Karte, um sie wieder zu verstauen. »Tut mir leid, Grünauge.«

»Nicht zu glauben!« versetzte Kethry ärgerlich. »Jetzt haben wir endlich einmal das Geld, um im Gasthof zu übernachten, und dann gibt es keinen.«

Tarma zuckte die Achsel. »Das ist wohl Schicksal. Wir müssen eben sehen, daß wir irgendeinen freundlichen Hausbesitzer finden, der uns für ein, zwei Groschen in seiner Stube oder Scheuer schlafen läßt. Könnte auch schlimmer sein. Wenn das in Mournedealth nicht geschehen wäre, hätten wir nicht einmal die paar Münzen.«

»Sicher... wobei ich mir aber leichtere Wege, Geld zu verdienen, vorstellen kann.«

»Hmmm«, brummte Tarma ausweichend und schwang sich wieder in den Sattel. Kethry warf ihr aus den Augenwinkeln einen Blick zu und fragte sich, was sie wohl dachte.

Wir sind noch kein richtiges Gespann. Und sie zerbricht sich weit mehr als nötig den Kopf über mich.

»Ich bedaure nichts«, sagte sie dann so, als ob sie unterbrochen worden sei. »Ich bin nur einfach faul, weißt du... Dieser kleine Streit mit meinem Ex-Mann war doch um einiges anstrengender, als mir lieb war.«

Da Tarma darauf so schrill und laut lachte, daß es von den Hügeln widerhallte, entspannte sich Kethry ein wenig.

»Ich werde mich bemühen, dich das nächste Mal zu schonen«, sagte die Schwertschwester und gab ihrer Kessira die Fersen, damit die sich zwischen all den Löchern und Rinnen einen Weg hügelab suche – wobei Kethry hätte schwören können, daß Tarmas elegante kleine Stute angewidert das Maul verzog, bevor sie gehorchte. »Wenn du mir versprichst«, fuhr Tarma fort, »mir früh und klar Bescheid zu geben. Wir hätten das alles mit Leichtigkeit regeln können, wenn wir Wethes und deinem Bruder aufgelauert und sie ... ›überzeugt‹ hätten, daß es für alle am besten wäre, uns in Ruhe zu lassen.«

»Und ich dachte, ihr Kal'enedral wärt eurer Ehre verpflichtet«, spottete Kethry, als ihr Maulesel Rodi auf den Spuren Kessiras hügelab taumelte und schlitterte.

»Ihrer Ehre, nicht der Menschenehre«, korrigierte Tarma, »und in Bereichen, wo Ihre Ehre nicht berührt ist, sind wir der Vernunft verpflichtet. Ich halte viel von Vernunft. Sie erspart einem eine Menge Probleme.«

»Außer wenn du der Stadtwache deine Vorstellung von ›vernünftig‹ erklären mußt!« sagte Kethry und klammerte sich zähneknirschend an ihren Sattelknopf, denn ihr Rodi ging das letzte Hangstück in einem so jähen Rutsch an, daß sie nur noch hoffen konnte, daß er wußte, was er tat.

»Ein Punkt für dich!« erwiderte die Shin'a'in gutmütig.

Sie brauchten fast den ganzen Abend – nicht nur jene eine Stunde, die ihnen die Karte in Aussicht gestellt hatte –, um den kleinen Weiler zu erreichen. Schuld daran war der Zustand der Straße. Da sie ebenso holprig und durchfurcht war wie der Hang, hatte Tarma, aus Angst, daß die Tiere straucheln und sich die Beine brechen könnten, eine langsame Gangart vorgezogen, und so hatten sie den Weg zu jenem Ort namens »Töpfer« enervierend langsam zurückgelegt.

So nervtötend, daß Kethry erst nach geraumer Zeit den zunehmend drängenderen Ruf ihres Weisschwertes Gram wahrnahm.

Die Zauberin war mit ihrem Schwert eng verbunden, so eng wie mit ihrer Partnerin, und jene Bindung hatte gar den Segen der

Göttin, der Tarma diente. Das Schwert entlohnte ihre Treue, indem es ihr alle Wunden, außer tödlichen, in unglaublich kurzen Zeitspannen heilte und ihr eine meisterliche Fähigkeit, es zu führen, verlieh – was ihr hin und wieder erlaubte, Tarmas Haut zu retten, weil ja niemand ihr, einer Magierin, derlei Schwertkünste zutraute. Aber sie hatte für diese Gaben einen Preis zu zahlen. Denn sie mußte jeder Frau, von deren Not ihr das Weisschwert kündete, so schnell wie möglich zu Hilfe eilen, gleichgültig, ob sie sich selbst in Gefahr brachte oder ob ihr Einsatz belohnt würde. Das waren wohl kaum die idealen Voraussetzungen, um eine Söldnerin zu werden!

Der »Ruf« Grams glich im Normalfall jenem hartnäckigen Druck, der Kopfschmerzen ankündigt – in Fällen aber, in denen es wirklich um Leben und Tod ging, war er ein Druck, so stark, daß er dem Schmerz zum Verwechseln ähnelte. Tarma hatte dies in den wenigen Monaten ihres Zusammenseins offenbar zu lesen oder spüren gelernt – denn sie drehte sich genau in dem Augenblick zu ihrer Freundin um, als die den Ruf Grams wahrnahm, und sah sie stirnrunzelnd an.

»O bitte, sage, daß deine Miene dich Lügen straft«, flehte die falkengesichtige Shin'a'in.

»Das würde ich nur zu gern«, seufzte Kethry, »aber dann würde ich ja lügen.«

Tarma schüttelte resigniert den Kopf und richtete ihre eisblauen Augen auf den kleinen Weiler, der sich inzwischen vor ihnen abzeichnete. »Großartig! Wenigstens dürfte es nicht schwerfallen zu klären, um wen und worum es geht... Wenn es dort mehr als ein Dutzend Frauen gibt, fresse ich einen Besen.« Jetzt konnten sie schon einzelne Häuser und bald darauf auch das für sich stehende Brunnenhaus mit seinem roten Dach ausmachen.

Kethry gab ihrem Muli die Fersen, bis sie Knie an Knie mit ihrer braungewandeten Partnerin ritt. »Laß mich mal aussprechen, was du zweifellos denkst. Wenn es in einer so kleinen Siedlung irgendein Problem gibt, wissen wahrscheinlich alle davon. Was bedeutet, daß jeder ein Interesse daran haben dürfte, nichts darüber verlauten... oder die Dinge so laufen zu lassen.«

»Oder daß sie schlicht etwas gegen die Einmischung von Fremden haben«, schloß Tarma bedrückt. »Es gibt Zeiten... Kopf hoch, She'enedra! Schau, wir werden empfangen.«

In der Tat! Noch als Tarma sprach, hatte sich von dem Brunnenhaus eine dick vermummte Gestalt gelöst, die zwar eher einem Bären als einem Menschen glich, sich aus der Nähe jedoch als ein vom Alter gebeugter Mann erwies, der so knorrig und verwittert war wie ein Gebirgsbaum und seine schneeweiße Haartolle notdürftig unter einer Strickmütze barg, die so hellrot leuchtete wie jenes Brunnendach.

»Guten Abend«, grüßte er mit angemessen friedfertiger Stimme, als die zwei in Gesprächsweite zu ihm und den Bewohnern dieses halben Dutzends von Häusern waren.

»Guten Abend«, erwiderte Tarma seinen Gruß. Sie kreuzte dabei die Handgelenke über dem Sattelknopf und lehnte sich nach vorn – stieg aber nicht vom Pferd. »Sag, Gevatter, welche Art von Gastlichkeit könnten hier wohl müde Reisende für ein, zwei Groschen erwarten?«

»Gut bewaffnete Reisende«, erwiderte er sanft, nachdem er sie mit seinen blanken, schwarzen Augen, die unter schneewächtengleichen Brauen hervorlugten und denen nichts entging, von oben bis unten gemustert hatte.

Tarma lachte, und unter dem Strohdach eines der Häuser flatterte eine erschreckte Krähe hervor. »Reisende, die keine Narren sind, Gevatter. Zwei Frauen, die allein reisten, obwohl sie sich ihrer Haut wehren könnten, müßten Närrinnen sein.«

»Ein Punkt für dich, ein Punkt für dich«, kicherte der alte Mann und rückte näher. »Weißt du auch deinen Bogen gut zu führen?«

Tarma überlegte einen Augenblick und antwortete dann: »Ziemlich gut.«

»Schön, schön«, brabbelte der Alte und zog sich die Strickmütze etwas tiefer über die Ohren. »Geld ist uns nichts nütze bis zum Frühling, wenn die Händler kommen... aber ein wenig Wild wohl... das wäre schon recht. Sagen wir, Bett und Mahl für Wild?«

Tarma nickte, schien des Handels zufrieden, und stieg vom Pferd. Kethry folgte ihrem Beispiel nur zu gern.
»Aus einem leeren Wald kann ich kein Wild zaubern«, gab Tarma zu bedenken, als der Alte sie in einen geräumigen Schuppen führte, der bereits einen Esel und drei Ziegen beherbergte.
»Es gibt Wild, es gibt dort schon Wild... Ich würde euch doch kein Narrenwerk antragen. Es ist nur, daß wir hier keine Jäger sind«, versicherte er und half ihnen, der Stute und dem Maulesel ein paar Gabeln Heu in die Krippe zu werfen; als Nachtlager würde den beiden Tieren die Farnspreu, die schon den Boden bedeckte, genügen müssen.
»Keine Jäger?« fragte Kethry verblüfft, als sie ihr Bündel nahmen und dem Mann in das Haus nebenan folgten. »Und das hier mitten in der Wildnis? Was machst du denn um Himmels willen...«
Die Antwort auf diese Frage erübrigte sich, als der Alte nun die Tür öffnete. Das Haus bestand aus einem einzigen riesigen Zimmer, das Schlaf- und Wohnraum und Werkstatt zugleich war, wobei letzterer Bereich den Löwenanteil der Behausung beanspruchte. In einer Ecke standen ein großer Ausguß mit Wasserpumpe, einige Holztröge voll Ton und eine Töpferscheibe... Auf zwei langen Holztischen in der Mitte des Raums waren verschiedene Keramiken zu sehen, die nach ihrem jeweiligen Fertigungsstadium, vom ersten Trocknen bis zum letzten Glasurgang, säuberlich geordnet waren. Von der rückwärtigen Wand, die aus Backsteinen gemauert und mit einigen Eisentüren versehen war, ging eine Wärme aus, die selbst aus ihrem Abstand zu spüren war. Wohl ein Brennofen, überlegte Kethry und sah sich weiter um. Die Fenster waren meist mit geöltem Pergament ausgestattet. Aber das an der Wand gegenüber hatte eine Glasscheibe; direkt darunter stand eine kleinere Werkbank, auf der sich Töpfe, Pinsel und eine halb bemalte Vase befanden... Die übrigen Einrichtungsgegenstände waren kunterbunt im Raum verteilt.
Kethry kam es erdrückend heiß vor, aber Tarma warf sogleich mit einem Seufzer reinsten Wohlbehagens ihren Umhang ab.
»Legt eure Bettrollen hin, wo ihr wollt, meine Damen«, sagte der Alte. »Es gibt Haferbrei zum Abendessen.«

Kethry fischte ein Paket Dörrobst aus ihrem Sack und warf es dem alten Mann zu. Der fing es geschickt auf, grinste ein Dankeschön und streute die Trockenfrüchte in den Breitopf, der ganz vorn in einer der Ofenluken stand.

»Gleich nach dem Essen bekommen wir Besuch«, sagte ihr Gastgeber, als sie ihre Schlafdecken auf dem tonfleckigen, rohen Dielenboden ausbreiteten. »Ich bin Egon, der Töpfer. Die anderen hier im Ort sind Verwandte oder Zunftgenossen.«

Egons halbfertige Teller und Schüsseln, Krüge und Vasen weckten Kethrys Neugier und Interesse. Das war, wie sie bei eingehender Betrachtung feststellte, keine grobe Töpferware, sondern wirklich feinste Keramik, die dem, was in Mournedealth feilgeboten wurde, gleichkam oder gar überlegen war.

»Warum...«, begann sie.

»...wir hier draußen am Ende der Welt leben?« fiel Egon ihr ins Wort. »Der Ton, Frau. Einen besseren gibt es nirgendwo sonst. Wir haben hier drei Sorten Ton, Holz für den Brennofen und den ganzen Winter zum Töpfern und den Sommer für den Handel, die Märkte. Was brauchen wir mehr?«

Tarma lachte. »Nichts, verdammt noch mal!« Als er die Brauen hob und mit halb zahnlosem Mund verschmitzt grinste, lachte sie von neuem und versetzte: »Ich habe mich immer gefragt, wo eigentlich das beste Porzellan und Steingut der Wright-Zunft herkam... in Kata'shin'a'in wurde es sicher nicht hergestellt. Meinst du, ich erkenne die Hand des Meisters nicht?«

»An dir ist wohl mehr, als man dir ansieht. Aber das hast du mir ja schon gesagt, nicht wahr?«

»O ja, das habe ich!«

Sie grinsten einander in einer Art stummem Gedankenaustausch an, was Kethry doch etwas verblüffte. Dann zwängte Tarma sich an der vollgestellten Werkbank vorbei, trat neben den Alten und sagte: »Laß mich dir beim Haferbrei zur Hand gehen.«

Bei Anbruch der Nacht bekam Kethry Anlaß, die Kunstfertigkeit des Alten noch höher einzuschätzen, sah sie doch, daß die überall im Raum verteilten Öllampen, die er anzündete, durchscheinend dünne Porzellanschirme hatten. Als das erste Lämpchen brannte,

trudelten schon die restlichen Bewohner der kleinen Siedlung ein.
Sie drängten sich um die beiden Neuankömmlinge, waren freundlich und zurückhaltend, stellten Fragen, waren aber auch gerne bereit, Antworten zu geben. Nicht lange, da hatten sie auf der Ofenbank Platz genommen, so daß Kethry sie in Ruhe in Augenschein nehmen konnte. Keine der Frauen schien ihr in irgendeiner Weise in Not zu sein. Sie hatte überhaupt nicht den Eindruck, daß hier irgend etwas nicht stimme, und das trotz des immer inständiger werdenden Drängens ihres Weisschwertes Gram.
Daher erhob sie sich, als Tarma die Gesellschaft mit irgendeiner Shin'a'in-Geschichte unterhielt, und ging zu dem Alten hinüber, der sich etwas abseits gesetzt hatte.
Er nickte ihr zu, überließ es aber ihr, das Gespräch zu eröffnen. Die Zauberin räusperte sich erst noch ein wenig und fragte dann, so unbefangen wie nur möglich: »Egon, sind alle aus der Siedlung hier?«
Ihre Frage schien ihn zu überraschen. »O ja«, erwiderte er, »bis auf die Kinder sind alle da. Das heißt... außer einer.«
Das klang schon besser. »Eine?« hakte sie nach.
Er sah sie mißtrauisch an. »Nun, sie gehört nicht zur Zunft. Eine Fremde, die sich vor drei, vier Wintern hier niederließ. Sie hat mit uns nicht viel zu schaffen, und wir auch mit ihr nicht. Eine der unheimlichen Art.« Nun blinzelte er bedächtig und fuhr fort: »Sie macht manchmal Geschäfte mit uns. Ich glaube, sie buddelt da draußen in den Ruinen herum und verkauft uns dann Metallkram, den sie dort ausgräbt, so altes Zeug, fast ganz zerfressen, aber für unsere Glasuren gut zu gebrauchen.«
Daß ihm an dieser »Fremden« irgend etwas mehr als nur ein bißchen unbehaglich war, konnte Kethry seinem verschlossenen Gesicht und seiner vorsichtigen Wortwahl unschwer entnehmen.
»Sind diese Ruinen verhext?« fragte sie, um seinem Unbehagen auf den Grund zu gehen.
»Verhext?« Er sah sie erschreckt an und kicherte. »Großer Kernos, nein! Es ist nur, sie hat so etwas Hexenhaftes an sich, aber sie hat noch nie gehext.« Jetzt sah er sie kurz aus den Augenwinkeln an,

als ob er ihre Reaktion auf seine Bemerkung abschätzen wollte. »Man könnte meinen, daß sie draußen etwas suchte und fuchsteufelswild war, weil sie es nicht fand. Aber neuerdings verhält sie sich so, als ob sie das hätte. Sie heißt...«

Die Tür flog auf, und eine vermummte Frau stolperte, wie vom Wind hereingefegt, in den Lichtkreis, sah sich blinzelnd um, rieb sich die bleichen, feisten Wangen und zog mit ihren schwammigen Armen ihren Pelzumhang fester um sich.

Kethry brauchte eine Zeit, um in dieser so dick gewordenen jungen Frau die einstige Schulfreundin zu erkennen. Aber nun fiel es ihr wie Schuppen von den Augen...

»Mara?« fragte sie in die Stille hinein, die das jähe Erscheinen dieser seltsamen Gestalt ausgelöst hatte.

Die Frau fuhr herum, starrte zwischen den Köpfen der Umstehenden hindurch Kethry an, bewegte für einen Augenblick die Lippen, ohne einen Ton zu sagen, faßte sich plötzlich mit pummeliger, teigiger Hand an die Kehle – und drehte sich mit einmal um und stolperte, so schnell sie konnte, wieder aus dem Haus.

Als die Tür mit einem Knall hinter ihr zugefallen war, verharrten alle in betretenem Schweigen.

Schließlich räusperte sich der alte Egon, um seine Befangenheit loszuwerden, und murmelte: »Es ist schon ein wenig spät, und wir müssen wieder an die Arbeit, wenn der Morgen graut...«

Seine Verwandten und Zunftgenossen verstanden den Wink sogleich. Nicht lange, da waren Egon und die beiden Frauen allein mit ihrem Schweigen.

Dieses Schweigen zu durchbrechen, schien unmöglich. Nach ein paar halbherzigen Versuchen, ein Gespräch anzuknüpfen, stand Egon auf, wünschte den beiden eine gute Nacht und legte sich schlafen.

Kethry fand lange keinen Schlaf, und das nicht nur wegen der ihr ungewohnten Umgebung. Ihre Gedanken kreisten um Mara Yveda. Mit der hätte sie hier draußen wirklich zuletzt gerechnet!

Ich habe mich immer gefragt, wohin sie nach ihrem Verschwinden aus Weiße Winde gegangen ist. Arme Mara. Sie war so überzeugt,

daß wir ihr etwas verheimlichten... daß es bei der Zauberei nur darauf ankomme, die richtigen Worte zu kennen und den richtigen Talisman zu besitzen...
Ich werde nie die Nacht vergessen, in der sie fortrannte. Gleich nachdem sie Meister Loren seinen Stock gestohlen... und entdeckt hatte, daß das einzig Ungewöhnliche daran der Umstand war, daß er genau die richtige Länge besaß, um dem lahmenden Loren als Krücke zu dienen.
Ja, und als der Stock partout nichts für sie herzaubern wollte, hat sie ihn entzweigebrochen und sich dann aus dem Staub gemacht.
Nie würde sie glauben, daß die Macht keine Frage der »Zauberei«, sondern eine Frage der Disziplin ist...
Sie ist diese Frau in Not. Sie hat etwas gefunden, da bin ich mir sicher, und das hat sie in Schwierigkeiten gebracht... Aber mehr noch, auch Egon weiß davon.
Was werde ich also tun?
Als sie schließlich einschlief, war sie noch immer nicht zu einem Schluß gekommen.

Am nächsten Morgen sah Kethry, die noch völlig durcheinander war, von ihrem Lager aus ihrer Partnerin beim Anziehen zu.
»Schwertschwester«, sagte Egon zögernd, als Tarma sich für ihren frühmorgendlichen Pirschgang fertigmachte, mit dem sie ihren Teil der Abmachung erfüllen wollte, »da ist etwas, was du wissen mußt. Über das Wild.«
Tarma schnürte weiter ihre Stiefel zu und sagte nur: »Also los. Ich höre.«
»Da ist ein Bär in der Gegend.«
Nun ließ sie ihre Schnürsenkel fahren, hob den Kopf und starrte den Töpfer an. »Ein was? Bist du dir da sicher? Das ist... eher ungewöhnlich.«
»Ja doch«, erwiderte der Alte und trat nervös von einem Fuß auf den anderen. »Aber wir haben ihn hier in der Nähe gesehen, vor nicht mehr als ein, zwei Tagen.«
Tarma nahm sich die Zeit, ihre Schnürsenkel zu knoten, und erhob

sich sodann mit todernster Miene. »Ist dir klar, was das bedeutet... wenn ein Bär so tief im Winter wach ist und durch die Gegend läuft?«
Der alte Töpfer schüttelte den Kopf.
»Daß dieser Bär sehr krank ist, Egon. Entweder hat er sich nicht genug Speck angefressen, um den Winter durchschlafen zu können, oder es hat ihn irgend etwas viel zu früh aufgeweckt... und das kann nur eine Krankheit gewesen sein. Wie auch immer, der Körper des Bären will schlafen, und er handelt diesem Instinkt zuwider. Er wird sterben, Egon... aber vorher vor Hunger halb wahnsinnig werden. Daher könnte er für dich und die Deinen sehr gefährlich werden.«
Der Alte schüttelte den Kopf. »Er hat uns nicht behelligt; wir werden ihn auch in Ruhe lassen. Töte ihn nicht, Schwertschwester... verschone ihn. Hirsch, Eber, sogar ein paar Kaninchen oder Vögel... aber nicht den Bären.«
Tarma prüfte jeden Pfeil in ihrem Köcher, bevor sie ihn an ihrem Gürtel befestigte, sah dann Egon stirnrunzelnd an und sagte: »Du tust dem Tier damit keinen Gefallen, alter Mann.«
»Nicht den Bären«, versetzte er nun mit sturem Blick.
Die Kriegerin zuckte die Achseln. »Das geht auf deine Kappe. Bis er euch Schwierigkeiten macht, sind wir schon weit weg«, schloß sie und wandte sich halb zu ihrer Partnerin um. »Ich werde wohl bis zum Nachmittag zurück sein. Noch eine Nacht hier, und dann brechen wir morgen in aller Frühe auf, wenn es dir recht ist.«
Kethry lächelte. »Wer bin ich, daß ich mich über eine weitere Nacht im Warmen beklagen würde? Weidmannsheil!«
»Weidmannsdank, Grünauge!« Die Shin'a'in glitt zur Tür hinaus und ließ Kethry mit dem alten Zunftmeister allein.
Die zwei saßen einander an der Werkbank gegenüber. Das Schweigen zwischen ihnen vertiefte sich von Minute zu Minute. Die Zauberin starrte auf ihre Hände und überlegte, was sie sagen sollte... und ob das der richtige Zeitpunkt dafür wäre.
Als sie dieses Schweigen nicht länger aushielt, tat sie den Mund auf.
»Wegen dieses Bären...«, begann sie.

Egon sagte genau zu gleicher Zeit: »Frau, sei...«
Da sahen sie einander an und lachten unsicher. Kethry nickte und bedeutete dem Alten, daß er als erster sprechen solle.
»Frau, ich war mir nicht sicher, du trägst Waffen aus Stahl und alles, aber du scheinst auch Mara zu kennen... hast du was mit Hexerei? Bist du eine Zauberin?«
»Ja«, erwiderte Kethry bedächtig und fragte sich, ob der Alte nun wütend wäre, weil er, obzwar unwissentlich, einer Zauberin Obdach gewährt hatte... Manch einer wäre das. Hexen und Magier waren nicht überall willkommen.
»Gott sei Dank«, flüsterte Egon inbrünstig.
Oh, großartig! Er will mich also gar nicht hinauswerfen, aber...
»Es ist wegen der Mara, Frau. Wie gesagt, sie wühlt ja immer bei den Ruinen da. Und hat scheint's was gefunden. Diese Ruinen, man erzählt, daß die Leute dort auch Zauberer waren. Sie konnten sich verwandeln«, wisperte er und schluckte. »Wir... wir denken, daß Mara vielleicht etwas gefunden hat, das denen gehörte.«
Für Kethry fügte sich eines zum anderen, Fakten zu Gerüchten. So wagte sie die Vermutung: »Ihr glaubt, Mara sei der Bär.«
Da nickte er erleichtert. »Ja, genau. Wir glauben, daß sie etwas Magisches von denen gefunden hat, womit sie sich auch verwandeln kann. Nun ist sie so seltsam... aber nicht böse, und war es auch früher nicht. Aber seit der Bär aufgetaucht ist, verhält sie sich noch merkwürdiger. Um ihr Haus sind seine Spuren zu sehen... sie sagt, sie rühren daher, daß er zu ihr zur Fütterung komme, er sei jedoch harmlos, wenn man ihn in Ruhe lasse. Aber wir glauben das nicht. Daher... weiß ich nicht, hohe Frau, was ich fragen soll, verstehst du?«
»Du möchtest wissen, ob sie gefährlich ist?« fragte Kethry. Sie erhob sich und begann, mit auf dem Rücken verschränkten Händen auf und ab zu gehen, und fuhr dann fort: »Ja, verdammt, sie ist ganz sicher gefährlich. Das um so mehr, weil sie nie wirklich auf das gehört hat, was man ihr in der Magierschule gesagt hat. Weißt du, weshalb die meisten Zauberer nicht mit Verwandlungen, sondern lieber mit Illusionen arbeiten?«

Der Alte schüttelte stumm den Kopf. Sein faltiges Gesicht drückte tiefe Besorgnis aus.
»Einfach deshalb«, erläuterte Kethry nach reiflicher Überlegung, »weil man bei einer Verwandlung wirklich zu dem Tier wird, dessen Gestalt man annimmt. Ja, man ist dann ganz dessen Instinkten und Beschränkungen unterworfen. Außerdem ist im Schädel eines Tieres nicht genügend Platz für so ein menschliches Bewußtsein. Das hat normalerweise keine große Bedeutung... vorausgesetzt, man bleibt nicht mehr als ein bis zwei Stunden ein Tier. Dann büßt man nicht viel von seiner Menschennatur ein und kann sie wahrscheinlich bei der Rückverwandlung wieder vollständig erlangen. Aber sicher ist das nicht, und man verliert um so mehr von seinem Ich, je stärker die Instinkte des jeweiligen Tieres sind.«
»Wir glauben, daß Mara schon ganze Tage als Bärin zugebracht hat. Sie macht nicht auf, wenn jemand an ihre Tür klopft... nicht vor Sonnenuntergang«, flüsterte der alte Töpfer mit rauher Stimme.
»Das ausgerechnet in der Jahreszeit, in der die Bäreninstinkte am stärksten sind«, sagte Kethry und drehte den Shin'a'in-Schwurring an ihrer linken Hand. »Kein Wunder, daß sie zugenommen hat. Bären verfallen im Herbst in einen wahren Freßrausch... und Mara kann sich gar nicht soviel Speck angefressen haben, wie so ein Bär für seinen Winterschlaf braucht. Kein Wunder, daß sie so fürchterlich aussah.« Nun blieb Kethry abrupt stehen, ging zu ihrer Bettrolle, hob ihr Schwertgehenk auf, gürtete ihr Weisschwert Gram und zog dann mit entschlossener Geste ihre Hemdbluse und ihre Reithose zurecht.
»Frau? Was willst du...?«
»Oh, keine Sorge, Egon«, sprach Kethry und wandte sich mit mattem Lächeln zu ihm um. »Ich werde es nicht gegen sie gebrauchen.«
Schon allein, weil Gram sich dazu nicht gebrauchen ließe.
»Ich will mit ihr sprechen«, fuhr die Zauberin fort. »Vielleicht, aber nur vielleicht, kann ich ihr helfen.«
Mara muß sich jetzt fast in zwei Stücke zerrissen fühlen, dachte

Kethry mitfühlend, als sie nun ihrerseits in den goldenen Schein des eiskalten Morgens hinausglitt. Das arme Kind ist hin und her gerissen zwischen Bärin und Frau. Wenn ich sie bloß dazu bringen könnte, Gram zu nehmen! Die Klinge könnte ihr vielleicht helfen, ihr Gleichgewicht wieder zu finden, zu ihrer menschlichen Natur zurückzukehren. Das hoffe ich jedenfalls. Ich bin keine Heilerin, und die bräuchte Mara am nötigsten. Alles hängt natürlich davon ab, daß sie mich nicht abweist.
Sie stapfte über die vereisten Schneehaufen zu dem Haus am Ende der Siedlung – das eigentlich nur eine Hütte war, die, anders als die übrigen Häuser hier, nur zum Wohnen gedacht war und, wie Egon gesagt hatte, Mara als Bleibe diente. Aber sie schien nicht da zu sein.
Kethry pochte ein paarmal an die Tür. Keine Reaktion.
Bei meinem Glück...
Als Kethry zur Rückseite ging, fand sie ihre schlimmsten Ahnungen bestätigt: Die Hintertür war nicht verriegelt und die Hütte leer. Und unter den zahllosen Spuren, die zum Hintereingang hinein- und aus ihm herausführten, war keine einzige menschliche Fußspur. Nur die halb geschmolzenen, schon undeutlichen Fährten einer kleinen Bärin.
Verdammt!
Die Fährtenmenge ließ vermuten, daß Mara in ein Verhaltensmuster gefallen war. Und das war schlecht; denn es bedeutete, daß sie in der Bärengestalt nicht dachte, sondern nur agierte. Andererseits wurde es so aber leichter, sie aufzuspüren. Wenn man ihren alten Spuren folgte, fände man sie vielleicht irgendwo auf dem Wechsel, den sie sich eingerichtet hatte.
Ob man mit ihr vernünftig reden kann? überlegte Kethry. Aber ich habe keine andere Wahl. Ihretwegen hat Gram mich ja so gedrängt. Mara wird in ihrer Bärengestalt hängen bleiben... und sie wird sterben.
Die Spur führte Kethry tief in die Wälder; ohne sie, das war ihr bewußt, hätte sie sich verirrt. In der Richtung, in der sie ging, war kein Anzeichen einer Siedlung, kein Werk von Menschenhand zu sehen... abgesehen vielleicht von gewissen Steinbrocken hier und

da, die nicht ganz natürlich wirkten. Als sich die Sonne bereits auf den Zenit zu bewegte, fiel Kethry auf, daß immer mehr solcher Steine auftauchten – wie Markierungen einer längst verschwundenen Straße.

Die Kleine ist zu diesen »Ruinen« hinaus, sie geht wohl jeden Tag dorthin. Aber wieso? Und warum in Bärengestalt?

Auf die Frage sollte sie keine Antwort bekommen. Denn als sie um die freiliegenden, verschneiten Wurzeln eines umgestürzten Baumes bog, trat ihr aus dem Dunkel eines Kiefernbestands eine vermummte Gestalt entgegen und verstellte ihr den Weg. Es war Mara!

»Du!« schäumte die Kleine. »Du bist gekommen, es mir zu stehlen, nicht wahr?«

Ihre Augen waren stumpf und noch tiefer eingesunken, ihre Haare strähnig und fettig. Als sie jetzt schwerfällig auf die Zauberin zutapste, stieg der ein widerlicher Gestank in die Nase – halb nach schmutzigen Kleidern und abgestandenem Schweiß und halb nach wildem Tier.

»Mara, ich ...«, begann Kethry, verschluckte jedoch den Rest. Wenn ich sage, daß ich nicht die leiseste Ahnung habe, wovon sie redet, weiß sie sofort, daß ich lüge. »... meine Partnerin und ich sind rein zufällig hier. Wir sind zur Dhorischa-Ebene unterwegs. Mara, ich will offen zu dir sein. Du siehst fürchterlich aus. Daher hat Egon mich gebeten, dir zu folgen. Er macht sich Sorgen um dich. Bist du krank? Kann ich dir irgendwie helfen?«

Mara faßte sich jäh an die Kehle. »Lügnerin! Auch der Alte will es! Er hat dich gesandt, es mir wegzunehmen!«

Kethry reckte das Kinn und blickte ihr geradewegs in die irren, glasigen Augen. »Mara, Egon ist Handwerksmeister ... Er braucht keine Magie. Und ich, ich brauche keinen dämlichen Anhänger, um mich zu verwandeln. Das könnte ich auch so. Aber ich verzichte darauf, weil es gefährlich ist ...«

»Oh, ja, ich erinnere mich an dich! Die liebe, kluge, die schöne Kethry! Du hast nie etwas gebraucht, nicht wahr? Sie haben dir ja immer alles gegeben, was du wolltest – Macht, Magie, Geheimwissen –, all diese alten Männer überschlugen sich, um dir zu geben, was sie mir verweigerten, oder? Und die jungen Männer, sie gaben dir... andere Dinge... nicht wahr?« zischte Mara mit wutverzerrtem Gesicht. »Aber nun verfüge ich über Geheimnisse, Geheimnisse, die mir die da offenbaren. Sie haben mich zur Geliebten genommen, wie jene Alten dich... sie kommen zu mir, sobald ich mich verwandle, und lieben mich und flüstern mir ihre Geheimnisse...«

Als Kethry das Gestammel über »Geheimnisse« und »Geliebte« hörte, schwante ihr die fürchterliche Wahrheit. Mara hatte sich wohl zur Bärenbrunftzeit erstmals verwandelt und sich dann eingeredet, die Bären, die sich mit ihr gepaart hatten, seien die in Tiergestalt wiedererstandenen Erbauer der in Trümmer gesunkenen Kultstätte.

Die Kleine war innerlich nie besonders stark gewesen. Vielleicht hatte ihr der Schock der Paarung in Tiergestalt, den sie nicht verarbeiten konnte, den Rest gegeben.

»Du kannst ihn nicht haben!« schrie Mara mit sich überschlagender Stimme. »Er ist mein, mein, mei...«

Der Wortschwall wurde zum Röcheln, die Stimme tief, das unförmige Pelzding nahm eine Gestalt an. Die Worte gingen in das Wutgebrüll einer Bärin über, die sich menschenähnlich auf ihren Hinterbeinen hielt und nun – ganz und gar nicht mehr schwerfällig – auf Kethry losging.

»Mara... Mara!«

Da sah Kethry, daß das Tier ein geschwärztes Lederhalsband trug, an dem ein seltsam geformter Metallanhänger baumelte. Sie langte mit ihrer Zauberkraft danach, um ihn zu vernichten... und stieß ins Leere.

Der Talisman war gar nicht zauberkräftig! Diese Verwandlung Maras verdankte sich nicht etwa irgendeinem alten Zauber, sondern bloß ihrem Glauben an die magische Kraft des Medaillons.

Und der Glaube, das hatte Kethry gegenüber ihrer Partnerin so oft betont, ist das Wichtigste bei der Zauberei.

»Mara, ich will deinen Talisman nicht haben! Er ist wertlos!«

Die Bärin kümmerte sich nicht um Kethrys Worte, sondern ließ

sich auf alle viere nieder und griff geifernd und zähnefletschend an.
Kethry schleuderte der Verwandelten einen Schlafzauber entgegen. Es war der stärkste Zauber, den sie noch in ihrem Arsenal hatte, das sie ja, um aus Wethes Behelfskerker zu entfliehen, regelrecht hatte plündern müssen...
Die Bärin scherte sich nicht um den Zauber und ließ sich auch von der magischen Schranke nicht abhalten, die Kethry als Abwehr errichtete, um sich selbst zu schützen.
Sie hat sich eingeredet, sie könne sich verwandeln... und glaubt vermutlich auch, sie sei gegen Zauber gefeit.
Folglich ist sie es auch.
Kethry taumelte zurück und stolperte und stürzte dabei über ihre Klinge, die ihr vom Gürtel baumelte.
Gram! Sie versuchte, ihr Schwert zu ziehen...
... aber vergeblich. Gram ließ sich nicht aus der Scheide lösen. Es wollte nicht gegen eine Frau eingesetzt werden.
Die Bärin richtete sich von neuem auf den Hinterbeinen auf. Als Kethry zurückwich, verfing sie sich in einem Gewirr aus Wurzeln und Brombeerranken. Nun zog sie ihren Dolch aus dem Gürtel – eine armselige Waffe und eine verzweifelte Geste. Aber sie wollte auf keinen Fall kampflos sterben.
Da zischte ein Pfeil knapp über ihre rechte Schulter und bohrte sich der Bärin in die Kehle.
Die Bärin heulte zornentbrannt auf und schlug mit der Tatze nach dem Schaft. Schon gesellte sich ein zweiter Pfeil zum ersten... und ein dritter durchbohrte die zottige Brust des Tieres.
Der vierte fand neben dem dritten sein Ziel.
Die Bärin brüllte wieder wie rasend. Kethry barg das Gesicht in den Händen. Als sie erneut einen Blick wagte, sah sie die Bärin, von einem halben Dutzend Pfeile tödlich getroffen und mit schon glasigen Augen, auf dem Rücken liegen.
»Deinen nächsten Waldspaziergang«, knurrte Tarma, packte Kethry an den Achseln und stellte sie auf die Beine, »machst du besser in Begleitung. Das dort ist vermutlich nicht, was es scheint?«

»Das ist Mara«, erwiderte Kethry und versuchte, ihre zitternden Gliedmaßen wieder in ihre Gewalt zu bekommen. »Sie hatte gelernt, sich zu verwandeln.«

Die Shin'a'in nickte. »Ja, das dachte ich mir. Vor allem, als du ihr dein scharfes Weisschwert Gram nicht zu spüren gabst. Ich bin schon lange genug mit einer Zauberin unterwegs, um mir ab und an selbst einen Reim auf so etwas zu machen.« Damit stupste sie den erstarrenden Kadaver mit einem Ende ihres Bogens. »Wird sie sich zurückverwandeln? Ich werde nicht gern wegen Mordes aufgehängt.«

Kethry, die mit ihren Tränen kämpfte, schüttelte den Kopf. »Nein. Sie hat sich selbst in diese Gestalt gebannt... Göttin, wie hast du es nur geschafft, noch rechtzeitig hier zu sein?«

»Ich schoß Egon das Wild fast vor der Haustür. Als ich es zu ihm brachte, sah ich, daß du weg warst«, versetzte die Shin'a'in und stocherte an dem Anhänger herum, den die Bärin um den Hals trug. »Was ist das? Etwa...«

»Nein«, erwiderte Kethry bitter, »nur ein nutzloses Stück Metall, das sie gefunden hat. Sie war so mit der Jagd nach ›Geheimnissen‹ beschäftigt, daß sie nie die Geheimnisse ihres Geistes aufdeckte. Das hat sie getötet, nicht dein Pfeilregen.«

»Das gilt wohl für eine Menge Leute«, erwiderte Tarma und blickte mit zusammengekniffenen Augen zur Sonne empor. »Sag, sollten wir nicht besser höflich Abschied nehmen und uns dann so schnell wie möglich aus dem Staub machen?«

»Hältst du das auch für vernünftig?« fragte Kethry und bemühte sich dabei, alle Schärfe zu vermeiden.

Tarma zuckte die Achseln.

Die Zauberin sah auf die Leiche hinab. Sie hatte Mara ihre Hilfe angeboten; aber die hatte sie ausgeschlagen. Hier zu bleiben, um des Mordes – oder eines noch schlimmeren Verbrechens – angeklagt zu werden, würde Mara nicht wieder lebendig machen.

Es war ein Gebot der Vernunft.

»Gehen wir«, sagte Kethry.

KATHLEEN A. VARNADO

Eine der Begründungen, die ich in meinen Ablehnungsbescheiden bis zum Erbrechen wiederholen muß, lautet: »Das ist eine gute Idee; aber Ideen allein machen noch keine Geschichten aus. Sie brauchen eine Handlung und Figuren, vor allem Figuren.«
Die einzige Ausnahme ist die kurze Kurzgeschichte; sie kann, eben wegen ihrer Kürze, allein von einer guten Idee leben.
Aber es kann natürlich nicht schaden, wenn sie, wie die folgende Story, zudem eine faszinierende Figur aufweist. – MZB

KATHLEEN A. VARNADO

Die Witwe

Der Mann zuckte in Ekstase und bohrte sein Glied ein letztes Mal brutal in das zarte Mädchen, das wie festgenagelt unter ihm lag. Dann erhob er sich und lachte im Vollgefühl von Befriedigung und erregender Vorfreude. Er umspannte mit seinen groben Händen den schlanken Hals der Kleinen, die ein seltsames Lied summte ... und starb, ehe er begriff, wie ihm geschah.

Wenn die Dörfler von ihr sprachen, nannten sie sie immer nur »die Witwe«. Sie und ihre Tochter Maura lebten ruhig in einem Häuschen am Rande des Dorfes und zogen Kräuter und Gemüse, die sie auf dem Markt verkauften. Da sie gute Spinnerinnen und Weberinnen waren, brachten die Dörfler ihnen Wolle und Flachs, woraus sie Tuche von feinster Qualität herstellten.

Die beiden führten ein zurückgezogenes Leben. Ihre einfache Hütte war immer voller Musik. Wenn sie sangen, kamen die kleinen Winde, um ihnen zu lauschen, und brachten ihnen exotische Samen mit. Die Erde lauschte ihrem Gesang und nahm die Samen auf und nährte sie mit Freuden. Die Obstbäume, Kräuter und Rebstöcke lauschten ihrem Gesang und durchliefen binnen eines Tages, von Sonnenaufgang bis Sonnenuntergang, einen vollen Vegetationszyklus. Die Bienen, die Vögel und die sanften Nachmittagsregen ... sie alle kamen herbei, um die Witwe und Maura singen zu hören. Die Wolle und der Flachs der Dörfler lauschten ihrem Gesang und tanzten sich ohne Spindel und Webstuhl zu feinem Garn und Tuch. Beeren und Borken schwebten beschwingt herbei und erzeugten mit frischem, klarem Quellwasser die schönsten Farben für ihre Stoffe.

Wer in bezug auf die Witwe und ihre bleiche, zarte Tochter allzu große Neugier an den Tag legte, bekam einen Fetzen einer Melodie zu hören und kümmerte sich von da an bloß noch um seine eigenen Angelegenheiten. Daher gab niemand seinem Erstaunen Ausdruck, als die Witwe Maura allein ins Gebirge schickte, damit sie sich einen Ehemann suche – obwohl doch jeder wußte, daß dort nur Räuber und Diebe und Mörder lebten, die unter den Schwachen und Unschuldigen wüteten. Das Erstaunen wurde vergessen, so wie Maura selbst. Man erinnerte sich nur an die Witwe.

Wie konnten sie nur etwas über meine Mutter und mich wissen? Wir sind nicht von ihrer Art, was immer wir auch scheinen mögen. Was konnten sie von dem Handel wissen, den meine Mutter einst mit den Schicksalswinden abschloß? Sie hat, als ihre Mutter sie noch auf dem Rücken trug, dem Wind ihren Herzenswunsch zugeraunt und ist mit ihm handelseins geworden: Fruchtbarkeit für Gesang. Der Wind hob sie hoch und verwandelte sie und gab ihren Sehnsüchten Stimme und Kraft. Dafür können sie und all ihre Nachkommen nur ein Kind, ein Mädchen, gebären. Unsere Schwestern, die noch immer krabbeln und ihre seidenen Netze spinnen, haben viele Junge, können jedoch nicht singen. Binnen eines einzigen Tages, zwischen Sonnenaufgang und Sonnenuntergang, paaren wir uns und fressen wir, wachsen wir zu unserer vollen Größe heran und gebären wir unsere Jungen. Wer unser Geheimnis herausfindet, vergißt es bald oder stirbt.
Was diesen brutalen Kerl angeht, der tot zu meinen Füßen liegt – tja, nur ein Schurke macht sich über ein allem Anschein so junges und hilfloses Ding her. Er wird mich nähren, und ich werde blühen und gedeihen und meine Tochter ernähren – so wie einst meine Mutter mich.

Ich gehe in dieses fremde Dorf, ein Haus nach meinem Geschmack zu suchen. »Ich heiße Maura«, sage ich sanft. »Ich will für mich und meine Tochter ein Häuschen kaufen.« Dann werde ich mein schwarzes Kleid enger um mich ziehen und zu ihnen sagen: »Ich bin Witwe.«

ELIZABETH MCCOY

Geschichten, in denen das Rad neu erfunden wird und überlebte Klischees wie »Das ist keine Frauenarbeit!« noch einmal überwunden werden sollen, gehören zu den Dingen, die ich am meisten verabscheue... Derlei lehne ich in der Regel ab, und das ist wohl einer der Gründe, weshalb diese Anthologie weiterlebt – der herkömmlichen Überzeugung zum Trotz, daß Kurzgeschichten sich nicht verkauften! Aber wie alle Regeln setze ich auch die schon mal außer Kraft, wenn es mir angebracht erscheint.

Etwa bei dieser ironischen kleinen Story zum Thema »Der betrogene Betrüger«, die zeigt, wo und wann Klischees am Platz sein können. Sie ist auch ein Beispiel für die kurze Kurzgeschichte, die sich durch einen ironischen Zug oder eine Figur über die Hunderte von Kurzgeschichten erhebt, die bloß Rahmen für einen schlechten Witz sind.

Elizabeth ist eine sehr junge Autorin, gerade mal siebzehn Jahre alt, hat aber bereits ein Kinderbuch geschrieben und illustriert und die Abschiedsrede bei der Schulentlassungsfeier gehalten. Sie hofft, im nächsten Herbst an der University of Texas ihr Studium beginnen zu können, und zwar gleich im zweiten Studienjahr. Wir müssen wohl nicht der Hoffnung Ausdruck geben, diese junge Frau möge mit ihrem Leben etwas anfangen; denn sie ist offenbar schon dabei. Es ist schön zu wissen, daß es auch Jugendliche gibt, die nicht den lieben langen Tag auf dem weichen Sofa hocken und sich von der Glotze unterhalten lassen. – MZB

ELIZABETH MCCOY

Gerechte Strafe

Es war einmal, zu einer Zeit, da es nur wenige Kriegerinnen gab, eine Stadt, die immer wieder von einem Drachen heimgesucht wurde.

Der Bürgermeister der Stadt sandte also Boten aus, damit sie eine hohe Belohnung für den auslobten, der das schreckliche Tier töten würde.

Ein paar Tage später erschien eine Kriegerin auf dem Marktplatz. Als der Bürgermeister sie erblickte, freute er sich, denn er war ein Geizhals und hielt sich für schlau. Er dachte sich einen Plan aus, wie er sie mit einer List dazu bringen könnte, unentgeltlich gegen den Drachen zu kämpfen.

Der Bürgermeister ging zu der gewappneten Frau, die neben ihrem gepanzerten Roß stand, und fragte nach ihrem Begehr.

»Ich bin gekommen, den Drachen zu töten und die Belohnung dafür einzustreichen«, erwiderte sie.

Gut, dachte der Bürgermeister, ich werde sie dazu verleiten, den Drachen zu töten, nur um ihr Können zu beweisen.

»Wirklich?« fragte der Bürgermeister. »Wir in dieser Stadt tragen einer Frau aber keine Männerarbeit auf!«

»Tatsächlich?« Die Kriegerin zuckte die Achseln und schwang sich wieder auf ihr Schlachtroß. »Wenn das so ist, reite ich eben in die nächste Stadt. Lebt wohl.« Sprach's und ritt von dannen.

Am folgenden Tag fiel der Drache über die Stadt her, verschlang den Bürgermeister und starb an dem Magengrimmen, das dieser ihm verursachte.

GARY JONAS

Eines der wiederkehrenden Themen – ein neu entstehender Archetyp – ist die Frau als die Heilerin statt als Kriegerin oder Zauberin.
Hier ist eine der hunderttausend Varianten, die ich dazu Jahr um Jahr erhalte. Satt bis obenhin habe ich all diese klischeehaften Ausführungen, die unterstellen, guter Wille genüge, um alles zu heilen, und die Liebe überwinde alles – obwohl die Umstände des Falles vielleicht doch eher nahelegen, daß es nicht für alles und jedes eine leichte Antwort gibt.
Diese Story, Garys Erstveröffentlichung, wirft einen erfrischend nüchternen Blick auf einige alte Klischees. Kühler Realismus kann wie eine frische Brise sein, die einem den Kopf auslüftet und uns daran erinnert, daß es nicht immer einfache Antworten gibt, nicht einmal in der Fantasy-Literatur.
Gary Jonas sagt, er habe als Kind in Japan gelebt (erinnere sich aber an nichts mehr). Vielleicht gab ihm das ein Gespür für das Fremde oder die Fähigkeit, leichte Antworten zu meiden. Er wohnt heute im Raum Denver und gehört einer Gruppe von Science-fiction-Autoren unter Leitung von Ed Bryant an.
Das gemeinsame Bebrüten embryonischer Manuskripte ist nicht eben mein Fall – aber wenn jemand einen Mentor will, könnte er keinen besseren wählen als Ed. – MZB

GARY JONAS

Wunden heilen

Sie hatte das nicht beabsichtigt. Nicht wirklich. Konnten die das nicht begreifen? Lucinda spürte, daß ihr die Tränen in die Augen schossen und überzufließen drohten, schluckte sie jedoch. Sie war dreizehn und ganz auf sich gestellt; die würden sie nicht wieder aufnehmen, nach dem, was sie getan hatte.

Sie hetzte durch die fahle Steppe. Ihre einzige Hoffnung war, daß ihre Verfolger aufgäben, bevor sie den Schattenwald erreichte. An manchen Stellen waren die Büsche mächtig genug, um ihr Dekkung zu geben. Sie war von panischer Angst erfüllt. Vor ihr erhob sich düster und bizarr der Wald. Jedes Kind wußte, daß es dort spukte. Fast wäre sie wieder umgekehrt. Dann doch lieber von der Hand des Stadtrats sterben! Im Schattenwald drohten ihr Pein und vielleicht ein Tod so fürchterlich, wie ihn sich die Bürger von Cardin nicht einmal ausdenken könnten. Hausten nicht Bolons und wilde Dschiridis und andere Tiere in diesem dunklen Wald?

Die Stimmen wurden deutlicher, kamen näher. Ihre Verfolger holten offenbar immer mehr auf. Lucinda drehte sich für einen Augenblick um. Aber eine vage Überlebenschance war immer noch besser als der sichere Tod. Also trat sie in den Schattenwald ein.

Der Wald trug seinen Namen zu Recht. Schwarze Schatten bedeckten den Boden. Nur hier und dort drangen ein paar Lichtstrahlen durch das Blätterdach, und auch die waren Lucinda fast zuviel. Völlige Dunkelheit wäre ihr lieber gewesen, dann hätte sie wenigstens all das Gehusche ringsum nicht wahrgenommen.

Sie hielt den Atem an und spitzte die Ohren. Knackte da nicht ein Zweig unter einem schweren Tritt? Waren sie ihr doch in den Wald gefolgt? Nein, auch mit ihrem Vater an der Spitze würden sie es nicht wagen, in den Schattenwald einzudringen.

Wieder knackte es. Und da, ein Rascheln, wie von trockenem Laub! Lucinda wirbelte herum. Sie wäre am liebsten auf und davon und nach Hause zurückgelaufen. Aber sie hatte ja kein Zuhause. Jetzt nicht mehr.

Sie kauerte sich nieder und spähte den Pfad entlang, der vor ihr lag, und wünschte sich, daß sie eine Laterne oder Fackel zur Hand hätte. Plötzlich trat jemand zwischen den Bäumen hervor auf den Pfad. »Du müßtest doch schon längst im Bett sein, ja?« hörte sie diesen Jemand sagen.

Der Stimme nach mußte er ein alter Mann sein. Lucinda wußte, daß sie den Alten mit Respekt zu begegnen hatte. Nein. Sie war jetzt frei von all dem... Ein wenig bedauerte sie das. Es war so bequem gewesen. Sie war glücklich gewesen. Warum mußte sie nur so anders sein als die anderen?

»Hast du dir etwa die Zunge herausschneiden lassen?« spottete der Alte.

»Wer bist du?« fragte Lucinda.

»Das gefällt mir schon besser! Komm näher, Mädchen.«

Lucinda sträubte sich, aber etwas an dem Mann machte sie fügsam. Sie erhob sich, rührte sich aber nicht von der Stelle. »Laß mich in Ruhe! Sonst schreie ich«, warnte sie.

»Das wäre mir gar nicht recht; laute Geräusche irritieren mich. Aber mach schon, wenn dir das guttut!« erwiderte er und steckte sich die Zeigefinger in die Ohren.

Lucinda hätte fast gelacht, weil er nun so komisch aussah. Dafür wirkte er auch nicht mehr halb so unheimlich wie zuvor. Aber er war von einer Art Aura der Macht umgeben. Die Luft rings um ihn knisterte vor Spannung, und Lucinda war, als ob ihr eine Stimme beruhigend ins Ohr flüstere. Sie spürte, wie sich zwischen ihr und diesem alten Mann eine Verbindung, ein Band des Vertrauens bildete.

Lucinda schüttelte energisch den Kopf, um diese Stimme des Windes nicht mehr zu hören. Aber die Stimme war in ihrem Geist. »Hexer«, sprach sie. »Was willst du von mir?«

Er antwortete nicht, stand nur da und sah sie, die Finger in den Ohren, ruhig an.

»Ich weiß, daß du mich hörst.«
»Wirst du schreien?« fragte er lauter als nötig.
»Nein«, erwiderte Lucinda. Sie fühlte sich nun wohler. Sicher... Aber das wiederum beunruhigte sie. Sie mußte wachsam bleiben, vor möglichen Täuschungen auf der Hut sein.
Der Alte nahm die Finger aus den Ohren, grinste und trat nun ins Licht, damit sie ihn besser sehen konnte. »Hexer sind weise alte Männer. Alt, das bin ich bestimmt, aber weise? Da kenne ich viele, die mir das absprechen würden. Ich bin hier, um dir ein Heim und eine Erziehung zu bieten.«
»Du scheinst darüber nicht sehr glücklich zu sein.«
»Wir alle müssen uns Bedürfnissen unterordnen, die wichtiger sind als unsere eigenen. Sollen wir jetzt nach Hause gehen?«
»Ich habe kein Zuhause.«
»Sehr schön. Dann zu mir nach Hause? Du kannst bei mir so lange bleiben, wie du willst, vorausgesetzt, du widmest dich ernsthaft dem Studium deiner Kunst. Nein, du mußt für den Unterricht nicht mit Sex bezahlen. Ich mag vielleicht ein schmutziger, alter Mann sein, aber ich habe mir einige Skrupel bewahrt, und das geistige Band zwischen Lehrer und Schülerin ist für mich wichtiger als die momentane Befriedigung eines körperlichen Bedürfnisses.«
Lucinda verstand die Botschaft und fühlte sich wohler. »Ich habe Hunger«, erwiderte sie.
»Dann laß uns essen gehen.«

Das Heim des Alten war ein typisches Hexerhaus – außen klein und heruntergekommen, innen riesig und mit vielen Räumen. Als er ihr sagte, sein Haus stecke zwischen den Dimensionalschleiern, nickte sie wissend, obwohl sie nicht die leiseste Ahnung hatte, wovon er da redete. So groß das Haus auch war – es war gerammelt voll. Das vordere Zimmer, in dem sie einen Großteil ihrer Zeit verbrachten, war vollgestopft mit alten verstaubten Möbeln – Sesseln, Tischen, einem Schreibtisch und Bücherregalen. Und überall, wo man hinsah, nichts als Nippes und Spitzendeckchen, Bilder, Bücher, Fläschchen und Glasbecher mit giftigen Flüssigkeiten. Ein

Bord war voll mit Büchsen, die laut den Etiketten Dinge wie gestampfte Echsenhoden, geröstete Fledermausflügel, Froschaugenschnitze oder Zimtstangen enthielten.
Der Fußboden war mit Haufen schmutziger Wäsche übersät, die von Stapeln aus Papyrusrollen und Krimskrams umstellt waren.
»Deine erste Aufgabe ist«, eröffnete er Lucinda, »hier Ordnung zu schaffen.«
»Ist es vielleicht das, was du mich lehren willst . . . eine gute Kiena zu sein?«
»Ich werde dich lehren, mit deiner Zauberkunst zu helfen statt zu schaden, Lucinda. Aber erst einmal brauchen wir mehr Platz, damit wir uns bewegen können«, versetzte er und schnupperte. »Es könnte wohl auch nicht schaden, wenn ich etwas Weihrauch verbrenne.«

Die erste Lektion war einfach. »Schlage dir ins Gesicht«, sagte der Alte.
Lucinda sah ihn an, als ob sie an seinem Verstand zweifelte.
»Schlage dir ins Gesicht«, wiederholte er.
»Wieso schlägst du dir nicht selbst ins Gesicht?«
»Weil ich, genau wie du, die erste Lektion gelernt habe: Tu nicht alles, was man dir sagt.«
Den Namen des Alten, Almegnon, erfuhr Lucinda erst, als sie schon einige Tage bei ihm verbracht hatte. Als er ihn nannte, schien er eine Reaktion von ihr zu erwarten – so als ob er eine Berühmtheit sei, die man kennen müsse. Aber da ihr der Name nichts sagte, sah sie ihn bloß fragend an. Und er tat seine Enttäuschung mit einem Achelzucken ab.
Bald änderte Almegnon seine Taktik. Er zog ein kleines Messer aus der Hosentasche, schlitzte sich den linken Daumen der Länge nach auf, so daß das Blut auf den Fußboden spritzte, streckte ihr dann den Daumen hin und sagte: »Heile ihn.«
»Das kann ich nicht!«
»Du konntest doch bei dir in Cardin großes Unheil anrichten.«
»Was weißt du davon?«
»Ich weiß, was Shen geschah«, sagte er.

Ein Gefühl der Scham durchflutete Lucinda, trieb ihr die Tränen in die Augen und das Blut in die Wangen. »Ich wollte ihn nicht verletzen! Ich versuchte zu helfen, vermochte es aber nicht. Es tut mir leid. Ich kann den Menschen nicht helfen, sondern immer nur schaden.«
»Ja, Verletzungen zufügen ist leicht«, sagte Almegnon, »aber man kann den Prozeß auch umkehren. Schau!«
Er hielt ihr den blutigen Daumen hin und fuhr mit dem Zeigefinger der anderen Hand die Wunde entlang und schloß sie damit nahtlos.
Dann drehte er die Linke hin und her, damit sie selber sähe, daß er wieder völlig heil war.
Lucinda starrte den Alten voller Ehrfurcht an. »Wie hast du das gemacht?«
»Nur durch Konzentration. Der Körper weiß, wie er beschaffen sein sollte; er vermag sich aber nicht von allein wieder zu schließen. Mein Beitrag bestand lediglich darin, die zur Beschleunigung des natürlichen Heilungsprozesses nötige Lenkung und Zusatzenergie zu geben.«
»Kannst du mir das beibringen?«
Ihre Begeisterung war so ansteckend, daß Almegnon schmunzelte und meinte: »Dazu bin ich ja hier.«
»Schneide dich noch einmal«, sagte Lucinda.

»Du wirst feststellen«, sagte Almegnon eines Tages, »daß du fast jede Wunde heilen kannst, wenn du dir genau vorstellst, wie der verletzte Körper aussehen soll, und seinen Heilvorgang durch dein Bewußtsein lenkst. Natürlich gibt es auch Fälle, die selbst deine Möglichkeiten übersteigen. Wenn jemand zu viel Blut verloren hat, wirst du ihn nicht mehr retten. Und wenn einer ein Körperteil einbüßt, kannst du ihm nicht helfen, es nachwachsen zu lassen. Irgendwo stößt man an Grenzen.«
»Ich will hinaus und den Menschen helfen«, erwiderte Lucinda.
»Du bist noch nicht soweit. Die Leute werden Angst vor dir haben, wenn sie die Wahrheit erfahren. Die Zauberei bringt ihre größten Ängste und schlimmsten Gefühlsregungen zutage.«

»Auch ihre besten.«
Almegnon nickte. »Aber seltener.«
»Die Menschen mögen Zauberer.«
»Ja, aber das ist alles bloß Taschenspielerei, Illusion. Es gibt keine echte Zauberei. Du bist Heilerin und gehörst damit, wenn du so willst, zur Klasse der Meister. Deshalb mußt du dich bemühen, es geheimzuhalten.«
»Dann kann ich also den Menschen nicht helfen?«
»Du hast schon viel gelernt. Aber du verfügst noch nicht über die nötige Energie und Technik.«
»Ich bin gut. Das hast du selbst gesagt.«
»Ja, aber du hast noch ein Problem mit deinen Gefühlen.«
»Damit kann ich umgehen.«
»Ich bin dagegen, aber die Ältesten meinten, wir sollten es auf einen Versuch ankommen lassen... Du willst also Menschen helfen, die in Not sind?«
»Ja.«
»Gut dann.« Almegnon beschrieb mit den Händen einen Kreis, und die Hütte rings um sie verschwand.
Sie standen auf einem Gebirgsausläufer über einem grünen Tal. Der Hang war mit Toten und Sterbenden übersät, die für sich oder aber in wirren Haufen lagen. Die Schlacht war vorbei, die Sieger zogen weiter. Aber es war immer noch ein Schlachtfeld – eines, auf dem Menschen um ihr Leben kämpften... Diesen Kampf fochten sie nicht mit ihren Waffen aus, sondern mit ihrer Willenskraft. Dem Willen, ihre Verbrennungen und Pfeil- und Schwertwunden, deretwegen sie den Dampf ihres eigenen Blutes atmeten, zu überstehen.
Lucinda wurde von einem Mahlstrom von Gefühlen erfaßt, der sie taumeln ließ. Almegnon hatte ihr gesagt, sie könne die Nöte und Gefühle anderer gut nachempfinden. Nun merkte sie bestürzt, daß sie ihnen hilflos ausgeliefert war, da sie keinerlei Schutzmechanismen besaß... Die Schmerzen der Verwundeten wurden zu den ihren, und die Ängste der Sterbenden ließen ihre Welt in Stücke fallen.
Almegnon erhob seine Stimme und rief den Opfern des Todes-

meeres zu: »Ich bringe euch Lucinda, die sich für eine Heilerin hält.«
»Nein!« schrie Lucinda. »Sage das nicht! Bitte! Ich kann nicht...«
Da öffnete Almegnon ein Tor, trat aus dem Schlachtfeld hinaus und ließ Lucinda allein zurück.
Der Schmerz zwang sie in die Knie.
Ein Mann hinter ihr kroch leise stöhnend auf sie zu und murmelte: »Heile mich...«
Durch seine Nähe erschreckt, fuhr Lucinda herum. »Geh weg!« rief sie klagend und brach in Tränen aus. Als sie zurückwich, folgte er ihr, mühsam kriechend und eine Hand bittend ausgestreckt. Sie rollte sich seitlich von ihm weg und stammelte: »Ich weiß nicht, wie ich es anfangen soll.«
»Hilf mir.«
»Ich kann es nicht.«
»Versuche es«, flehte der Mann. Sein Gesicht war blutverkrustet, und an seiner linken Brustseite klaffte eine längliche Wunde. »Bitte, versuche es doch.«
Lucinda begriff, daß sie keine Wahl hatte. Sie war eine Heilerin, sie mußte es wagen. So unterdrückte sie ihren Drang fortzulaufen und faßte mit zitternden Händen nach ihm. Als sie ihn berührte, spürte sie seine Pein so intensiv, daß sie fürchtete, außer sich zu geraten. Panik befiel sie. Nur ihr Schamgefühl ließ sie dem Ansturm ihrer Ängste standhalten.
Sie versuchte, sich zu konzentrieren und seine Wunden zu lehren, sich ganz von selbst zu schließen. Aber sie waren zu tief, und er hatte viel zuviel Blut verloren. Die Anspannung, die es brauchte, seine Nähe zu ertragen, raubte ihr fast die Sinne.
»Es tut mir leid«, flüsterte sie. »Es tut mir leid. Ich schaffe es einfach nicht.«
Sie kämpfte sich hoch und lief fort, ohne darauf zu achten, wohin sie floh, und hatte nur den einen Wunsch: daß Almegnon zurückkäme und sie von diesem Ort des Entsetzens wegbrächte.
Da stolperte sie und stürzte zu Boden. Als sie den Kopf hob, sah sie Sterbende näherkriechen, die sich von ihr Hilfe in ihrer Not er-

hofften und für diese letzte Überlebenschance alle Kraft, die ihnen geblieben war, zusammennahmen. Aber sie konnte ihnen nicht helfen – nicht einmal, und sei es nur für einen Augenblick, ihre Schmerzen lindern. Sie hatte sich zuviel zugetraut und versagte nun kläglich. Hochmut kommt vor dem Fall..., dachte sie traurig.

»Bitte, laßt mich in Ruhe!« rief sie.

Aber die Männer flehten sie um Beistand an. Einer schrie gar, sie solle ihn töten. Das erinnerte Lucinda an ihren Bruder. Hatte der nicht auch um den Tod gebettelt? Warum hatte sie das nur gemacht? Die Gründe ihres Wutausbruchs kamen ihr nun so belanglos vor. Sie konnte sich nicht einmal an jenen Streit erinnern. Wohl aber an das Leid, das sie verursacht hatte...

Wieder riß sie sich los und wollte den Sterbenden entrinnen. Da trat ihr ein Mann in den Weg, der verzweifelt, jedoch vergeblich versuchte, mit beiden Händen die Gedärme zurückzuhalten, die ihm aus dem aufgeschlitzten Bauch traten. »Du warst unsere Hoffnung«, flüsterte, nein, sprach er. »Du kamst in der Zeit unserer Not zu uns.« Er brach in die Knie und rutschte langsam auf Lucinda zu. Sie blieb stehen. Wohin hätte sie auch flüchten sollen? Und er streckte die Hand nach ihr aus, klammerte sich an ihr Kleid und klagte: »Warum verweigerst du uns deine Hilfe?« Seine Hand löste sich und glitt, eine Blutspur hinterlassend, an ihrem Kleid entlang zu Boden.

Es war seine letzte Anklage.

Almegnon fand sie, bleich und wie tot daliegend, zwischen einem halben Dutzend verstümmelter Leichen. Sie sprachen nie über das Geschehene. Aber jener Tag veränderte Lucinda mehr als alles, was der alte Lehrer je sagte oder tat. Ihr standen zwei Möglichkeiten offen. Sie konnte sich entweder von ihrem Versagen zum seelischen Krüppel machen lassen, der sich gegenüber den Menschen verschloß, oder es so nutzen, wie Almegnon es vorgesehen hatte: als Lektion, die ihr die Stärke gäbe, zu wachsen und zu lernen, es besser zu machen.

Lucinda wählte die letztere.

Sie wurde aufmerksamer, still und ruhig und lächelte nur selten. Sie fürchtete zwar, eine Versagerin zu sein, weigerte sich aber, es zu glauben. Sie war ja noch jung und hatte Zeit. Es würde, wie ihr Mentor gesagt hatte, immer Menschen geben, die der Heilkunst bedurften. Sie besaß das Talent dazu; sie mußte nur die Technik erlernen.

Ihr allergrößter Wunsch war, ihrem Bruder zu helfen. Wenn sie ihn heilen könnte, würde ihre Familie sie bestimmt wieder aufnehmen, würde alles wieder ins Lot kommen und werden wie früher. Es lief immer auf Shen hinaus.

»Du hast mich alles gelehrt, was du kannst«, sagte Lucinda eines Tages. Sie hatte in den drei Jahren, in denen sie unter Almegnons Anleitung studiert hatte, viel gelernt; es war jetzt an der Zeit, seine Lehren nutzbringend anzuwenden.

Der Alte stand am Fenster und starrte in den dunklen Wald hinaus. »Offenbar hast du noch nichts begriffen. Du bist noch immer nicht erwachsen. Du hegst die kindische Hoffnung, das wiedererlangen zu können, was du verloren hast. Aber was du wirklich verloren hast, ist die Unschuld. Und die ist unwiederbringlich.« Als er sich nun zu ihr umwandte, sah er die Tränen in ihren Augen, und er sprach: »Ich liebe dich wie mein Leben, Lucinda. Dich leiden zu sehen ist mir ein großes Leid.«

»Für dich war ich immer nur eine Last! Ein Kind, das du ausbilden mußtest, weil der Hexerrat es verlangte.«

»Nein, du warst eine Plage für mich! Aber das hat sich irgendwann gegeben. Die Ältesten glaubten nach deinem Kollaps, du würdest es nicht mehr schaffen, und wollten daher, daß ich mich nicht weiter bemühe. Du klammerst dich noch immer an Kindheitsträume. Träumst von jener Zeit, da du keine Verantwortung hattest. Du kannst aber nicht mehr nach Hause zurückkehren, Lucinda, niemals. Du hast es nicht akzeptiert...«

»Du kennst mich nicht!« schrie sie. »Du weißt nichts über meine Gefühle. Vielleicht kann ich wirklich nicht nach Hause zurück, aber ich muß es wenigstens versuchen!«

Almegnon seufzte und beugte den Kopf. »Dann gehe.«

Cardin hatte sich in der Zwischenzeit nicht verändert. Lucinda schon. Sie sah Menschen, mit denen sie aufgewachsen war, Kinder, mit denen sie gespielt, Jungen, für die sie heimlich geschwärmt, und Erwachsene, die sie gefürchtet und respektiert hatte. Und die Leute erkannten sie, als sie durch die Straßen der Stadt schritt, wagten aber nicht, sie anzusprechen... Lucinda konnte die Furcht, die sie vor ihr empfanden, förmlich riechen.
Sie verachtete sie etwas dafür, daß sie sie so behandelt hatten. Da sie das alles aber auch vom Gesichtpunkt dieser Menschen sehen konnte, vergab sie ihnen. Keiner hier verstand sich auf Zauberei. Magie war ihnen unbekannt – und also von Übel.
Lucinda ignorierte die Gaffer und setzte ihren Weg zum Haus ihrer Eltern fort, ohne zu wissen, was sie dort erwartete. Als sie dann vor dem kleinen Haus stand, begann ihr Herz zu rasen. Der Anblick des Ortes, an dem sie dreizehn glückliche Jahre verbracht hatte, erfüllte sie mit Furcht. Aber sie mußte es wagen, und so wappnete sie sich gegen das Kommende, was immer auch es sein mochte. Jetzt gab es kein Zurück mehr. Sie mußte Shen helfen.
Die Tür war offen. So trat sie ein, ohne zu klopfen. Ihre Mutter saß am Tisch, einen Becher Wasser in den Händen. Sie sah zu ihrer Tochter auf und schloß dann abweisend die Augen.
Ich bin wohl nicht mehr deine Tochter, dachte Lucinda bitter. Aus deiner Sicht bin ich vor drei Jahren gestorben.
Da kam ihr Vater durch den Flur zu ihnen ins Wohnzimmer. »Hast du uns nicht schon genug Kummer bereitet?« schimpfte er.
Er sah so müde aus, daß Lucinda ihn sehr gern etwas aufgemuntert hätte. Aber sie war wegen Shen gekommen. Wenn alles nach Wunsch ginge, bliebe ihr ja genug Zeit, sich um die anderen zu kümmern. Shen hatte Vorrang, und sie benötigte ihre ganze Kraft, um ihm helfen zu können. »Ich muß zu ihm!« sagte sie.
»Damit du nun zu Ende bringen kannst, was du einst begonnen hast? Verschwinde!«
Lucinda trat auf ihren Vater zu. Er ließ sie vorbei – aus welchen Beweggründen auch immer. Vielleicht, weil er Angst vor ihr hatte und glaubte, sie wolle ihn töten oder ihm noch Schlimmeres an-

tun, vielleicht aber auch, weil er noch so etwas wie Liebe zu seiner Tochter empfand.

In Shens Zimmer herrschte Dunkel. Das Fenster war mit einer Decke verhängt, die das Sonnenlicht aussperrte. Shen sah einem Leichnam ähnlich, wie er da auf seinem Bett lag. Er öffnete die Augen und warf Lucinda einen vorwurfsvollen, anklagenden Blick zu. Den habe ich verdient, dachte sie reuig.

»Ich bin gekommen, um dich zu heilen«, begann sie. Sie war sich bewußt, daß ihr Vater nachgekommen war, konzentrierte sich aber, weil er nur in der Tür stand und nicht eingriff, ganz auf ihren Bruder. »Ich kann dir nicht beschreiben, wie leid es mir tut«, fuhr sie bebend fort, »aber vielleicht hast du das Herz, mir zu vergeben.«

Shen beobachtete sie stumm, als sie ihm die Decken wegzog. Seine Beine waren weitaus schlimmer verdreht und verkümmert, als ihr erinnerlich gewesen war. Wieder fühlte sie sich von heißer Scham überkommen. Wieso hatte sie das nur getan? Shen hatte Streit mit ihr angefangen; er hatte es immer verstanden, sie zu reizen. Aber das eine Mal war er zu weit gegangen – so weit, daß ihre latenten Gaben sich gezeigt hatten und sie blindwütig zugeschlagen hatte. Ach, könnte ich doch die Zeit zurückdrehen und alles ungeschehen machen, dachte sie, aber das Beste, was ich nun tun kann, ist zu versuchen, ihn zu heilen.

Da legte Lucinda die Hände auf Shens Beine, schloß die Augen und ließ die Bilder kommen, stellte sich vor, wie seine verkrüppelten Gliedmaßen sich streckten und richteten. Ihre Hände erglühten so weiß und glitten langsam seine Beine entlang, über Schenkel und Schienbein, Knöchel und Fuß. Das weiße Licht machte sie weich und elastisch, gab ihnen die frühere Form und Gestalt zurück. Schweiß perlte der Heilerin auf der Stirn, als sie mit Tiefenmassage nun verkümmerte Muskeln regenerierte, Gewebeschäden behob und Knochen wieder aufbaute.

Aber ihre Gedanken schweiften zu glücklicheren Tagen. Sie dachte daran, wie sie zusammen gespielt hatten. Daß sie ihn, obwohl er immer im Wege schien, allzeit geliebt hatte und hatte mitmachen lassen. Diese glücklichen Zeiten waren noch immer da

– sie mußte nur die schwarzen Schleier ihrer Scham und seiner Pein wegziehen, um sie sehen zu können.
Schließlich war ihr Werk vollbracht. Sie brauchte noch ein paar Minuten, um sich zu entspannen und zu erholen, trat dann vom Bett zurück und sprach: »Stehe auf, Shen, und gehe.«
Shen hatte den ganzen Vorgang mit einer Mischung aus Furcht und Faszination verfolgt. Nun holte er tief Luft und zwang sich, sich aufzusetzen, schob mit den Händen seine Beine über die Bettkante, stieß sich mit den Armen ab – und stand. Da er noch etwas wacklig wirkte, sprang Lucinda herzu, um ihn zu stützen. Aber sie freute sich so über seinen Erfolg, daß sie lächeln mußte.
»Miststück!« schrie er und schlug ihr mit der Faust ins Gesicht, daß ihr der Kopf vor Schmerz zerspringen wollte. Sie fiel auf den Rücken, und er stürzte über sie, versuchte aber immer weiter, auf sie einzuschlagen.
»Shen! Was machst du?! Ich helfe dir doch!« protestierte Lucinda und rollte sich zur Seite weg. Als sie sich das Blut vom Gesicht wischte und dabei zu ihrem Vater aufblickte, sah sie ihn lächeln.
»Du hättest nicht zurückkommen sollen«, schimpfte Shen.
Sie schüttelte den Kopf und gab sich große Mühe, nicht zu weinen. »Ich hatte gedacht, du könntest mir vergeben.«
»Du hast ja keine Ahnung, wie das für mich war. Du hast mir drei Jahre meines Lebens gestohlen... mich zu einem hilflosen Krüppel gemacht, und erwartest Vergebung? Was du mir genommen hast, kann mir niemand zurückgeben. Verschwinde aus meinem Leben. Ich will dich nie, nie wiedersehen!«
Lucinda schluckte ihren Schmerz hinunter, drückte sich an ihrem Vater vorbei und ging zur Tür. Auf der Schwelle blieb sie stehen und blickte zu ihrer Mutter zurück, die noch am Tisch saß. Aber die Mutter sah nicht auf.
Da schied sie traurig. Ich kann nichts mehr für sie tun, dachte sie und machte sich auf den Weg, zum Schattenwald zurück. Warum mußte es nur so schrecklich weh tun, seine Familie zu verlieren?
Almegnon erwartete Lucinda am Waldrand. Er umarmte sie schweigend und weinte die Tränen, die ihr verwehrt blieben.

NANCY JANE MOORE

Es gibt ein Thema, mit dem ich es, wie ich wohl schon an anderer Stelle gesagt habe, immer wieder zu tun bekomme: Sankt Georg der Drachentöter. Aber da es so oft wiederkehrt, muß es irgend etwas in der menschlichen Natur ansprechen. Hier also, und ohne weitere Entschuldigung, noch eine Geschichte dazu … aber eine mit einer überraschenden Wendung.
Nancy Jane Moore lebt in Washington und arbeitet derzeit in einer gemeinnützigen Rechtsanwaltskanzlei. Sie sagt, sie schreibe schon fast ihr ganzes Leben lang – richtig ernst sei es ihr damit aber erst vor kurzem geworden. Nun, früher oder später ergeht das wohl jedem so. Ihre erste Veröffentlichung hatte sie in Mondschwester, *dem Band VI der* Magischen Geschichten. *– MZB*

NANCY JANE MOORE

Sankt Georg und der Drache – wie es wirklich war

Der Drache zog tief über dem Dorf seine Kreise. Sogleich stürzten alle in Deckung – die Mädchen und jungen Frauen natürlich, aber selbstredend auch die Matronen, Kinder und erwachsenen Männer und überhaupt alle, die gerade da waren.

Dennoch gelang es dem Drachen, Maura auf dem Friedhof zu stellen. »Holt den heiligen Georg«, rief sie und duckte sich hinter einen Grabstein.

Der Drache grinste tückisch. »Sankt Georg habe ich zum Frühstück verspeist«, spottete er und wies mit der Tatze auf die kläglichen Reste des Heiligen, die nahebei verstreut lagen. »Und dich werde ich zum Mittagessen fressen«, fügte er hinzu und fuhr heißhungrig auf sie los.

»O verdammt!« fluchte Maura, »nun muß ich mich wohl selbst meiner Haut wehren...« Damit ließ sie sich zu Boden fallen und trat dem arglosen Drachen mit aller Kraft in den Unterleib.

Nun muß man wissen, daß bei den Drachenmännchen, wie übrigens bei den meisten männlichen Lebewesen, die Hoden sehr druckempfindlich sind. Aber die meisten wissen nicht einmal, daß die Drachenmännchen überhaupt Hoden haben. Das liegt daran, daß die meisten Drachengeschichten von viktorianischen Autoren stammen, die derlei delikate Dinge lieber übergingen.

Jedenfalls krümmte sich der Drache nach diesem Tritt vor Schmerz und bot Maura damit unfreiwillig seinen ungepanzerten Kehlfleck dar. Sie, nicht faul, versetzte ihm auch dahin einen kraftvollen Fußtritt, rollte sich sodann zur Seite, bekam dabei Sankt Georgs auf dem Boden liegendes Schwert zu fassen und stieß es dem aufstöhnenden Drachen sicherheitshalber durch den Hals. (Es ist wirklich nicht ratsam, einem noch lebenden Drachen den Rücken zu kehren, mag er auch schwer verwundet sein!)

Die Dörfler waren Maura sehr dankbar und ehrten sie mit all den üblichen Paraden und Denkmälern und sonstigen Dingen. Über Sankt Georgs Tod bewahrte man aber Stillschweigen, und so kommt es, daß man ihn bis heute allüberall als den Drachentöter rühmt. Aber in diesem einen kleinen Dorf hat man sich die wahre Geschichte von Generation zu Generation weitererzählt, so daß heute dort jeder weiß, wer den Drachen erschlug.

SUE ISLE

Sue Isle schreibt am Ende ihres Lebenslaufes: »Bei mir zu Hause haben derzeit zwei zahme Ratten das Sagen.« Sie fügt hinzu, ihre Hobbys seien unter anderem Kampfkunst, Geschichte, harte Science-fiction, Fantasy sowie Erzählungen über »alles von Wölfen bis zu Werwölfen«. Ich glaube, ich habe in meinen Einleitungen bereits einiges über die ständig wiederkehrenden Themen gesagt; auch das Motiv »Wölfe« gehört dazu... Sie üben anscheinend auf viele eine große Faszination aus. Auf mich nicht. Aber wenigstens sorgen sie bei all den Katzengeschichten für etwas Abwechslung. Ich verstehe bis heute nicht, was die Fantasy-Autoren so an Katzen fasziniert, habe mich aber mit der Tatsache abgefunden. Ein berühmter Dichter hat einmal gesagt, Gott habe die Katze erfunden, um den Menschen die Freude zu machen, den Tiger kosen zu können. Ich habe das so variiert, daß Gott die Hunde erfunden habe, um den Menschen die Freude zu machen, mit den Wölfen vertraut werden zu können. Eben das scheint mir sehr lohnend; ich würde alle Katzen, die mir je über den Weg gelaufen sind, für einen guten deutschen Schäferhund hergeben! Während ich nun die unvermeidliche Flut der Briefe über mich ergehen lasse, die mir alle sagen, wie verbohrt und pervers ich doch sei, können Sie ja diese etwas andere Werwolfgeschichte lesen, die ich Ihnen hiermit empfehle.

Über Geschmäcker in bezug auf Haustiere läßt sich wirklich nicht streiten. Mein erster Mann hielt sich in seinem Postschalter eine Schlange – zum hellen Entsetzen all der alten Mütterchen, die bei ihm ihre Telegramme aufgaben. – MZB

SUE ISLE

Ihres Vaters Tochter

Die Frau kam bei Wandlermond allein nach Hazor. Der Markt war in dieser Sommernacht, wie in der heißen Saison üblich, noch geöffnet. Sie ging zwischen den Ständen hindurch und blickte sich mit merkwürdig naivem Staunen um. Die Marktleute erwiderten ihre Blicke mit amüsiertem Lächeln. Die Fremde fiel auf, denn es war ein kleiner Markt. Hazor war eine Landstadt, fernab von jedem Meer oder See. Der Charnwald wucherte bis dicht unter die Stadtmauern, so sehr man sich auch bemühte, ihn zurückzudrängen. Das bißchen Wiesen- und Ackerland, das man ihm abgerungen hatte, war ständig gegen die Bäume... und anderes... zu verteidigen.

Sie trug eine blutrote Uniformbluse, die ein Relikt des Dienstes bei einem inzwischen untergegangenen mächtigen Haus sein mochte. Weibliche Söldner liefen Kalek nicht eben alle Tage über den Weg; aber er kannte einige hohe Herren, die schworen, sie taugten mehr als männliche – vor allem in den Folterkammern. Da sie nicht auf Kraft bauen konnten, kämpften sie klug, schnell und präzise. Weil sie Lebensspenderinnen waren, vergeudeten sie kein Leben. In der Theorie zumindest, dachte er und grinste. Diese sah nicht aus wie eine, die sich für einen Säugling erweicht. Grau und Silber waren ihre Farben... graue Reithose und Stiefel, grauer Umhang, graue Augen, und ihr Haar schimmerte in einem seltsam gebrochenen Weiß, das weder ganz weiß noch cremefarben war.

Kalek von Eren war ein Mann, den solch eine Erscheinung anzog. Er gehörte nicht zu denen, die sich Frauen aufdrängen... ja, seine Sonderlichkeit in diesem Punkt hatte bereits Anlaß zu wenigstens einem stadtbekannten Spottlied über seine angebliche Vorliebe für Schafe gegeben. Erst neulich hatte jemand es von »Vorns Schenke« herab zum besten gegeben. (Bis Kalek, wutentbrannt

und mit blanker Klinge, aufs Dach gestiegen war, hatte der unbekannte Sänger aber das Weite gesucht gehabt.)
Von seinem Stuhl auf Vorns Terrasse sah er die Frau näherkommen: rot und grau gewandet, das Schwert gelascht, aber gut sichtbar – damit keiner auf falsche Gedanken komme. In der Schenke ließ sie sich einen Becher Rotwein geben und setzte sich abseits an einen Ecktisch. Kalek ließ einige Zeit verstreichen, ehe er sich erhob, in die Gaststube trat und so anmutig wie die wilden Tiere, die er jagte, zu ihr ging. Er war nicht schön, wie manche junge Bürger – erregte aber ganz von selbst die Aufmerksamkeit, um die jene erst buhlen mußten.
»Darf ich mich zu dir setzen?«
Die Frau blickte ruhig zu ihm auf und musterte die Pelzjacke, die er trug.
Er nahm das für eine Frage. »Mein Name ist Kalek, Kalek von Eren. Aber bei den Leuten heiße ich ›Kalek der Kopfgeldjäger‹«, meinte er grinsend. »Als ob ich der einzige wäre!«
»Du bist der einzige«, donnerte da Janor Hark, ein Bauer, der die Talente des Jägers aus gutem Grund schätzte. »Niemand sonst hätte mir diesen Einzelgänger vom Hals schaffen können.«
»Den roten Wolf?« Kalek grinste wider Willen. »Er war angesichts kalter Stahlzähne eben nicht schlau genug.«
Kalek nahm Platz, ohne ihre Einwilligung abzuwarten, und blickte sie neugierig an. »Ich sehe dich hier alle paar Wochen«, erklärte er. »Wohnst du außerhalb der Stadt?«
»Ja. Ziemlich weit weg.«
»Ich hielt dich für eine Söldnerin«, fuhr Kalek fort und wies mit dem Kopf auf ihre Klinge. »Aber in diesem Metier bleibt man nicht so lange in ein und derselben Stadt.«
»Ja, ich habe für Sold gekämpft«, bestätigte sie sanft. »Aber ich wurde einer Aufgabe wegen nach Hause gerufen. Sobald sie erledigt ist, gehe ich vielleicht woanders hin.«
Ihre Stimme bezauberte ihn. Sie sprach tief und klar und betonte jedes Wort, so als ob ihr die Sprache fremd sei und sie genau auf die Aussprache achtgeben müsse. Dabei starrte sie aber noch immer auf seine Pelzjacke und sah ihm nicht ins Gesicht.

»Was ist das für ein Pelz?«
»Wolf«, erwiderte er lächelnd. »Das Fell des roten Bastards, den ich für Janor fing. Hat ihm den besten Schafbock und nicht wenige seiner guten Mutterschafe gerissen.«
»Vielleicht wußte der Wolf nicht, was in den Augen eines Menschen gut ist?«
Kalek zuckte die Achsel und trank seinen Krug leer. »Ich vermute, daß die Wölfe gar nicht wie Menschen denken... aber die Menschen müssen leben.«
Da streckte sie ihre schmale Hand aus und berührte mit kindlicher Geste den Ärmel seiner Jacke. Kalek fiel ein, wie sie mit naivem Staunen über den Markt gegangen war, und fragte sich, ob sie wohl kindisch sei. Nein, vermutlich nicht.
»Hast du schon einen Menschen getötet?«
Ihre Frage war so kalt und direkt wie ein Eispfeil und ließ Kalek etwas zusammenzucken. »Ja, Frau. Zweimal in meinem Leben, Räuber, die so töricht waren, mich zu ihrer Zielscheibe zu machen.« Aber sie erwiderte sein Lächeln nicht.
»Und einige der wilden Tiere, die ich getötet habe... waren mehr als nur wilde Tiere.«
Sie nickte düster. Selbst ein stadtfern wohnendes Bauernmädchen – ja, vor allem so ein Mädchen – mußte über die Werwölfe Bescheid wissen. Die meisten dieser Wesen gaben genau acht, wo sie sich verwandelten. Kalek selbst hatte bisher noch nie bei Wandlermond getötet. Die Leute waren sich uneins, ob die Werwölfe tatsächlich Menschen mit einer Seele oder nur wilde Tiere waren. Kalek hatte sogar ein paar von ihnen kennengelernt. Die meisten hatten in Söldnereinheiten gedient und waren so menschlich wie du und ich gewesen. Die streunenden Einzelgänger hingegen... die waren die gefährlichsten Feinde und trugen der Rasse so große Schande ein, daß die meisten Werwölfe ihre wahre Natur lieber geheimhielten.
»Darf ich dir etwas bestellen?«
Nun endlich sah sie ihm in die Augen und begann dann zu lächeln, als ob ihr gefiele, was sie da erblickte. »Ja, du darfst.«
Kalek konnte sein Glück kaum fassen. Sie blieben sitzen, bis Vorn

zum zweitenmal an die Polizeistunde erinnerte, und verließen dann mit den paar verbliebenen Zechern die Schenke. Die Nacht war hell und klar, und der Herbstmond stand orangerot leuchtend am Himmel. Kalek sog die frische Luft in vollen Zügen ein.

Die Frau blieb auf den Stufen stehen und sagte: »Ich fühle mich heute abend etwas müde. Könnte dein Pferd für eine kurze Strecke doppelte Last tragen?«

»Hast du nicht gesagt, daß du weit von Hazor weg wohnst?« fragte Kalek erstaunt. »Das ist natürlich kein Problem... Ich...«

Sie lächelte und klopfte seinem grauen Wallach den Hals. »Nicht weit, wenn wir querfeldein reiten, Kalek Kopfgeldjäger.« Und in ihren Augen stand ein Versprechen, das ihn hilflos machte.

Kalek bemerkte nebenbei, daß der Mond bald untergehen würde. Ja, Vorn war großzügig gewesen und hatte sie lange bleiben lassen. Er würde in stockdunkler Nacht heimreiten müssen, wenn er sie nicht dazu bringen könnte, ihr Bett mit ihm zu teilen. Bisher war er mit ihr weit besser vorangekommen, als er gedacht hatte. Aber er, der wie kein zweiter in der Wildnis zurechtkam, allein jagen und leben konnte, war im Umgang mit den komplizierten Frauen um einiges weniger geschickt... Jetzt hatten sie die Felder bereits hinter sich und den Waldrand erreicht.

»Hier«, sagte sie und drehte sich zu ihm um. Kalek zuckte mit den Schultern, da er nirgendwo ein Haus sah.

»Ist dein Vater denn Holzfäller? Ich bringe dich bis zur Tür.«

Die Frau sprang gewandt aus dem Sattel und wandte sich wieder zu dem Reiter. Ihr bleiches Gesicht war sehr ruhig.

»Mein Vater ist tot, Kopfgeldjäger.«

»Nenne mich nicht so! Ich heiße Kalek... es wäre mir lieb, wenn du mich so nennen würdest. Sagst du mir auch deinen Namen? Du... du bist sehr schön, Frau.« Nun beugte er sich von seinem geduldig wartenden Wallach zu ihr hinab und lächelte schüchtern. »Du bist wie eine Waldelfe. Willst du mir nicht sagen, wie du heißt?«

Da faßte sie nach seiner Schulter und streichelte den roten Pelz seiner Jacke.
»Gib mir die... zum Andenken, dann sage ich dir meinen Namen«, versetzte sie und lächelte kokett.
Kalek lachte, zog die Jacke aus und reichte sie ihr. »Ich werde dir etwas Besseres beschaffen. Das Fell eines weißen Bären für einen Umhang... weiches Hirschleder für ein Gewand.«
Nun umfaßte sie sein Handgelenk mit kühlem, festem Griff.
»Ich will nur die von dir, Kopfjäger.«
Kalek seufzte und wollte sich aufrichten. Es war ja schon recht spät, und vielleicht könnte er gegen Abend wiederkommen...
Aber die Frau ließ ihn nicht los. »Laß mich gehen«, bat er sanft. »Wenn du mir deinen Namen nicht sagen willst, muß ich taurig von dir scheiden.«
Als er sie anblickte, fiel es ihm wie Schuppen von den Augen, sah er plötzlich, wofür er in seiner Vernarrtheit blind gewesen war.
»Du bist eine Werwölfin! Aber der Wandlermond...«
Ihre Augen glühten gelb im Mondlicht – im schwindenden Mondlicht. Mit der einen Hand zerrte sie ihn vom Pferd, das sogleich zur Seite wich, um nur nicht auf ihn zu treten. Kalek versuchte aufzustehen, aber sie hielt ihn mit eiserner Hand nieder.
»Ich habe nicht viel Zeit, Kopfgeldjäger«, sprach sie mit klarer, tiefer Stimme. »Aber ich kenne meines Vaters Fell, welche Gestalt auch immer ich annehme.«
»Nein!« schrie Kalek. »Ich habe den roten Wolf tot vor mir liegen gesehen. Er war kein Verwandelter.«
Ihr fahles Haar fiel ihr nach vorn und schien sich an ihr spitzes Gesicht, ihren schlanken Hals zu schmiegen, und ihre gelben Augen starrten auf ihn hinab. Er spürte, wie ihm der harte Waldboden in den Rücken drückte.
»Du bist nicht so klug, wie du denkst«, flüsterte sie rauh. »Nach meinem Namen frage Silvia, die vor zwanzig Jahren, in einer Nacht bei Wandlermond, mit einem Wolf des Rudels lief. Und ich... ich kämpfe für das Volk der Wölfe von Charn und habe nur diese eine Nacht, unter Menschen zu wandeln... und den Mann zu finden, der meinen Vater getötet hat.«

Ihre Stimme wurde zum wilden Knurren, das aus der Wolke von Nebel und Fleisch, die eine Frau war, kam. Die Zähne, die sich um seine Kehle schlossen, waren die einer weißen Wölfin.
Dann gab es nur noch die rote Hölle des Schmerzes und schließlich nichts mehr.
Kalek Kopfgeldjäger erwachte einige Stunden später mit wundem und blutverklebtem Hals. Als er im kalten Frühlicht um sich blickte, sah er unweit sein totes, von wilden Tieren zerfleischtes Pferd liegen. Wieder in Hazor, verlor er zum Erstaunen aller kein Wort über das schreckliche Geschehen bei seiner Rückkehr vom Haus der schönen Frau. Keiner konnte verstehen, warum er die Jagd aufgab; aber das erwartete er auch von keinem. Wie sollten die Menschen auch glauben, daß die wilden Tiere des Waldes barmherziger sind als sie?

LAUREL K. HAMILTON

Laurell Hamilton hat schon in meiner Anthologie Spells of Wonder *veröffentlicht und auch in* Memories and Visions: Women's Fantasy and Science Fiction.

Es ist in meinen Einleitungen wohl schon häufiger von Haustieren die Rede gewesen. Aber ich komme anscheinend von dem Thema nicht los. Laurell K. Hamilton schreibt: »Ich habe einen Papagei, eine Gelbkopfamazone mit einem Vokabular von mehreren hundert Wörtern. Mein Hausgeist ist ein Nymphensittich, der sich liebend gern den Kopf kraulen läßt. Dann haben wir noch einen Kanarienvogel, der auf den Namen ›Hobbes‹ hört.«

Nun, über Geschmack läßt sich nicht streiten, habe ich mir sagen lassen. Ich hatte einst ein Pärchen Zwergsittiche – Robin und Miranda hießen sie –, das ich zusammen mit zwei Kanarienvögeln in einem Raum unseres alten Hauses hielt. Da Sittiche ja alles nachmachen und meine Kanarienvögel die ganze Zeit klassische Musik hörten, sangen diese vier unablässig. Aber eines Nachts tobte bei uns ein Blizzard und blies ein Fenster des Zimmers auf... und am Morgen waren alle meine Vögel tot. Seither halte ich keine Vögel mehr. Aber nicht nur deshalb – es wäre auch grausam, Käfigvögel in einem Haus zu halten, in dem Katzen einen Ehrenplatz haben. (Selbst wenn man das nach meinen einschlägigen Kommentaren nicht vermuten würde: Ich habe viele Katzen besessen – wenn man, was ich bezweifle, diese stolzen Tiere denn überhaupt besitzen kann.)

Laurell sagt, sie sei »glücklich verheiratet«, züchte Veilchen – Usambaraveilchen – und sammle Drachenfigürchen aus Glas und ganz bestimmte Teddybären. Zumindest die Glasechsen und die Stoffbären sind Haustiere, über die man sich wohl nicht streiten dürfte. An Teddybären hat keiner etwas auszusetzen... Ich kenne jedenfalls niemanden, der das täte; meine Plüschbären sind alle Pazifisten. – MZB

LAUREL K. HAMILTON

Wintertod

Jessamine Schwertzauberin stand in den Ruinen von Threllkill und sah sich traurig um. Der Wald hatte sich die kleine Lichtung schon fast zurückerobert. Es war ein unbedeutendes Dorf mit höchstens zwanzig Häusern gewesen – aber für sie war es die Heimat.

Einer der Rosenstöcke, die ihre Mutter einst gepflanzt hatte, war völlig verwildert. Er hatte den geborstenen Kamin überwuchert und reckte zu dieser Jahreszeit ganze Büschel von zartrosa Blüten der Sonne entgegen. Die Luft war schwer von ihrem süßlichen Duft. Der Kirschbaum mit seinem schwarzen Stamm und seinen schwarzen Ästen lehnte noch immer an dem Bretterhaufen, der einmal ihr Gartenzaun gewesen war.

Jessamine fühlte in all diesem Wildwuchs die Magie ihrer Mutter pulsieren. Der Geist einer Erdzauberin bleibt dem Land verhaftet, auf dem sie gelebt hat. Mutter hätte wohl nichts dagegen gehabt, daß der orangenblütige Trompetenbaum ihren Garten strangulierte oder daß dort, wo sie Stachelbeeren gezogen hatte, nun Wildgras wucherte.

Der Gedanke, daß die sterblichen Reste ihrer Mutter noch irgendwo unter dem grünen Dickicht liegen könnten, traf Jessamine wie ein Keulenschlag. Sie hielt ihren Atem an und spähte unter die wilden Stachelbeersträucher, ob sie in deren Schatten den hellen Schein gebleichter Knochen entdecke. Aber von ihrer Mutter kündeten nur noch die Rosen und der Kirschbaum. Aasfresser hatten ihre Gebeine längst verstreut. Zwölf Jahre waren eine lange Zeit – so nahe am Wald.

»Was ist hier geschehen, Jessa?«

Die Schwertzauberin fuhr überrascht hoch. Als sie sich umdrehte, sah sie Gregor gegen ein Gestrüpp gelehnt, das sich über dem Rest

ihrer einstigen Küchenwand wölbte. »Entschuldige«, versetzte sie. »Ich war mit meinen Gedanken woanders.«
Er schnaubte etwas durch die Nase. »Das ist mir nicht entgangen.« Dann wies er mit beiden Händen in die Runde und fragte: »Wer hat dieses Dorf zerstört?«
»Die Zeit, die Hand der Götter.«
Da runzelte er die Brauen und verschränkte die Arme fest über der Brust. »Willst du mir jetzt das Geheimnis dieses Ortes offenbaren oder nicht? Du schleppst mich in diese Wildnis hinaus. Und sagst mir kein Wort. Du übernimmst einen Auftrag, ohne dich mit mir zu beraten, und erzählst mir dann, ich bräuchte nicht mitzukommen.« Als sie stumm blieb, fuhr er sich mit der Hand durch sein kurzes Haar und schloß dann: »Jessa, wir sind nun schon seit zwei Jahren Schwertgefährten. Habe ich da nicht ein Recht auf irgendeine Art von Erklärung?«
Jessamine lächelte und trat neben ihn an den überwucherten Mauerrest. Sie strich ihm mit ihren kleinen, starken Händen übers Haar. Ihre haselnußbraunen Augen blickten dabei jedoch unverwandt auf einen Punkt irgendwo über seinem Kopf. »In Zairde«, sagte sie sinnend, »gibt es keine Bauern, nur arme Leute... Auch wir waren arm, aber mir als Kind war das nicht bewußt. Wir hatten zu essen, ein Dach über dem Kopf, Spielzeug und Liebe. Wir waren wohl nicht wirklich arm, aber sicher auch nicht reich. Meine Mutter war die Erdzauberin des Dorfes. Sie hat ihre Künste niemals gebraucht, um sich zu bereichern oder anderen Schaden zuzufügen – es sei denn, sie wurde angegriffen. Aber auch dann hatte sie Skrupel, jemanden zu töten. Daß ich Menschen in gewachsenen Stein einschloß, könnte sie nicht begreifen.«
»Du hast es nur zweimal getan, und jedesmal hat es uns das Leben gerettet!«
Sie lächelte ihm zu und sprach: »Ja, so ist das. Aber jetzt stehe ich hier und fühle, daß die Magie meiner Mutter in der Erde noch immer so stark und mächtig ist, und ich schirme mich dagegen ab.«
»Warum?«

»Ich habe Angst, Gregor.« Der Sommerwind wühlte in ihrem dunklen Haar, ließ es zu Berge stehen. »Ich habe Mutter doch versprochen, meine Macht nie zu Bösem zu gebrauchen. Aber ich habe dieses Versprechen so oft gebrochen.«
»Du fürchtest, daß ihr erzürnter Geist dich heimsuchen könnte?«
»Ja.«
»Jessa«, murmelte er beschwichtigend und zog sie an sich. »Bitte, sage mir, was sich hier zugetragen hat.«
»Eines Tages kamen ein alter Hexer und sein Sohn zu uns und baten um Nachtquartier. Ich hatte noch nie einen wahrhaft alten Magier gesehen. Sie können ja tausend Jahre alt werden! Aber der da war wirklich alt. Sein Sohn war so jung und stark und schön, daß ihn die Dorfmädchen aus den Augenwinkeln verschämt, aber hingerissen musterten. Aber dieser Alte ist in jener Nacht gestorben.« Jessa hörte auf, ihn zu streicheln, und stand starr wie eine Statue da. »Der Sohn beschuldigte uns, seinen Vater vergiftet zu haben, und zerstörte mit Feuer und Blitz, mit Sturm und Erdbeben unser Dorf. Mein Vater und meine Brüder kamen dabei um. Nur meine Mutter und ich blieben am Leben, und wir verkrochen uns dann im Wald.«
Jessa holte tief und zitternd Atem, ehe sie weitersprach: »Meine Mutter, als die Erdzauberin des Dorfes, erhob bei den Gerichten von Zairde Klage. Aber die rührten keinen Finger für uns. Zwei Tage nachdem sie ihn von aller Schuld freigesprochen hatten... starb meine Mutter von der Hand eines Meuchelmörders.« Sie sah ihm in die Augen, und er erwiderte ihren Blick.
Seine braunen Augen waren groß vor Staunen und Mitleid. »Jessa«, murmelte er bedrückt.
Da legte sie ihm ihre Fingerspitzen auf die Lippen und sprach: »Das ist schon sehr lange her, Gregor, sehr lange.«
Er ergriff ihre Hand und hielt sie fest. »Was ist aus dem Hexer geworden, der dein Dorf auf dem Gewissen hat?«
»Er ist tot«, sagte sie und lächelte ihn an. Dieses Lächeln hatte Gregor schon früher bei Jessamine gesehen: ein langsames, knappes Lippendehnen, bei dem ihre Augen düster aufglommen. Er

nannte es ihr Todeslächeln. »Der Mann war der erste Hexer, den ich getötet habe.«

»Und deshalb spezialisieren wir uns darauf, Hexer zu ermorden?«

»Deshalb tue ich das. Warum du es tust, weiß ich nicht.«

Gregor reckte sich, bis ihre Augen auf gleicher Höhe waren und er nicht größer und nicht kleiner als sie. »Ich mache es, weil du es machst.«

»Ach«, sagte Jessa und schenkte ihm, was sie in den zwölf Jahren niemandem sonst geschenkt hatte – ein Lächeln voller Liebe.

»Du hast also den Auftrag angenommen, weil er dir erlaubte, nach Hause zurückzukehren?«

»Ich habe diesen Auftrag angenommen, weil der Zauberer, den ich erschlagen habe, eine Mutter zurückließ. Eine Hexe, die derweil verrückt geworden zu sein scheint. Die ganze Provinz will ihren Tod. Cytherea von Cheladon heißt sie.«

»Wir sind demnach ausgezogen, Cytherea die Wahnsinnige zu töten. Jessa...«

Mit einer Handbewegung bedeutete Jessamine ihm zu schweigen. »Sie sucht die, die ihren Sohn getötet hat, Gregor, und hat bei der Jagd auf mich schon Hunderte umgebracht. Ich denke, es ist an der Zeit, daß sie mich findet.«

Als der Abend dämmerte, erreichten sie die erste Stadt an ihrem Weg. Vor dem Tor war ein Galgen errichtet, an dem drei Leichen hingen, die im Sommerwind sanft hin und her schwangen. Sie waren an den Handgelenken aufgehängt und zeigten keine Spuren üblicher Gewaltanwendung. Weder Strick noch Messer noch Axt hatte die drei vom Leben zum Tod befördert.

Gregor pfiff durch die Zähne. »Mutter Frieden, beschütze uns! So etwas habe ich noch nie gesehen.«

Jessamine brachte nur ein Nicken zuwege. Dem Mann und den beiden Frauen, die da hingen, war mittels Magie der schwärzesten Art das Leben wahrhaft ausgesaugt worden. Ihr Fleisch war so ledrig braun wie vertrocknete Äpfel. Die geschrumpften Augen lagen tief in den Höhlen. Alle drei glichen Mumien. Die Gesichter

der Frauen, von langem Haar umweht, waren von Entsetzen verzerrt und ihre Münder zu einem letzten stummen Schrei aufgerissen.
Jessa schüttelte den Kopf. Das ist doch Unsinn! Tote bewahren den Ausdruck des letzten Schreckens nicht. Das rührte nur daher, daß ihnen der Mund offen stand – weil man ihnen die Kiefer gebrochen hatte.
»Komm, Gregor, auf in die Stadt!«
Er starrte noch immer auf die Toten. »Ist das Cythereas Werk?«
»Ja.«
»Und du hast uns beiden die Aufgabe zugedacht, sie zu töten?«
»Sieht ganz so aus.«
Gregor drängte sein Pferd neben das ihre und ergriff ihren Arm. »Jessa, ich bin kein Feigling, aber das... Cytherea hat ihnen das Leben ausgesaugt, wie du und ich eine Orange auslutschen würden.«
Sie starrte ihn an, bis er ihren Arm losließ. »Wir haben ja schon früher Hexen getötet.«
»Aber keine von denen vermochte, was die vermag.«
Jessamine nickte. »Sie hat sich die Zauberkraft derer angeeignet, denen sie das Leben nahm.«
Ihr Gefährte hielt den Atem an. »Ich bin nur ein Kräuterzauberer und weiß nicht um derlei Dinge. Hat sie ihnen die Seele geraubt?«
Jessa erschauerte. Denn sie fühlte die Antwort, obwohl ihre Magie sie schirmte und schützte. O ja, nun verstand sie auch, warum sie geglaubt hatte, die Toten schrien noch stumm. »Nein, ihre Seelen sind noch da, in ihrem toten Fleisch gefangen.«
»Möge Verm diese bleiche Hündin holen!«
Die Schwertzauberin nickte. »Das ist der Plan, Gregor... das ist der Plan!«
Als sie zum Tor kamen, rief eine Wächterin aus einer Turmluke sie an: »Was wollt ihr hier, Soldaten?«
»Ein Bett für die Nacht«, gab Jessa zur Antwort, »zu essen, wenn ihr etwas erübrigen könnt, und einen Stall für die Pferde.«

»Wißt ihr denn nicht, daß auf dieser Stadt, in die ihr einreiten wollt, ein Fluch liegt?«

Die Kriegerin ließ sich ihre Verblüffung nicht anmerken. »Ein Fluch? Was soll das heißen?«

Da lachte die Wächterin bitter und rief: »Hast du denn nicht den Galgen gesehen und was daran hängt?«

»Ich sah dort drei Leichen baumeln.«

»Sie künden von dem Fluch, der auf uns lastet. Ihr würdet besser daran tun weiterzureiten, edle Krieger.«

Jessa fuhr sich mit der Zunge über die Lippen und setzte zurück, um sich mit Gregor zu beraten. »Ich spüre nichts von einem Fluch, außer dem auf jenen Toten. Aber ich schirme mich ja auch ab.«

Er sah sie erstaunt an. »Du verschwendest also kostbare Energie darauf, dich zu schirmen... wie lange schon?«

»Seit wir unter Cythereas Pesthauch sind.«

»Pesthauch, was soll das heißen?«

Nun war es an ihr, erstaunt zu sein. »Sieh dich um. Schau dir die Pflanzen an!«

Die Blätter der Bäume hingen, obwohl es Hochsommer war, welk und schwarz von den Zweigen. Das Gras am Wegrand war so abgestorben, braun und brüchig wie im tiefsten Winter. Und über allem lastete eine tödliche Stille.

»Wo sind die vielen kleinen Vögel geblieben, die Spatzen? Diese frechen Gesellen sind doch sonst überall.«

»Sie sind verschwunden«, sagte Jessa. Fast hätte sie ihn gefragt, wie er das hatte übersehen können. Aber sie wußte die Antwort ja! Gregor war ein Kräuterzauberer, ein Tränkleinbrauer, seine Magie gründete auf Beschwörungen und Ritualen. Ihr Zauber aber war mit der Erde verbunden und allem, was sie hervorbringt. Dieses Zerstören schmerzte sie selbst. Es war reinste Blasphemie. Und Gregor war all das im Zwielicht des Sommerabends entgangen.

»Lenke du die Wächterin ab«, flüsterte sie, »damit ich derweil den Fluch ergründen und klären kann, ob wir uns ohne Gefahr in die Stadt wagen können.«

Gregor nickte. »Man ist hier nach Cythereas Wüten bestimmt nicht auf weitere Hexer erpicht.«

»Sicher! Ich möchte nicht als Erdzauberin ausposaunt werden.«
Da ritt er zum Tor hinüber und rief zur Stadtwächterin hoch: »Was ist denn mit eurem Land geschehen?«
Was die beiden dann miteinander redeten, hörte Jessa nicht mehr, da sie sich nun ganz auf ihr Inneres konzentrierte. Sie lauschte auf den Rhythmus ihres Körpers, auf ihren Puls und Herzschlag, auf ihre Atmung, und drang bis in die Stille tief in ihrem Leib vor, wo alles schwieg. Als sie den Schutzschild fallen ließ, schwankte sie unter dem Ansturm des Bösen und vermochte den Schrei, der in ihrer Kehle aufstieg, nur unter Aufbietung all ihrer Energien zu ersticken. Das Land ringsum klagte. Tod! Das Land war verwundet, es lag im Sterben. Cytherea hatte nicht nur dem Zauberer und den beiden Zauberinnen, sondern auch der Erde den Odem ausgesaugt... und das so gründlich, daß sie sich nie mehr erholen würde. Die Stadt war dem Untergang geweiht. Wie sollte sie bestehen, wenn ihre Felder und Gärten keine Frucht mehr trugen? Die Sperlinge hatten den schlimmen Ort schon geflohen und auch alle anderen Tiere, die noch kriechen, gehen oder fliegen konnten. Nur die Menschen waren geblieben. Aber auch sie würden bald von dannen ziehen. Wenn erst der Herbst begann und ihre Ernte ausfiel, würden sie die Flucht ergreifen.
So groß war das Sterben der Erde, daß es Jessa fast den Blick auf anderes verstellt hätte. Sie mußte ihr Pferd wenden, um die Stadt ins Auge fassen zu können und sich ganz auf sie zu konzentrieren, damit sie herausfinden konnte, ob auf diesen Mauern tatsächlich ein Fluch laste. Als sie ihren Blick zum Galgen schweifen ließ, erglomm in jeder der drei Mumien hell und klar ein Lebensfunken. Die Seelen der Toten flackerten und kämpften verzweifelt. Da wandte sie sich ab und starrte auf die mauerumgürtete Stadt.
Dem Erdtod ringsum trotzend, dehnte sie ihren Zauber aus und sah: Die Stadt war nur eine ganz normale Stadt. Es lag kein Fluch auf diesen Mauern, Türmen und Häusern. Wozu auch – nach all dem, was Cytherea dem Land angetan hatte?
So ritt sie zu ihrem Schwertgefährten und flüsterte ihm ins Ohr: »Auf der Stadt liegt kein Bann. Wir können gefahrlos einreiten.«

Die Wächterin beugte sich vor und rief Gregor zu: »Was hat deine schöne Freundin denn so lange zu schaffen gehabt?«
»Ich habe gebetet«, antwortete die Schwertzauberin nun an seiner Statt.
Die Frau schwieg für einen Augenblick und sagte dann freundlich: »Gebete sind eine gute Sache. Ihr könnt passieren, Fremde. Titos, oder was davon übrig ist, heißt euch willkommen!«
Es gab nur ein kleines Wirtshaus im Ort, und die beiden waren die einzigen Fremden im Schankraum. Obwohl es ein milder Sommerabend war, hatte man die Fensterläden geschlossen und sogar ein Feuer entfacht. Die alte Frau, die im Kaminstuhl schlummerte, sprach im Traum vor sich hin. Es stank nach schalem Bier und Angstschweiß. Der Wirt kam selbst herbei, um die Bestellung aufzunehmen. Er war eindrucksvoll groß und breitschultrig, hatte aber rotgeränderte Augen – wie vom Weinen.
Weil auf dem Wirtshausschild »Estebans Schenke« gestanden hatte, fragte Jessa auf gut Glück: »Bist du Esteban?«
Er sah sie etwas unbestimmt an, als ob er nur halb zuhörte. »Ja, das bin ich. Wollt ihr zur Nacht essen?«
»Ja... aber mehr als am Essen liegt uns an einer Auskunft.«
Nun war er ganz Ohr und starrte sie mit dunklen, vor Zorn und Haß glühenden Augen an. »Und welche Auskunft?« fragte er mit heiserer Stimme.
Gergor berührte ihre Hand, um sie davor zu warnen, den Mann unter Druck zu setzen. Aber Jessa spürte einen Zauber in der Stube, der zwar nicht aktiv, aber eindeutig vorhanden war und bestimmt nicht von dem Wirt ausging. »Vor dem Stadttor«, fuhr sie deshalb fort, »wurde ein Galgen errichtet. Warum und durch wen?«
Da ballte er seine riesigen Hände um den Wischlappen, der ihm vom Gürtel hing, und flüsterte rauh: »Raus mit euch!«
»Verzeihung, Wirt, ich wollte dich nicht kränken... aber das ist doch ein ungewöhnlicher Anblick!«
»Raus...«, wiederholte er und blickte sie von unten herauf an. In seinen Augen lag Tod, ein aus Gram geborener Tod. Jessa wußte um solchen Gram und daß er einen von innen her verzehren kann,

bis nichts mehr von einem übrig ist und man stirbt... wenn man nicht Vergeltung übt und seinen Rachedurst stillt. »Wo ist deine Frau, Wirt?« fragte sie mit tiefer, klarer Stimme.

Darauf warf der Mann den Kopf zurück und schrie, stieß den Tisch beiseite und ging auf die Schwerthexe los. Sie wich etwas zurück, um außerhalb seiner Reichweite zu bleiben, und ließ das Messer in ihrer Hand zur Warnung aufblitzen. Und sie spürte, wie der bewußte Zauber über ihre Haut kroch. Das war Hexenwerk!

»Genug!« rief die Alte, die sich an ihrem Krückstock aufgerichtet hatte und jetzt mit klauenartiger Hand herumfuchtelte. Machtvoll war ihr Ruf und von zwingender Kraft. Und der Kerl von einem Mann hielt unsicher inne und ließ die Arme sinken. Tränen strömten ihm über die Wangen.

Jessa steckte gehorsam ihr Messer in die Scheide. Daß ihr jemand einen Zwingzauber auferlegte, kam nicht alle Tage vor!

Die Alte richtete ihre zornfunkelnden Augen auf sie und herrschte sie an: »Mußtest du ihm denn weh tun?«

»Du wollest dich ja nicht zu erkennen geben!«

»Nun habe ich es, Mädchen. Was willst du? Ich warne dich... wenn dein Begehr seinen Schmerz nicht rechtfertigt, wirst du für deine Grobheit büßen müssen.«

Jessamine verneigte sich, ließ aber die alte Frau nicht aus den Augen. Dabei spürte sie Gregor dicht neben sich und sah den Stahl in seiner Hand schimmern. Der Gehorsamszauber hatte also nur bei dem Wirt und bei ihr selbst gewirkt – das war gut zu wissen! »Ich bin gekommen, Cytherea die Wahnsinnige zu töten«, antwortete sie nun ruhig.

Das Weib starrte Jessa einen Herzschlag lang an... Da wußte sie, daß sie gewogen, geschätzt, gemessen wurde. Dann lachte die Alte – ein erstaunlich junges Lachen für diese alte Frau – und sagte: »Eine Mörderin, zwei Mörder.«

Jessa und Gregor traten verlegen auf der Stelle – wodurch hatten sie sich nur verraten?

»Wir sind nicht...«

Die alte Frau fiel ihnen ins Wort: »Lügt mich nicht an, wer immer ihr auch seid! Denn ich besitze die Gabe des Hellsehens.«

Die Schwertzauberin schluckte. Das war ein seltenes Talent, das einen gegen alle Lügen feite, ob sie nun magischer oder profaner Natur waren. »Wir haben uns nicht durch Lug und Trug Eintritt in diese Stadt verschafft«, versetzte sie sodann. »Wenn du wirklich hellsehen kannst, weißt du auch, daß ich die Wahrheit sprach. Ich bin hier, um Cytherea den Tod zu bringen.«
Die Alte musterte sie beide ernsten Gesichts. »Du glaubst, was du sagst, soviel ist wahr. Aber Sagen und Tun ist nicht dasselbe.«
»Das stimmt. Wir brauchen noch ein paar Informationen, um unsere Aufgabe erfüllen zu können.«
»Könntest du sie denn töten?« fragte Esteban.
Jessa blickte ihn an und sah, daß seine Augen wie Wunden voller Gram waren. »Ja«, erwiderte sie ruhig. »Man nennt mich Hexentod, und dies wird nicht die erste Hexe sein, die ich töte, nicht die erste und nicht die zehnte...«
»Und du«, forschte die Alte, »der du ihr wie ihr Schatten folgst, wer bist du?«
Gergor steckte seine Klinge ein. »Ich bin Gregor der Stahlsänger, auch als der Todbringer bekannt.«
»Was für vielversprechende Namen, ihr jungen Leute! Aber werdet ihr ihnen auch gerecht?«
»Wir sind bereit, unser Leben einzusetzen, um uns unserer Namen würdig zu erweisen«, antwortete Jessa. »Bist du auch bereit, uns zu helfen, die Wahnsinnige zu vernichten, die unser Dorf zerstört hat?«
»Ich werde euch sagen, was ich weiß, Jessamine Hexentod, aber das ist herzlich wenig. Ich bin Teodora die Hellseherin.«
Nun brachte Esteban ihnen zu essen und setzte sich dann, um ihnen zuzuhören. Als Jessa etwas dagegen einwenden wollte, hob Teodora die Hand und sagte: »Seine Frau und seine Tochter hängen draußen am Galgen. Das gibt ihm, meine ich, das Recht, mit uns an diesem Tisch zu sitzen.«
Die Schwertzauberin nickte.
»Angekündigt hat sich das Unheil durch einen Schneesturm, der aus klarem Sommerhimmel über uns herbrauste und von einem Eisgeist so kalt wie die Hölle gelenkt wurde. Aus diesem Sturm

trat Cytherea, mit einem Dämon aus Eis an ihrer Seite. Und sie nannte uns ihre Bedingungen für die Verschonung der Stadt«, erzählte Teodora und hielt dann inne, um einen Schluck zu trinken. »Ich trat Cytherea am Stadttor entgegen und forderte sie zum Kampf, um meine Stadt zu schützen.« Sie lächelte und sah auf ihre knotigen Hände. »Ich verlor. Aber nicht durch Hexerei wurde ich geschlagen. Darin wäre ich ihr ebenbürtig gewesen... Sie trug einen Ring an ihrer linken Hand, einen verzauberten Ring. Ich ging als eine Frau von Dreißig zum Tor hinaus und wurde als eine Frau von Sechzig in diese Stadt zurückgetragen.«

Jessa und Gregor wechselten Blicke miteinander. »Was für eine Art Ring kann denn eine Frau dermaßen altern lassen?« fragte Gregor.

»Cytherea hat mich eigentlich nicht gealtert, sondern mit einem Altersfluch belegt. Was sie trägt, ist ein Fluchring.«

Gregor pfiff leise und sagte: »So ein Ring ist verdammt teuer.«

»Hat sie damit auch...«, hob Jessa an.

Aber Teodora unterbrach sie mit der Bemerkung: »Esteban, könntest du mir bitte mein Glas nachfüllen?«

Der Wirt blickte die Hellseherin mißtrauisch an, erhob sich aber, um ihrer Bitte zu entsprechen.

Als er weg war, flüsterte sie den beiden zu: »Ihr wolltet wissen, ob Cytherea mit dem Ring die Seelen in die Leichen eingeschlossen hat?«

»Ja.«

»Esteban weiß nicht, daß seine Frau und seine Tochter immer noch leiden. Ich hielt es nicht für gut, das vor ihm zu sagen.«

»Hat sie es damit gemacht?« fragte Gregor.

»Ja.«

Esteban stellte der Alten das frisch gefüllte Glas hin, und sie bedankte sich dafür.

»Wie konnte sie auch den Erdzauberinnen und dem Land die magische Kraft rauben?« fragte Jessa nun.

Teodora starrte in ihr Glas, das sie mit altersfleckigen Händen umklammerte. »Mit dem rechteckigen, in Gold gefaßten Smaragd, den sie an ihrem Halsband trägt. Dieser Edelstein birgt einen einzigartigen Zauber, der auf Erdmagie eingestellt ist und einzig diese raubt.«

»Also ist darin aller Erdzauber gespeichert, den Cytherea stahl?«

Die Alte nickte.

»Du bist Hellseherin. Sag, ist es möglich, all diese Magie daraus zu lösen oder Cythereas böse Zauber zu brechen?«

»Die Macht des Fluchrings ist begrenzt. Er speichert nur so viele Zauber wie ein Hexerhirn. Wenn man ihn nicht auflädt, bevor sein Vorrat gänzlich erschöpft ist, erlöschen sämtliche Flüche dieser Charge.«

»Dann würdest du also wieder jung werden?«

»Ja«, erwiderte Teodora, ohne den Blick von dem Tellergericht zu lösen, das Esteban ihr geholt hatte. »Mit dem Anhänger verhält es sich anders. Er kann möglicherweise unbegrenzt Macht aufsaugen... Die von ihm gefangene Magie läßt sich nur befreien, indem man ihn zerstört.«

»Und wie könnte uns das gelingen?« fragte Gregor.

»Ihr müßt ihn der Erde, aus der er hervorgegangen ist, zurückgeben.«

»Dem Fleckchen Erde, aus dem er einst kam«, fragte Jessa, »oder der Erde ganz allgemein?«

»Der Erde allgemein.«

Da lächelte die Schwertzauberin.

»Du hast dir doch schon einen Plan ausgedacht!« sagte Gregor.

»Einen möglichen Weg.«

»Wie können wir dir behilflich sein?« fragte Teodora.

»Gregor braucht verschiedene Kräuter für einen Trank. Und ich... könnte es sein, daß eure Stadt über einen Fluchmacher verfügt?«

Esteban und Teodora wechselten beredte Blicke. »Ja doch, aber er ist schon alt und nicht mächtig genug, um Cytherea verwünschen zu können.«

»Er soll ja auch nicht sie, sondern uns beide verwünschen.«

Zwei Tage später ritten die zwei, jeder mit einem Fläschlein des neuen Tranks am Gurt und durch einen bestimmten Fluch geschlagen, zum Tor hinaus. Gregor rutschte ächzend im Sattel hin und her und versuchte, sich zwischen den Schultern zu kratzen.
»Wenn du ständig daran herummachst, wird es nur noch schlimmer«, rügte ihn die Schwertzauberin nach einer Weile.
Er sah sie aus roten, entzündeten Augen an, die fast schon unter den verschwollenen Lidern verschwanden, und meinte vorwurfsvoll: »Du hast gesagt, ich solle mir einen Fluch aussuchen... und das habe ich auch getan. Wie sollte ich wissen, daß dieser verdammte Ausschlag so schlimm ausfallen würde?«
Jessa seufzte. »Ich hatte dir doch einen anderen Fluch empfohlen, der gravierend genug gewesen wäre, aber deine Kampfkraft nicht im mindesten beeinträchtigt hätte.«
»Du wolltest, daß dieser Alte mich impotent mache... Nein danke«, sagte Gregor und kratzte sich nervös den Handrücken.
Sie hielt an sich, um nicht zu lachen. »Und ich bin unfruchtbar, bis mein Fluch wieder von mir genommen wird.«
»Aber das ist etwas anderes. Du hast sowieso immer Antibabytränklein genommen. Ich habe für meine Männlichkeit durchaus Verwendung.«
Jessamine lächelte, spürte aber eine Schwere im Magen, eine leere Schwere. Ein Gefühl des Verlusts. »Wenn sich dein Ausschlag noch verschlimmert, wirst du kaum zu gebrauchen sein, wenn wir auf die Hexe treffen.«
Mit einem leichten Schenkeldruck drängte er sein Pferd neben das ihre. »Entschuldige, Jessa. Das war mir nicht klar. Wenn ich das gewußt hätte, hätte ich mich vielleicht sogar entmannen lassen.«
Es juckte ihn so, daß er trotz des warmen Sonnenlichts fror und erschauerte. »Am Ende lenkt mich der höllische Juckreiz noch so vom Kampf ab, daß ich dir nicht beistehen kann. Es wäre mir gar nicht recht, wenn dich das das Leben kosten würde«, sagte er und kratzte sich so wütend an den Armen, daß sie bald über und über mit roten Striemen bedeckt waren.
»Du wirst dich noch ganz blutig kratzen! Hast du denn keine Salbe gegen diesen Juckreiz?«

»Doch, aber ich wollte sie bis kurz vor unserem Ziel aufsparen.«
»Ich denke, wir sind bereits nahe genug. Reibe dich lieber jetzt damit ein, sonst häutest du dich noch bei lebendigem Leibe.«
Gregor kramte ein versiegeltes Töpfchen aus seiner Satteltasche und sagte: »Das braucht aber seine Zeit.«
»Die haben wir... Ich brauche auch eine Pause, für einen kleinen Zauber.«
Er nickte und stieg ab. Das Gras reichte ihm bis zu den Schultern und ihren Pferden gut bis zum Bauch. Die Luft war vom zarten Duft wilder Glockenblumen erfüllt, und ein Schwarm streitender Spatzen wirbelte über sie hinweg. Jessa sog die Gerüche des sommerlichen Landes ein. Ihre Magie wogte und schwoll mit dem reifenden Gras, dem schnellen Flug der Sperlinge und all den winzigen verborgenen Kreaturen. Für eine Erdhexe war das alles frei verfügbare Magie.
Gregor faßte ihren Steigbügel und sah zu ihr empor; sein Gesicht war dick mit einer öligen Lotion bedeckt. »Du sprühst ja förmlich Feuer.«
Jessa strahlte ihn an und breitete die Arme himmelwärts. »Oh, ich fühle mich, als ob ich gleich in Flammen aufginge, so vollgesogen mit magischer Energie bin ich.«
Als er darauf die Stirn runzelte, lachte sie hell. »Du darfst das nicht wörtlich nehmen. Und runzle nicht die Stirn, sonst juckt es dich noch mehr«, sagte sie und faßte ihn an der Schulter.
Gregor fuhr zurück, als ob sie ihn gebrannt hätte. »Deine Energie ist über meinen Arm geströmt. Es war... so unerwartetet.«
»Das Brauen der Kräutertränklein lädt dich doch mit Magie auf?«
Da schüttelte er den Kopf. »Das ist nicht zu vergleichen. Ich bin ein Kräuterzauberer, Jessa. Meine Magie ist von sanfter Art. Aber du könntest jetzt für eine waschechte Hexe durchgehen.«
»Im Frühling und im Sommer ist das immer so, aber im Winter...«, sagte sie und erschauerte. »Der Winter ist eine schwere Zeit für uns Erdzauberinnen.«
»Was wirst du unternehmen, wenn wir erst einmal hinter Cythereas Zauberlinien sind?«

»Ich habe genug Kraft eingesogen, um bei sparsamem Gebrauch ein paar Zauber vollbringen zu können.«
»Und danach?«
»Danach werde ich mich nicht mehr als Hexe ausgeben können. Dann wird Cytherea wissen, daß ich eine Erdzauberin bin... Uns bleibt dann nur noch die Hoffnung, daß unser Plan gelingt.«
Gregor blickte zu ihr hoch, und da gewahrte sie erleichtert, daß seine Lider etwas abgeschwollen und seine Augen nicht mehr ganz so rot und entzündet waren.
»Du siehst schon viel besser aus. Wie fühlst du dich denn?«
»So gut wie noch nie in den drei Reisetagen. Du kannst dich ganz auf mich verlassen, was die Rückendeckung angeht.«
»Daran habe ich nie gezweifelt.«
Als Gregor wieder aufgesessen war, zogen sie weiter und gelangten auch bald in einen dichten Kiefernforst. Ganze Scharen von Meisen schwirrten und flatterten durchs Gezweig und ließen Schauer von Kiefernnadeln auf sie niedergehen. Jessa spürte die ersten Ranken einer fremden Macht. Da senkte sie ihren Schutzschild um sich. Er schloß sie zwar gegen das Land ab, feite sie aber gegen das, was vor ihr lag.
Auf einem Bergkamm hielten sie. Die Pferde scharrten nervös mit den Hufen. Nebel senkte sich herab und sickerte durch die Wipfel. Ein Sonnenstrahl durchbrach seine Schwaden und ließ die Reihe von eisbedeckten Bäumen vor ihnen erfunkeln. Das Sommerlaub war dürr, brüchig und schwarz und von einer dicken Eisschicht überzogen. Am Fuß des Berghangs glitzerten Schneewehen und zu Haufen geblasener Rauhreif.
Jessa blickte zu dem wogenden grünen Blätterdach hoch und auf die sachte nickenden gelben Schlangenlinien hinab, die den Waldboden bedeckten. »Das ist ganz eindeutig das Werk von Naturgeistern und Dämonen.«
»Glaubst du, daß wir uns mit dem Dämon einigen können?«
»Darauf beruht unser Plan.«
»Was, wenn er nicht einwilligt?«
»Dann, Gregor«, erwiderte die Schwertzauberin lächelnd, »werden wir sehen, ob Gott Magnus wirklich Blutstränen weint.«

»Ich hatte eigentlich nicht vor, so bald seine Bekanntschaft zu machen.«
»Ich auch nicht. Komm, legen wir die Winterausrüstung an.«
Der Schweiß rann Jessamine am Rückgrat entlang, und sie erstickte fast unter ihrer Fellkapuze. Ihrem Gefährten, der geduldig neben ihr wartete, hatten die Schweißbäche Furchen in die Gesichtsmaske gegraben.
Kühler Nebel wogte den Pferden um die Beine, aber die Sommersonne brannte auf die beiden Reiter herab. Der Winter war eine Schneise aus gleißendem Diamanteis. Wadentiefer Schnee lag vor ihnen. Der grüne Sommergürtel war glatt und vollständig durchtrennt worden.
Jessa trieb ihr Pferd voran; seine Hufe versanken im knirschenden Schnee. Der Eishauch des Winters kühlte sogleich den Schweiß auf ihrem Gesicht. Ihr Atem wölkte und schlug sich am Kapuzensaum als Reif nieder. Etwas Großes bewegte sich zwischen den Bäumen. Jessa gab Gregor das Haltzeichen.
Sie konnte nichts erkennen; aber sie wußte, daß sich etwas bewegt hatte. Die erfrorenen Bäume standen starr. Der Schnee dehnte sich glatt und unberührt. Aber da . . . neben einer großen, kerzengerade gewachsenen Ulme war ein Fleck, den sie nicht ansehen konnte. So sehr sie es auch versuchte – ihr Blick glitt immer wieder daran ab, daran vorbei. Sieh mich nicht an, schien der Fleck zu sagen, ich bin nicht da. Was natürlich bedeutete, daß etwas da war. Die Frage war nur, was?
Mit einer Handbewegung bedeutet sie Gregor, nun langsam neben sie aufzuschließen.
Sie waren kaum ein paar Meter geritten, als die Luft vor ihnen zu wabern begann und die Sicht auf einen Dämon freigab, der am Stamm der Ulme lehnte. Er hatte seine zweimal zwei Arme über der Brust verschränkt, maß gut anderthalb Mannslängen und war fast so weiß wie der Schnee. Sein Schuppenpanzer schimmerte wie Perlmutt; von seiner Stirn erhoben sich zwei spitze Hörner. Wie er so dastand, seine Fledermausohren spielen ließ und mit seinem langen Schwanz den Schnee peitschte, erinnerte er Jessa an eine sprungbereite Raubkatze.

»Ich bin der Hüter dieser Zauberlinie«, begann der Dämon. »Wenn ihr auch nur einen Schritt weiterreitet, werdet ihr gefangen sein und es bleiben, bis der Zauber vollendet ist.«

»Wann wird das sein?«

Er zwinkerte mit seinen großen, purpurroten Augen. »Wenn Cytherea, die Wahnsinnige, es will, und nicht früher.« Nun fuhr er sich mit der gespaltenen Zunge über die Lippen und entblößte dabei Zähne, die Eisdolchen glichen. »Kehrt also um, solange ihr noch könnt. Ich habe euch gewarnt.«

»Wir danken dir dafür. Was geschieht uns, wenn wir weiterreiten?«

Der Dämon zuckte ein Schulternpaar und sprach: »Cytherea wird das entscheiden.

»Und was würdest du tun, wenn wir weiterreiten?«

»Ich«, sagte er und legte eine Klaue auf seine Brust, »nichts... vorläufig. Ihr müßt euch in der Stadt verbergen, während Cytherea ihren Geschäften nachgeht.«

»Wie lange wird das dauern?«

Der Dämon sah zu den vereisten Bäumen auf und lächelte, daß seine Fangzähne aufblitzten. »Nicht lange, denke ich.«

»Dann werden wir die Linie überqueren«, sagte Jessa, »und warten, wenn es denn sein muß.«

»Kommt also!« rief der Geist. Dann verbeugte er sich schwungvoll und winkte einladend mit seinen vier Armen.

Sie passierten die Linie und trieben die Pferde an, um aus seiner Reichweite zu kommen – wobei ihnen aber klar war, daß die Distanz allein sie nicht vor seinen möglichen Schandtaten schützen würde.

»Kräuterzauberer!« schrie der Dämon plötzlich.

Jessa wandte sich um und sah, daß Gregor die Augen gesenkt hielt und krampfhaft zu Boden blickte.

»Schau mich an, Kräuterzauberer, schau mich an!« zischte der böse Geist.

»Laß ihn!« rief die Schwertzauberin. »Er hat nicht die magischen Kräfte, um dir standhalten zu können.«

»Und du?« fragte der Dämon. Er sah sie mit seinen tief violetten,

eigentlich blind erscheinenden Augen herausfordernd an und lachte höhnisch, weil sie seinen Blick nicht erwidern wollte.
»Du hast versprochen, uns nicht zu behelligen, wenn wir die Linie überschritten«, sagte sie.
»Das war gelogen.«
Nun sah sie ihn an, vermied aber seinen Blick. »Willst du uns ans Leder?«
»Jetzt noch nicht, aber wenn Cytherea ihre kleine... Besorgung erledigt hat, wird sie mir eine Belohnung meiner Wahl gewähren.«
Plötzlich stand er unmittelbar vor ihnen. Jessas Pferd wieherte panisch, bäumte sich auf und schlug wild mit den Vorderhufen aus.
Der Dämon beobachtete grinsend, wie sie es mühsam bändigte, und näselte: »Vielleicht, Zauberin, werde ich sie bitten, mir dich zu überlassen.«
»Willst du denn wie ein abgerichteter Hund um einen guten Happen betteln?« höhnte Jessa und starrte ihn verächtlich an.
Der Dämon rollte die Ohren ein und fegte mit den Klauen die Luft. »Ich bin kein Hund, Frau! Ich bin ein Eisdämon, und ich werde dir zeigen, was das heißt.«
»Du willst mir etwas antun, ehe Cytherea mich zu Gesicht bekommen hat? Wäre das klug?«
Da brüllte der böse Geist und scharrte so wild an den Baumstämmen ringsum, daß die Holz- und Eissplitter nur so stoben. Die Pferde scheuten und waren nur schwer wieder zu zügeln. Nun zog Jessa den Eissplitter heraus, der sich ihr in die Wange gebohrt hatte, und sah, daß ein wenig Blut daran klebte. Aber als sie ihn wegwerfen wollte, bemerkte sie, daß der Dämon sie seltsam erregt und gierig beobachtete. Sie unterdrückte ihren Impuls und starrte, unsicher, was sie damit tun solle, auf das blutige Eis in ihrer Hand.
»Jessa, erzürne ihn nicht unnötig«, flüsterte Gregor ihr zu.
»Nicht wir sind deine Feinde, sondern Cytherea. Sie hat dich zum Sklaven gemacht. Aber wir könnten dich vielleicht befreien«, rief Jessa dem Dämon zu.

Er musterte sie erstaunt. »Wie?«
»Wenn sie tot ist, bist du der Knechtschaft ledig.«
»Ihr könnt sie mit Magie nicht töten«, schnaubte er.
»Wir wollen sie auch nicht mit einem Zauber töten.«
»Warum erzählt ihr mir das? Ich könnte sie jetzt ja warnen!«
»Du willst deine Freiheit, wir wollen ihren Tod.«
»Was verlangst du von mir, Zauberin?«
»Schwöre, Cytherea nicht gegen uns beizustehen.«
Der Dämon bleckte die Zähne. »Aber sicher, ich verspreche, euch nicht zu schaden, keinem von euch.«
»Das reicht nicht, Dämon. Schwöre auf Verm und Loth!«
Da rollte der böse Geist erstaunt die Ohren auf. »Ein Eid auf die Schwarzen Götter entzieht mich der Macht Cythereas und erlaubt es mir, mich aus allem herauszuhalten.« Lächelnd fügte er hinzu: »Es ist eine der wenigen Möglichkeiten. Du bist sicher nicht nur eine Zauberin, oder?«
»Nein«, erwiderte sie.
»Und was schwört ihr mir dafür, Sterbliche?«
»Wir schwören, dich zu befreien.«
»Ich sehe also einfach zu, während ihr Cytherea tötet. Und dann bin ich frei.«
Jessa nickte.
»Dein Vorschlag ist ausgewogen. Genau deshalb kann ich ihn nicht annehmen.«
Gregor erhob Protest, aber die Erdzauberin gebot ihm Schweigen.
»Ich verstehe, du mußt bei dem Handel besser wegkommen als wir.«
Der böse Geist nickte. »Du verhandelst wohl nicht zum erstenmal mit einem Dämon!«
»Mag sein«, erwiderte Jessa und übersah Gregors bestürzten Blick.
»Was bietest du mir als kleine Zugabe?« fragte der Dämon lauernd.
Jessa hielt den Eissplitter hoch. »Blut.«
Der Unhold leckte sich die Lippen. »Auch etwas Blut von ihm.«
»Nein«, fuhr Gregor auf.

Jessa blickte ihren Schwertgefährten stirnrunzelnd an. »Soll denn ich allein mein Blut drangeben?«

»Wenn ich keinem von euch ans Leder soll«, sagte der Dämom, »muß mir jeder von euch etwas Blut geben ... Wenn ihr das nicht wollt, fechten wir es hier und jetzt aus.«

»Gregor, nur ein paar Tropfen ...«

»Schau dir doch sein Gesicht an!«

Der Dämon war hohlwangig, schien gar dünner geworden zu sein, und glühte vor Erregung. »Das sehe ich wohl«, erwiderte Jessa leise.

»Wie kannst du ihm dann etwas von unserem Blut anbieten? Ich bin Kräuterzauberer und könnte mit einem einzigen Blutstropfen töten. Was fängt aber ein Dämon mit Blut an?«

»Ich koste eure Seelen«, flüsterte der böse Geist.

»Diesem Ding«, sagte Gregor, »gebe ich keinen Tropfen!«

»Dann kämpfen wir eben hier und jetzt. Du hast die Wahl, Gregor«, versetzte Jessa. »Ich kann dein Unbehagen verstehen ... und werde deine Entscheidung akzeptieren.«

Gregor setzte sich im Sattel zurecht und strich mit der Hand über seinen Schwertgriff.

»Nur zu, Zauberer, greife an. Ich bekomme dein Blut so oder so.«

»Nein«, sagte Gregor plötzlich. »Ich werde das Verlangte geben.«

Jessa streckte dem Geist das blutbefleckte Eis hin. Als er danach griff, bedeckte sie es aber mit einer Hand und sprach: »Schwöre, Dämon, schwöre bei Verm und Loth.«

»Erst soll sich der Zauberer Blut abzapfen.«

Gregor zog seine Handschuhe aus, holte einen Dolch heraus, ritzte sich damit einen Finger und ließ drei Blutstropfen in den Schnee fallen. »Da hast du, was du willst«, sagte er dann, wischte die Klinge ab und schloß die kleine Wunde mit leichtem Fingerdruck.

»Nun leiste den Eid, Dämon«, gebot Jessa. »Sprich mir nach: ›Ich schwöre bei Loths Vögeln und bei Verms Hunden, euch nicht durch direktes Handeln zu schaden.‹«

Der Dämon zog eine Grimasse und fuchtelte mit den Händen, daß die Krallen wie brechendes Eis klirrten, sprach die Eidesformel aber Wort für Wort nach. Nun reichte Jessa ihm den Splitter mit ihrem kalten Blut. Er nahm ihn behutsam in seine Klauen, leckte das Eis so zierlich ab, wie die Katze Sahne nascht, leckte es blitzblank, wobei es aber kein bißchen schmolz, und zermalmte es schließlich mit seinen mächtigen Zähnen.
Dann kniete er sich in den von einem verirrten Sonnenstrahl funkelnden Schnee, blickte mit gierig verdrehten Augen noch einmal zu Gregor hoch und schaufelte das blutige Weiß auf. Schon erfüllten obszön lustvolle Sauglaute den Wald. Der Schnee schmolz in seinen Klauen nicht. Er schluckte ihn in dicken Klumpen, und als er fertig war, erhob er sich grinsend, breitete die vier Arme aus und rief: »Wir sehen uns in euren Träumen wieder!« und verschwand.
»Was meint er damit?« fragte Gregor.
»Daß wir das in unseren Alpträumen wiedererleben werden, aber mit gewissen Veränderungen.«
»Jessa, was haben wir getan?!«
»Wir haben mit einem Dämon einen Handel abgeschlossen. Dachtest du, derlei ginge ohne Schrammen ab?«
Gregor starrte auf seine behandschuhten Hände. »Ich weiß nicht, was ich gedacht habe.« Er holte erschauernd Atem und sah sie dann an. »Laß uns diese Hündin töten gehen und dann verschwinden.«
Jessa lächelte. Ihre Augen waren von einem seltsamen Dunkellicht erfüllt. »Laß uns auf die Jagd gehen. Möge Magnus unsere Klingen lenken und unsere Magie stärken.«

Das Dorf Bardou lag in einer kleinen Senke ... man vertraute dort wohl mehr auf Deckung als auf den Schutz starker Mauern. Etwa ein Dutzend Häuser drängten sich im Schnee. Davor, auf dem Anger, war eine Art Menschenauflauf zu sehen. Als ein Schrei die eisige Luft durchschnitt, stob die Menge zum Dorfrand. Zwei einsame Gestalten blieben im verschneiten Feld zurück. Zu den beiden Ausgestoßenen trat nun eine hochgewachsene Frau, die einen roten, pelzbesetzten Umhang trug.

»Warten wir, bis sie mitten im Zauberritual ist«, sagte Gregor, »dann erwischen wir sie.«

Jessa schüttelte den Kopf. »Es sind schon genug an meiner Stelle gestorben. Ich kann nicht einfach zusehen, wenn sie die auch noch tötet.« Als sie ihn nun anblickte, sah er, daß das Tötungslächeln aus ihrem Gesicht verschwunden und durch etwas ersetzt worden war... das er nicht deuten konnte. »Indem wir die zwei dort retten, machen wir unseren Plan zunichte.«

»Ich weiß, aber du hast die Wahl, Jessa. Ich werde mich deiner Entscheidung fügen.«

Die Erdzauberin lächelte. »Vielleicht spiele ich schon zu lange die Söldnerin.« Nun brauste sie im Galopp los, und Gregor folgte ihr. Als Jessa spürte, wie der merkwürdige Singsang der Frau im roten Umhang ihr Bewußtsein streifte und es befleckte, rief sie mit Donnerstimme: »Halt ein, Cytherea, du Mutter Solons.«

Die Hexe blickte erschrocken auf. Jessa sah zuerst nur ihr fahles Gesicht. Beim Näherreiten gewahrte sie Augen so kalt und grau wie guter Stahl, Augen, die sie aus einem ausdruckslosen, abwartenden Antlitz anstarrten. Ein paar Strähnen dünnen gelben Haares wehten um den Fuchspelzbesatz ihrer Kapuze, und das Rostbraun des Fells ließ das Gesicht darunter noch fahler erscheinen.

»Du suchst die Erdzauberin, die deinen einzigen Sohn getötet hat. Habe ich recht?« Die Hexe sah sie mit leeren Augen an, nickte aber. Gregor hielt sein offenes Zaubertrankfläschchen abwartend in der Hand.

»Laß diese armen Närrinnen laufen. Denn jetzt bin ich da.«

Cytherea schüttelte den Kopf. »Du bist eine Hexe. Stell dich mir nicht in den Weg, sonst vernichte ich dich.«

Jessa bezog vor den beiden eng aneinander gedrängten Erdzauberinnen Position. In Cythereas grauen Augen spiegelte sich zum erstenmal eine Empfindung wider: Zorn. Gregor stieg ab und nahm seitlich Aufstellung.

»Erinnerst du dich an Threllkill?«

Cytherea runzelte die Brauen. »Die Leute dort haben meinen Mann getötet, und dafür hat mein Sohn sie und das Dorf vernichtet.«

»Dein Mann starb an Altersschwäche... Auch Hexer und Hexen leben nicht ewig, Cytherea.«
»Nein«, erwiderte sie.
»Dein Sohn hat Unschuldige getötet, aber ich habe es überlebt. Sobald ich alt genug war, habe ich ihn aufgespürt und getötet.«
Zorn flammte in Cythereas Augen auf und färbte sie dunkler, gab ihnen die Farbe von Gewitterwolken. »Geh mir aus dem Weg, kleine Hexe«, schäumte sie, »oder ich töte dich wie diese Erdkreaturen, die meinen Sohn umgebracht haben.«
Jessa sprang aus dem Sattel und warf ihre Kapuze zurück. Gregor goß das Zauberfläschen aus.
Plötzlich fiel Kälte über sie, jene Kälte, die einem die Glieder taub macht und den Atem raubt. Ein glitzerndes Eiswesen – nicht mehr als ein vager Mund mit einem Paar Augen darüber – erschien neben Cytherea. Der Eisgeist flüsterte der Hexe zu: »Der Fremde hat einen Zaubertrank vergossen.«
Cytherea blinzelte, wie um sich auf die Dinge zu konzentrieren, und rief: »Jecktor, wo bist du?«
Der Dämon nahm Gestalt an und verbeugte sich vor ihr.
»Töte die beiden, Jecktor. Schaffe sie mir aus den Augen!«
»Das kann ich nicht, fürchte ich«, erwiderte der Dämon.
»Was?« schrie sie und drehte sich zu ihm um. Ihre Augen sprühten Zauber so glühend wie flüssige Lava.
Jessa faßte nach der immer noch warmen Zaubersudlache im Schnee und berührte sie mit ihrem Erdzauber. Sofort erfüllte der starke, reine Geruch von Erde und Grün die Luft.
Cytherea wandte sich von dem buckelnden Dämon ab, richtete ihren Blick auf Jessa und fragte: »Was bist du?«
»Eine Erdzauberin.«
Da explodierte der Boden unter Krachen, und ein Regen von Steinen und Erde ging ringsum nieder. Aus dem Krater wuchs ein wohl drei Meter großes, aus fetter schwarzer Erde und rotem Ton geformtes, menschenähnliches Wesen, das mit enormen Augen, deren eines ein Diamant, deren anderes ein Smaragd war, um sich blickte. Es tat einen schweren Schritt vorwärts, und die Erde erzitterte.

Der Eisgeist schwoll zum Eisfeuer und fiel gespenstisch heulend über den riesenhaften Erdgeist her.
»Dann stirb, Erdzauberin!« rief Cytherea und richtete ihre Linke auf Jessa. Aus dem Fluchring, der daran glomm, schoß blitzgleich ein Schrumpfzauber. Jessa taumelte unter seiner Wucht, aber sie hielt ihm stand und ließ ihn abprallen wie ein Fels die wütende Brandung des Meeres.
»Nein!« schrie die Hexe fassungslos und hob erneut den Ringfinger. Die Erde begann zu rauchen und sich beidseits der Erdzauberin zu öffnen.
Schon wandte Cytherea sich Gregor zu und rief donnernd: »Stirb, Elender!« Aber er stand unerschüttert, und sie konnte ihm kein Haar krümmen. »Was geht hier vor?« tobte sie wie von Sinnen.
»Wir sind beide schon mit einem Fluch belegt«, erwiderte Jessa. »Du kannst uns nicht erneut verwünschen!«
Die Hexe schäumte vor Wut, öffnete ihren Umhang und richtete sich hoch auf. Ihr Haar wehte im Wind, und der Smaragd auf ihrer Brust funkelte im kalten Licht. Sie legte die Hand auf den grünen Stein und begann zu singen.
Ein dicker Eispanzer bildete sich um den Erdgeist und ließ seine Bewegungen steif werden. Die Erde erstarrte zu Eis. Nun rang das Erdwesen mit dem Tod, und der Eiswind heulte triumphierend auf.
Jessa fühlte die Macht der Hexe wachsen und spürte den gewaltigen Sog ihres bösen Fluchs. Er umwarb ihre magischen Kräfte, bettelte und schmeichelte und war eine tückische Versuchung. Ihr Erdzauber antwortete ihm und verwehte und verging im Winterwind. Er zog die Magie ab, die sie aufgesogen hatte. Jessa zückte ihr Schwert und wollte sich auf Cytherea stürzen... kam aber nicht gegen die Kraft des Medaillons an, das sie bis auf die Knochen aussaugte.
Ein Wurfmesser bohrte sich Cytherea in die Seite. Sie schrie auf und taumelte.
Die Erdzauberin sah noch, wie Gregor vorstürzte und ein weiteres Messer schwang, und brach langsam in die Knie, in den Schnee.
»Jessa!« klagte Gregor.

Cytherea hatte sich schon wieder in der Gewalt. Sie fuchtelte und schleuderte mit ihren Händen grelle Blitze. Blaues Feuer hüllte Gregor ein.
Ein Knistern und Donnern erfüllte die Luft. Der Erdgeist sprengte seinen Panzer und ging drohend auf die Hexe los. Die Erde erbebte unter seinen schweren Schritten. Also wandte Cytherea ihre ganze Aufmerksamkeit ihm zu.
Gregor fiel mit dem Gesicht voran in den Schnee und blieb reglos liegen.
Blaue Glut und blaues Eis umschlossen den Erdgeist. Jessa fühlte die gefrorene Erde unter seinem Schrei beben. Das blanke Schwert durch den Schnee schleifend, kroch sie zu Gregor hin.
Cytherea war in blaues Feuer gebadet; sie knisterte und schien zu glühen. Jetzt war Jessa ihr so nahe, daß sie fast ihre Rockschöße berühren konnte, und sie fühlte, daß ihr böse Irrlichter, die wie Frostfeuer brannten, über die Haut tanzten. Da rappelte sie sich, ihr Schwert zum Aufwärtsstoß beidhändig haltend, auf die Beine.
Der Eisgeist zischte Cytherea noch zu: »Hinter dir, Herrin!«
Aber seine Warnung kam zu spät. Der gleißende Stahl fuhr der Hexe in den Rücken, und ihr blaues Feuer zerstob, erstarb. Jessa stieß die Klinge höher hinan und suchte Cythereas Herz. Die Hexe schrie und schrie, starb jedoch nicht, sondern legte wieder die Hand auf den Smaragd an ihrer Halskette. Jessa fühlte, wie die böse Macht erneut wuchs und wuchs.
»Stirb, du Verdammte, stirb endlich!« donnerte die Erdzauberin.
Der Erdgeist beugte sich über sie beide und streckte seine Pranke aus. »Nein, dieses Halsband ist mein. Du kannst es nicht haben!« rief Cytherea in Panik. Der Erdgeist richtete sich frohlockend auf und ließ die gerissene Kette von seinem Riesenfinger baumeln. Aus dem zerrissenen Fluchband strömte der endlich befreite Erdzauber, strömte und schwoll und füllte Jessa, bis sie vor Macht und Kraft bersten zu müssen glaubte, und flutete als ein magisch sichtbares grünes Feuer über sie hinweg und durch sie hindurch.
Jessa zog ihr Schwert mit einem Ruck heraus. Blutüberströmt,

aber immer noch lebendig, drehte sich Cytherea zu ihr um und setzte zu einem neuen Fluch an. Smaragdgrünes Feuer umlohte Jessas Schwert. Die silbergrüne Klinge zuckte auffunkelnd vor. Der Kopf der Hexe flog durch die Luft, und der enthauptete Körper schlug neben ihm dumpf im blutgetränkten, purpurnen Schnee auf.

Durch soviel Macht verunsichert, warf Jessa sich nieder. Gregor starrte, an den Boden gepreßt, mit geweiteten Augen vor sich hin. Zartgrünes Gras brach durch den Schnee, sommerliche Hitze lastete auf ihnen. Als der Erdgeist seine Riesenhand um die Kette schloß, breitete sich von ihm wellenförmig Erdzauber aus.

Der Eisgeist war geflohen. Nun verbeugte sich der Dämon vor Jessa und sprach: »Erdzauberin, ich bin sehr beeindruckt!« Ehe er ihrem Blick entschwand, rief er ihr noch zu: »Vielleicht sehen wir uns ja an irgendeinem Winterabend wieder!«

Gregor kroch auf allen vieren zu seiner Gefährtin hin. »Ich kann nicht aufstehen. Die Erde pocht wie ein riesiges Herz.«

Jessa machte dieser Zauber sprachlos. Sie spürte, wie er über das verwüstete Land raste, es heilte und zu neuem Leben erweckte.

Endlich sagte sie: »Fort mit dir, Erdwesen, zurück in die Tiefe, aus der du gekommen bist! Habe Dank für deine Hilfe.« Der Geist versank in der Erde und nahm dabei die Halskette mit.

Da kroch Jessa auf Händen und Knien zu der Toten, um die sich ein Ring aus schwarzer, frisch aufgeworfener Erde gebildet hatte, und sah sie an. Das Gesicht der Hexe war so leer wie das eines jeden Toten. »Nun hast du endlich Frieden, Mutter... endlich Frieden«, murmelte sie.

»Du hast es geschafft«, meinte Gregor, der sich schon wieder das Gesicht kratzte.

»Wir haben es geschafft, Gregor.«

Er grinste und zerrte unter wilden Grimassen an seinem Gewand, da es ihn wieder woanders juckte.

Jessa lächelte. »Vielleicht gibt es ja auch hier in Bardou einen Fluchmacher.«

Gregor sah sie an. In seinen Augen glomm Hoffnung auf. »Oh, das wäre wirklich ein Segen!«

»Komm, die Dörfler dürften uns zum Dank liebend gern von ein paar Flüchen befreien«, erwiderte sie, hielt dann inne und starrte auf die wächserne Hand der Toten, an der noch der Fluchring stak: ein schmaler schmiedeeiserner Reif, der nun leer war, aber nur darauf wartete, wieder gefüllt zu werden. Sinnend zog sie Cytherea den Ring vom Finger.

»Das ist teuer, so etwas magisch aufladen zu lassen«, gab Gregor zu bedenken.

Jessa barg den Ring in einer Tasche an ihrem Gürtel. »Es lohnt sich aber, nicht wahr?«

»Ich wüßte nicht, wofür.«

Die Erdzauberin streckte die Hand aus und berührte die seine. Nun floß grünes Feuer von ihr auf ihn und kroch ihm über die Haut. Er keuchte erschrocken und zwang sich dann zu lächeln.

»Sehr ungewöhnlich!« flüsterte er.

Sie halfen einander auf und machten sich humpelnd auf den Weg zum Dorf.

Plötzlich stieg ihnen Rosenduft in die Nase, ein Duft, so süß und schwer, daß er ihnen fast den Atem nahm. Jessa wandte sich um und blickte zurück.

Aus der frisch aufgebrochenen Erde war ein Rosenbusch gewachsen, der seine Blüten der neuen Sonne entgegenreckte. Es waren gelbe Rosen, so gelb wie Cythereas Haar.

»Mutter!« murmelte Jessa. Ein sanfter Wind erhob sich und strich über ihre Haare. Das Erdfeuer begann im Boden zu versinken. Jessa spürte, wie ihr mit einmal Tränen übers Gesicht rannen. Sie ging unsicheren Schritts zu dem blühenden Busch hin. Die Rosen rührten sich und reckten sich ganz von selbst ihren Händen entgegen, und eine kleine Knospe rieb sich an ihrer Hand.

»Was hat das zu bedeuten?« fragte Gregor erstaunt.

»Ich habe offenbar Vergebung gefunden.«

»Vergebung wofür?«

Jessa gab keine Antwort. Manches läßt sich nicht in Worte fassen. Manches sollte man für sich behalten.

JESSIE D. EAKER

Jessie ist trotz der weiblichen Schreibweise des Vornamens ein Mann. Er war mit einer Geschichte in Mondschwester *– dem Band VI der* Magischen Geschichten *– vertreten und hat zudem in kleineren Magazinen wie* Pandora *und* Beyond *veröffentlicht. Derzeit arbeitet er an einem Roman – aber tut das nicht jeder? (wie ich wohl schon an anderer Stelle gefragt habe . . .). Er hat zwei Töchter und einen Sohn, aber kein Haustier – da er und seine Frau Becki das Gefühl haben, mit ihren Kindern völlig ausgelastet zu sein.*

Amerikanische Vornamen können einen leicht in die Irre führen. So erinnere ich mich noch, daß ich bei einer frühen Anthologie einen »Terry« für eine Frau hielt und sämtliche Autoren einer Darkover-Anthologie fälschlich als weiblich einstufte. Vielleicht ist es auch gut so, daß bei uns die Vornamen nicht geschlechtsspezifisch sind. Die meisten Menschen halten den meinen (»Marion«) für einen männlichen Vornamen oder wollen ihn falsch schreiben, sobald ich sie über den Irrtum aufkläre (als: »Marian«). Dabei hat »Marion« in meiner Familie, vielmehr: in der (schottischen) Familie meiner Mutter, eine lange Tradition; mein Vater und sein ältester Bruder (und dessen ältester Sohn) hießen hingegen »Leslie«. Ich habe vor kurzem entdeckt, daß »Evelyn« (wie meine Mutter heißt) in England ein männlicher Vorname ist; vielleicht kann man bei uns vom Namen nicht aufs Geschlecht schließen (oder soll es nicht können). Was mich an die denkwürdige Filmszene erinnert, die einen jungen Mann beim Probevortrag für die Theaterhochschule zeigt: Er spricht den Part Julias und merkt erst mittendrin, daß Julia die Frau ist . . .

Name ist Schall und Rauch, nicht wahr?

Zu Jessies Story möchte ich nur sagen, daß sie eine interessante und etwas andere Geschichte über die Kriegerin ist, die die Burg hüten muß, während ihre Freundinnen in den Kampf ziehen. Jessie widmet sie seiner Frau, »die zu einer ganz besonderen Klasse von Müttern zählt«. – MZB

JESSIE D. EAKER

Die Kriegerin als Kindsmagd

Freya stand in lockerer Haltung in der Versammlungshalle und sah sich wortlos um; rings um sie nahmen unter aufgeregtem Geflüster die übrigen Gardistinnen der Garnison ihre Plätze ein. Sie hatte keine Ahnung, weshalb sie schon vor dem Morgengrauen geweckt und zusammengeholt worden waren; sie wußte nur, daß irgendein Notfall vorliegen mußte.

Die Fackeln, die an den Wänden loderten und die Halle erhellten, nahmen der frühmorgendlichen Kühle nichts von ihrer Schärfe. Die Feldwebelin hatte beim Wecken so zur Eile gedrängt, daß Freya – wie ihre Gefährtinnen – nur ihren Uniformrock übergezogen hatte und barfuß und ungekämmt erschienen war. Jetzt zitterte sie vor Kälte und wünschte sich unter ihre warmen Felle zurück, die sie eben hatte beiseite werfen müssen.

Das unterdrückte Flüstern erstarb, und alle Frauen nahmen Haltung an, als ihre Kommandeurin in Gefechtsausrüstung und marschbereit durch die vordere Hallentür eintrat und auf ein kleines Podium an der Stirnseite des Saales stieg.

»Gardistinnen!« rief sie, hob dabei die Arme und streckte sie zu der angetretenen Truppe aus. »Die Tempelstadt Percillis hat uns einen dringenden Hilferuf gesandt. Die Meninkiniter belagern die Stadt und wollen das Amulett der Göttinmutter rauben. Wir müssen unseren Schwestern helfen und verhindern, daß die Bestien unsere allerheiligste Stadt entweihen. Macht euch daher sofort zu einem Gewaltmarsch bereit. Nehmt nur leichtes Feldgepäck mit, nur das Allernotwendigste. Wir brechen bei Morgengrauen auf. Geht jetzt und macht euch abmarschbereit!«

Die disziplinierte Garde machte geschlossen kehrt, ohne sich ihre Erregung anmerken zu lassen, und trat mustergültig geordnet ihren Abzug an. Nur Freya rührte sich nicht, sondern starrte, von einem inneren Konflikt zerrissen, unverwandt vor sich hin. Sie dachte an ihre kleine Tochter Neola, die sicher und warm unter den Fellen ihres gemeinsamen Lagers schlummerte. Und sie dachte an ihren Eid als Gardistin und an das Gesetz, dem zu gehorchen sie geschworen hatte.

Nun trat sie aber aus dem Glied und kämpfte sich, ungeachtet des verächtlichen Lächelns der einen und der mitleidigen Blicke der anderen, zum Kopf der Halle durch, wo die Kommandeurin mit ihren Offizierinnen Lagebesprechung abhielt. Sie kniete nieder, beugte den Kopf und wartete darauf, daß ihr zu sprechen erlaubt würde.

Nicht lange, da spürte sie die leichte Hand der Kommandeurin auf der Schulter. Sie sah auf und blickte ihr forschend ins Gesicht. »Kommandeurin, ich bitte...«

Die Ältere Schwester fiel ihr kopfschüttelnd ins Wort. »Ich weiß, was du willst, Freya, kann aber keine Ausnahme machen... Mir ist klar, daß deine Tochter bereits vier Lenze zählt. Aber das Gesetz ist in diesem Punkt eindeutig.«

Freya schloß die Augen und senkte beschämt den Kopf.

»Es tut mir leid, aber vor ihrem fünften Lenz ist dir jeder Kampf untersagt, es sei denn, du müßtest sie verteidigen. Du mußt also hier bleiben und die Burg hüten.«

Freya legte einen neuen Stein in die Schlinge und faßte die Marke an der Innenseite der Burgmauer genau ins Auge. Ganz konzentriert und all ihre Enttäuschung und Wut zum Wurf bündelnd, wirbelte sie die Schleuder über ihrem Kopf herum... Sie ließ sie schneller und schneller kreisen, bis die ledernen Riemen vor Spannung und Tempo zu vibrieren und zu singen begannen. Erst dann ließ sie den Stein sausen, und er schlug krachend gegen die Mauer und hinterließ, wo die Marke gewesen war, ein tiefes Loch. Da nickte sie befriedigt und grub in ihrer Gürteltasche nach einem neuen Stein.

Zwei Tage waren seit dem Aufbruch ihrer Gefährtinnen vergangen. Aber ihre Scham und ihr Zorn lohten noch immer. Daß es vom Alter ihres Kindes abhing, ob eine Frau in den Kampf ziehen durfte oder daheim bleiben mußte, machte sie rasend. Sie hatte vor der Geburt ihrer Tochter bewiesen, daß sie eine große Kämpferin war, und war für ihre Geschicklichkeit und Unerschrockenheit berühmt geworden. Und sie hatte, nachdem sie mit ihrem Kind im Arm in die Garnison gekommen war, ihrem Ruf als außergewöhnliche Kriegerin weiterhin alle Ehre gemacht. Daß man sie jetzt vom Schlachtfeld aussperrte, war die größte Grausamkeit – war, als ob man einem stolzen Adler den Flug durch den Äther verwehrte.

Natürlich wußte sie, daß das Gesetz verhindern sollte, daß Kinder scharenweise zu Waisen wurden. Die Gardistinnen waren todesmutig, und sie gingen, für die Göttinmutter, mit dem Schwert in der Hand unerschrocken in den Tod. Aber ihr Opfermut hatte einen Preis. So hatten die Ältesten in der Frühzeit der Garde sich nach einer Schlacht oft um Scharen von mutterlosen Kleinkindern kümmern müssen. Auf die Dauer hatten darunter die Truppe und die Kinder gelitten.

Die Kommandeurin hatte Freyas Enttäuschung gespürt und versucht, ihr darüber hinwegzuhelfen, indem sie ihr das Kommando über die Garnison übertrug. Aber das hatte sie nur noch mehr erbost. Sie war nun, zusammen mit einer anderen abkommandierten Mutter, für dreizehn Kinder – von sechs bis vierzehn Lenzen – verantwortlich (und dazu noch für eine alte, senile Priesterin). Sie war keine Kriegerin mehr, sondern ein Kindermädchen!

Wieder legte sie einen Stein in die Schlinge und schleuderte ihn gegen die Mauer. Sie hatte endlich einmal mit anderen Waffen üben wollen, da sie es längst überdrüssig war, alle Tage immer mit dem Schwert auf den Übungspfahl einzuhauen. Aber da ihre Kameradinnen bis auf einige Speere, Bogen und Pfeile alles mitgenommen und ihr kaum etwas dagelassen hatten, womit sie sich in ihrer Kunst hätte erproben können, hatte sie sich eben auf die Lieblingswaffe ihrer Kindertage besonnen – die Schleuder. An sich hatte sie vorgehabt, nach ein paar Übungsrunden die Kinder im Umgang mit der simplen, aber tödlichen Waffe zu unterrichten, hatte dann jedoch so großen Spaß daran gefunden, daß sie gar nicht mehr aufhören wollte.

Als Freya eben einen neuen Stein eingelegt hatte und die Schlinge wieder kreisen ließ, sprang jemand sie rücklings so stürmisch an, daß sie das Gleichgewicht verlor. »Ich habe dich«, krächzte der Störenfried, der niemand anderes als ihre Tochter Noela war, und klammerte sich fest an ihr linkes Bein.

So mitten im Schwung erwischt, ließ Freya, um nicht aus Versehen ihr Kind zu treffen, die Schleuder samt Stein fahren und rollte sich im Schnee ab. Als sie sich umwandte und ihrer Tochter einen strafenden Blick zuwarf, gewahrte sie hinter ihr all die übrigen Kinder, die sie stumm angafften. Dessita, die älteste von allen und damit betraut, die kleine Schar beim Spiel zu beaufsichtigen, kaute beschämt auf ihren Fingern herum, als ob sie sie abbeißen wollte. Da sah Freya wieder ihre Tochter an, die sie nur fröhlich anstrahlte.

»Du sollst dich nicht an mich anschleichen, wenn ich übe«, schalt sie das Kind. »Sonst verletze ich dich noch!«

Die Kleine zuckte die Achseln, als ob sie das für ausgeschlossen hielte. »Wir haben Fangen gespielt. Und ich wollte dich fangen!«

Das Lächeln, das sie dabei aufsetzte, war so ansteckend, daß die Kriegerin unwillkürlich mitlächelte. Sie wußte, daß sie strenger hätte sein müssen, aber das sonnige Wesen ihrer Tochter ließ ihr stets das Herz schmelzen. Nun strich sie ihr liebevoll übers Haar und mahnte: »Sei beim nächsten Mal etwas vorsichtiger, ja?!«

»Ja, Mutter«, erwiderte Neola und nickte. Dann sprang sie auf und faßte nach ihrer Hand. »Gib, ich habe dich umgeworfen, also helfe ich dir auch auf.«

Nun zog sie übertrieben stöhnend und ächzend an der Hand ihrer Mutter. Freya ging lächelnd auf Neolas Spiel ein und konstatierte dabei wieder einmal erstaunt, wie unterschiedlich sie doch aussahen. Das Kind hatte Haare so blond, daß sie fast schon silbern waren, und Augen in tiefstem Blau; sie selbst aber hatte schwarzes Haar und braune Augen. Aber die Kleine war stark und ungewöhnlich intelligent und den meisten ihrer Altersgenossen weit voraus. Ja, man konnte stolz auf sie sein!

Eben als ihr diese Gedanken durch den Kopf gingen, bemerkte sie das merkwürdige Halsband, das ihrer Tochter aus dem Hemdkragen baumelte: ein schmutziger, abgenutzter Stoffstreifen mit einem Steinsplitter als Anhänger. »Woher hast du denn dieses Halsband, Neola?« fragte sie stirnrunzelnd.

»Von Amada. Sie hat gesagt, das da ist ein Stück vom Himmel, das abgebrochen und heruntergefallen ist«, erwiderte die Kleine und hielt es ihr hin. »Ist es nicht schön?«

Freya erhob sich ernst und nahm ihre Tochter bei der Hand. »Komm. Amada soll dir nicht solche Geschenke machen. Die alte Priesterin muß doch wissen, daß diese Himmelssteine den Kriegerinnen Unglück bringen.«

Als sie die Schleuder vom Boden aufgelesen hatte, marschierte sie mit Neola schnurstracks zum Quartier zurück – wobei das Kind fast rennen mußte, um Schritt halten zu können. Sie stiegen die steile Außentreppe des zweistöckigen Hauses zu einer kleinen Dachkammer hoch: Das war Amadas Reich... Von hier aus konnte die Priesterin die Vorgänge am nächtlichen Himmel beobachten und aufzeichnen – eine Beschäftigung, die für Freya nur ein weiteres Indiz ihrer Senilität war.

Freya klopfte respektvoll an die Tür der Alten. Es hieß, sie sei einmal ein große Zauberin gewesen, bis dann ihre magischen Kräfte geschwunden und sie senil geworden sei. Als die Tür aufging, sah Freya die alte Priesterin splitternackt, mit nicht mehr als einem Handtuch über den Schultern, an der Schwelle stehen – und stellte erstaunt fest, daß sie, trotz ihres hohen Alters, noch eine recht gute Figur hatte.

»Was willst du?« fragte Amada. »Ich lasse mich nicht gern stören, vor allem beim Waschen nicht!« Als aber ihr Blick auf Neola fiel, leuchteten ihre Augen auf, und sie lächelten einander zu.

»Ich will wissen, warum du Neola einen Himmelsstein gegeben hast«, sagte Freya. »Er bringt Kriegerinnen Unglück!«

Amada musterte sie kurz und versetzte dann: »Das ist wahr. Aber das Kind ist doch wohl noch keine Kriegerin, oder?«

Höchst befremdet von dieser Antwort, erwiderte Freya: »Natürlich ist sie noch keine Kriegerin, aber sie wird einmal eine. Insofern gilt das auch für sie schon.«

Da nahm Amada, ohne ein Wort zu erwidern, die Kleine bei der Hand und führte sie in ihr Kämmerchen, hob sie mit einer für ihr Alter erstaunlichen Leichtigkeit auf einen rohen Holztisch neben ihrem Waschbecken und zog sich ein Gewand aus grobem weißem Tuch über. »Nein«, sprach sie sodann mit sanfter Stimme, »sie ist noch keine Kriegerin, und ich glaube auch nicht, daß sie eine wird. Sie hat das Zeug zu einer großen Zauberin. Spürst du nicht die Kraft, die sie ausstrahlt?«
Nun sah sie Freya forschend ins Gesicht, schüttelte jedoch bald darauf enttäuscht den Kopf. »Nein, du spürst es offenbar nicht. Aber ich sage dir: Das Kind hat schon mehr magische Kräfte als du glaubst.«
»Beweise es«, erwiderte Freya zweifelnd.
Amada nickte nur und hielt ihr die Hand hin. »Gib mir aus deinem Beutel zwei Steine gleicher Größe und Gestalt.«
Freya kramte zwei glatte Kiesel hervor und gab sie der Alten. Die plazierte sie, zwei Spannen voneinander entfernt, auf dem Tisch, legte dann Neola die Hand auf die Schulter und fragte: »Weißt du noch, was wir neulich mit den Steinen gemacht haben? Wie gleich und gleich sich anziehen?«
Das Kind nickte heftig.
»Dann strenge deinen Geist an und mache, daß diese Brudersteine zusammenkommen.«
Die Kleine verzog in offenbar höchster Konzentration ihr Gesicht. Sie sah so komisch aus, daß die Kriegerin unwillkürlich lächelte. Zuerst einmal geschah gar nichts. Freya wollte schon etwas sagen, aber die Alte gebot ihr mit einer Handbewegung zu schweigen. Als die Gardistin erneut auf die Steine blickte, sah sie sie erbeben und langsam aufeinander zugleiten. Plötzlich schoß der eine los und schlug so heftig auf den anderen, daß beide mit einem lauten Knall zersprangen.
»Ausgezeichnet!« rief Amada und umarmte und herzte die zufrieden lächelnde Neola. Freya starrte verblüfft auf... das Werk ihres Kindes. Nein, das war unmöglich. Das mußte die Priesterin getan haben!
Da flog die Tür auf. Dessita stürzte herein. »Schnell! Schnell!

Kommt mit auf den Wachturm«, rief sie atemlos, »Sonita sagt, es sind Truppen im Anzug. Es sind aber keine Gardistinnen.«

Eine leichte Brise spielte mit den losen Haarsträhnen Freyas. Sie starrte stumm auf die näherkommende Heerschar hinab. Die Garnison lag auf der Spitze eines steilen Hügels, strategisch gut plaziert zum Schutz des Tempels der Göttermutter, der sich gleich daneben erhob, und auch zur Kontrolle der Straße unten im Tal. Von ihrem Standpunkt hoch oben im Burgfried konnte die Kriegerin die ganze Straße überblicken. Aber was sie sah, gefiel ihr nicht.

Neben ihr stand Sonita, die andere freigestellte Gardistin; ihr kleiner, noch nicht entwöhnter Sohn strampelte im Schultertuch und zauste ihr Haar. »Das sah mir wie eine Schar von Gesetzlosen aus«, sagte sie. »Aber ich war mir nicht sicher.«

Freya schüttelte den Kopf und wies nach unten. »Nein, du hattest recht. Schau dir diese lange Reihe hinter der Hauptabteilung an. Siehst du, wie tadellos ausgerichtet diese Leute marschieren. Nur Aneinandergekettete können so Linie halten. Und wo Sklaven sind, sind auch Gesetzlose.«

»Aber sie rücken kühn und offen an, als ob sie glaubten, daß sie nichts zu befürchten hätten.«

Die beiden Frauen sahen einander vielsagend an. »Derzeit«, meinte Freya, »haben sie auch nichts zu befürchten.«

Freya spürte ein Kribbeln im Rücken, als sie festen Tritts zu dem Mann hinabschritt, der dort allein ihrer harrte. Er war einer aus der Truppe der Gesetzlosen, die jetzt am Fuß des Hügels ihr Lager aufschlugen, und war den Pfad, der zur Garnison heraufführte, bis auf halbe Höhe heraufgestiegen, hatte dann haltgemacht, den Speer hoch über seinen Kopf erhoben und ihn gleich darauf, zum Zeichen, daß er zu Verhandlungen gekommen sei, mit der Spitze in den Boden gerammt.

Freya hatte den Umstand, daß der Feind beschäftigt war, genutzt, um Sonita loszuschicken, Hilfe zu holen, und die junge Gardistin war an einem Seil die rückwärtige Burgmauer hinabgeklettert und rasch verschwunden. Eine einzelne Frau, die sich außer Sicht der Gesetzlosen hielt und geräuschlos marschierte, hatte sicher eine wenn auch kleine Chance durchzukommen. Ob sie jedoch rechtzeitig mit Verstärkung zurückkommen konnte, war eine ganz andere Frage. Auf der Burgmauer machten die Kinder, die Freya als Gardistinnen verkleidet und mit allem, was an Waffen aufzutreiben gewesen war, ausgerüstet hatte, stolz ihre Runden. Sie sollten eine Besatzung vortäuschen, die es nicht gab – und sahen darin ein großartiges Spiel.

Zehn Schritte vor dem Fremdling blieb Freya stehen. Er trug einen leichten Brustpanzer aus Leder, aber seine Arme und Beine waren bloß. Dafür war er reich geschmückt: mit einer goldenen Kette an jedem Handgelenk und Juwelen in den Zöpfchen des dichten, leicht ergrauten Vollbarts. Und er strömte einen üblen Geruch aus. »Sei mir gegrüßt, Gardistin«, begann er lächelnd. »Ich heiße Jord und handle, wie du schon erraten haben dürftest, mit Fleisch. Nicht mit jeder Art Fleisch, wohlgemerkt, nur mit jungem. Mit Fleisch, das einem nicht einfach unterwegs krepiert, mit Fleisch, das sich leicht schulen läßt. Deshalb bin ich auch hier. Der Nachwuchs von Gardistinnen ist besonders gefragt.«

Freya unterdrückte den Impuls, den Kerl gleich auf der Stelle in Stücke zu hauen, und lachte statt dessen. »Du kannst doch von uns nicht erwarten, daß wir dir unsere Kinder so einfach überlassen. Du mußt schon um sie kämpfen, und nach eurer bescheidenen Anzahl zu urteilen, dürfte das für deine Männer den Tod bedeuten.«

Jord kicherte vor sich hin. »Ich bin kein Narr, Frau. Schließlich habe ich höchstselbst deiner Kommandeurin jenen Hilferuf gesandt. Ich habe die Gardistinnen abziehen gesehen und weiß, daß sie noch nicht zurück sind. Sie sind jetzt zwei Tagesmärsche von hier und können dir keine Hilfe sein.« Er wies zur Burg hoch. »Eine ganz neue Idee, muß ich sagen, so eine Besatzung vorzutäuschen! Wenn ich's nicht besser gewußt hätte, wäre ich bei ihrem Anblick wohl wieder abgezogen... Aber wie du siehst, weiß ich es besser! Wir können euch leicht überrennen.« Damit holte er tief Luft, atmete langsam aus und lächelte. »Deshalb mache ich dir ein

Angebot, in unser beider Interesse... Ich greife beim Morgengrauen an. Jeder, den ich in der Burg vorfinde, ist mein. Da Frauen für mich nicht mehr wert sind als ein flüchtiges Vergnügen, sei es dir und jeder Frau, die sich da drinnen befindet, erlaubt abzuziehen. Aber die Kinder müssen in der Burg bleiben!«

Freya beugte sich über ihre Tochter, die zusammengekuschelt unter den Felldecken schlief. Die ganze Nacht war die Kriegerin auf den Burgmauern ihre Runden gegangen, hatte nach den Feinden Ausschau gehalten und sich den Kopf zerbrochen, um einen Ausweg aus ihrer verzweifelten Lage zu finden. Aber alles Nachdenken und Grübeln war vergeblich gewesen. Das war auch der Grund, weshalb sie sich nun über ihr Kind beugte: um das zu tun, was ihr als einziges zu tun blieb. Die Kleinen durften dem Feind nicht lebend in die Hand fallen.

Ja, sie hatte es schon all die Zeit gewußt, es sich jedoch nicht eingestehen wollen. Nun, da die Sonne den Horizont erhellte und aus dem feindlichen Lager Geräusche regen morgendlichen Treibens zu ihnen drangen, fürchtete sie, es bereits zu lange aufgeschoben zu haben. Wehen Herzens kniete sie neben ihrem gemeinsamen Lager nieder, küßte Neola und strich ihr die schlafverstrubbelten Haare aus der Stirn. Das Morgenlicht war nun schon so hell, daß sie die schönen Gesichtszüge ihrer Tochter deutlich vor Augen hatte. Sie hatte nie gegenüber irgend jemandem ein Wort darüber verloren – aber Neola war das allerschönste Kind der ganzen Schar.

Freya blinzelte ihre Tränen weg und zog den Dolch aus dem Gürtel. Ihre Tochter würde die erste sein, für den Fall, daß sie mit den anderen Kindern nicht rechtzeitig fertig würde... Die Kriegerin sandte ein stummes Stoßgebet zur Göttinmutter empor, küßte Neola zum Abschied und setzte ihr die Klinge an die Kehle. Da schossen ihr Tränen in die Augen, ließen ihr den Blick verschwimmen, und sie wischte sie mit dem Handrücken ab, um wieder klar zu sehen. »Lebe wohl, meine Kleine«, flüsterte sie heiser und spannte die Muskeln zum tödlichen Schnitt. Da riß jemand sie mit harter Hand zurück. Sie rollte sich zur Seite ab, überzeugt, es mit

einem der Gesetzlosen zu tun zu haben … aber es war Amada. »O halte ein, Kriegerin!« rief die alte Priesterin. »Es gibt einen anderen Weg. Wir können sie schlagen!«
Freya schüttelte resigniert den Kopf. »Bist du von Sinnen, Alte? Da draußen stehen mehr als genug Männer, um uns zu vernichten … zehn für jeden, den ich töten könnte!«
Amada blickte der Gardistin fest in die Augen. »Auch wenn du mich vielleicht für alt und senil hältst, weiß ich doch genau, was ich will! Es gibt eine Hoffnung, und deine Tochter ist der Schlüssel dazu!«
Stumm und verunsichert starrte Freya die Alte an.
Amada zuckte mit keiner Wimper. »Wenn du nicht eben ein Vergnügen darin findest, Kinder zu töten, dann weckst du sie jetzt alle und führst sie auf die Burgmauer, dort überm Tor.« Nun eilte sie aus der Kammer, rief ihr aber noch über die Schulter zu: »Und bringe deine Schleuder mit!«

Die Kinder standen verängstigt und frierend auf dem Wehrgang. Die meisten schwiegen wie betäubt, aber ein paar wimmerten leise. Nur die ältesten unter ihnen ahnten, welches Schicksal sie erwartete. Am Fuße des Hügels machten sich die Gesetzlosen mit ihren Seilen und Sturmleitern zum Angriff bereit. Sie gingen dabei gemächlich und offensichtlich unbekümmert zu Werke. Was hätten sie denn auch zu befürchten gehabt?
Amada hieß die Kinder, sich rasch in einem Oval aufzustellen und sich an den Händen zu fassen, und ließ Neola vor die ganze Schar auf die Mauer vortreten, das Gesicht dem Feinde zugewandt. Freya konnte sich dabei des Gedankens nicht erwehren, wie verrückt und sinnlos das alles sei.
»Neola, hast du noch den Himmelsstein?« fragte die Alte.
Das kleine Mädchen nickte.
»Kann ich ihn haben?«
Neola nahm folgsam ihr Halsband ab und reichte es der Priesterin, und die riß mit einem Ruck den Tuchstreifen ab und gab Freya den Steinsplitter. »Schleudere ihn mitten in die Sturmkolonne.«
»Das hat doch keinen Zweck!«

»Tue, wie ich dir sage! Wir haben jetzt keine Zeit, darüber zu streiten...«
Die Kriegerin schätzte die Distanz und schüttelte dann den Kopf. »Ich glaube nicht, daß ich ihn so weit schießen kann. Besser, ich mache erst einmal einen Probewurf.«
Freya griff in den Beutel an ihrem Gurt, holte einen Kiesel etwa derselben Größe heraus, legte ihn ein, zielte und schoß. Aber er ging viel zu kurz. Als sie gewahrte, daß sich der Feind in Marsch setzte und seinen Anstieg begann, nahm sie wieder einen Stein und versuchte es erneut, nun aber in steilerem Winkel... Das Geschoß flog ein gutes Stück weiter, aber längst nicht weit genug.
»Uns bleibt keine Zeit!« schrie Amada. »Du mußt es jetzt tun, ehe sie noch näher heran sind. Aber schieße erst, wenn ich es sage!«
Die Kriegerin legte den Himmelsstein sorgsam in die Schlinge ein, ließ sie über ihrem Kopf kreisen und konzentrierte sich ganz auf ihr Ziel: mobilisierte all ihre Energie und Geschicklichkeit für diesen einen Wurf.
Nun stellte sich Amada inmitten der Kinderschar auf und gab ihre letzten Instruktionen. »Denkt alle ganz fest an den Himmelsstein und unterstützt Neola, so gut ihr könnt«, gebot sie und blickte auf das kleine Mädchen. »Kind, rufe den Himmel an, genau so, wie wir es bei den Steinen gemacht haben. Beschwöre die Himmelssteine dort droben und mache, daß einer herunterkommt, um sich zu seinem Bruder zu gesellen! Jetzt alle... konzentriert euch!«
Da schlossen die Kinder die Augen und taten, wie ihnen geheißen. Neolas Gesicht wurde vor Anstrengung so starr wie eine Maske und verlor alle Farbe.
Die Schleuder kreiste schneller und schneller, wirbelte in einem Tempo, das ihr die Kriegerin nie zuvor hatte verleihen können... und die Lederriemen waren zum Zerreißen gespannt. Die Luft rings um sie knisterte vor Kraft. Den Kindern standen die Haare zu Berge, Irrlichter tanzten zwischen ihnen, und die Burgmauer erbebte und schwankte so sehr, daß die alte Priesterin taumelte und sich nur mit Mühe auf den Beinen zu halten vermochte.
»Jetzt!« schrie sie gellend.
Freya ließ den Himmelsstein steil steigen, und er schoß in hohem

Bogen auf den Feind zu und flog und flog, viel weiter, als sie es sich je hätte träumen können, und schlug schließlich inmitten der Sturmkolonne ein. Am Firmament erschien ein Feuerstreif und wurde im Handumdrehen heller und heller: ein Komet, der näher und näher kam. Ein Stück vom Himmel, ein Himmelsstein.

Er schoß mit atemberaubender Geschwindigkeit auf die Banditen zu, und ihnen blieb nur noch die Zeit, zum Himmel aufzublicken und in nacktem Entsetzen aufzuschreien, als er auch schon in ihrer Mitte auf dem Boden aufschlug und mit einem blendendweißen Lichtblitz und ohrenbetäubendem Krachen explodierte. Freya wurde von einer heißen Druckwelle auf den Boden des Wehrgangs geschleudert. Als sie benommen an der niedrigen Innenmauer lag, ging ein Regen von Steinen und Erde auf sie nieder.

Sekunden später trat Totenstille ein. Freya setzte sich auf und nahm die Kinder in Augenschein. Sie waren mit Schmutz bedeckt, aber unverletzt. Die Priesterin hatte Neola noch rechtzeitig vom Mauerrand zurückgerissen und sie mit ihrem Körper geschützt. Nun saßen die beiden eng umschlungen.

Freya nahm die wimmernde Neola aus Amadas Armen und drückte sie an sich, versammelte die übrigen Kinder um sich und tröstete sie und wischte ihnen die Tränen ab. In diesen wenigen Augenblicken begriff sie auch, wie gut es doch gewesen war, daß sie zu Hause geblieben war. Wäre sie mit den anderen ausgezogen, hätte sie bei der Rückkehr ihre Neola nicht mehr vorgefunden. Es war wohl keine Schande, die Kinder zu hüten, wenn die anderen in die Schlacht gingen.

Seite an Seite stehend, blickten Amada und Freya über die Zinnen zu der Stelle hinab, an der die Sturmkolonne gewesen war. Nur ein tiefer Krater, aus dem schwarzer Rauch aufstieg, war dort noch zu sehen. Freya wandte sich der Priesterin zu und starrte sie voll ungläubigem Entsetzen an.

Die alte Frau lächelte stolzgeschwellt. »Ich habe dir ja gesagt, daß sie die Kraft besitzt. Glaubst du mir jetzt?«

GARY HERRING

Daß ich ständig betone, wie wichtig eine gute Handlung für eine Geschichte ist, bedeutet nicht, daß ich für andere Elemente einer Geschichte unempfänglich wäre; und diese Story weist eine Menge solcher Unterelemente auf; was in unserem Leben zählt, ist mehr als nur das, »was passiert«. Ich glaube fest daran, daß eine Geschichte eine solide Handlung braucht – aber auch anderes: realistische Charaktere, moralische Konflikte und ethische Prinzipien (natürlich ohne jede Art von Predigt).

Weshalb ich dann immer wieder auf einer guten Handlung beharre? Weil die Leute die Geschichten, in denen »nichts passiert«, vermutlich beiseite legen, ehe sie die Botschaft begriffen haben, die Sie als Autor ihnen vermitteln wollen.

Versuchen Sie einmal zum Spaß, die folgende Geschichte – und auch die anderen dieses Bandes – im Hinblick darauf zu lesen, worauf der jeweilige Autor hinauswill und wieso er sich eigentlich die Mühe gemacht hat, diese Story über diese ganz bestimmten Personen zu schreiben. Und dann überlegen Sie sich, ob man aus Ihren eigenen Texten erschließen kann, worauf Sie hinauswollen. Eine Geschichte ohne eine Moral ist nicht schreibenswert; und eine ohne Plot ist nicht lesenswert. Und wenn die Leute Ihre Absicht schon vor dem Ende Ihrer Story mitbekommen, sollten Sie vielleicht Volksredner werden.

Gary Herring ist achtundzwanzig Jahre alt und wohnt in Alabama. – MZB

GARY HERRING

Der Falkinnenberg

Sharik schluckte nervös, als sie zum Falkinnenberg emporstarrte. Er war in der nur vom Mond und zwei Laternen erhellten Nacht bloß eine riesige, dunkle Masse, die steil gegen den Sommersternhimmel aufragte. Auf dem Gipfel stand der zerfallene Tempel der Heilerin ... aus dem sich, wenn man dem alten Afri Glauben schenken wollte, in manchen Nächten Geister erhoben, um gegeneinander zu kämpfen. Ein verfluchter Ort, pflegte der alte Geschichtenerzähler einem zu sagen, da kommt auf jeden Baum ein Geist!

»Auf dem Falkinnenberg gibt es keine Geister«, flüsterte Sharik zu sich. Diese Beteuerung war ihr leicht von den Lippen gekommen, als sie bei hellstem Sonnenschein im Hof der elterlichen Schenke gestanden hatte. Nun, da sie am Fuß des Berges angelangt war und trockenen Munds auf den gepflasterten Weg starrte, der zum Tempel führte, und die Eulen in den Bäumen ringsum rufen hörte, war die schlaksige Zwölfjährige dessen weit weniger gewiß.

Natürlich ließ sie das die anderen Kinder, die ihrer hier geharrt hatten, nicht merken. Vor allem Gedr nicht, Lord Kivans einzigen Sohn, und auch den Großen Finn nicht, der eine der zwei Laternen hielt und wie immer zur Rechten Gedrs stand. Nein, Sharik tat so, als ob das ganze Gerede über Geister sie anöde.

Gedr sah an ihr vorbei und grinste. »Hast du deinen Leibwächter mitgebracht?« fragte er spöttisch.

Sharik blickte über ihre Schulter zurück auf ihren zehnjährigen Bruder Solvi, der so ängstlich den Weg hinaufstarrte, als ob er fürchtete, daß dort jederzeit ein Heer von Geistern und Trollen herabkommen könnte, um sich auf sie zu stürzen ... Ein nervöses Gelächter machte die Runde, und Sharik spürte, daß ihr Gesicht glühendheiß wurde. »Däumling trägt mir die Laterne«, zischte sie wütend.

Gedr überhörte das. »Du bleibst also da oben, Däumling, um deine Schwester zu beschützen?« zog er Solvi auf. »Wenn die Geister sie erst gefressen haben, verspeisen sie dich zum Nachtisch.«
Solvi sah Gedr mit weit aufgerissenen Augen an. Da biß Sharik die Zähne zusammen, daß es knirschte. Däumling wurde immer so, wenn Gedr ihn hänselte – steif wie ein Brett und stumm wie ein Stein, und das auch dann, wenn das Hänseln in Kneifen und Schlagen überging. Sie war daher so überrascht wie die anderen, als Solvi plötzlich mit lauter, klarer Stimme zu singen begann:

Lord Osric war ein mächtiger Mann,
Mit Haaren auf der Brust.
Gegen einen Schinken im Speisesaal
Hat er sich am besten zu schlagen gewußt.

Sharik griente, ein paar andere kicherten. Einen Jungen, der hell lachte, brachte Finn wütend zum Schweigen. Dieser Vers verfolgte Gedrs Sippe seit jenen Tagen, da Lord Osric, Gedrs Großvater, es zugelassen hatte, daß der Tempel der Heilerin geplündert und in Brand gesteckt wurde. Der alte Afri brachte das Spottlied allen Kindern von Rivermouth bei.
Gedr lief rot an und ging auf Däumling los. Nun warf sich Sharik rasch zwischen die beiden. Gedr zog zwar eine böse Miene, gab aber klein bei, da er sich nur zu gut daran erinnerte, daß sie ihm bei seinen letzten Handgreiflichkeiten gegen ihren kleinen Bruder ein blaues Auge verpaßt hatte.
Er nahm etwas aus seinem Gürtelbeutel und hielt es ins Licht hoch – ein Zehntalerstück, dessen Silberschimmer die Kinder vor Staunen aufkeuchen ließ.
»Ich wette, wir finden dich morgen früh in dein Bett verkrochen«, sagte Gedr kalt. »Und darauf setze ich diese Münze gegen deinen Dolch!«
Sharik faßte nach dem Messer, das in ihrem Gürtel stak. Ihr Vater hatte es einem Hausierer abgekauft, der just an ihrem Geburtstag in der Schenke aufgetaucht war. Sie hatte, nachdem sie die kleine Klinge in seinem Packen gesehen hatte, den ganzen lieben Tag

lang darum gebettelt. Wenn ihr Vater je erführe, daß sie es bei einer Wette verloren hatte, würde er ihr wohl ganz schrecklich das Fell gerben.

Aber zehn Taler waren soviel Geld, wie die Eltern in einer Woche in der Schenke einnahmen, und sie wäre lieber tot umgefallen, als jetzt, vor aller Augen, vor Gedr zu kneifen. »Die Wette gilt«, sagte sie und ärgerte sich, daß ihre Stimme bebte.

»Gehen wir also«, versetzte er und übernahm dann, wie üblich, die Führung. Finn und Solvi beleuchteten mit hoch erhobenen Laternen den Pfad, auf dem die kleine Schar dicht gedrängt hügelan stieg. Es war kein leichtes Vorwärtskommen, mit nur zwei Lichtern. Denn der Weg war teilweise von Unkraut überwuchert und ausgewaschen, das Pflaster weggespült. Als Solvi auf halber Höhe seine Laterne plötzlich auf die nahen Bäume richtete, stolperte Sharik und fiel mit einem Fluch, mit dem ansonsten ihr Vater randalierende Gäste bedachte, der Länge nach auf den Boden.

»Verdammt, Däumling«, zischte sie und tastete ihr aufgeschlagenes Knie ab, »wenn du schon die Laterne hältst, dann so, daß sie den Weg beleuchtet.«

»Ich hatte wwwas laufen gehört«, flüsterte ihr Bruder, »das war vvviel ... llleicht ein Falkinnengeist.«

Sharik sprang hoch, stellte sich neben ihn und starrte, die Hand am Dolchgriff, in den Hain am Hang. Solvi ließ den Strahl der Laterne hin und her huschen. Aber außer einigen Bäumen und ihren grotesk tanzenden Schatten war nichts auszumachen.

»Das muß ein Kaninchen gewesen sein«, hauchte Sharik schließlich. »Wir sind noch nicht oben.« Sie wischte ihre schweißnassen Hände an ihrer Hemdbluse ab und fügte laut hinzu: »Außerdem, es gibt auf dem Falkinnenberg überhaupt keine Geister.«

»Der alte Afri hat aber gesagt, daß er dort oben den Geist einer Falkin gesehen hat, einen in voller Rüstung und mit einem großen Schwert. Und ich habe gehört, daß dort einmal ein Landstreicher nächtigen wollte, weil man ihn im Tempel in der Stadt abgewiesen hat, und den haben die Geister gefressen.«

»Wo hast du denn das aufgeschnappt?«

»Finn hat es mir heute erzählt.«

Sharik schnaubte verächtlich und stieg so zügig bergan, daß Solvi sich sputen mußte, um mithalten zu können. »Dieser alte Afri, der sieht doch die Hand nicht mehr vor den Augen«, belehrte sie ihn, »und Finn wollte dir bloß Angst einjagen. Du weißt doch, daß er nur Gedrs Echo ist! Im Tempel weist man keinen ab, der ein Obdach sucht. Gedr sagt, er habe vergangene Nacht dort oben geschlafen, und wenn der das kann, kann das jeder.«
»Aber er hat auch Geister gesehen. Das weißt du doch.«
Sharik erinnerte sich gut. Gedr hatte ja inzwischen schon dreimal erzählt, wie er da droben die Nacht verbracht und die Geister der Falkinnen und der Piraten gegeneinander kämpfen gesehen habe. Und bei jedem Mal waren die Gespenster noch scheußlicher geworden – und er selber noch kühner! »Er hat doch nur angegeben, Däumling. So wie immer.«
Solvi stapfte eine Weile schweigend neben ihr her und flüsterte dann: »Du brauchst nicht allein da oben zu bleiben. Ich kann ja zurückkehren, sobald die anderen fort sind. Und wenn sie morgen früh kommen, verstecke ich mich, und du sagst einfach, daß du allein warst.«
Sharik schnaubte von neuem. »Sicher, Däumling!«
»Ich habe keine Angst.«
Warum zitterst du dann so? war Sharaik drauf und dran zu sagen. Aber da fiel ihr ein, wie er sich gegen Gedr gewehrt hatte. Das hatte er noch nie zuvor getan, nicht einmal, wenn sie in seiner Nähe gewesen war, und vorhin hätte er außer Gedr auch Finn gegen sich gehabt, wenn es zu einer Schlägerei gekommen wäre...
»Das weiß ich, Däumling«, erwiderte sie also, »aber du weißt ja, was Mutter gesagt hat! Wenn sie dich beim Mogeln erwischt...«
»Es geht um Leben und Tod«, schloß Solvi mißmutig.
»Ich komme schon klar«, versetzte Sharik und fügte nach einer Weile hinzu: »Auf dem Falkinnenberg gibt es keine Geister.«

Von dem Tor zum Tempelhof war nur das Mauerwerk geblieben. Sharik erschauerte etwas, als sie oben am Torbogen das Relief der

Göttin als Heilerin sah, der diese Stätte einst geweiht gewesen war. Die Gobelins im Tempel unten in der Stadt zeigten eine mild lächelnde Heilerin. Auf diesem verwitterten Steinbild jedoch schien sie so hungrig zu grinsen wie ein Geist... der sich ein kleines Mädchen zum Fraß erhofft.
Das liegt an dem Licht, beruhigte sie sich, ließ sich von ihrem Bruder die Laterne geben und trat mit einem »Dann bis morgen!« an Gedr vorbei in den Tempelhof ein.
»Wir sehen erst mal unter dein Bett!« rief der Große Finn, Gedrs Echo, ihr nach und folgte den anderen mit schallendem Lachen den Berg hinunter. Sharik wartete, bis seine Laterne außer Sicht war, und hob dann die ihre, um sich besser umsehen zu können.
Der seit Jahren verwaiste Hof war ebenso mit Bäumen bestanden wie der Hang unter den Mauern; nur daß die Bäume hier noch nicht so groß waren. Sharik mußte daran denken, daß der alte Afri immer von dem schönen Garten sprach, den die Heilenden Schwestern hier angelegt und gepflegt hatten, und versuchte sich auszumalen, wie der Ort in seinen Kindertagen, bevor die Piraten aus dem Norden gekommen waren, ausgesehen haben mochte, gab es aber schließlich mit einem Kopfschütteln auf... Sie konnte sich nicht vorstellen, daß hier, wo jetzt Wildwuchs und Zerfall herrschten, je Schönheit und Ordnung gewesen sein könnten.
In Rivermouth kannte jeder die Geschichte des Falkinnenbergs. Die erste Priesterin, Alwilde mit Namen, hatte die Gründung der Stadt miterlebt und bei ihrem Tod einen geschnitzten Stab hinterlassen, der zum Zauberheilen taugte. Aus der ganzen Provinz, dem ganzen Küstenstrich waren die Kranken und Gläubigen herbeigeströmt – die einen, um Heilung zu finden... die anderen, um mit eigenen Augen das wundersame Wirken der Reliquie zu sehen, und bald war auf dem Berggipfel eine Schwadron Falkinnen zum Schutz des Heiligtums und des kostbaren Stabes stationiert worden.
Die Falkinnen waren Ordensritterinnen, die den Eid auf die Große Kriegerin geschworen und sich nach dem Vogel benannt hatten, der ihr heilig war. Sie schützten Tempel und bekämpften Banditen und dergleichen. Sharik hatte einmal eine Abteilung von ihnen an

der Stadt vorbeireiten gesehen. Dreißig, vierzig Frauen, das Schwert an der Seite und den Schild mit der roten Falkin, die die Flügel spreizt, auf dem Rücken. Leider waren sie vorbeigetrabt, ohne ihr Tempo zu mäßigen. Aber nach Rivermouth kamen eben keine Falkinnen mehr.
Sharik ging durch das hüfthohe Gras auf den gedrungenen Steinbau zu, der in der Mitte des Hofes lag. Dieser Tempel war das einzige Gebäude, das noch stand. Die anderen, das Hospiz, die Kaserne und die Speicher, waren aus Holz gewesen und so ein Raub der Flammen geworden. Der Feuerschein auf dem Berg und das Alarmläuten an der Küste waren für die Leute von Rivermouth die ersten Hinweise auf die schrecklichen Vorgänge in jener schon lange zurückliegenden Nacht gewesen.
Lord Osric hatte aber keine Truppen zum Tempel geschickt, sondern umgehend Vorbereitungen zur Verteidigung der Stadt getroffen, an die Bürger Waffen und Rüstungen verteilt und auch einen Boten mit einem Hilfegesuch flußauf nach Adienne gesandt. Die Piraten waren vor dem Morgengrauen vor Rivermouth gelandet und hatten, weil sie die Stadt nicht mehr im Handstreich nehmen konnten, versucht, sie im Sturm zu erobern, waren aber zurückgeschlagen worden. Als tags darauf die Soldaten aus Adienne eintrafen, hatten die Nordmänner die Belagerung schleunigst abgebrochen und waren auf ihre Schiffe zurückgekehrt. Erst als ihre Segel hinterm Horizont verschwanden, hatte Lord Osric sich mit seinen Männern und mit einer Schwadron Falkinnen, die zum Entsatz der Stadt herbeigeilt war, zum Tempel aufgemacht.
Nun sah Sharik, daß die Türflügel des Tempeltors, wie schon die des Hoftors, fehlten. Der Innenraum war wie der des Stadttempels, nur größer: eine einzige runde Halle mit mehreren hohen, schmalen Fenstern und einer Öffnung in der Mitte der Decke, durch die bei nächtlichen Zeremonien das Mondlicht auf den Altar fallen sollte. Aber der Altar war verschwunden und der Boden mit welken Blättern und Zweigen bedeckt, die der Wind durch den weit offenen Eingang hereingeweht hatte ... Hier hatten die Verteidiger des Heiligtums bis zuletzt noch Widerstand geleistet. Dem Lord und den Falkinnen von Adienne war diese Halle wie ein

Schlachthaus vorgekommen. Sie hatten die Toten mit allen Riten zur Bannung der Geister beerdigt und dann in den rauchenden Ruinen Alwildes Stab gesucht. Da sich aber keine Spur von der Reliquie fand, war es zu einem scharfen Wortwechsel zwischen dem Herrn von Rivermouth und der Anführerin der Falkinnen gekommen.

Die Ordenskriegerinnen waren tags darauf abgerückt, und seither hatte keine mehr einen Fuß in die Stadt gesetzt. Die Kinder, und manchmal sogar seine Leute, hatten von da an hinter Lord Osrics Rücken Spottlieder auf ihn gesungen. Er hatte auf seinem eigenen Grund und Boden einen schönen neuen Tempel errichten lassen. Aber eine neue Priesterin war erst gekommen, als er schon fünf Jahre unter der Erde lag. Den Falkinnenberg aber hatte man, da Alwildes Stab verschwunden war, den Toten überlassen.

Sharik sah sich gründlich in der Halle um, einfach um sicher zu sein, daß es da keine Ratten oder Schlangen gab. Beruhigt setzte sie sich dann auf den kalten Steinboden und lehnte sich mit dem Rücken an die Wand. Während sie auf die leeren Fensterhöhlen und das Unkraut starrte, das durch die Ritzen zwischen den Fliesen gewuchert war, überlegte sie hin und her, ob sie ihre Laterne nun löschen sollte oder nicht. Die Vorstellung, im Dunkeln sitzen zu müssen, behagte ihr überhaupt nicht; aber weil das Lampenöl bald aufgebraucht wäre und sie vielleicht später noch Licht bräuchte, faßte sie sich ein Herz und blies die Flamme aus. Da schloß sich die Dunkelheit wie eine schwarze Faust um sie.

Nun wünschte Sharik sich, daß sie ein bißchen Brot und auch eine aus dem Keller ihrer Schenke stibitzte Flasche Wein mitgebracht hätte, um beides da niederzulegen, wo der Altar gestanden hatte. Ob die Göttin Opfergaben, die man ihr in einem zerstörten Tempel darbrachte, gnädig annähme oder eher verschmähte? Hatte sich die Herrin durch die Riten für die Erschlagenen besänftigen lassen? Oder sie zur Strafe für die Schändung des Tempels als Gespenster umgehen lassen? Auf dem Falkinnenberg gibt es keine Geister..., erinnerte sich Sharik selbst, machte sich aber dennoch auf eine lange und schlaflose Nacht gefaßt.

Sharik schrak aus dem Schlaf hoch, sah sich noch benommen in der düsteren alten Tempelhalle um und dachte dabei: O Herr, o Herrin... bin ich hier wirklich eingenickt? Dann fragte sie sich erstaunt: Aber was hat mich eigentlich geweckt?

Da, was war das? Ein merkwürdiges Geräusch, wie ein Hämmern, das von irgendwo dort draußen kam. Sharik horchte angestrengt. Da war es wieder. Und wieder! Waren das etwa Stimmen?

Alle Geschichten von Geistern und arglosen nächtlichen Reisenden, die Sharik je gehört hatte, kamen ihr jäh wieder in den Sinn. Sie schöpfte tief Luft und versuchte, das plötzliche Grauen, das ihr so seltsam flau im Magen werden ließ, zu unterdrücken. Ihre Augen hatten sich inzwischen an die Dunkelheit gewöhnt. Daher ließ sie die Laterne, wo sie war, und kroch vorsichtig zum Eingang.

Das unheimliche Geräusch war verstummt. Dafür sah sie nun draußen ein Licht durchs Gras geistern. Eine Laterne! Herrin, hatten etwa ihre Eltern ihre Abwesenheit bemerkt und waren nun gekommen, sie zu suchen? Hatte Solvi sich bei der Heimkehr schnappen lassen und aus Angst alles ausgeplaudert? Oh, sie würde sich auf keinen Fall wieder setzen, und wenn sie sie nach Hause schleiften, würde sie die Wette verlieren und Gedr ihren Dolch geben müssen. Aber wenn das wirklich ihre Eltern waren, warum riefen sie dann nicht nach ihr?

Plötzlich mußte Sharik lächeln. Das war Gedr! Zehn Taler waren selbst für Lord Kivans Sohn viel Geld. Also war er mit Finn und ein paar von den anderen Jungen zurückgekommen, um ihr so einen Schrecken einzujagen, daß sie das Hasenpanier ergriff.

Sie schlüpfte zur Tür hinaus, hob einen handlichen Stein auf und huschte durch den verwilderten Garten auf das zuckende Licht zu. Laß mich nur auf Wurfweite herankommen, Gedr, dachte sie hämisch, dann werden wir ja sehen, wer von uns beiden die Beine unter die Arme nimmt... Aber statt der erwarteten, in Bettücher gehüllten Jungen fand sie eine Laterne, die neben einem Spaten und einer Hacke stand und mit ihrem Schein einen Haufen von Steinplatten oder Fliesen und die Öffnung eines aus Ziegeln gefügten und mit Trittstufen versehenen Schachts von etwa einem Meter Durchmesser erhellte.

Sharik ließ den nutzlos gewordenen Stein fallen, nahm die Laterne und leuchtete so tief in den Schacht, wie es ging. Aber bis zum Grund reichte der Strahl doch nicht. Wahrscheinlich hat hier eine der Holzbauten des Heiligtums gestanden, dachte sie, und die Fliesen gehören zu dem längst mit Schmutz und Unkraut bedeckten Fußboden. Dieser Schacht könnte ein Brunnen oder ein Abtritt gewesen sein. Aber wozu dann die Stufen und Griffe in der Wand? Weshalb war er verschlossen gewesen? Und, o Herr, o Herrin, wer mochte da mitten in der Nacht auf den Falkinnenberg gestiegen sein, um den Schacht freizulegen, zu öffnen? Aber Sharik legte keinen Wert darauf, das zu wissen. Besser, ich gehe in den Tempel zurück, überlegte sie, und verstecke mich da bis zum Morgengrauen. Also stellte sie die Laterne auf den Schachtrand und drehte sich um...

Und sah sich mit einmal einem Riesen mit Vollbart und gelblichem Gesicht gegenüber, der sie mit leeren Augenhöhlen anstarrte, die Zähne zu einem Totenschädelgrinsen bleckte und seltsam vor sich hin jammerte.

Sharik öffnete den Mund, und sie wollte schreien, aber die Kehle war ihr so zugeschnürt, daß sie keinen einzigen Laut herausbrachte. Entsetzt wich sie einen Schritt zurück. Ihr Fuß trat ins Leere, und sie taumelte, wild mit den Armen um sich schlagend, schon rücklings in den Schacht. Aber jetzt packte der Geist sie an der Hemdbrust und riß sie mit einem Ruck auf festen Boden zurück. Dann ließ er ein Bündel fallen, das er unterm Arm trug, holte mit der freien Hand aus und schlug das Mädchen mitten ins Gesicht.

Shariks allerletzter Gedanke war, daß der Geist wie ein hungriger Säugling schreie.

»Das ist es! Dieses Zeichen ist der Beweis!«

Die mit polternder Stimme gesprochenen Worte waren das erste, was Sharik hörte, als sie wieder zu sich kam. Der Kiefer tat ihr weh, und im Mund hatte sie den süßlichen Geschmack des Blutes, das aus ihrer geplatzten Lippe sickerte. Als sie sich an den schmerzenden Schädel fassen wollte, merkte sie, daß ihre Hände auf den

Rücken gefesselt waren. Auch ihre Füße waren in Banden. Als sie behutsam die Augen öffnete und an sich herabsah, stellte sie fest, daß ihr Dolch verschwunden war. Ein Blick rundum zeigte ihr, daß sie sich in einer kleinen, trockenen Kammer befand, die ebenso aus Ziegeln gemauert war wie der Schacht und von zwei an Mauerhaken hängenden Laternen beleuchtet wurde. Ein kreisrundes Loch in einer Ecke der Decke war ihr ein Indiz dafür, daß der Raum am Grund des Schachts lag. In der Mitte des Fußbodens sah sie zwei große Tornister und ein in eine Pferdedecke gehülltes, längliches Etwas liegen. Vor der schachtfernsten Wand standen, mit dem Rücken zu Sharik, zwei Männer.

»Die haben ein gutes Versteck gewählt, die schlauen Hexen«, sagte einer der beiden – mit der tiefen Stimme, die sie schon vernommen hatte. Er trug einen Bärenfellumhang und war ein Riese von einem Mann – so groß, daß sein Kopf die Decke berührte. Als er sich nun umdrehte, sah sie, daß sein Bart und seine zu Zöpfen geflochtenen Haare schlohweiß schimmerten und sein Antlitz vom Alter gefurcht war. Es war das Gesicht ihres Geistes! Sein unheimliches Aussehen war dem Laternenlicht geschuldet gewesen...

»Bjan meinte, sie hätten ihn mit Zauber verborgen«, fuhr er fort, »aber da wir ja keinen Zauberer dabei hatten, hat uns das leider auch nichts genutzt. Kannst du es öffnen, Jeral?«

Sein deutlich kleinerer Gefährte hatte dunkles Haar und ein glatt rasiertes, sehr bleiches Gesicht. Wenn er ihr in der elterlichen Schenke begegnet wäre, hätte sie ihn vermutlich für einen Händler gehalten. »Ja, das vermag ich, Ugi«, erwiderte er, jedes einzelne Wort betonend. »Sie hatten keine Zeit für Kunststücke, als du und deine Kumpane ans Tor schlugen, und der Stab war eigentlich nicht für derlei Dinge bestimmt. Die Hüterin wird kein Problem sein.«

Der Mann namens Ugi lächelte. Aber dann schwand sein Lächeln, und Sharik sah ihn näherkommen. Hatte er bemerkt, daß sie sich bewegt hatte? Da erstarrte sie und kniff die Augen zu schmalen Schlitzen zusammen. Aber er kam nicht zu ihr, sondern blieb vor dem auf dem Boden liegenden Bündel stehen und stieß nun mit der Stiefelspitze dagegen.

»Gibt es keine andere Methode?« fragte er.
»Ich kenne keine andere«, sagte der Mann namens Jeral und trat zu ihm. »Es gibt sie sicher, und vielleicht könnte ich sie erlernen, aber das bräuchte seine Zeit, und vielleicht würden dann auch die falschen Leute es erfahren.« Dabei nickte er und sah – was Sharik nicht entging – zu ihr hinüber.
Ugi folgte seinem Blick und versetzte: »Dann bediene dich ihrer. Sie scheint jung genug, und daher wird auch niemand es erfahren.«
»Wir können uns bei ihr nicht sicher sein, nicht bei ihrem Alter. Diese Landgören entledigen sich ihrer doch baldmöglichst, und die Vorschriften für den Zauber sind ja eindeutig. Warum sollten wir noch ein Risiko eingehen, wo wir schon haben, was wir brauchen?« antwortete Jeral und sah den Riesen spöttisch an. »Ist das Alter so... wichtig für dich? Ich hätte dich nicht für so zartbesaitet gehalten! Aber vielleicht bist du gar nicht mehr so wild auf die Belohnung!« schloß er und lachte.
Der alte Mann verzog keine Miene, legte jedoch die Hand auf den Griff des großen Dolches, der in seinem Gürtel stak. Da erstarb Jerals spöttisches Lächeln.
»Ich suche diesen verdammten Stab schon beinahe mein ganzes Leben lang«, sagte Ugi leise und wies mit dem Kopf auf Sharik. »Ich war kaum älter als die, als ich ihn zum letzten Mal sah, damals, als Bjans Schar die Stätte rings um ihre Verteidiger abbrannte. Und seither suche ich ihn fast unablässig.« Er schüttelte sich, und seine Stimme wurde wieder zum tiefen Grollen. »Mache dich bereit. Wir tun es, wie du es willst.«
»Und das Mädchen?« fragte Jeral.
»Wenn es dir mißlingt, müssen wir sie zum Schweigen bringen. Wenn nicht, brauchen wir uns um sie nicht zu kümmern... Dann haben wir nie mehr etwas zu befürchten.«
Jeral nickte und kramte in einem der Tornister und entnahm daraus etliche Fläschchen und Täschchen, die er vor die rückwärtige Wand legte. Darauf zündete er neun dicke Kerzen an und stellte sie im Kreis auf den Boden, und in deren Licht erkannte Sharik auch, was da auf die Wand vor ihr mit roter Farbe gemalt war...

Eine riesige Falkin mit gespreizten Schwingen!
Nun öffnete Jeral unter halblautem Gemurmel einen der Lederbeutel und streute daraus weißes Pulver in einer dünnen Linie längs der Wand, stellte auch ein Kohlebecken mitten in den Kerzenkreis und entzündete darin ein Feuer. Dann begann er mit lauter Stimme in einer für Sharik unbekannten Sprache zu singen, kauerte sich vor das Kohlebecken und schüttete eine Handvoll getrockneter Blätter und den gesamten Inhalt einer kleinen Glasflasche in die Glut.
Eine dunkle Rauchwolke wallte daraus auf, kroch aber, anstatt zur Decke aufzusteigen, über den Boden zur Wand mit dem Ebenbild der Falkin und breitete sich langsam darüber aus. Da klatschte Jeral in die Hände und sang lauter und lauter.
Ein Krachen wie von einem Felssturz, so ohrenbetäubend laut, als ob das Innerste des Berges berste, erfüllte den Raum. Sharik biß die Zähne aufeinander, um nicht entsetzt aufzuschreien, und Ugi musterte sichtlich nervös das Ziegelmauerwerk der kleinen Kammer. Dann erstarb das Getöse genauso abrupt, wie es eingesetzt hatte, und in der Wand gähnte da, wo das Falkinnenbild gewesen war, ein riesige Türöffnung.
Der Magier seufzte erschöpft und erhob sich, spähte in das Dunkel jenseits der Maueröffnung und sprach: »Bring die Kleine und eine Laterne.«
Sharik pochte das Herz wild gegen die Rippen. Aber Ugi kam nicht zu ihr. Er hob das Bündel auf, wickelte es aus der Decke und ließ die dann achtlos fallen. Sharik riß vor Überraschung und Schreck die Augen auf und holte tief Luft.
Für einen Moment glaubte sie, das kleine Kind, das Ugi in seinen riesigen Pranken hielt, sei tot, gewahrte aber dann, daß es sich bewegte. Es schlief, hatte vermutlich ein Schlafmittel bekommen. Dann waren das seine Schreie gewesen, die sie gehört hatte, als Ugi sie überwältigt hatte! O Herr, o Herrin, wo hatten sie das Kind nur her?
Ugi nahm eine Laterne von der Wand und trat zu dem Zauberer, der schon vor der Wandöffnung wartete, legte das Kind auf den Boden, hob dann sein Licht und spähte ins Dunkel.

»Bei Ult, da ist sie«, rief er plötzlich aus, »die Kommandeurin!« Sharik reckte den Hals, um das, worauf der Hüne jetzt wies, sehen zu können; aber sie war zu weit weg, um etwas zu erkennen.

»Schau doch! Bjan hat ja immer geschworen, er hätte ihr mit einem Keulenhieb den Arm gebrochen«, fuhr Ugi fort und trat noch einen Schritt vor. »Ich sehe nicht...«

Jeral faßte ihn am Arm und zischte: »Vorsichtig, du Narr!«

Aus dem Dunkel erscholl ein Donnern gleich dem Flügelschlag eines riesigen Vogels. Ugi taumelte bleichen Gesichts zurück, und seine Hand, die die Laterne trug, zitterte wie Espenlaub. »Das ist Ults Donner«, flüsterte er, mit weit aufgerissenen Augen in das tiefe Dunkel starrend.

»Was hat sie... hast du es gesehen?«

»Ja, ich habe es gesehen. Sie bewacht noch immer den Stab«, sagte Jeral und kniete nieder, um seine Gerätschaften zu richten. »Wir können nicht an ihr vorbei... aber das ist auch nicht nötig. Ich kann den Stab zu uns herzaubern.«

Sharik hörte wieder mächtige Schwingen schlagen und vermeinte, am Saum des Dunkels eine Bewegung wahrzunehmen. Ugi wich noch einen Schritt zurück und fragte besorgt: »Bist du auch sicher, daß sie uns nicht ans Leder kann?«

Da lachte der Magier trocken. »Diese Falkin brauchst du nicht zu fürchten, denn sie ist ja wie im Käfig gefangen. Sie vermag nicht über das Salz zu kommen... und selbst wenn, könnte sie uns nicht viel anhaben. Man hat sie mit dem Stab an den Ort gebannt. Schon ein paar Schritte von ihrem Kadaver hat sie nicht mehr Substanz als eine Rauchwolke.«

Sharik erinnerte sich, daß es in etlichen Geschichten des alten Afri geheißen hatte, mit Salz könne man Geister und dergleichen daran hindern, eine Schwelle zu überschreiten. Sie ließ die zwei Männer nun nicht aus den Augen. Jeral widmete sich wieder seinen Vorbereitungen. Ugi starrte gebannt ins Dunkel. Keiner der beiden achtete ihrer auch nur im geringsten. Da hockte sie die Beine an und versuchte, die gefesselten Hände unter dem Hintern durch nach vorn zu bringen. Die Schulter schmerzte ihr dabei, und die Fessel schnitt ihr tief in die Handgelenke, als ob sie sie durchtrennen wollte; aber mit viel Mühe und Geschick schaffte sie es endlich und wand sich dann, mit vorgestreckten Händen, auf die Tornister zu.

Jeral legte derweil das Kind knapp neben das Kohlebecken und warf etwas hinein, das die Flammen im Nu blutrot färbte, richtete sich auf und zog einen Dolch aus dem Gürtel. Die schmale Klinge glühte im zuckenden Schein des Feuers wie frisch aus der Esse.

»Ich bin bereit«, hörte Sharik ihn sagen. »Unterbrich mich auf gar keinen Fall, wenn ich das Lied singe.«

Wieder erklang hektisches Flügelschlagen. Ugi verzog sein Gesicht zu einem bösen Grinsen.

»Nach all der Zeit, nach aller Mühe ... ist sie nun erledigt, und sie weiß es auch!« höhnte er und brüllte dann triumphierend: »Du bist erledigt, du Miststück!«

»Schweig!« fuhr Jeral ihn an, wartete, bis das Geschrei des Alten verklungen war, und setzte dann seinen Gesang fort.

Sharik fand in einem der Tornister ihren kleinen Dolch und begann nun, damit an ihren Handfesseln herumzusägen. Es war ein mühsames Unterfangen, aber schließlich gab das Seil doch nach. Da rieb sie sich die wundgescheuerten Handgelenke, um wieder etwas Gefühl in die Hände zu bekommen, und machte sich gleich über die Fußfesseln her. Das Donnern der Vogelschwingen war jetzt fast unablässig zu vernehmen.

Als auch ihre Fußfesseln gefallen waren, erhob Sharik sich in die Hocke. Die Männer hatten sie offenbar vergessen. Ich könnte mich mit Leichtigkeit davonstehlen, dachte sie, und, wenn ich erst aus dem Schacht bin, nach Hause laufen und den Eltern alles erzählen. Lord Kivan wird schon seine Leute herschicken, damit sie sich der beiden hier annehmen ...

Aber sie waren drauf und dran, die Kleine zu töten! Gleichgültig, wie schnell sie nach Hause rannte, niemand würde rechtzeitig zur Stelle sein können, um das Kind noch zu retten.

Ein ruhiges, blaues Glühen glomm plötzlich im Dunkel und löschte die rote Flamme des Kohlebeckens wie ein Wasserschwall ein Feuer. Es nahm die Form eines Stabes mit geschnitztem Vogelknauf an, und das Flügelschlagen ertönte ganz aus seiner Nähe. Der Magier sang immer lauter und zeichnete mit der Spitze seines Dolchs seltsame Umrisse in die Luft. Da stürmte Sharik los.

Sie war an Ugi vorbei, bevor der reagieren konnte, warf sich auf den Zauberer und stieß ihm ihre schmale Klinge in den Rücken. Er schrie auf – mehr aus Überraschung als vor Schmerz – und entwand sich ihr blitzschnell. Sharik fühlte, wie sich ihr Messer löste, stürzte der Länge lang zu Boden und riß dabei die Kerzen und das Kohlebecken um. Jerals langer Dolch klirrte dicht neben dem Kopf des Säuglings auf den Boden. Der Hexer taumelte nach vorn.

Durch die Wandöffnung.

Vom Licht des Falkinnenstabes gesäumt, stand er für einen Moment völlig starr und wandte sich dann entsetzt zum Sprung zurück. Da hörte Sharik Flügel schlagen und sah, wie der Magier jäh von den Beinen gerissen wurde und rücklings im Dunkel verschwand. Nur ein einziger Schrei war zu vernehmen und danach ein feuchtes Ratschen... dann war Stille. Sharik rappelte sich hoch, taumelte von der Wandöffnung weg und versuchte dabei, eine aufkommende Übelkeit zu unterdrücken.

Ein Klang hinter ihr ließ sie, den Dolch stoßbereit, herumfahren. Im ersterbenden blauen Licht sah sie Ugi eine Klinge so lang wie ihr Unterarm schwingen. Der Gesichtsausdruck des Alten sagte ihr klarer, als Worte es vermocht hätten, daß er sie auf der Stelle ins Jenseits befördern wollte.

»Verdammtes Biest«, knurrte er und trat einen Schritt auf sie zu. »Verdammtes Biest, verdammtes...«

Da flog etwas durch die Maueröffnung und über jene kleine Lücke, die der Hexer versehentlich in der Salzspur gelassen hatte, und Sharik war, als ob sich zwei Flügel sanft um sie schlössen. Sie sah Ugi an. Er erwiderte ihren Blick. Aber der Kiefer fiel ihm herab, denn sie hatte etwas an sich wie jener bartlose Junge, der er einst gewesen war – jener wilde Knabe, der hatte töten wollen, um sich die Achtung seiner älteren Kumpane zu verdienen...

Dieses Etwas lag in der Art, wie sie ihr Messer in der Hand wog, wie sie sich hielt und wie sie lächelte.
Ugi stürmte los. Die Klinge führte er tief, und in seinem Gesicht malte sich ebensoviel Angst wie Wut. Da warf Sharik ihren kleinen Dolch, und aus ihrer Kehle brach der schrille Schrei der Falkin.

Es war bald nach dem Morgengrauen, als Sharik ihren Namen rufen hörte. Sich müde die Augen reibend, ging sie zur Tür des alten Heiligtums und warf einen Blick hinaus. Unter dem Torbogen des Tempelhofs standen Solvi, Gedr und noch ein paar aus der Schar und sahen ihr erwartungsvoll entgegen.
Für einen flüchtigen Moment sah sie den lieblichen Garten vor sich, der dieser überwucherte, vernachlässigte Hof einmal gewesen war; aber dann war die Vision auch schon wieder verschwunden, und ihr Bruder kam auf sie zugelaufen. Gedr jedoch blieb, wo er war, und machte ein Gesicht wie eine Frau, die in ihrem Butterfaß eine Ratte entdeckt hat. Sharik griente ihn heiter an und winkte ihm.
»Du hast es geschafft!« strahlte Solvi so stolz wie erleichtert. »Bist du noch heil? Und hast du einen Geist gesehen?« Als er ihre aufgeplatzte Lippe und den blauen Fleck an ihrem Unterkiefer sah, riß er erschrocken die Augen auf. »Oh, was ist mit deinem Gesicht passiert?«
Da umarmte Sharik ihn lachend. »Ich bin im Dunkeln gestolpert und gestürzt. Auf dem Falkinnenberg gibt es keine Geister, Däu... äh, Solvi. Gedr hat doch nur geprahlt, wie immer.«
»Beeile dich!« rief Gedr vom Tor her. »Wir müssen zurück.« Damit wandte er sich auch schon zum Gehen.
»He, Gedr!«
Er blieb stehen und blickte zurück. »Vergiß nicht«, rief Sharik, »daß du mir noch zehn Taler schuldest!«
Nun zog Gedr ein säuerliches Gesicht und verschwand hügelab.
»Geh schon vor, Solvi«, sagte Sharik. »Ich hole noch die Laterne und komme dann nach.«
»Gedr sagt, du hast gemogelt«, vertraute er ihr an. »Als du nicht nach Hause kamst, hat er herumerzählt, du hättest dich die Nacht

über am Fuß des Berges versteckt und seist erst kurz vor Tag zum Tempel hochgestiegen.«

Sharik verharrte, um darüber nachzudenken. Sie war nicht wirklich überrascht. In der vergangenen Nacht hätte so eine Anschuldigung sie noch fuchsteufelswild gemacht, aber nun war es ihr eigentlich gleichgültig, was Lord Kivans verzogener Sohn über sie dachte – und auch darüber war sie nicht wirklich erstaunt...

»Wen kümmert schon Gedrs Geschwätz?« sagte sie lächelnd. Da grinste ihr Bruder und lief den anderen hinterher den Berg hinab. Sharik blickte ihm nach, bis er hinter einer Wegbiegung verschwand, ging dann wieder in den Tempel und hob die Kleine vom Boden auf.

Was immer man dem Kind nachts zuvor gegeben hatte... die Wirkung schien jedenfalls nachzulassen, denn es gab schon süße Laute von sich. Die würden aber wohl bald in Hungergeschrei übergehen. Wir werden dich gleich in der Schenke füttern, gelobte Sharik stumm, und sobald ich zu Hause erklärt habe, wie ich zu dir kam, machen wir uns auf die Suche nach deinen Eltern.

Bei dem Gedanken an all die Fragen, die sie zu beantworten hätte, und an all die Dinge, die zu erledigen wären, verzog Sharik das Gesicht. Lord Kivan würde jemanden schicken müssen, die Leichen fortzuschaffen. Die Stadtpriesterinnen würden wohl jemanden aus Adienne holen müssen, der den Stab bergen und seine Hüterin zur letzten Ruhe betten könnte. Ja, und bis das alles erledigt wäre, würde man wohl eine Wache vor den Schacht stellen müssen, damit nicht etwa jemand aus Neugier in die Kammer hinabstiege und dort Schaden an Leib und Leben nähme.

Als sie an die Hüterin des Stabes dachte, kamen die Erinnerungen – an Orte, an denen sie nie geweilt, an Gesichter von Freunden, die sie nie gekannt hatte, an die Schwere eines Schwertes in der Hand eines anderen Wesens... Erinnerungen, die sogleich wieder zu verblassen begannen und bald ganz vergangen sein würden. Aber das schmerzte sie nicht. Sie würde sich an ihr Glück darüber, daß sie den Schatz vor räuberischen Händen bewahrt hatte, und an auch das Gefühl der Dankbarkeit erinnern, das sie gewärmt hatte

wie heißer Apfelwein in einer Winternacht. Diese Erinnerungen genügten ihr.
Sharik nahm lächelnd die Kleine auf ihre Hüfte und schritt gemach den Pfad hinunter. Von irgendwo hoch am Himmel grüßte eine Falkin mit heiserem Schrei den neuen Tag.

Ein anderes Thema, das im sozusagen endlosen Manuskriptstapel auf meinem Tisch ständig wiederkehrt, ist das der Zauberin, die eine Abschlußprüfung in ihrer Kunst abzulegen hat. Wenn eine Story es aber auf eine beeindruckend andere Art behandelt, nehme ich sie in meine Anthologie auf. So auch diese.

Mary war bereits in einer meiner Darkover-Anthologien dabei. Zur Schriftstellerei braucht es (neben dem auch bei Akademikern nicht mehr selbstverständlichen Sprachgefühl) oft nur Entschlossenheit. Dazu den Willen, sich auf den Hosenboden zu setzen, und natürlich die Bereitschaft, sein Gehirn einzuschalten, bevor man zu tippen beginnt.

Mary schreibt, sie verdiene sich ihr Geld als Französischlehrerin und »arbeite, natürlich, noch an meinem Roman und versuche dabei, meinen Haushalt wenigstens halbwegs in Schuß zu halten und daran zu denken, meine Katzen einigermaßen regelmäßig zu füttern«.

So arbeiten die meisten Autorinnen – ständig bemüht, ihr Haus so in Ordnung zu halten, daß das Gesundheitsamt sich nicht einmischt – in den Rissen und Spalten des wirklichen Lebens (wovon ja auch diese Geschichte erzählt). – MZB

MARY FREY

Wasserweisheit

Das Elixier tropfte so entnervend langsam aus der Kristallpipette in den Kelch auf hohem Elfenbeinfuß, daß sich die junge Frau mit dem verblüffend silberweißen Haar, die mit gekreuzten Beinen vor dem Destillierapparat saß, zur Geduld zwingen und bemühen mußte, völlig entspannt zu bleiben, die Muskeln an Hals, Schultern und Armen, die sich unter ihrem blauseidenen Kleid wölbten, nicht zu verkrampfen.

Es durfte beim Dekantieren ihres Suds keinen Fehler geben, keines der Geräte, über die sie gebot, versagen. Sie hob ihre Hände, die mit den Flächen nach oben auf ihren Knien geruht hatten, umschloß mit ihren schlanken, ringgeschmückten Fingern den Silberrand der Schale und rezitierte dabei den Endvers ihres Zauberspruchs. Ein letztes Tröpchen zitterte am Ende des Glasröhrchens und fiel und vereinte sich mit den anderen im Rund des Kelchs.

Keilin atmete auf. Sie war sich ihrer Umgebung wieder bewußt, sah den Strahl der Morgensonne, der durch die Butzenscheibe fiel und die Staubkörner in seiner Bahn zum Tanzen brachte, und spürte die Kälte des Steinbodens, die in ihre verkrampften Beine stieg. Und sie sog den eigentümlichen Geruch der Kräuter und Pülverchen ein, die auf all den Regalen dieses Arbeitszimmers in irdenen Töpfchen aufbewahrt wurden.

Da öffnete sich die Tür um einen Spalt, ohne daß die alten Angeln auch nur ein wenig gequietscht hätten – und ein Mann in schwarzer Kutte glitt still herein. Wenn Keilin nicht gehorcht und auf sein Kommen gewartet hätte, hätte sie dieses Erscheinen vielleicht für Hexenwerk gehalten. Ja, damals, bei ihrem Eintritt ins Kollegium, als sie derlei Künste noch nicht beherrschte, hätte man sie damit wohl ebenso leicht ins Bockshorn jagen können wie die Stadtleute.

»Guten Morgen, Meister Giraud«, begrüßte sie den hochgewachsenen, hageren Mann und nickte ihm höflich zu.
»Das Elixier ist fertig«, sagte er, ohne sie anzusehen; er hatte nur Augen für den Destillierapparat. Er brauchte nicht zu fragen, ob sie ihr Werk ordnungsgemäß vollbracht habe. Denn jeder Schüler hier war sich der Folgen einer Nachlässigkeit bei der Arbeit sehr bewußt. Sobald einer, mit welchem Rang auch immer, vom Kollegium abging und sein Metier draußen ausübte, hatte er niemanden mehr, der ständig überprüfte, ob er sein Handwerkszeug und sich selbst auch sorgfältig vorbereitet habe. »Gehen wir zum Wasser!«
Das Wasser stand in Keilins Prüfung als letztes der vier Elemente an. Wenn sie da nicht mehr Erfolg hätte als bei den anderen drei, wäre ihre Ausbildung beendet. Nicht abgeschlossen, nur beendet... Sie hätte dann das Recht, den Titel einer Kundigen zu führen und sich Kunden ganz nach ihrem Belieben zu suchen. Sicher, das wären nur Leute, die wenig mehr als einen Liebestrank oder einen Blick in ihre Zukunft wünschten. Die ehrenvolleren und einträglicheren Aufgaben waren den wahren Zauberinnen und Zauberern vorbehalten, jenen also, die sich als Meister eines der vier Elemente erwiesen hatten.
Die Hände in den Kuttenärmeln verschränkt, führte Giraud sie nun schweigend aus der Werkstatt hinaus und durch einen langen, düsteren Gang. Keilin hielt die Augen gesenkt und sah abwechselnd auf den Kelch in ihren Händen und auf die Fliesen, über die sie schritt; und keiner, dem sie begegnete, sprach sie an, da jeder wußte, daß sie sich ganz auf das Kommende konzentrieren mußte. Im Hof, durch den der Meister sie führte, genoß sie für einen flüchtigen Moment die Wärme und den Glanz der Morgensonne und die süßen Düfte sich öffnender Blüten.
Nicht das Streben nach Ehre und Geld treibt mich, dachte Keilin, als sie die dunkle Kellertreppe erreichte und ihren Fuß auf die oberste Stufe setzte. Selbst eine Kundige, die nur ein oder zwei Elemente beherrscht, kann in einer Stadt von der Größe Iroanias genügend Kunden gewinnen.
Aber es gab dringlichere Bedürfnisse als nur die, sich den Bauch

vollzuschlagen und im Warmen zu sitzen, wenn draußen die eisigen Winterwinde heulten. Keilin wollte sich selbst beweisen, daß sie das Wasser zu meistern vermochte, wollte – völlig unabhängig von den Aussichten, die sich einer Meisterzauberin am Hof irgendeines kleinen Fürsten oder bei einer wohlhabenden Zunft böten – einfach für sich selbst wissen, daß sie das Zeug zur Wasserweisen habe.

Die steile Wendeltreppe wurde nur notdürftig vom grünlichen Licht einiger Fackeln erhellt, die in großen Abständen an der Wand zur Rechten angebracht waren. Zur Linken aber war nichts als gähnende Leere, nichts als eine vor Feuchtigkeit und dem Sog unsichtbarer, unbekannter Tiefen greifbare Luft. Giraud führte Keilin hinab in die zunehmende Stille, immer weiter, bis zu einem Treppenabsatz, an dem sich ein düsterer, gewölbter Gang öffnete. Da ließ er ihr mit einem Wink seiner jäh aus den Ärmeln auftauchenden Hand den Vortritt.

Schon nach wenigen Schritten traten sie in eine große, von einem intensiven azurblauen Licht erhellte Höhle ein. Meeresrauschen drang mit einmal an Keilins Ohr und ließ ihr die Haut am ganzen Leib prickeln. Als sie am Ende des sanft abfallenden Höhlenbodens den glitzernden Sandstrand und die dunkle See, die daran leckte, erblickte, begann ihr Herz, wie wild gegen ihre Rippen zu pochen.

Keilin ging langsam zum Strand hinab und fühlte, wie der Sand sie zwischen den Zehen kitzelte. Als ihre Füße die Wellen berührten, erstarrte sie. Jetzt hätte sie zum letztenmal die Gelegenheit, in Ehren von dieser Prüfung zurückzutreten. Wenn sie erst in die See gestiegen wäre, ihr Zauberlied gesungen und das Elixier getrunken hätte, gäbe es kein Halten und kein Zurück mehr.

Jeder Kollegiat wußte, daß die Elementprüfung auf viererlei Weise ausgehen konnte. Die für den Möchtegernkundigen oder Zauberer in spe schlimmste war die völlige Ablehnung. Das hieß, daß man ohne das nötige Können in diese Prüfung gegangen war – was ein Zeichen von Hochmut und Grund für die sofortige Beendigung der Ausbildung war. Davor fürchtete sich Keilin nun nicht mehr, da sie ja schon dreimal angenommen worden war.

Jeder Prüfling mußte aber auch damit rechnen, daß das Element zu stark für seine Fähigkeiten war. Das konnte dazu führen, daß er im Zauber gefangen wurde und den Rest der ihm zugemessenen Tage in irgendeiner Zaubergestalt zubringen mußte. So beherbergte das Kollegium mancherlei merkwürdige Vogelwesen und andere Kreaturen, die einst Schüler gewesen waren. Man hielt sie gut, bemitleidete sie aber. Keilin fürchtete dieses Mitleid.

Die Kundigen und Zauberer, die sich der vier Elemente zu bedienen wußten, trugen die Zeichen ihrer Bewährung. Wenn man ein Element nicht meisterte, veränderte es einen in irgendeiner Weise, damit man immer der Grenzen eigenen Könnens eingedenk sei. Keilin war aus jeder der drei bisherigen Prüfungen verändert hervorgegangen.

Sie hatte gegen die Erde gekämpft, hatte gefühlt, daß ihr Wurzeln wuchsen, die ihr Nahrung aus dem Erdreich sogen, und war in einen Körper zurückgekehrt, der nun wahrlich nicht mehr als jungenhaft gelten konnte. Sie hatte sich, körperlos wie alle anderen Wolken, vom Wind treiben lassen und hatte nach ihrer Rückkunft bei einem Blick in einen Spiegel entdeckt, daß das von ihren Eltern ererbte Braun ihrer Augen dem Farbenspiel des Sonnenuntergangs gewichen war. Sie hatte als weißglühende Flamme gebrannt und dann bei der Heimkehr gesehen, daß ihr pechschwarzes Haar silberweiß geworden war.

Wenn einer die Kraft und Weisheit besaß, ein Element zu meistern, kehrte er unverändert, aber mit einem Talisman wieder, der von da an Brennpunkt seines Zaubers war. So trug Giraud einen makellosen Edelstein, in dem das Feuer der Macht loderte... Kein Sterblicher aber meisterte mehr als ein Element.

Das Wasser, sann Keilin, ist meine letzte Chance, mein Ziel doch noch zu erreichen.

Der Gedanke bestärkte sie in ihrem Entschluß. Sie warf ihr blaues Seidenkleid mit einer Schulterbewegung ab und watete, ihren Kelch sorgsam hochhaltend, ins Meer hinaus, bis das Wasser ihre Hüften umspielte. Dann warf sie einen Blick zu ihrem Meister zurück, der abwartend am Höhleneingang stand. Aber er hätte ihr, selbst wenn die Regeln es erlaubt hätten, nichts über das sagen

können, was geschehen würde, sobald sie das Elixier getrunken hätte. Alles, was bis jetzt zu tun gewesen war, hatte sich lehren, lernen lassen; aber wenn man sich dem Unbekannten anvertraut, ist man ganz vom Willen der Götter abhängig.
Dennoch, überlegte Keilin, irgendein Wort der Ermutigung täte mir nun gut.
Da wandte Giraud, so als ob er ihre Gedanken vernommen hätte, ihr erstmals, seit sie im Wasser war, das Gesicht zu und sah sie an. Keilin sah seine Lippen sich bewegen, verstand seine Worte aber erst mit einer kleinen Verzögerung. »Ich werde«, hatte er gesagt, »bis zum Sonnenuntergang auf dich warten.«
Mit zitternden Händen hob sie den Kelch an ihre Lippen. Mit kaum hörbarer Stimme sang sie das Lied. Da nahm das farblose Elixier, das sie destilliert hatte, zusehends die Farben des Regenbogens an.
Sie schloß die Augen und leerte den Kelch.
Wie soll er denn tief in der Höhle wissen, fragte sie sich dabei flüchtig, wann die Sonne untergeht?
Die Felswände ringsum begannen sich zu drehen, ein Tosen wie von Meereswogen drang an ihr Ohr ... und sie fühlte sich plötzlich zu schwach zum Stehen. Sie konnte diesen Kelch nicht mehr halten und spürte nur noch, wie sich über ihrem Gesicht das Meer schloß.

»Ahai! Ich habe uns eine Nixe gefischt!« rief eine Männerstimme, als das Netz aus den Wogen gehievt wurde.
Keilin verschloß vor der Helligkeit des nicht mehr durchs Wasser gefilterten Sonnenlichts die Augen und blieb unbeweglich liegen, damit das rauhe Fischernetz sie nicht noch mehr wundscheuere. So, wie es sie umschloß, ihr die Arme auf den Rücken preßte und sie also hinderte, sich der Zauberringe an ihren Fingern zu bedienen, mußte es in irgendeiner Weise verhext sein!
Oh, ich siebenfache Närrin, schalt sie sich, warum mußte ich auch so neugierig sein und nahe an das fremde Schiff heranschwimmen?
Das Netz schwang hin und her, als das Wasser vollends ablief, und

schlug dabei so hart gegen die hölzerne Bordwand, daß Keilin vor Schmerz aufschrie.

»Laß sie im Netz, Ossig!« gebot eine Frauenstimme. »Siehst du die Ringe an ihren Händen? Das ist keine Kreatur des Meeres, sondern eine Zauberin... von Fürst Rymon gesandt, mich auszuspionieren.«

»Soll ich ihr jetzt gleich den Garaus machen, Herrin?« Als Keilin darauf die Augen aufriß, sah sie über sich eine widerlich schmale Klinge blitzen und dahinter ein halb von einem krausen, schwarzen Bart verdecktes, pockennarbiges Gesicht lauern, das sich zu einem zähnefletschenden Grinsen verzog. »Oder ihr erst den Fischschwanz abnehmen und mich ein wenig mit ihr amüsieren?«

Da protestierte Keilin laut, sie sei keineswegs eine Zauberin im Dienst des Herrschers von Iroania, sondern nur eine Kollegiatin. Sie wünschte sich jetzt, daß sie sich nicht so sehr ins Studium vergraben und dafür etwas mehr für den Klatsch über den Fürsten und seine Feinde interessiert hätte.

Aber da befahl die Frau: »Schiebe ihr einfach das Messer zwischen die Hände, damit sie auseinanderbleiben. Dann kann sie nicht mehr singen.« Keilin drehte mühsam den Kopf zu ihr um und sah ein von straffen, rostroten Zöpfen gerahmtes, schönes, aber von Eitelkeit verdorbenes Gesicht und das silbern und grün erglitzernde Gewand einer Hofzauberin. Noch einmal wollte sie den Irrtum klären, aber die Kälte des Stahls zwischen ihren Handgelenken raubte ihr sogar die Gabe des Gesanges. »Fällt deinem törichten Herrn denn nichts Besseres ein, als eine seiner hübschen Hexenhuren gegen eine wie mich auszusenden? Du kannst mir nun nichts mehr anhaben. Wenn du fein artig bist, erlöse ich dich vielleicht nach Sonnenuntergang von diesem Messer.«

Keilin schlug trotz großer Schmerzen wie wild gegen das Netz. Die junge Frau wußte gut, daß sie sich nicht zurückverwandeln könnte, wenn sie beim Verlöschen der letzten Sonnenstrahlen noch immer in Nixengestalt war. Sie würde das unschuldige Opfer eines Zwistes werden, von dem sie wenige Augenblicke zu-

vor nicht einmal etwas geahnt hatte. Erstmals in ihrem Leben fühlte Keilin Haß in ihrem Herzen.
»Lady, ein Schiff nähert sich«, meldete eine andere Männerstimme.
Die Zauberin beugte sich über das Netz. »Du bist derweil hier gut aufgehoben«, versprach sie in einem Ton, der Keilin kalte Schauer den Rücken hinabrieseln ließ. »Er wird dich auch im Falle seines Sieges nicht zurückbekommen!«
Da ließ ein Wirbel schwerer Schritte das Deck erdröhnen, und von der Brücke erscholl das Kommando zum Segelsetzen. Als Keilin in die Masten aufblickte, sah sie die riesigen roten Segel in einem Wind sich blähen, der in ihrem elenden Netz nicht zu spüren war. Schwefelgestank stieg ihr in die Nase, drehte ihr den Magen um. Ihr Brechreiz wuchs, als ihr Schoner gleich darauf von wütenden Gegenwinden hin und her geworfen wurde, die das ihr unsichtbare feindliche Schiff sandte. Unter einer gewaltigen Bö platzte das scharlachrote Großsegel genau über ihr und fetzte sich Stück für Stück von der Spiere los. Eine lose Schot mit schwerem Taukranz, die wild gegen das Netz schlug, schnitt Keilin so schmerzlich in ihr zartes Schuppenkleid, daß sie laut aufschrie. Aber niemand hörte sie.
Nicht lange, da roch sie außer dem Schwefeldunst auch beißenden Holzrauch. Irgendwo auf dem Schiff mußte ein Brand ausgebrochen sein! Wenn sie so, im Netz gefangen und durch das Messer hilflos gemacht, mit dem Schoner unterging, würde sie wenigstens – dank ihrer derzeitigen Nixennatur – nicht ertrinken. Auf dem Grund des Meeres liegend, könnte sie in Ruhe abwarten, bis Ahais Zauber in Faser und Stahl erloschen wären. Das wäre vermutlich lange nach Sonnenuntergang der Fall – zu spät für sie, nach dem Sonnenstand zu urteilen, um wieder Menschengestalt anzunehmen. Aber sie würde nicht sterben.
Es war nur ein schwacher Trost, daß sie nicht durch eigene Schuld Nixe bliebe, sondern als unschuldiges Opfer eines Zwists, für den sie doch nichts konnte, und dank der Bosheit einer Zauberin, der sie rein gar nichts getan hatte.
Ein neuer Gestank überfiel Keilin. Als sie mühsam den Kopf in die

Richtung wandte, aus der er drang, sah sie einen riesigen Kraken mit ekelhaften lilafarbenen Saugarmen die Bordwand umschlingen. Irgendein wasserweiser Zauberer auf dem Schiff des Feindes – nein, auf dem Schiff des Fürsten, verbesserte Keilin sich rasch – mußte dieses Monster aus der Tiefe heraufbeschworen haben ... Ob es wohl wußte, daß sie nicht zu den Feinden seines Herrn und Gebieters gehörte?

»Schick es zurück!« schrie Ahai ihr nun rauh ins Ohr und zog mit einem Ruck das Messer aus der Handfessel. »Ich schneide dich los, Wasserweise, wenn du das Ungeheuer dorthin zurückjagst, wohin es gehört.« Schon fiel das Netz von Keilin ab, zappelte sie hilflos wie ein eben geangelter Fisch auf den Planken. »Tu es!« zischte Ahai und drückte ihr die Dolchspitze in die Halsgrube. »Oder du stirbst auf der Stelle, Wasserweise!«

Keilins Hirn formte zwar eine Antwort, aber ihr Mund brachte nur seltsame Laute zustande. Sie betete, daß Ahai zaubermächtig genug sei, um ihre stumme Beteuerung zu verstehen, sie sei ja nur eine Schülerin mitten im Examen und keineswegs schon eine Wasserweise. Da krängte das Schiff, daß sie die kochende See unter sich sahen. Als sie beide ins Rutschen gerieten, ließ Ahai sie los und schoß über die ganze Breite des Decks auf das weit aufgerissene Saugmaul des Seeungeheuers zu.

Keilin aber spürte einen schmerzhaften Ruck in der Kopfhaut, als ob sie skalpiert würde. Ihr in den Netzresten verheddertes langes und feuchtes Silberhaar hatte ihren Sturz jäh gebremst ... Hilflos auf dem steil geneigten Deck hängend, sah sie nun schaudernd, wie Ahai, den Fürsten Rymon und seine gesamte Sippschaft verfluchend, im Maul des Monsters verschwand.

Keilin wandte den Blick von den heftig pulsierenden Saugnäpfen ab und versuchte, sich aus den letzten Netzresten zu befreien. Dabei sagte sie sich, daß dies sicher nicht der richtige Zeitpunkt sei, ihre Verwandlung aufzuheben – denn sie mußte umgehend von diesem Ungeheuer und dieser ganzen scheußlichen Angelegenheit wegkommen, und mit dem Fischschwanz vermochte sie schneller zu schwimmen als mit zwei Beinen. Ihre Prüfung konnte sie auch nur bestehen, wenn sie so, wie sie war, zu der Höhle zurückkehrte

und Meister Giraud ihre Rückverwandlung mit eigenen Augen beobachtete. Und sie hatte sich auch noch keinen Talisman vom Grund des Meeres geholt!
Da ließ sie sich ins Wasser fallen und war sogleich wieder behend und wendig, weil sie ihren Schwanz erneut seiner Bestimmung gemäß gebrauchen konnte. Hastig tauchte sie unter den riesigen Leib des Kraken und strebte mit kräftigen Stößen davon. Erst als weit und breit keine zuckenden Fangarme mehr zu sehen waren, tauchte sie auf und sah sich um. Bereits fern von ihr wogte die amorphe Masse des Monsters über die traurigen Reste des Schoners. Und den panischen Schreien nach, die von dort zu vernehmen waren, fraß es eben die letzten von Ahais Leuten. Keilin beruhigte sich mit dem Gedanken, daß die es als Helfer der bösen Frau und Feinde Fürst Rymons auch nicht anders verdient hätten – und daß dies jedenfalls nicht ihr Kampf gewesen sei. Als sie sich mit einem Schwanzschlag umdrehte, gewahrte sie erschrocken, daß der orangerote Feuerball der Sonne weit draußen auf dem Meer bereits den Horizont berührte. Talisman oder nicht – sie mußte schleunigst zur Höhle zurück.

Mit der letzten Kraft der geschundenen Arme zog Keilin sich halb auf den schmalen Sandstrand hinauf. Sie konnte nicht einmal mehr ihren Kopf heben, um zu sehen, ob Giraud noch am Eingang auf sie wartete. Als sie in den engen Felskanal zur Höhle hineingeschwommen war, hatte der glutrote Sonnenball noch über den Horizont gelugt. Jetzt konnte sie nur noch beten, daß es nicht zu spät war.
Inmitten des Schwindelgefühls, das sie erfaßt hatte, spürte sie undeutlich, daß zwei starke Hände sie in eine warme, weiche Decke hüllten, ihr den Kopf hoben, ein feuriges Naß einflößten und ein zähes, fades Zeug zwischen die Zähne schoben. Eine Stimme befahl ihr, sich zu entspannen, zu schlucken, zu kauen . . . und wieder zu schlucken. Und sie gehorchte.
Schließlich vermochte sie, ihre Augen zu öffnen. Sie fühlte, daß sie noch im Sand lag und wieder ihre Beine hatte. Allmählich wurde ihr bewußt, daß Meister Giraud neben ihr kniete und auf

ein Anzeichen dafür wartete, daß sie wieder zu sich komme. »Du bist sehr spät zurückgekehrt«, sagte er ruhig, in einem Ton, der weder ganz Besorgnis noch ganz Vorwurf war.

Keilin schöpfte tief Luft. »Ich habe erneut versagt«, räumte sie ein. So würde sie also eine Kundige von niederem Range sein, mit kleingeistigen Kunden, die von ihr nur Prophezeiungen zum guten Ausgang ihrer Geschäfte oder einen Liebeszauber erwarten würden.

Aber war denn deren kleinliche Sorge um persönliche Belange auch nur die Spur selbstsüchtiger als das Machtstreben der Fürsten und großen Häuser, die zur Durchsetzung ihrer Ziele Zauberer nutzten und bei ihren Machtkämpfen viele Unschuldige gefangensetzten oder hinschlachteten? Um eines Liebestranks willen mußte niemand sein Leben lassen, und wenn so ein Tränklein versagte, war nicht mehr verloren als eine flüchtige Laune.

Sie würde sich in der Stadt ein Häuschen mieten, ihr Schild über die Tür hängen und den Unschuldigen helfen. Wenn sie ihre Kunden zufriedenstellte, würde sie sicher keine prächtigen, glitzernden Hofkleider und keine saftigen Honorare erhalten. Aber sie würde auch nicht wie Ahai sterben – mit einem Fluch auf die Fürsten und ihre Sippschaft auf den Lippen.

»Aber du bist unverändert zurückgekehrt«, widersprach nun Meister Giraud. »Ich habe mir dich genau angesehen ...«, fuhr er errötend fort, »konnte aber diesmal keine Veränderung feststellen.«

Keilin setzte sich auf und zog ihr blaues Seidengewand enger um sich. »Doch, ich habe mich verändert«, erwiderte sie.

I. F. COLE

Isabel F. Cole war an der Hunter College High School in New York, als sie ihre erste Story, Die Reiter aus Erz, *in* MZB's Fantasy Magazine *publizierte, und ist meines Wissens noch immer dort. Sie sagt, sie bezöge ihre Ideen aus »der Mythologie, der klassischen Musik, der Oper und dem Ballett«.*
Ich habe in diesen Einleitungen schon sehr ausgiebig über ständig wiederkehrende Themen geschrieben. Ein Fantasy-Dauerthema ist das der Zauberharfe – vielleicht weil sie eine so kraftvolle Metapher für die menschliche Psyche ist.
Denn was ist die Harfe – außer Musikinstrument – nicht alles? Und was ist Fantasy – wenn nicht ein Medium der Tagträume? Hat nicht jeder von uns, auf die eine oder andere Weise, eine Zauberharfe? – MZB

I. F. COLE

Die zweite Melodie

Franz und ich waren auf der Heimreise und ritten zusammen auf dem alten Schlachtroß, das wir einige Wochen zuvor, von Grenzwächtern unserer Pferde beraubt, für ein paar Kreuzer gekauft hatten.
Wir waren damals noch so unbeschwert, daß wir leichten Herzens zu irgendeiner Mission aufbrechen konnten. Denn das Reich, über das Franz herrschte, bestand aus nicht mehr als einer einzigen Stadt und einigen Quadratmeilen Land ringsum. Ich war seine Wahrsagerin und hatte genügend Kraft, mich mit meiner Kunst zu vergnügen und daneben meine weitgehend zeremoniellen Aufgaben zu erfüllen. Wir waren zufrieden mit dem, was wir hatten, und hatten noch nicht so viel, daß es uns erdrückt hätte.
Als wir so dahinritten, drangen aus einem kleinen Bündel, das wir vor den Sattel geschnallt hatten, leise Klänge. Der scharfe Trab brachte die Harfe zum Erklingen – jenes wunderbare, faszinierende Instrument, das uns immer wieder zu irgendeiner Mission verlocken konnte, obwohl wir doch eigentlich eine Stadt zu regieren hatten. Die Nixen hatten uns die Harfe, die bestimmt vor uns noch keines Menschen Hand gespielt hatte, einst geschenkt. All die ineinandergeschlungenen, goldenen Figuren, die den Rahmen bildeten, wirkten fast lebendig, und zwischen ihnen waren die Saiten in drei Reihen gespannt. Die Saiten der inneren Reihe, die dünner noch als ein Menschenhaar waren, durfte man nicht spielen. Sie erklangen schon bei der leichtesten Erschütterung von selbst und vibrierten wie Geschwister mit denen der Außenreihen mit, und ihre Klänge fügten sich mit deren zu merkwürdigen Harmonien.
Franz konnte viel besser als ich darauf spielen. Ich suchte mir nichts daraus zu machen – aber es ärgerte mich schon, daß er dem

Zauberding mehr zu entlocken vermochte als ich, die Zauberin. Ja, im Verlauf dieser Reise war mir bewußt geworden, wie unzulänglich meine magischen Kräfte waren. Mir war zum erstenmal der Verdacht gekommen, daß ich vielleicht nur eine mittelmäßige Zauberin sei – nicht besser als eine jener Dorfhexen, die all ihre Kraft für den letzten Zauber zusammenkratzen müssen. Bis dahin hatte ich ja nie daran gezweifelt, daß ich bald den Energieschub, die große Innere Öffnung verspüren würde, die mich zur Großzauberin werden ließe.

Vom Hügel oben konnten wir jenseits der weiten Steppen schon den Heldau-Fluß glitzern sehen. Nahe vor uns erhob sich aber noch ein Wachturm.

»Sie werden sich fragen, was zwei arme Hausierer wie wir wohl mit solch einer prachtvollen Harfe anfangen, so wie jene Wächter, die dachten, unsere Pferde seien viel zu gut für uns«, sagte Franz. »Könntest du ihr nicht ein gewöhnliches Aussehen geben, damit sie keinen Argwohn schöpfen?« Als ich bedauernd verneinte, schloß er ergeben: »Vielleicht bemerken die Kerle sie ja nicht.«

Die Harfe sang in ihrer Hülle. Ihr Klang ließ den neuen bitteren Schmerz wieder in mir hochsteigen. Ich empfand sie inzwischen als einen Teil von mir, den ich aber kaum berühren konnte, soviel ich ihn auch betrachtete... Ich neidete Franz die Stunden, die er mit ihr verbrachte. Mir würde sie ja nie so süß singen. Jetzt, da ich meiner Unzulänglichkeit inne war, schmerzte es mich mitzuerleben, wie er ihr mit Leichtigkeit Weisen entlocken konnte, während ich ihr nur stockende Töne abzuringen vermochte.

Am Turm unterzogen uns ein paar gelangweilte junge Soldaten einer flüchtigen Kontrolle. Wir gaben uns als Bruder und Schwester aus. Wir sind einander in der Tat recht ähnlich (auch wenn Franz blaue Augen hat und ich grüne), weil wir beide blond sind und annähernd gleiche Gesichtszüge haben. Das Täuschungsmanöver verfolgte kein praktisches Ziel – hätten wir uns als Herrscher und Großseherin von Morvenna an der Heldau vorgestellt, hätten sie nicht mit der Wimper gezuckt, da Morvenna ja damals in Weltangelegenheiten noch kein Begriff war. Aber es machte eben mehr Spaß, unter falscher Identität zu reisen.

Die Wächter schienen drauf und dran, uns passieren zu lassen, als plötzlich einer von ihnen das Bündel mit der Harfe spitz musterte und rief: »Das hat aber eine seltsame Form. Sehen wir es uns doch mal genauer an!« Furcht durchfuhr mich. Mir fiel kein Zauber ein, auch wenn Franz mich noch so drängend ansah.
Als die Hülle von der Harfe fiel, ging ein ehrfürchtiges Raunen durch die Grenzerschar.
»Wo habt ihr denn das her?« fragte uns der rothaarige Hauptmann scharf, wischte aber unsere Erklärungsversuche gleich beiseite. »Ich setze euch wohl besser zum Verhör fest!« Ein Glück nur, daß Franz dem Drang, sein Schwert zu ziehen, widerstand – er ist sicher ein guter Schwertkämpfer, hätte es hier jedoch mit wenigstens zwanzig Gegnern zu tun gehabt. Sie führten unser Roß in den Stall und brachten uns in die Wachstube und fesselten uns. Der Hauptmann setzte sich an den Tisch in der Mitte des Raums, legte die Harfe vor sich hin und musterte uns eingehend.
»Woher habt ihr sie?« fragte er. »Macht euch nicht die Mühe, mir einen Bären aufzubinden. Denn wir können eure Angaben jederzeit überprüfen.«
»Diese sicherlich nicht«, erwiderte Franz. »Die Nixen haben sie uns geschenkt.«
Nun prusteten die Wächter vor Lachen. Ich sank in mich zusammen. Natürlich hätte ich mich jetzt verwandeln können, aber das wäre nicht gut gewesen. Es hätte den Kerlen nur meine magischen Kräfte offenbart und sie damit gewarnt, hätte Franz aber nicht geholfen.
»Eine hübsche Schwester hast du da«, wandte sich der Hauptmann an meinen Gefährten.
Ich lief dunkelrot an. »Faß mich nicht an!« Mein Gehirn gefror, dafür taute aber meine Zunge auf.
»Was hast du vor... mir die Augen auszukratzen?«
»Bleib mir vom Leib, wenn dir dein armseliges Leben lieb ist.«
Der Hauptmann verfärbte sich vor Zorn, hatte sich aber sogleich wieder in der Hand, lachte breit und strich gedankenvoll über die Harfensaiten. Plötzlich zuckte er zurück. »Was ist mit dem Ding

los?« staunte er und starrte auf die dünnen weißen Schwellungen, die sich über seine geröteten Finger zogen.
»Es gehört dir eben nicht«, erwiderte Franz. Der Hauptmann sah uns eine geschlagene Minute lang schweigend an.
»Gut«, spottete er dann. »Ihr wollt also nicht sagen, woher ihr sie habt. Vielleicht seid ihr ja später eher dazu geneigt. Ich habe viel, viel Zeit... Am besten, ich mache mit deiner Schwester den Anfang.«
Auf seinen Wink zerrten die Wächter mich hoch, stellten mich auf die Füße und schnitten meine Fesseln durch. Die plötzliche Stille in der überfüllten Stube traf mich wie ein Keulenhieb und machte mich ganz benommen.
Durch die warme, erregte Stille drang die Stimme meines Gefährten zu mir. Sie munterte mich etwas auf. Ich verstand zwar nicht, was er gesagt hatte, sah jedoch, daß einer der Wächter ihn mit einem Rippenstoß dafür bestrafte.
»... aber erst«, war der Hauptmann zu vernehmen, »wollen wir ein bißchen Musik hören. Spiel uns eine Weise, meine Liebe. Das Ding da wird dich ja nicht beißen, wenn es tatsächlich dein ist.«
Die Wächter lachten, daß es von den Wänden widerhallte, und beugten sich neugierig vor, da sie sich unter keinen Umständen entgehen lassen wollten, wie ich mich in meiner eigenen Falle fing. Mir wurde für einen Moment fast schwach vor Erleichterung. Der Hauptmann aber ließ mich nicht aus den Augen und krümmte mürrisch seine verbrannten Finger.
Ein Wärmeschauer durchrieselte mich beim ersten Harfenklang, der von den inneren Saiten in meine Hände stieg und wie ein flutendes Licht durch mich hindurchging. Endlose Räume gewahrte ich in mir, Orte, an denen ich mich für immer bergen könnte; aber auch einen unerschöpflichen Quell der Kraft sah ich. Ich war zu wütend, um jetzt zu flüchten und mich zu verstecken, und die neue Kraft floß aus meinen seltsamen und fernen inneren Stätten in mein Hirn und meine Hände. Meine Augen veränderten sich wohl sichtlich, als sie klar wurden – entspannte sich doch Franz nun unmerklich.
Ich entlockte ihren summenden Saiten eine Melodie und flocht

eine Klangkette in die andere, so wie Franz es häufig getan hatte. Ich spielte nicht halb so gut wie er, aber gut genug für meinen Plan. Der Hauptmann musterte mich nun erstaunt und ärgerlich zugleich. Schließlich lachte er rauh.
»Du spielst eine süße Weise«, sagte er. »Wenn du dieses tückische Ding spielen kannst, meisterst du alles und jedes.« Seine Männer lachten nervös. Ich lächelte bloß und zupfte weiter. Zwei Zauber schwollen, schwanden in mir, als ich meine Kraft erforschte, und einer, der tief in ganz gewöhnlichem Zorn wurzelte, beherrschte mich für eine Weile. Zorn hatte meine Kraft stets gesteigert; ich hatte aber nicht geahnt, welche immense Stärke er mir nun, da der Weg offen war, bringen könnte. Ich hätte den Hauptmann in Stücke reißen können oder ihm die Luft zum Atmen nehmen, bis er gejapst hätte wie ein Fisch auf dem Trockenen, hätte ihm das Blut in den Adern in Brand setzen oder über ihm und seinen Männern den Turm zum Einsturz bringen können, auf daß er sie unter sich begrabe. Aber ich lächelte bloß und ließ meine Finger geschwind über die Saiten huschen.
Ich horchte auf die beiden Weisen, die da erklangen: die der Harfe und die in mir – wobei die zweite durch erstere geweckt und von hellseherischer, unschuldiger und verspielter Art war und voller Freude und ganz eigener Schönheit. Die zweite Weise gab mir Halt, und ich spürte, wie die bittere Magie von mir abfiel. Ich vergaß, wo ich war, und glühte und zitterte vor Glückseligkeit, als mir bewußt wurde, daß ich nun endlich den Zugang, den Weg zur Macht gefunden hatte.
Die fröhliche Weise löste sich von den Saiten, erfüllte die Luft rings um die Harfe und verbreitete einen süßen Duft, schlang sich um die Gesichter und Ohren, die Gliedmaßen der Männer, so daß sie erstarrten und reglos verharrten. Ein Bild trat vor mein inneres Auge, und bald sah ich staunend, wie es Wirklichkeit wurde.
Zwischen den Füßen des Hauptmanns sprossen Zweige hervor, und ein Schleier grüner Blätter umgab ihn so geschwind wie ein Tuch, das der Sturm um ihn geblasen hätte. Winzige Stacheln stachen ihn in die Haut, als die Rosen sich nun dichter um ihn

drängten und ihre zarten weißen Blüten wie in einem Windhauch schwankten.
Er sank auf die Knie – auf einen Boden, der zum wogenden Meer von Blättern und Ranken geworden war, aus dem Rosen so bleich wie die Gesichter und Hände der Nixen aufwuchsen. Die Männer, die an den Wänden standen, rührten sich nicht mehr, schliefen unter den sich windenden, stechenden Ranken einen tiefen Schlaf, und die Rosen wucherten über sie hin, als ob sie Steine eines alten Gemäuers wären.
Ich sprang mit der Harfe in den Händen vom Tisch und watete durch das Rosenmeer. Ein Duft stieg daraus auf, süß, aber so feucht und moosig wie der tiefe Forst, wo wir die Nixen in dunklen, stillen Strömen schwimmen gesehen hatten. Auch an Franz hatten sich die Rosen hochgerankt, ohne ihn aber ganz zu überwuchern. Ich schnitt ihn mit meinem Messer los und half ihm auf.
»Nimm deine Harfe«, sagte ich. Und da er sie anstarrte, als ob er sie nicht wiedererkenne, beharrte ich: »Nimm sie schon. Ich bin keine Musikerin. Ich kann ja nicht einmal eine Melodie halten.«
»Was war das dann eben?«
»Das war Magie.«
Er lachte. »Du wirst schon noch eine gute Musikerin.«
Wir bahnten uns einen Weg aus dem Turm, schoben dazu Rosengehänge beiseite und stiegen über die schlafenden Männer hinweg. Und die Harfe sang vor sich hin.

Ich frage mich mitunter, wie Autoren es denn schaffen, die Form der kurzen Kurzgeschichte zu meistern. Offenbar denke ich eher in Textmengen von hunderttausend Wörtern. Aber hier haben wir so eine gelungene short short story, *die sowohl eine glaubwürdige Figur wie auch eine überzeugende Handlung hat.*
Aber vermutlich machen sie das, was alle guten Schriftsteller tun müssen: sich völlig in ihre Figuren hineinzuversetzen... Ich sage immer, man sollte sie so gut kennen, daß man, wenn man morgens um drei aus dem Tiefschlaf geweckt würde, auf Anhieb zu sagen wüßte, wie, beispielsweise, der Held mit seiner Schwiegermutter sprechen würde.
Die folgende Story erfüllt dieses Kriterium, denke ich; sie ist sehr kurz, ohne nur ein als Geschichte verkleideter Gag zu sein.
– MZB

LAWRENCE SCHIMEL

Der dornige Weg zur Zauberkunst

Ich stolperte über einen Stein, der mitten auf meinem Weg lag, und da schwappte gleich noch mehr Wasser aus dem Eimer. »Warum mußte er die Hütte nur so weit weg vom Fluß bauen?« schimpfte ich. »Er hätte sich ruhig ein wenig klüger anstellen können. Die Bruchbude da oben hinzustellen, unglaublich! Als ob er keine Grütze im Kopf gehabt hätte. Möchte wissen, wie der seine Lehre zu Ende gebracht hat!«

Ich war so mit Schimpfen beschäftigt, daß ich die Ranken, die in meinen Weg hineinragten, ganz und gar übersah, dann auch darüber stolperte und in eine große Brombeerhecke flog. Wobei aus meinem Eimer, als er ein paar Schritte weiter weg auf dem Boden landete, noch mehr Wasser schwappte.

Die Stacheln stachen höllisch, und das erst recht, wenn ich mich bewegte. So schloß ich die Augen und ruhte mich ein bißchen aus. Warum nur hatte ich bei einem Hexer in die Lehre gehen wollen? So hatte ich mir die Lehrzeit nicht vorgestellt. Unter die Haube zu kommen, schien mir zu Zeiten wie diesen weit verlockender.

Aber es gab Zeiten, da Arden mich tatsächlich Magie lehrte. Und die waren es auch wert. Wenn er nur endlich mit der Prüfung für meine graue Robe begänne... damit ich anfangen könnte, richtige Rituale statt bloßer Possen zu lernen. Vielleicht eines, um mir Wasser herbeizuzaubern, damit ich es nicht mehr ständig vom Fluß heraufschleppen mußte.

»Wo bleibt das Wasser zum Abendessen?«

Ich setzte mich auf, bereute das aber sogleich. Heißer Schmerz zuckte durch meinen Rücken, als sich die Stacheln daraus lösten. In meine Beine gruben sie sich dafür um so tiefer ein!

Langsam befreite ich mich aus dem Gestrüpp, nicht ohne mir jede Brombeere, derer ich habhaft werden konnte, schmecken zu las-

sen. Es war wirklich kaum noch Wasser übrig. Ich starrte in den Eimer und fragte mich dabei, ob ich besser wieder zum Fluß hinablaufen sollte, um ihn zu füllen. Die Abendsonne ließ das Restchen Wasser in allen Regenbogenfarben schillern, aber mir war so, als ob ich darin noch etwas anderes sähe.
Ja, richtig, auf dem Boden des Eimers lag eine Wasserkoboldin und japste jämmerlich. Ich wußte sofort, daß es ein Wassergeist war – obwohl ich noch nie nie zuvor einen gesehen hatte. »Du mußt ja an der Luft ersticken!« murmelte ich mitfühlend. Ich rannte zum Fluß hinunter und bemühte mich dabei, den Eimer ruhig zu halten. Dann schöpfte ich Wasser in den Eimer und zog ihn aufs Ufer, bevor die Koboldin wegschwimmen konnte. Arden würde staunen, wenn er davon erführe!

Die Tür fiel fast aus den Angeln, als ich sie mit einem wütenden Fußtritt aufstieß. »Arden!« schrie ich. »Wo bist du?« Als ich in sein Schlafzimmer stürmte, erhob der große Magier sich eben von einem Nickerchen. »Warum hast du mir denn nicht gesagt, daß die Wassergeister dir eine unterirdische Verbindung zum Fluß gebaut haben? Du hast mich diese ganze Zeit über Wasser heraufschleppen lassen!«
»Ja«, erwiderte er trocken. »Und wie hast du das herausgefunden?«
»Die Koboldin, die ich drunten am Fluß fand, hat es mir erzählt.«
»Bravo, mehr wollte ich nicht hören. Sieh mal auf den Stuhl.«
»Was ist damit?« fragte ich und wirbelte schon herum. Da, auf dem Stuhl lag eine graue Robe. »Ist die etwa für mich?« flüsterte ich ungläubig.
»Aber ja. Du hast die erste Prüfung bestanden. Ein Luftgeist hat mir die Kunde überbracht, damit ich das Gewand noch bis zu deiner Rückkehr fertigstellen konnte.«
»Ich brauchte also nur mit einem Geist zu sprechen?« fragte ich, als ich mir die Robe anhielt.
»Das ist beileibe keine geringe Leistung.«
»Aber... du hast mir nie etwas von diesem Kanal gesagt. Du hast

mich diesen Weg so oft gehen lassen. Und du hast mich angelogen! Das hier ist kein Atelier, sondern eine Badestube.«
»Moyra, du bist müde und aufgeregt. Warum gehst du nicht in mein Atelier und nimmst ein schönes, heißes Bad? Dann kannst du gleich deine Robe anprobieren.«
»Es gibt also auch heißes Wasser?«
»Aber sicher, wenn du die Feuergeister dazu überredest, es dir zu erhitzen.«
Ich schnappte mir meine graue Robe und stürmte hinaus. »Das werde ich. Keine Angst, das werde ich!«

PATRICIA B. CIRONE

Von Pat habe ich schon zwei oder drei Geschichten veröffentlicht. Hier haben wir jetzt eine Story, die in der Fantasy oder Science-fiction nicht neu ist: Der Auftritt der Zauberin, die alljährlich oder aber alle paar Jahre die heranwachsenden Kinder examiniert, um die geeigneten mitzunehmen; und wie es im Märchen so ist: ihre Kriterien erweisen sich als etwas anders geartet als vermutet ... wiederum ein Märchenthema.
Mir wird zunehmend klar (geahnt habe ich es schon lange), daß die in der Fantasy – und auch in meinem Stapel unverlangt zugesandter Manuskripte – ständig wiederkehrenden Themen meist viel über die Situation des Menschen sagen. Aber was ist Fantasy letztlich denn anderes als ein sehr tiefes Erkunden unserer Träume, Wünsche und Hoffnungen? Und was, wenn nicht das, bringt einen zum Schreiben? Oder zum Lesen? – MZB

PATRICIA B. CIRONE

Schwere Berufung

Von Hügeln rings umhegt, vom Walde fern genug, lag friedlich der Teich im Tal. An seinem Ufer kauerte ein Mädchen mit braunem Haar und tauchte behutsam den Finger ins Wasser. Es lachte leise, als kleine, graugrüne Fische herschwammen und ihn anglotzten. Einer, der kühner war als die anderen, schoß ganz nah heran und flitzte dann wieder davon. Nun schwebte der ganze Schwarm herbei. Einer schwamm langsam her, um an der Fingerkuppe zu knabbern, und schon folgte ihm blitzschnell der zweite. Wohl über die eigene Kühnheit erschrocken, tauchten die beiden plötzlich zwischen die übrigen, die gemächlich um den Finger kreisten und ihn bloß beäugten. Fia lächelte und wartete geduldig.
Da vergingen die Wellen und flossen ineinander. Unnatürlich still und ruhig lag der Teich jetzt da. Fia riß die Augen auf, als sie statt des Wasserspiegels eine schmale, von hohen, kalten Häusern gesäumte Straße vor sich sah... Eine Frau kam die verwaiste, vom kalten Silberschein des Erstmondes erhellte Straße herauf. Der Saum ihres Kleides schleifte über die merkwürdige Straßendecke. Stein, dachte Fia. Wer hatte denn je von einer Straße aus Stein gehört?
Noch mehr riß sie die Augen auf, als sie die Gestalt sah, die da hinter einer Hausecke lauerte und sich nun langsam vorbeugte. Die dunklen Falten ihrer vom Kopf bis zu den Sohlen reichenden Kutte schienen Unheil auszustrahlen. Fia stockte der Atem. Sie starrte auf die arglos näherkommende Frau, auf die Gestalt, die sich noch mehr vorbeugte, auf die lange Klinge, die im Mondlicht blitzte.
»Nein!« schrie Fia und langte danach aus. Aber statt kalten Stahl zu fassen, zerbrach sie den Wasserspiegel, worauf er in unzählige harmlose Wellen fiel und die Fische erschreckt davonstoben. Fias

Vision war verschwunden, und der Teich war wieder nur ein Teich.
»Aua!« kreischte sie, denn irgend jemand hatte sie am Ohr gepackt und zog sie daran hoch.
»Bist du denn verhext, daß du so dahockst und in den trüben Teich stierst? Du solltest doch die Gänse hüten!«
»Das tue ich doch!« maulte Fia und rieb sich das schmerzende Ohr.
»Soso!« schnaubte Cenna empört.
Fia blickte sich schuldbewußt um und sah jetzt erst, daß nur noch drei Gänse am Teich weideten und die übrigen den Hang hinauf oder auf den Wald zu watschelten.
»O Feuer, steh mir bei!« murmelte sie und sauste los. Als sie die Gänse endlich zusammengetrieben hatte und zum Waldweg, der in ihr Dorf führte, scheuchte, war sie außer Atem. Daß Cenna nur dastand und zusah, anstatt ihr zur Hand zu gehen, ärgerte sie. Sicher, die Schwester war in der Woche nicht mit Gänsehüten dran, aber trotzdem...
»Ich weiß nicht, Fia«, sagte Cenna, als sie hinter der Herde den staubigen Weg entlangschritten, »du benimmst dich manchmal schon etwas sonderbar.«
»Das stimmt nicht!«
»Was war dann das eben am Teich?«
»Ich habe nur die Fische beobachtet«, antwortete Fia.
»Und das mit hängendem Kiefer, wie eine Schwachsinnige! Was, wenn ich ein wilder Hund auf Gänsejagd oder einer... von denen dort gewesen wäre?«
»Die kommen hier doch nie so nahe heran. Außerdem hätte ich die gehört!«
»Soso! Du hast mich ja nicht einmal gehört, als ich direkt neben dir deinen Namen rief. Ja, du träumst den ganzen Tag mit offenen Augen. Paß nur auf, Grim wird dich holen, wenn sie erst wiederkommt.«
»Nein!« begehrte Fia auf und erblaßte. »Das ist gemein von dir!«
Cenna zuckte die Achsel, und das mit der ganzen Überlegenheit

der zwei Jahre Älteren. »Das ist nicht gemein, sondern wahr. Sie holt immer die, die sonderbar sind.«
»Die letzten beiden Male hat sie überhaupt niemanden mitgenommen.«
»Aber das Mal davor. Ich bin ja alt genug, um mich noch daran zu erinnern. Sie hat Donal geholt, den Jungen, der so herumlief und Wörter sagte, die kein Mensch verstand.«
»Ich bin nicht so sonderbar wie der«, erwiderte Fia, bereits den Tränen nahe.
»Es zählt nicht, wie seltsam... sondern, daß du seltsam bist.«
»Ich bin nicht seltsam! Ich habe bloß vor mich hin geträumt.«
Cenna schüttelte nur den Kopf. Stumm folgten sie den Gänsen, die ihren Stall gewittert hatten und in Erwartung ihrer Abendration eilig den Waldweg entlangwatschelten. Hinter den beiden raschelte es in den Bäumen, die den gewundenen Pfad schon halb verdeckten. Sie hatten kaum die Wächterbäume hinter sich gelassen, als ihnen bereits andere Kinder aus dem Dorf entgegengelaufen kamen.
»Grim ist da!« flüsterten sie in einem Ton, der den beiden kalte Schauer über den Rücken rieseln ließ.
»Sie ist gekommen!«
»Grim ist hier!«
Grim war wieder mal zur Kinderlese gekommen. Grim, die Frau, die alle fünf, sechs oder sieben Jahre erschien. Grim, die Frau, mit der die Eltern den ungezogenen Kindern drohten, wenn ihre Geduld erschöpft war... Fia erschauerte und biß sich auf die Innenseite der Wange. Die Kleinen, die Grim noch nicht kannten, hatten vor Aufregung große, glänzende Augen. Die Älteren waren bedrückt; sie erinnerten sich, daß die Zauberin sie schon das eine oder andere Mal verschont hatte, und hofften, auch nun verschont zu bleiben. Grim nahm keine Erwachsenen mit, nur Kinder.
Wie betäubt trieb Fia die Gänse in den Stall. Cennas Prophezeiung klang in ihr nach: »Grim wird dich holen...« Die Hände zitterten ihr so sehr, daß sie die Seilsicherung am Gatter nur mit größter Mühe schließen konnte und von dem Korn, das sie in den Holzeimer schöpfen wollte, einen Gutteil verschüttete.

»Fia, mein Mädchen, wo bist du denn?« rief die Mutter. »Hast du sie immer noch nicht gefüttert?« fragte sie erstaunt, als sie Fia reglos vor den hungrig schnatternden Gänsen stehen sah.

Fia richtete sich auf, hob den halbleeren Eimer über den Zaun und leerte ihn mit einem Ruck über die drängende, stoßende Schar.

»Komm ins Haus«, mahnte die Mutter. »Du mußt dir dein schönstes Kleid anziehen.«

Die Vorstellung, sich so feiertäglich herausputzen zu müssen, war Fia zuwider. Aber das war hier ja immer so! Die Erwachsenen zogen sich und den Kindern die besten Sachen an und gaben ein Festmahl, wenn Grim kam. Sie fragten die Zauberin nach Neuigkeiten aus, als ob sie nur irgendeine der vorbeikommenden Fremden sei, von denen es ja, Feuer sei's geklagt, nicht allzu viele gab. Aber nicht einmal für Fremde schlachtete man die fettesten Gänse und legte man die Feiertagsgewänder an, als ob man zum Feuerfest rüstete. Das tat man nur, wenn Grim zur Kinderlese kam.

Fia legte stirnrunzelnd ihr neues Kleid an, flocht sich glänzende Weidenblätter ins Haar und ging dann dicht hinter den Eltern zum Versammlungsplatz, der tief im Dunkel der Bäume lag. Ihre kleine Schwester Rune, die ihre Hand gefaßt hatte, plapperte den ganzen Weg über in Vorfreude auf dieses Fest; sie hatte keine Angst vor Grim, da sie noch zu klein war, um das Ganze zu verstehen. Thom, der zu Fias Linken ging, schwieg; er war aber fast schon zu alt, um sich Sorgen machen zu müssen. Nur ich muß Angst haben, dachte Fia. Cenna hält mich für sonderbar, und was denken die anderen?

Es war heute nicht der erste Traum dieser Art gewesen. Das hatte zwei Jahre zuvor begonnen, kurz nach ihrer ersten Monatsblutung. Sie hatte niemandem von ihren Träumen erzählt, weil sie so... sonderbar waren. Das verhaßte Wort ließ sie erneut erschauern! Aber sie hatte, im Gegensatz zu all den anderen Mädchen, nie von heimeligen Walddörfchen oder Menschen, die sie kannte, geträumt. Nur von sonderbaren Orten, hoch aufragenden, abweisenden Städten, kalten, menschenleeren Ebenen oder trostlosen Wüsten... Und immer von Gefahren. Danach erwachte sie dann mit klopfendem Herzen und mit zuckenden Lidern. Sie erwachte, auch wenn sie überhaupt nicht geschlafen hatte, denn die schlimmsten Träume, die kamen nie bei Nacht. Ihre Nächte waren gemeinhin so traumlos wie die Tage der anderen Mädchen.

Die Versammlungshalle mit ihrem niedrigen Dach aus geschnitzten, dicken Ästen und ihren Flechtwänden war schon brechend voll. In der Luft lag noch der süße Geruch des Druschs vom letzten Jahr. Fia holte tief Atem, um sich zu beruhigen, und folgte dann ihren Eltern hinüber zu einem der eilig zusammengezimmerten Tische. Bei anderen Gelegenheiten setzte man die Kinder für sich ans Ende der Halle. Aber wenn Grim da war, saß man in der Familie beieinander, als ob es das letzte Mal wäre.

Viel zu früh war das Festmahl zu Ende, und schon begann Grim, die Kindern einzeln zum Prüfungsgespräch aufzurufen. Fia spürte eine ungekannte Angst in sich aufsteigen. Beim ersten Mal war sie etwa so alt wie Rune gewesen und ganz verwirrt von jenem seltsamen und unbegreiflichen Geschehen. Beim letzten Mal hatte sie gewußt, was geschehen könnte, aber nicht eigentlich das Gefühl gehabt, daß es sie treffen könne. Sie hatte mehr um ihre Freunde und Freundinnen gebangt. Aber dieses Mal...

Die Kleinsten gingen als erste zu Grim und trippelten, wie Rune, fröhlich zu ihr hin, schwätzten so strahlend mit ihr, als ob sie die Fleisch gewordene Große Geberin sei... Als nächste kamen die etwas älteren Kinder dran, die, die schon alt genug waren, um im Haus und auf dem Acker zu helfen, aber noch nicht alt genug für Monatsblutung und Stimmbruch.

Und dann war die Reihe an Fia. Sie hätte sich jetzt am liebsten umgedreht, um davonzulaufen, zwang sich jedoch, zur Zauberin zu gehen – wenn auch so steifbeinig wie eine ärgerliche Katze. Grim lächelte das Mädchen an, nahm es bei der Hand und sah ihm tief in Herz und Hirn. Und dabei glättete sich ihre Stirn, und sie schloß halb die Augen und blickte friedvoll drein. Da wußte Fia, daß die Zauberin es wußte, und sie fürchtete sich.

»Ja, die da nehme ich mit«, verkündete die Zauberin.

Fia riß sich mit einem Ruck los und machte sogleich kehrt, sprang ins Gewühl zurück und zwängte und drängte sich unter dem Geschrei der erstaunten Dörfler durch die Reihen.
»He, wo willst du hin?« schrie einer am Hallenausgang und wollte sie festhalten.
Aber sie schüttelte seine Hand ab und tauchte in der Nacht unter. Wie ein Hase hetzte sie zwischen den Bäumen des Waldes hin, hielt nun keuchend inne und krümmte sich mit verdrehten Augen. In einem Dickicht von Gora-Büschen fern vom Dorf fand sie Unterschlupf.
Allmählich ging ihr Atem ruhiger, und sie begann zu zittern. Was sollte sie jetzt tun? Wenn sie zurückginge, würde man sie einfach der Zauberin übergeben, ja, sogar ihre Eltern würden das machen. Die Erwachsenen sprachen von denen, die gegangen waren, immer nur im Flüsterton, und keiner von ihnen hatte je gesagt, warum sie es zuließen, daß die Zauberin sie mitnahm. Tränen stiegen Fia in die Augen und rannen ihr über die Wangen.
Sie hatte noch nie gehört, daß jemand draußen allein lebte; außer den Hirschen und Wildhunden gab es nur... die da. Ja, was sonst könnte sie tun? Für sie hieß es, entweder zurückzugehen und Grim übergeben zu werden oder... von nun an allein zu leben. Aber das eine war so schlimm wie das andere, und zwischen der Unfähigkeit, sich zu entscheiden, und der Furcht vor dem Weiterlaufen sank sie in einen unruhigen Schlaf.
Der Drittmond stieg über die Baumwipfel und tauchte den Wald in sein dunkelrotes Licht. Da bewegte Fia sich im Schlaf und stieß dabei gegen die Dornzweige des Gora-Dickichts, daß seine dürren Blätter raschelten. Langsam kam sie wieder zu sich.
Sie sah geduckte Gestalten den Hügel herabkommen. Ihr Gang war schwerfällig, schlurfend, und ihre Bärte waren lang... nein, es waren keine wirklichen Bärte! Oh, schrecklich, das waren die Die-dort... die O-Mein, und das Gelb ihrer ledrigen Haut war dunkler im launischen Licht des Letztmonds Lural. Jetzt sah Fia auch den Hügel, den sie herabgeschlurft kamen, und sie wußte, daß sie ihn so gut kannte wie den Gänsestall bei ihrem elterlichen Haus.

Es war der Hügel über dem kleinen Teich, an dem sie selbigen Tags noch die Gänse geweidet hatte. Die O-Mein schlurften den Hügel herab, sahen sich argwöhnisch um, schlurften und schnüffelten. Fia sträubte sich gegen ihren Traum, wollte aufwachen, wollte ... die dort ... nicht mehr sehen und nicht sehen, wie ihre schlurfenden Füße den Boden entweihten, auf dem sie wandelte.
Stöhnend vor Entsetzen beobachtete Fia, wie sie der grünen Spur der Gänse folgten und auf dem Pfad in den Wald eindrangen, in den Wald, der ihr und allen Leuten im Dorf bisher ein Schutz gewesen war, ihnen Sicherheit gegeben hatte. Diese O-Mein aber schienen den Wald nicht zu fürchten, und die Bäume wehrten sie nicht ab. Ungläubig sah Fia den letzten dieser Schar im Wald verschwinden, dieser Schar, die auf dem Weg zu ihrem Dorf war.
Sie rappelte sich hoch, schüttelte wütend den Kopf und blinzelte sich den letzten Traumrest aus den Augen. Schaudernd horchte sie, ob nicht schon panische Schreie vom Dorf her kämen. Dabei wurde sie gewahr, daß das Land noch ins gelbe Licht des Drittmonds und nicht in den roten Schein Lurals getaucht war.
Es blieb also noch Zeit!
Hastig riß sie sich von den dornigen Zweigen des Gora-Busches los und rannte wie von Furien gehetzt ins Dorf zurück. Was scherte es sie noch, daß man sie bestimmt Grim übergeben würde! Jetzt kam es nur darauf an, ihre Familie, ihre Leute zu warnen. Sie begegnete Suchtrupps, die nach ihr Ausschau hielten, sie aber nicht sahen. Fia war nun so unsichtbar und unhörbar wie die Große Geberin. Es war, als ob die Bäume sie vor den eigenen Leuten beschützten. Sie lief geradewegs zum Versammlungsplatz, um die Zauberin zu suchen. Die hatte ihr ja in Herz und Hirn geschaut und würde ihr deshalb glauben. Würde wissen, daß sie die Wahrheit sprach, wissen, daß ihr Alptraum Wirklichkeit war.
Grim erwartete sie schon.
»Sie kommen!« stieß Fria atemlos hervor.
»Wer?«
»Die da!«
Die Zauberin sah sie fragend an. Also mußte Fia das gefürchtete Wort aussprechen: »Die O-Mein!«

»Wohin?«
»Hierher!«
Grim starrte Fia zweifelnd an – für den Bruchteil einer Sekunde nur. Dann veränderte sich ihre Miene. »Rufe die Leute zusammen!« befahl sie Sulir.
Fia spürte Sulirs Ruf. Es war kein hörbares Kommando, kein lauter Schrei, sondern ein warmes Gefühl, verbunden mit dem Bedürfnis, den anderen nah zu sein. Von diesem Sehnen getrieben, trat sie nun – zu ihrer eigenen Überraschung – etwas näher an Sulir heran.
Bald schon kehrten die Suchtrupps ins Dorf zurück. Alle strebten in die große Versammlungshalle, wo sie sich gleich dicht an dicht drängten.
»Oh, du bist wieder da!« schluchzte Fias Mutter und stürzte vor, um ihre Tochter zu umarmen. Aber Grim hielt die Hand zwischen die beiden, und da fuhr die Mutter zurück, als ob sie sich verbrannt hätte, und in ihr Gesicht stand eine Sehnsucht geschrieben.
Fia wußte, daß dies nicht die Geste der Trennung gewesen war. Die käme erst später. Jetzt ging es um die O-Mein.
»Sage es ihnen!« befahl die Zauberin, als alle versammelt waren.
»Die O-Mein kommen«, sprach Fia mit einer Stimme so leise, daß es kaum mehr als ein Flüstern war.
»Was? In dieses Gebiet?« fragte Kelor, der Dorfvorsteher. »Und woher willst ausgerechnet du das wissen? Ist das wieder einer von deinen kindischen Ulks?«
»Sie ist kein Kind mehr«, versetzte Grim gelassen, »und das ist kein Ulk. Fia ist eine Wahrträumerin.«
Nachdem Kelor das geschluckt und verdaut hatte, fragte er: »Wohin kommen sie?«
»Hierher in unser Dorf. Auf dem Gänsepfad!«
Ungläubiges Gemurmel erhob sich.
»Aber das ist doch unmöglich! Der Wald schützt uns!« widersprach Kelor.
Fia zuckte die Schultern; das Ganze war ihr ebenso rätselhaft wie

ihm. »Ich habe sie mit eigenen Augen gesehen«, war alles, was sie sagen konnte.
»Wann werden sie kommen?« fragte die Zauberin ruhig.
»Wenn Lural aufgeht.«
»Dann haben wir also noch Zeit!«
Alle Männer und Frauen holten alsbald ihre Waffen und schwärmten in den Wald aus, liefen leichtfüßig über Baumwurzeln und gefallenes Laub und kauerten sich, gut versteckt, längs des Gänsepfades, am Dorfeingang und sogar, für alle Fälle, beiderseits des Weges hin, der zum Ort hinausführte.
Dort warteten sie geduldig, bis der Viertmond seine Himmelsbahn durchlaufen hatte und Lural aufging.
Als sein gelbes Licht die Wurzeln auf ihrem Pfad beschien, hörten sie die schlurfenden Schritte. Sofort faßten sie ihre geschärften Stöcke fester und legten die gefiederten Pfeile auf die Sehnen.
Sulir gab mit stummem Ruf ihren Befehl zum Angriff. Wie eine Woge brach er über die fürchterlichen O-Mein herein. Gleich zwei von ihnen blieben im ersten Pfeilhagel liegen.
Wiederum stumm, führte Sulir die Dörfler aus dem Schutz der Bäume und zur offenen Attacke. Sie war die erste, die einen O-Mein mit spitzem Stock auf den Boden nagelte. Ein zweiter Stab bohrte sich ihm in sein niederträchtiges Herz. Sie wurden alle binnen Minuten getötet – trotz ihrer Hünenhaftigkeit und ihrer Klauen.
Kelor war, von einem der O-Mein verwundet, in die Knie gebrochen. Jetzt erhob er sich, drehte einen der toten Unholde um und durchsuchte ihn. Bald schon hielt er ein dünnes Halskettchen hoch, an dem ein Splitter vom Wahrholz hing. »Das ist ihr Geheimnis... Damit haben sie den Wald getäuscht«, verkündete er mit grimmiger Miene.
»Dann sind wir also nicht mehr sicher«, sagte Fias Mutter. »Nicht einmal hier, in unserem Wald!« Die Menge erschauerte.
Fia kam herbei und beugte sich über die Toten. Sie sah jetzt zum erstenmal einen O-Mein aus der Nähe. Ein kalter Schauder überlief sie. Ihr wurde klar, daß dies sehr anders ausgegangen wäre, wenn sie die Dörfler nicht gewarnt hätte. Diese zwanzig O-Mein

da, die zweimal so groß waren wie ihre Leute und Messer hatten, die noch länger waren als ihre schrecklich langen Krallen, hätten leicht alle im Dorf töten oder gefangennehmen können.
»Deshalb brauchen wir dich ja«, sagte die Zauberin.
»Warum willst du mich dann fortbringen? Ich werde hier benötigt. Vor allem jetzt!« antwortete ihr Fia.
»Dein Talent ist bei weitem noch nicht das, was es sein könnte. Es bedarf der Schulung. Damit du deine Gabe ungehindert und zum Besten aller Menschen, und nicht nur eines kleinen Dorfes, nutzen kannst. Denk an deine früheren Träume, an all diese anderen Male, da du jemanden hättest warnen können!« erwiderte Grim.
Fia senkte den Kopf. Laß jemand anderen das übernehmen, wollte sie sagen, laß mich hier bleiben.
»... all jene, die du mitgenommen hast. Wurden sie wirklich alle geschult? Nicht...« Fia verstummte, als ihr aufging, daß sie sich noch nie gefragt hatte, was nach jenem schrecklichen Verschwinden kam.
»Sicher. Sie werden alle ausgebildet, damit sie ihre Gabe besser einsetzen können. Und danach schickt man sie eben dorthin, wo sie am dringendsten gebraucht werden.«
»Warum kann ich dann nie mehr nach Hause zurück? Meine Familie, meine Freunde sehen?«
»Aber das kannst du doch! Vielleicht schickt man dich ja sogar hierher, wenn man dich hier am meisten benötigt. Sieh dir Sulir an. Auch sie wurde ausgebildet und kam danach hierher zurück.«
Sulir? Die Ruferin des Dorfs? War sie also von Grim geholt worden und heimgekehrt? »Warum sagen die Eltern das dann nicht, anstatt... es ist so beängstigend.«
Die Zauberin seufzte. »Weil sie Angst haben. Angst, daß ihnen das bloße Aussprechen des Wortes ›O-Mein‹ diese Unholde auf den Hals brächte. Angst, den Krieg herbeizureden und selbst hineingezogen zu werden, wenn sie ihn und die Talentierten, die ihn bekämpfen, beim Namen nennen. Das ist nicht überall so. Nur... in kleinen Orten wie diesem. Du wirst schon sehen.«

So dachte Fia sich an einen Ort, wo man diese O-Mein nicht nur im Flüsterton »die dort« nannte... einen Ort, wo die Leute wirklich etwas unternahmen, um die bärtigen Unholde zu besiegen. Und diese Vorstellung lockte und erschreckte sie zugleich.
»Muß ich dann in einer Stadt aus Stein wohnen?« fragte sie.
Grim lächelte freundlich. »Am Anfang wohl nicht. Außerdem, Steine können genauso warm wie Bäume sein, wenn man unter Menschen ist.«
Fia blickte sie an. Jetzt sah sie keine runzlige, furchterregende Frau mehr vor sich, sondern eine gütige, der das Wohl anderer am Herzen lag. Eine, die allein durch das Land zog und unter Einsatz ihres Lebens nach Menschen suchte, die begabt genug waren, um den Krieg zugunsten der einfachen Leute zu entscheiden.
»Es ist kein Spaß, dies Talent zu haben«, fuhr die Zauberin fort. »Aber nicht ich habe dich auserwählt, sondern dein eigener Leib. Es ist eine Berufung, wenn du so willst. In diesen Kriegszeiten ist es wohl eher eine schwere Berufung, aber du wirst gebraucht. Du kannst nicht einfach in deinem Dorf so vor dich hin leben und nur an dein eigenes Glück denken.«
Fia wußte, daß die Zauberin im Recht war. Sie dachte an all diese Male, da sie aufgeschrien oder die Hand ausgestreckt hatte, um zu warnen oder das Töten zu enden... und damit doch nur ihren Traum verloren hatte. Sie hatte sich stets mit dem Spruch getröstet, es sei ja alles nur ein Traum gewesen. Aber jetzt, da sie wußte, daß ihre Träume Wirklichkeit waren, konnte sie nicht so weitermachen. Es ging nicht an, daß Menschen starben, nur weil sie Angst hatte, ihre gewohnte Umgebung, ihre kleine Welt zu verlassen. Also mußte sie diese Angst bezwingen und ihre Berufung annehmen.
Fia drehte sich um und ging, ihren Reisesack zu packen.

DIANE BURRELL

Diane Burrell nennt sich eine »typische Militärgöre«, meint aber, am interessantesten seien ihre drei Jahre in Libyen gewesen. Sie ist vor kurzem nach Hollywood gegangen, »um es mit dem Schreiben von Drehbüchern zu versuchen«, und mag Heavy metal und klassische Musik. Merkwürdig, ich hätte geglaubt, daß diese beiden Richtungen einander ausschließen. Aber vielleicht macht sich da bei mir eine Generationenkluft bemerkbar; ich staune selbst, wie häufig ich in letzter Zeit daran erinnert werde, daß ich einem älteren Jahrgang angehöre. Schließlich hat man mir in meiner Schulzeit gesagt, ich solle meinen Grips und meine Zeit nicht auf Science-fiction und Fantasy verschwenden. Womit meine Lehrer aber ganz falsch lagen, denn was ich je an fürs Leben Brauchbarem gelernt habe, habe ich aus der Fantasy-Literatur gelernt. Aber die Zeiten haben sich ja geändert. Wer weiß, eines Tages finde ich noch heraus, wie Heavy metal und klassische Musik miteinander vereinbar sein oder sogar in einem und demselben Gehirnkästchen zugleich existieren können.
Ich gönne mir jedes Jahr das Vergnügen, für diese Anthologie eine Story aus keinem anderen Grund als dem aufzunehmen, daß sie mir und bestimmt auch meinen Lesern gefällt – zumindest denen, die völlig auf meiner Wellenlänge sind. Und dieser Geschichte nun konnte ich einfach nicht widerstehen! – MZB

DIANE BURRELL

Wintertochter

Ich wurde mitten in einem eisigen Winter geboren, und das Heulen und Klagen der Winde, die um die hohen Türme der väterlichen Burg tobten, übertönte die Seufzer und Schreie meiner Mutter. Daß ich bei jenem Wintersturm zur Welt kam, haben mir meine Kindermädchen immer wieder erzählt. Mir haben sich ihre Erzählungen – auch wenn mein Vater, der König, darüber die Stirn runzelte und sagte, ich solle nichts darauf geben – mit all ihren Einzelheiten tief ins Gedächtnis gegraben.

Als Tochter des Königs hatte ich, wie es sich geziemt, zahlreiche Hauslehrer und Kindermädchen. Von ihnen hörte ich, daß die Winter hier am Hyperberon-See vormals mild und heiter gewesen seien und der Schnee sich wie eine weiche Decke über die an seinem Südufer hoch aufragende Klippe gelegt habe, auf der die Burg Beron steht. Als ich älter wurde und die Welt um mich bewußter wahrnahm, ging mir auf, wie wütend die Winter über das Land herfielen und es mit bitterer Kälte heimsuchten, unter Schneemassen erstickten, und es erst, gezwungenermaßen, bei der Ankunft des Frühlings aus ihrem eisigen Griff entließen. Ich erinnere mich noch gut, daß ich mich manche Winternacht in meinem Bett unter Bergen von warmen Fellen barg und den Kammerzofen zusah, wie sie die Glut in meinem Kamin zum lodernden Feuer entfachten, das diese grausame Kälte verjagen sollte, die anscheinend die ganze Burg durchdrang.

Und derweil hörte ich draußen die Winde heulen, die wütend um die Türme und Zinnen brausten und Wolken von Schneeflocken wild durch die Luft wirbelten. Ich habe mich oft darüber gewundert, daß die Elemente des Winters so lange in unserem Königreich tobten; aber damals, als Kind, glaubte ich ja... in diesen Winden Stimmen zu hören, und schrieb sie Lebewesen zu, und so

war es nur natürlich, daß ich mich über deren entsetzliches Verhalten wunderte.
Winter... das hieß für mich praktisch monatelange Gefangenschaft in der Burg. Denn es war mir strikt verboten, während dieser Zeit dort draußen herumzutoben. Der Grund dafür war mir unbekannt. Ich wußte nur, daß es ein Verbot des Königs war – aber es kam mir so ungerecht vor, daß ich nicht einmal an Tagen, an denen die Sonne durch die Wolken brach und den See in gleißendes Licht tauchte, in die weiße Pracht hinauslaufen durfte.
Ich liebte meinen Vater, in gewisser Weise – aber daß er mich im Winter so im Haus einschloß, verletzte und verstörte mich. Meine Mutter, Leirinda, war wie ein blasses Gespenst und hielt sich die meiste Zeit über im Hintergrund. Als ich älter wurde, glaubte ich zu erkennen, daß mein Vater, Valhar, alles tat, damit sie und ich ja nicht allein zusammen waren. Ich wußte, daß sie mich tief und schrankenlos liebte; er aber schien eifersüchtig darauf bedacht, mir ihre Liebe vorzuenthalten. Aber wenn sich die Gelegenheit bot – in den kurzen Augenblicken, in denen wir zwei statt Königin und Prinzessin Mutter und Tochter sein konnten –, überschüttete sie mich mit ihrer Mutterliebe, und ich spürte eine tiefe Traurigkeit in ihr, die sie zu verbergen suchte.
Ich argwöhnte, daß das Verhalten meines Vaters gegenüber meiner Mutter und mir vor allem darauf zurückgehe, daß ich ein Mädchen war. Denn ich hatte schon als kleines Kind gehört, ihm sei einst geweissagt worden, seine Frau werde ihm einen Sohn gebären, und er sei sehr ungehalten gewesen, als sie mich, ein Mädchen, zur Welt brachte. Meine Mutter war außer sich vor Glück gewesen und hatte mich Kirin genannt, und sie liebte mich innig – wegen der Gleichgültigkeit meines Vaters vielleicht um so mehr.
Über die Ereignisse vor meiner Geburt wußte ich nur das wenige, das ich aus den Gesprächen von Dienern und Mägden, die sich von mir unbelauscht wähnten, hatte aufschnappen können. So wußte ich, daß die Fürsten der Nachbarländer – obwohl doch unser Königreich so klein war – König Valhar nie zu befehden gewagt hatten, da er angeblich in seiner Jugend Macht über einen großen

Zauber erlangt und ihn gezwungen habe, ihm zu dienen. Von diesem Zauber war mir nichts bekannt... aber es gab Zeiten in den Wintermonaten, wenn ich so in der riesigen, dunklen Burg gefangen war, da meinte ich, eine Spur von Etwas in diesem alten Gemäuer zu fühlen. Es schwand aber immer nach einer Weile, und ich habe meinen Eltern nie davon erzählt. Wichtig war ja, daß wir mit unseren Nachbarn in Frieden lebten – und ob dabei Magie mitspielte oder nicht, kümmerte mich eigentlich nicht.

Ich machte mir über meine Eltern oft Gedanken, da ihr Verhältnis zueinander mich verwirrte und betrübte. Die Königin rief mich des öfteren zu sich, damit ich ihr aufwarte, und gab sich, obschon ja mein Vater ständig in der Nähe war, große Mühe, mir ihre Liebe zu zeigen. Ihre Umarmung wurde mir sehr viel häufiger zuteil als die meines Vaters; und zu jenen Zeiten, da er zornig wurde – oft aus mir unverständlichen Gründen –, nahm sie mich vor den schlimmsten seiner Tiraden in Schutz. Aber auch zu jenen Zeiten, es war meist im Hochwinter, wurde ich aus den Gemächern meiner Eltern gewiesen und hörte dann im Fortgehen, wie sich ihre Stimmen in erbittertem Streit erhoben... Worüber sie sich stritten, wußte ich nicht; ich wußte nur, daß meiner Mutter bald darauf die Stimme versagen, sie verstummen würde. Oft hörte ich auch ihr ersticktes Weinen. Mein Vater weinte nie.

Mit dem Älterwerden beschäftigten mich andere Dinge, bis ich mir schließlich, im Winter meines siebzehnten Geburtstags, so manches zusammengereimt hatte. Meine Mutter war eine hochgewachsene und anmutige Frau, zerbrechlich und von beunruhigender Schönheit, mit hellem Haar und Teint und großen, schwarzen Augen, die im Dunkel schimmerten. Mein Vater liebte sie nicht nur so; er beanspruchte sie in einer mir unverständlichen Weise ganz für sich. Er wachte eifersüchtig über sie und sorgte dafür, daß sie fast keinen der Würdenträger und Besucher unseres Hofes zu sehen bekam. Mag sein, daß sein besitzergreifendes Verhalten mir die Augen dafür öffnete... daß sie ihn nicht liebte. Als mir das zu dämmern begann, ging mir auch auf, daß er in mir, die ich so groß und so hell von Haut und Haar und so schwarzäugig und so zerbrechlich war wie sie, das Ebenbild meiner Mutter sah

und mich darum in der Burg einschloß: als ein zu bewachendes und zu beaufsichtigendes Kind. Meine Liebe für meinen Vater begann darüber zu schwinden.
In jenem Winter fielen die Elemente mit solcher Strenge über das kleine Königreich her, daß endlich das Undenkbare eintrat – der Hyperberon-See fror zu. Das Donnern und Krachen des aufbrechenden und wieder gefrierenden Eises ließ in jenen Tagen und Nächten die Mauern der Burg erbeben und deren Bewohner erschauern. Ich konnte die dumpfen Schläge noch hören, wenn ich durch die riesigen Flure und Zimmer ging, und sah zudem, daß die Köche und Mägde dabei die Köpfe zusammensteckten und sich ängstlich Abwehrzauber gegen die Naturgeister über die Schultern warfen.
Bei Nacht tobten die Winde so gegen die Türme, daß der König all deren Bewohner in die Erdgeschoßräume bat und anordnete, daß sie in den Kammern des Gesindes und der Höflinge schliefen. Es stand zu befürchten, daß der schwere Eispanzer das Gemäuer zum Einsturz bringen könnte. Nachts im Schlafraum wurde viel über irgendeine Art Rache spekuliert, die damit an König Valhar geübt werde. Aber das Geraune verstummte schnell, als die Frauen meine Anwesenheit bemerkten. Bei dem verlegenen Schweigen, das daraufhin herrschte, schossen mir viele noch unfertige Gedanken und Fragen durch den Kopf. Was bedeutet das Gemurmel, das ich zeit meines Lebens höre? Was für ein Geheimnis hütet mein Vater? Und welches meine Mutter?
Weil ich genau wußte, daß ich von meinen Gefährtinnen nichts mehr zu hören bekäme, erhob ich mich von meiner Schlafbank, ließ die schützende Wärme der großen Halle hinter mir und glitt auf meinen pelzbesetzten Pantoffeln beinahe lautlos über die glatten Fliesen der dunklen Flure. Ich hatte vorgeschützt, mich in meine Gemächer begeben zu wollen, ging aber in Wahrheit nun meine Mutter suchen. Mein Vater war an jenem Abend ausgeritten, und ich wußte, daß sie irgendwo im innersten Bereich des riesigen Gebäudes sein mußte – ganz allein.
Ich fand meine Mutter in der großen Bibliothek. Sie hatte es sich bequem gemacht, lag, in ein flauschiges Gewand gehüllt, das lange

Silberhaar offen über den Schultern, und mit einem Buch im Schoß, behaglich auf allerlei Kissen gestützt auf dem Boden und streckte die bloßen Füße zu dem mächtigen Feuer hin, das im Kamin loderte und in dem hohen Raum eine fast kuschelige Wärme verbreitete. Der ungewohnte Anblick – meine Mutter, die Königin, barfuß und allein in der Bibliothek – ließ mich für einen Moment auf der Schwelle zögern.

Aber sie hatte wohl gehört, wie ich die Tür öffnete. Sie blickte auf. Ein leichtes Lächeln erhellte ihr vom Feuerschein bronzenes Gesicht. »Komm doch, Kirin«, sagte sie mit sanfter Stimme. Ich ging zu ihr hin, ließ mich dann neben ihr nieder und breitete meinen schweren wollenen Rock über ihre bloßen Füße. Da lächelte sie erneut und legte ihr Buch weg, sah mich, die ich stumm und verwirrt dasaß, prüfend an und nahm schließlich meine Hand. »Was quält dich denn, meine Kleine?«

»Mutter...«, begann ich, schwieg aber wieder und saß nur offenen Mundes da, weil ich all die Fragen, die mich bewegten, mit einmal nicht in Worte fassen konnte. Sie spürte mein Verwirrung, wie sie das ja immer tat, und strich mir die ungebärdigen Strähnen, die meinen Zöpfen entwischt waren, aus den Augen.

»Kirin...?«

Aber aus Angst, daß mein Vater gleich heimkommen und unsere Zweisamkeit wieder einmal stören könnte, und um dem ja zuvorzukommen, platzte ich nun doch damit heraus: »Mutter... weshalb gibt es in diesem Haus so viele Geheimnisse?«

Da lächelte sie gelassen. »Jede Burg hat ihre Geheimnisse, meine Kleine.«

Ich schüttelte den Kopf. »Nicht solche wie diese!«

Ihre schwarzen Augen suchten die meinen. »Und was genau willst du wissen, Kirin?«

»Sag, wieso liebst du den König nicht?« Ich war selbst über meine Kühnheit so erschrocken, daß ich erleichtert war, als sie meine Hand gehen ließ, sich umdrehte und ins Feuer blickte. Mir brannte das Gesicht vor Scham. Ich schlug die Augen nieder, verging fast vor Angst, daß ich das zarte Verhältnis zwischen meiner Mutter und mir beschädigt hätte.

Ich weiß nicht, wann sie mir wieder ihren Blick zuwandte – aber bald schon streckte sie ihre Hand aus und nahm erneut die meine. Als ich aufblickte, sah ich Tränen in ihren Augen schimmern. »Man muß eben manche Dinge im Leben akzeptieren, Kirin. Man kämpft... solange man kann... aber irgendwann kommt der Augenblick, da man nachgibt, es eben akzeptiert.« Ich konnte ihren Blick nicht mehr ertragen, denn die Tränen flossen ihr über und drohten, ihr über ihre Alabasterwangen zu rollen. So schlug ich von neuem die Augen nieder und hörte gesenkten Kopfes zu, als sie fortfuhr: »Ich habe versucht... ihn zu lieben, aber es stand nicht in meiner Macht. Ich brauchte all meine Kraft, um meinen... Zorn zu verwinden...« Ihre Stimme verlor sich wieder. Aber dieses Mal achtete ich nicht darauf, weil meine ganze Aufmerksamkeit den Handgelenken meiner Mutter galt, die ich nun zum erstenmal in meinem Leben erblickte.

Meine Mutter trug stets langärmlige Handschuhe, und das sogar im heißesten Hochsommer. Ich hatte nie ein Wort darüber verloren – obwohl ja manche diese Gewohnheit recht sonderbar fanden. Sie hatte eine sehr helle Haut, die keine Sonne bräunte, und weil es sich bei mir ebenso verhielt, ging auch ich, um einen Sonnenbrand zu vermeiden, oft völlig verhüllt. Aber ich hatte sie noch nie – nicht einmal in den Privatgemächern der königlichen Familie – mit bloßen Armen gesehen.

Ihre Handgelenke waren, wie bereits gesagt, schmal und weiß und sehr anmutig. Im Schein des Feuers meinte ich aber zu erkennen, daß... sie ganz geschunden aussahen. Und so fuhr ich ihr, nur halb des nun herrschenden Schweigens gewahr, mit dem Finger über die merkwürdige Hautstelle.

Da schrak meine Mutter zusammen und versuchte, mir ihre Hand zu entreißen, aber ich hielt sie eisern fest und betrachtete sie von neuem. Ihr Handgelenk war narbig, die Haut gezerrt, stellenweise wie Pergament und selbst für ihre Verhältnisse sehr weiß. Wieder wollte sie sich aus meinem Griff lösen. Aber ich ließ sie nicht gehen und sah nur entsetzt zu ihr auf. »Hast du einmal in Ketten gelegen, Mutter?«

Als ich ihre Hand jetzt freigab, wandte sie sich ab, um sich, wie

immer, hinter ihrem Schweigen zu verstecken. Aber diesmal schien etwas sie daran zu hindern. Denn sie hob an zu sprechen, nachdem sie eine Weile ihre zum Feuer gestreckten Handgelenke angestarrt und schließlich ihre Hände in den Schoß gelegt hatte: »Es war vor langer Zeit...«, sagte sie mit sehr leiser und trauriger Stimme, »vor deiner Geburt. In einem anderen Leben.«
Da vergaß ich meine ursprüngliche Frage und starrte sie ungläubig an. Wer sollte es gewagt haben, Königin Leirinda, Herrin auf Burg Beron, das anzutun? »Mutter... wer? Warum?«
Sie zögerte lange mit einer Antwort. Nur das Prasseln der Flammen und das Knacken der Holzscheite unterbrach diese lastende Stille. Endlich flüsterte sie, unhörbar fast: »Nur dieser Mann konnte das tun, konnte mir das antun...« Dabei sah sie mir so in die Augen, daß ich mir sicher war, sie wolle mir nun die ganze Wahrheit sagen – aber da flog krachend die Tür der Bibliothek auf, und mein Vater trat herein. Und ich spürte sofort, obwohl sie sich nicht bewegte, daß sie sich verschloß – gegenüber mir wie gegenüber ihm. Sie hob nur ihr ausdrucksloses Gesicht und sah ihn an, als er nun mit raschen Schritten auf uns zukam.
Er hatte nicht einmal seinen schweren Wintermantel abgelegt. Der Pelzbesatz an Kapuze und Stiefeln war steif gefroren und weiß vor Reif, und seine Stiefel hinterließen Spuren aus tauendem Schnee. Sein Gesicht, soweit es nicht von seinem dichten, eisgrauen Bart bedeckt war, war rot vor Kälte, und er funkelte uns, die wir da beieinander auf dem Boden saßen, mit seinen blauen Augen wütend an. Meine Mutter barg ihre Handgelenke ohne Hast in den Falten ihres Gewands. Aber ihre Bewegung entging ihm nicht. Sein Blick zuckte zu ihren Händen hinab und wieder zu ihrem Gesicht zurück. Dann wandte er sich langsam zu mir. Er ist es gewesen, schoß es mir durch den Sinn, er hat sie in Ketten gelegt!
Valhar nahm eine gespannte Haltung an, als ob er auf irgendeine Erklärung von mir warte; seine Miene verdüsterte sich zusehends. Weil ich nicht wußte, was er von mir zu hören erwartete – oder fürchtete –, senkte ich bald ratlos die Augen. Nun räusperte er sich, stieß seine Kapuze zurück und sagte streng: »Kirin, laß uns

allein!« Seine Stimme war so rauh von unterdrückten Gefühlen, daß ich mich fragte, was er in diesen spannungsgeladenen Augenblicken wohl befürchtet oder gehofft haben mochte.
Ich erhob mich, um hinauszugehen, wurde aber zu meinem Erstaunen von meiner Mutter zurückgehalten. »Nein, Kirin, bleib«, sagte sie hastig und faßte mich am Arm. Das war, soweit ich mich erinnere, das erste Mal, daß sie es wagte, einem Befehl meines Vaters zu widersprechen.
»Leirinda... es ist der Wind«, stieß Valhar bebend hervor. Er erstickte fast an seinem Jähzorn.
Nun hörten auch wir das Heulen des Sturms. Er tobte mit solcher Kraft, daß er bis ins tiefste Innere der Burg drang und sogar in der Bibliothek mit ihren dicken Mauern ein Luftzug zu spüren war. Wie in meiner Kindheit, so glaubte ich auch jetzt Stimmen im Wind zu vernehmen; aber das Gefühl schwand mir, als ich meine Mutter ansah, die, den Kopf wie lauschend geneigt, sich nun langsam aus ihren Kissen erhob.
»Ja, ich höre die Winde«, sagte sie und lächelte dann.
Der König zog ein böses Gesicht. »Der Tagwächter hat am Nordturm einen tiefen Riß bemerkt, der von oben bis unten reicht. Der war gestern noch nicht da. Der Sturm... das Eis... der Turm könnte einstürzen!«
Leirindas Lächeln schwand. »Nein. Das würden sie nicht tun.«
Sie? Von wem, wovon redeten meine Eltern eigentlich?
Nun lächelte Valhar, langsam, grausam. »Du hast es selbst einst gesagt. Sie werden es tun.« Er sah mich und dann wieder Leirinda an. »Du mußt es verhindern!«
»Nein!« Verzweiflung malte sich in ihren Zügen. Ich nahm besorgt ihre Hand in die meine. Ihre Finger waren eiskalt und zitterten. Als mein Vater uns so sah, schäumte er vor Wut.
»Kirin, du gehst jetzt auf der Stelle!« schrie er in einem Ton, der keinen Widerspruch zuließ. Aber ich wollte nicht gehorchen, ich konnte doch meine Mutter, die wie Espenlaub zitterte, nicht allein lassen.
»Mutter, was meint er mit ›du mu...‹«. Aber da trat er schon mit zwei schnellen Schritten zu mir und packte meinen Arm so fest

wie ein Schraubstock, stieß mich vor sich her und in den Flur hinaus, funkelte mich noch einmal drohend an und schlug sodann vor meiner Nase die Bibliothekstür zu. Ich trollte mich aber nicht, sondern preßte mein Ohr fest an die Tür und horchte auf ihre vom Holz des Türblatts gedämpften Stimmen.

Mein Vater schien außer sich vor Zorn. »Was weiß sie?« brüllte er meine Mutter an.

»Nicht genug...«, antwortete sie, für mich über dem Sturmgebraus nur eben noch vernehmlich. »Ich gab dir mein Wort. Hast du Angst, daß ich es brechen könnte?«

»Ja! Für die Stürme, die Winde... ja, ich hatte Angst, daß du es brichst...« Nach einem quälenden Schweigen fuhr er ruhiger fort: »Die Winde werden von Jahr zu Jahr stärker.«

»Was hast du denn erwartet?« versetzte sie bitter.

»Daß du dem ein Ende machst!« Wieder trat Stille ein. Und ich in meinem eiskalten Korridor stellte mir vor, wie mein Vater nun riesig und drohend vor meiner bleichen, zerbrechlichen Mutter stehe, und erschauerte bei dem Gedanken. »Leirinda... du mußt es tun! Ich fürchte... daß die Burg diesmal einstürzt.«

»Dann laß sie doch einstürzen! Mich kümmert es nicht mehr!«

Es hörte sich an, als ob sie miteinander rängen, und dann war das Keuchen meiner Mutter und die rauhe, kalte Stimme meines Vaters zu vernehmen: »Sie könnte deine Tochter unter sich begraben!«

»Nein...«, ächzte sie. Und ich ballte die Fäuste vor Wut darüber, daß er sie so unter Druck setzte. »Bitte verlange das nicht von mir, Valhar... Ich habe nicht mehr die Kraft dafür.«

»Deine Schwäche hast du dir selbst zuzuschreiben, Mylady... du hast dich ja erkühnt, mir statt eines Sohnes... eine Tochter zu gebären.« Sie klagte auf, als ob er sie wütend schüttle, ihr weh tue. »Du hast gedacht, du könntest sie gegen mich benutzen, nicht wahr?«

»Nein, Valhar, bitte!« Ein Klatschen wie von einer Ohrfeige, der Schrei meiner Mutter und dann ein leises Schluchzen ließen mich auffahren. Heißer Zorn wallte in mir, erfüllte mich, bis ich zu bersten glaubte – als von irgendwo in der Burg ein schrecklicher

Schlag erscholl, der selbst das Tosen des Windes übertönte. Ich fuhr entsetzt herum und sah einen Malstrom von Schneeflocken auf mich zutoben. Wütende Böen erfaßten und schleuderten mich durch den Korridor, stießen mich und rissen an mir, und ich kauerte und preßte mich laut schreiend an die Mauer.
Da flog die Bibliothekstür auf, und meine Eltern stürzten in den Gang. Mein Vater blieb wie angewurzelt stehen, da ich mich mitten im wirbelnden Zentrum des Windes wieder auf die Beine zu rappeln vermochte. Es war bitterkalt, aber die Schneeflocken sanken nicht zu Boden, sondern tanzten und schwebten durch die Dunkelheit. Von der Kraft des Sturms verängstigt und geschunden, schrie ich ihnen zu: »Mutter... Vater! Was geht hier vor?«
Mein Vater, er starrte mit einer Miene... hellen Entsetzens auf mich, die ich mit im Winde wehenden Haaren bebend im Flur stand. Ich streckte hilfesuchend die Arme zu meiner Mutter aus, und sie eilte zu mir und nahm mich schützend in die Arme, hüllte mich in ihre wohlige Wärme ein. Die Winde heulten und stöhnten, aber sie hielt mich fest, und ihr Haar vermischte sich mit dem meinen. Da erstarb der Wind nach einem letzten, wie trotzigen Aufheulen, und ohrenbetäubende Stille trat ein.
Als ich mich von meiner Mutter löste, gewahrte ich das blaue Mal auf ihrer Wange, das er ihr geschlagen hatte. Tränen standen uns beiden in den Augen, als sie mich mit fliegenden Händen abtastete... um sich zu vergewissern, daß ich heil und unversehrt sei. Nun drehte sie sich zum König um.
»Siehst du jetzt, wozu deine Geheimnisse führen? Siehst du es?«
Er trat ruhig auf uns zu... das Entsetzen war aus seinem Gesicht gewichen. »Kirin, geht sofort in deine Gemächer!«
Meine Mutter reckte sich ihm so jäh entgegen, daß ich dachte, sie wolle ihm von neuem die Stirn bieten... aber dann schrak sie vor seinem fürchterlichen Blick zurück und ließ mich los.
»Tu... tu, was dein Vater befiehlt, Kirin«, sagte sie sehr leise und flüsterte mir dann viel leiser noch ins Ohr: »Das südlichste Verlies.« Mit tränenfeuchtem Gesicht sah sie mir in die Augen und strich mir liebevoll über die Wange.
Da ertönten laute Stimmen vom Ende des Korridors, und das un-

stete Licht schwankender Laternen näherte sich. Eine Schar von Dienern war herbeigeeilt, um die Schäden, die die Windsbraut angerichtet hatte, in Augenschein zu nehmen und zu beheben. Ich aber wandte mich, verängstigt, verunsichert und zornig, von meinen Eltern ab und rannte davon. Im Weglaufen hörte ich noch meine Mutter sagen: »Bringe mich... zu den Winden, Valhar...«

Ich rannte, bis ich nicht mehr konnte, keuchend um Atem rang. Das südlichste Verlies? dachte ich und setzte mich auf die Stufen des Mittelturms. Warum hat sie mir das zugeflüstert? Der Schneesturm, das entsetzte Gesicht meines Vaters und der blaue Fleck an ihrer Wange... mein Herz hämmerte vor lauter Furcht. Geheimnisse... meine Mutter hatte ihm dieses Wort wie eine Anklage ins Gesicht geschleudert.

Hatte mein Vater sie wirklich einst in Ketten gefangen gehalten? Warum? Und was ging denn mit mir vor, daß ich im Wind Stimmen zu hören vermeinte und daß mein Vater so voller Angst war?

Noch ehe mir klar war, daß ich den Entschluß gefaßt hatte, stieg ich schon, eine Laterne in der Hand, die steile Treppe hinab, die zum Kerker führte. Mein Herz pochte wie wild in meiner Brust. Die Verliese waren unbewacht, da sie nicht mehr benutzt wurden. Diese Überbleibsel dunklerer Zeiten, diese Reihen feuchter und dunkler Zellen, deren schwere, eisenbeschlagene Holztüren seit Jahren in dieser unterirdischen Stille vor sich hin verrotteten, zogen sich unter der ganzen Ostseite unserer Burg hin. Der König, obzwar ein kalter Vater und vielleicht ein noch hartherzigerer Ehemann, war ein gerechtigkeitsliebender Herrscher und hielt gar nichts davon, all jene einzukerkern, die nicht immer seiner Meinung waren. Und für gewöhnliche Verbrecher gab es ein oberirdisches Gefängnis weit im Westen der Stadt. So waren diese Burgverliese heute nur mehr eine architektonische Kuriosität.

Die Luft hier unten war wärmer als oben und roch nach Verwesung und Vergessen. Ich wußte, daß ich hier, außer meiner Einbildung, nichts zu fürchten hatte. Dennoch zitterte ich vor Wut und Angst.

Ich schritt langsam den Hauptkorridor entlang, bahnte mir mit dem tröstlichen Strahl meiner Laterne einen Weg durch das unheimliche Dunkel und starrte durch die Faullöcher der Zellentüren entsetzt in gähnende Nacht, mußte aber auch ein- oder zweimal mit bebenden Händen innehalten, weil das Kreischen irgendeiner alten Türangel die Stille jählings durchbrochen hatte.
Als ich endlich am Südende des Gangs war, hob ich die Laterne und blickte mich suchend um ... ohne zu wissen, wonach ich eigentlich suchen solle. Da war nur diese letzte Zelle. Die Tür stand offen. Und eine leichte Brise streifte meine Wange. Ich fuhr erschrocken zurück. Ein Windhauch im Gewölbe unter der Burg?
Wieder fuhr mir dieser schwache, kalte Wind übers Gesicht... und zerrte sogar an meinem Kleid. Nun wehte er zur Zellentür, machte kehrt und blies mir die Locken ins Gesicht. Vor Furcht wie starr, verharrte ich und überließ mich dem Kreisen der seltsamen Brise. Mehr noch als ihre Kälte beunruhigte mich ihre schiere Existenz. Endlich und mit einem leisen Seufzer so vernehmlich fast wie eine menschliche Stimme, strich dieser kühle Wind an mir vorbei und in die Zelle hinein, und dabei schwang die Tür weit auf, wie um mich einzuladen.
Er ist mir von oben gefolgt, dachte ich, nun halb von Sinnen vor Angst. Der Wind ist mir bis hierher gefolgt.
»... gewissss ...«, flüsterte der Wind. Ein Geräusch in der Zelle, wie das Rascheln von Stroh, ließ mich vor Entsetzen fast den Gang zurücklaufen. Da schwebten ein paar verschimmelte Strohhalme aus der weit offenen Tür. Strohhalme? Diese Zellen müssen doch schon vor Jahren ausgefegt und geputzt worden sein! Aber meine Neugier siegte über meine Furcht, und so hob ich, auch wenn mir das Herz laut in den Ohren hämmerte, meine Laterne und trat vorsichtig in die Zelle ein.
Sie war wie all die anderen auch: klein, eng, die Wände und der Steinboden glitschig von Sickerfeuchte – der See reichte hier ja beinahe bis an die Grundmauern – und, bis auf die faulige Streu, völlig leer. Hier dürfte kein Stroh mehr sein, dachte ich, diese Zellen wurden ja vor meiner Geburt aufgelassen. Verstört hob ich die Laterne. Da fuhr der Wind in die kleine Flamme, und ihr wild

flackerndes Licht ließ am Fuß der Wand etwas aufblitzen. Erstaunt beugte ich mich vor ... und sah ... Handschellen im Stroh liegen, Handschellen mit langen, in die Quaderwand gebolzten Eisenketten.

Mir wurde schwindlig, ich wollte nur noch kehrtmachen und aus der Zelle rennen, davonlaufen, wie ich von meinen Eltern fortgelaufen war. Aber der Wind umkreiste mich von neuem und strich mir übers Gesicht, und seine Kühle erfrischte mich und gab mir neue Kraft. »... sssieeehhhhhh ...«, flüsterte er. Da streckte ich, fast gegen meinen Willen, die Hand aus, berührte die Schellen ... und spürte und sah das verkrustete, zu dunklen Flecken getrocknete Blut an ihren Innenseiten. An beiden Handschellen klebte Blut ... und sie waren ganz eng, für ausnehmend schmale Handgelenke eingestellt.

»Nein!« schrie ich und brach in die Knie. Meine Laterne schwankte wild. Die Schatten tanzten gespenstisch. Ich schrie, daß es durch die Flure hallte, und der Wind fing die flüchtigen Echos meines Schreis, trug sie zu mir zurück. »... nein, nein, nein ...« Aber mit einmal erstarb der Wind.

Ich erinnere mich nicht mehr daran, daß ich aus der Zelle rannte, und auch nicht daran, daß ich die Treppe hoch und ins Herrenhaus zurückhetzte. Nein, ich weiß nur, daß ich, meine Laterne noch in der Hand, in unserer großen Halle stand und auf diese riesige Tür starrte, die nun fest verriegelt war. War ich wirklich dort unten gewesen? Aber als ich an mir hinabblickte und die Wasserflecken und schimmligen Strohhalme am Saum meines Kleides sah, wußte ich, daß das alles kein Traum gewesen war. Tränen brannten mir in den Augen. Nun war ich mir sicher, daß er meine Mutter ... in jenem winzigen Gelaß in Ketten gefangengehalten hatte.

»Valhar!« rief ich. »O Valhar, wie konntest du das tun?« Niemand antwortete auf meinen gequälten Schrei. Aber der Wind, der mich zu jenem Verlies geführt hatte, erwachte rings um mich jäh zu neuem Leben und hob mir das Haar, das Kleid, tanzte durch die ganze Halle, riß da Gobelins von der Wand und stürzte dort kostbare Vasen und Statuen von den Regalen, Truhen und Schränken.

»Halte ein!« schrie ich da. Der Wind beendete seinen tollen Tanz, strich um mich herum und kühlte mir die glühenden Wangen. Nun machte meine Angst dem Zorn Platz, und so schrie ich den Wind an: »Warum?«
»... diiieee... Ladyyyy...« Das Bild meiner gespenstisch weißen, im feuchten Dunkel zitternden Mutter trat vor mein inneres Auge. Die eisernen Handschellen hatten ihre schmalen Handgelenke schon blutig gescheuert. Aber sie riß und zerrte verzweifelt an ihrer Kette, sank endlich erschöpft zu Boden, und ihr langes, silbriges Haar verdeckte mir ihre Tränen der Pein... der Angst... und... »... Veeerrraaaat...« Wieder erstarb der Wind, und die Vision war verschwunden.
Eine Windfangtür schlug krachend zu. Erst jetzt wurde mir bewußt, daß der Wintersturm mit ungekannter Wut heulte und an den Türmen der Burg zerrte. Die neu erwachte Brise strich mir übers Gesicht, pfiff dann den Korridor zum großen Hof entlang und ließ dabei die knapp unter der hohen Decke aufgehängten Gobelins einen nach dem anderen flattern. Da folgte ich ihr und vernahm bald das Schreien und Lärmen der Zimmerleute, die an den hohen Fenstern zum See in aller Eile neue Läden anbrachten und sicherten, weil der über das Eis hertobende Wind die aus dicken Eichenbohlen gezimmerten alten Fensterläden in tausend eisüberzogene Splitter zerschlagen hatte. Der Schnee, der sich dort im Flur gehäuft hatte, schmolz bereits zu Lachen von Matsch und Wasser, die all die kostbaren Läufer zu verderben begannen. Aber ich scherte mich weder um den traurigen Zustand der Teppiche noch um das Platschen meiner Pantoffeln, da ich nur für meine kleine Brise, die mich zur Tür führte, Sinn und Auge hatte.
Einer faßte mich an der Schulter, und andere packten mich am Arm, aber ich schüttelte sie mühelos ab und langte nach der Tür. Die Dienstleute hinter mir schrien und riefen einander zu, mich doch zurückzuhalten. Da berührte ich schon die Tür, und sie flog auf, und ein wildes Schneegestöber fiel über mich her.
Ich stand da, der Eiseskälte nicht achtend, aber unter der Wucht des Windes taumelnd, und starrte in den großen, auf den starren See hinausgehenden Hof. Mein kleiner Wind umkreiste mich,

wehrte der Gewalt der auf mich einstürmenden Schneewirbel und beschützte mich mit seinem eifrigen Tanz. Ich glaubte, über dem Heulen jener Sturmböen Stimmen zu hören – wütende, gellende, klagende Stimmen – und, dagegen ankämpfend, das leise Pfeifen meines Schutzwindes.

Ganz in meiner Nähe stand, mit dem Rücken zu mir und das Gesicht zur Nordecke des Hofs gewandt, mein Vater. Sein großer Pelzmantel war weiß mit Reif gesäumt, und er konnte sich in diesem Sturm nur mit Mühe aufrecht halten.

Meine Mutter stand, mit gen Norden erhobenen Händen, etwas weiter draußen in diesem weißen Wüten. Der Wind riß ihr die Haare nach hinten, und ich sah mit Schrecken, daß sie barfuß war. Aber kein Schnee fiel auf sie. Er häufte sich nur rings um sie, trieb über den Hof und legte sich sogar auf den König. Sie blieb von Kälte und Nässe verschont. »Mutter!« schrie ich, das Heulen der Winde übertönend.

Der König drehte sich um. Als er mich da erblickte, weiteten sich seine Augen – erst vor Überraschung und dann vor Zorn. »Kirin... geh sofort ins Haus!« rief er und kam auf mich zu.

Ich wich zurück und erhob abwehrend die Hände. »Nein!« Aber plötzlich taumelte er unter einer Bö und fiel rücklings in eine Schneewehe. Als er sich aufzurappeln suchte, hörte ich über dem Sturmgebraus meine Mutter gebieterisch rufen.

»Winterwinde, hört auf damit! Ich befehle es... ich befehle es!« Die Winde zerrten an ihrem Kleid und Haar. Da schrie sie mit sich überschlagender Stimme: »Ich kann nicht mehr mit euch zurück. Ich kann mein Ehegelübde nicht brechen!« Die Winde heulten und tobten hoch über ihr und tosten gegen die ragenden Türme. »Nein, laßt ab... laßt sofort davon ab! Ihr bringt uns alle ja mit eurer Wut in Gefahr!« Mit Schrecken sah ich, wie sich da weit draußen über dem gefrorenen See ein Wirbelwind schwer von Schnee erhob und nun in wildem Tanz auf die Burg zuraste... Auch mein Vater, der endlich wieder auf den Beinen war, erblickte ihn und wurde totenblaß.

»Leirinda, der See! Der See!« Meine Mutter fuhr herum und sah den Wirbelwind, und als sie sich wieder umwandte, erblickte sie mich. Ihre Augen waren schwarze Kleckse in diesem weißen Toben, und sie schrie gellend den Winden zu: »Ihr werdet mich töten... und meine Tochter! Das kann ich nicht zulassen.« Sie erhob von neuem die Hände. Schon spaltete sich mit schrecklichem Donner der See, und riesige Eisschollen, von denen Ströme von Wasser rannen und Berge von Schnee stürzten, türmten sich auf und versperrten dem Wirbelwind den Weg. Wütend machte er kehrt, senkte sich tief und saugte unter der Eismauer gewaltige Wassermassen hervor, bis er schließlich zu einer mächtigen Woge aus Wasser und Schnee zusammenfiel. Stöhnend fegten die Winde zur Burg zurück und über die ragenden Türme hin, umkreisten sie noch einmal und verschwanden dann im Handumdrehen.

Kein Lüftchen regte sich mehr. Ringsum sanken die Schneeflöckchen nieder. Ich schauderte, weil die Kälte von mir Besitz ergriff, da auch meine kleine Brise mit den Stürmen entschwunden war. Meine Mutter wandte sich zu mir um und breitete ihre Arme aus. Da lief ich zu ihr hin, um mich in ihre Wärme zu flüchten, und ich fühlte sie zittern, als sie mich nun an ihre Brust drückte. Heiße Tränen rannen uns beiden übers Gesicht. »Oh, Kirin, Kirin...«, flüsterte sie. »Alles das hatte ich dir ersparen wollen!«

Ich sah sie an. »Bist du eine Zauberin, Mutter?«

»Nein!« kam ihr mein Vater zuvor. Als wir aufblickten, sahen wir ihn vor uns im Schnee stehen – mit dampfendem Atem, das Gesicht noch rot von der Anstrengung, über die gefrorenen Schneehaufen zu steigen. »Sie ist keine Zauberin!« sagte er mit flacher, tonloser Stimme. Nun würde meine Mutter zu zittern beginnen und sich stumm seinem Wort unterordnen...

Aber diesmal tat sie es nicht! »Nein, ich bin keine Zauberin. Ich bin Frau Winter.«

»Leirinda!« zischte mein Vater.

»Sie hat ein Recht, es zu erfahren!«

»...gewissss...«, klagte es laut, und wir fühlten, wie die Winde sich wieder erhoben. Mein Vater blickte zum Himmel auf. Da droben jagten die Wolken.

»Leirinda... Kirin. Ihr beide geht nun sofort ins Haus zurück!«

»...nnneinnn...« Laut aufheulend tobte der Wind herab, warf die große Tür krachend zu und sperrte so uns drei in der Schneewüste aus. Mein Vater ballte und öffnete abwechselnd die Hände vor Wut und Hilflosigkeit.
Ich starrte ihn an, und mir war, als ob ich jene Ketten noch vor mir sähe. »Ich habe die eisernen Handschellen gesehen!« sagte ich anklagend. Überrascht und betroffen wich er einen Schritt zurück.
»Du hast die Königin in Ketten legen lassen!«
»Kirin... du kennst die Umstände nicht...«
»Ich weiß genug! Wie kannst du die, die du zu lieben vorgibst, in Ketten legen?«
»Sie ist ja jetzt nicht mehr in Ketten«, versetzte er nach kurzem Zögern.
Meine Mutter zog mich an sich. »Nein... weil jetzt mein Herz in Ketten liegt.«
Der Wind umschmeichelte mich, und ich vernahm von neuem auch die traurigen Stimmen. »...verrraaateeennn...«
Da blickte ich zu Leirinda auf. »Ich höre wieder die Stimmen im Wind.«
Sie nickte. »Ja, du hast sie schon immer vernommen. Das war mein Geschenk an dich, als du zur Welt kamst. Die Stimmen des Winters sind in dir, so wie sie auch in mir sind.« Nun sah sie den König an und hob ihre Stimme: »Wir haben einander versprochen... Aber du hast die beiden Versprechen, die du mir gabst, gebrochen. So entbinde du mich nun von dem meinen.«
Valhar sah sie starr und unergründlich an. Schließlich nickte er langsam, wandte sich von ihr ab und spähte auf den gefrorenen See hinaus.
Da blickte Leirinda mir fest in die Augen und hob an zu erzählen: »Vor vielen Jahren, als ich im Norden lebte... kam eines Tages dein Vater zu mir. Feinde verheerten sein Reich, und er brauchte viel mehr als Waffen, um sie zu besiegen. Ich wurde ständig von unerwünschten, unwürdigen Freiern bedrängt und hatte mein Reich daher mit gefährlichen Kräften umgeben. Aber dein Vater hatte die hohen Berge bezwungen und hatte den Stürmen getrotzt, die ich ihm entgegenwarf, um ihn zu entmutigen.« Ihre Stimme

verlor sich, und ihre Augen sahen eine Vergangenheit, die die meinen nicht sahen. Mit einem Anflug eines Lächelns fuhr sie fort: »Er war ebenso... tapfer wie entschlossen. Ich war beeindruckt...« Nun sah sie mir wieder fest in die Augen. »Er bat mich, ihm gegen seine Feinde zu helfen, und versprach, er und seine Männer würden mich dafür dann vor jedem unerwünschten Freier beschützen. Ich willigte in diesen Handel ein...«

Sie stockte, und ich spürte, daß sie heftig zitterte. »Aber als meine Winterwinde die feindlichen Heere geschlagen hatten, trat er vor mich hin, um mir seine Liebe zu erklären, und schwor, mich vor jedem anderen Mann zu schützen, wenn ich nur einwillige, die Seine zu werden. Ich wies ihn zornig zurück. Aber er nahm mich, mit Gewalt.«

Ich fühlte den Boden unter meinen Füßen schwanken. War ich das Kind einer Vergewaltigung? fragte ich mich erschrocken, wie vor den Kopf geschlagen.

Leirinda schluckte und fuhr dann stockend fort. »Er... nahm mich... und brachte mich in Ketten hierher. Ich weigerte mich, mich seinem Willen zu beugen... und so ließ er mich in dieser Zelle, allein... von meinen Winterwinden getrennt.«

Wieder zitterte sie vor Wut und Pein. Die Winde strichen um uns herum und klagten und flüsterten dabei. »Mutter...«, stöhnte ich, und meine Tränen flossen erneut.

»Ohne die Winde war ich ohnmächtig. Dann spürte ich, daß ich ein Kind unter dem Herzen trug. Nun mußte ich mich beugen... und er ließ mich geloben, meine Macht über die Winterwinde nie gegen ihn zu nutzen und sein Kind nie etwas vom mütterlichen Erbe wissen zu lassen... Er war überzeugt, daß ich ihm einen Sohn gebären würde, einen Thronerben...«

Valhar drehte sich zu ihr um, und ich sah erschüttert, daß seine Augen vor Tränen glänzten. »Ich wollte doch nur deine Liebe... und einen Erben.«

»Du hast zuviel von mir gewollt!« erwiderte sie schneidend, und ihr bleiches Gesicht rötete sich vor Zorn. Der Wind nahm zu, und über dem See zu unseren Füßen tanzten kleine Schneeböen.

Sehr leise fragte ich: »Was hatte der König dir versprochen?«

»Daß er mich nicht bitten würde, das zu tun, was ich nicht zu tun vermochte. Er konnte weder erwarten, daß ich ihn liebe, noch, daß ich den Winden gebiete, die ich hatte verlassen müssen.«
Die Winde wurden beißender, kälter, und ich hörte sie hoch über den Türmen klagen. »... verlassseeennn ...«
Ich wischte mir die Tränen ab, die mir im Gesicht zu gefrieren drohten. »Und seither haben sie versucht, Rache zu nehmen ...?«
»Ja. Rache am König. Und meine Macht über sie ... und mich selbst ... schwand mit den Jahren immer mehr. Erst als sie dich fanden, wagte ich zu hoffen ...« Da fiel mir ein, wie mein Zorn aufgeloht war, als ich Valhar meine Mutter schlagen gehört hatte, wie die Winterwinde auf der Suche nach mir durch die Burg geheult waren ... gab ich ihnen die Kraft? Und hatte meine Mutter mich umarmt, um mich vor ihnen zu schützen – oder um ihnen zu zeigen, daß ich ihr Kind sei und sie mir deshalb genauso gehorchen müßten wie ihr selbst?
Mein kleiner Wind umtanzte mich und nahm an Stärke zu, als sich die anderen, mächtigeren Winde ihm zugesellten. Er war geblieben, um mir den Weg zu weisen ... damit ich erfahre, wer und was meine Mutter wirklich war!
Nun fiel mein Blick auf meinen Vater, der abseits von uns stand. »Was für eine Treulosigkeit ...«, begann ich. Die Stimme versagte mir. »Wie konntest du das nur tun, Vater?« Die Winde bliesen nun immer heftiger und eisiger, aber uns konnte die furchtbare Kälte nichts anhaben.
»Ich tat es ... aus Liebe, Kirin!«
»... nnneiiinnn ...«, seufzten die Winde.
Und ich fühlte, wie sie mich in die Arme nahmen, als die Welt um mich versank, und die tanzenden Schneeflocken hoben uns, meine Mutter und mich, in den Himmel empor und trugen uns gen Norden, trugen uns nach Hause.

STEPHEN L. BURNS

Wie ich wohl bereits sagte – aber Wahres wird durch Wiederholung ja nicht weniger wahr –, gehört es zu den größten Freuden meiner Herausgeberarbeit, Autoren, die den Lesern schon früher in dieser Reihe begegnet sind, erneut zu präsentieren. Einer, und nicht der Geringste von ihnen, ist Stephen Burns, der auf Wellesley Island im Sankt-Lorenz-Strom wohnt. Er hat eine »uralte Katze und einen blutjungen Hund dazu« und ist mit einer Kräutersammlerin, Sue-Ryn Hildenbrand, verheiratet. Daß er auf ihrem Stand beim Renaissance Festival in Sterling, New York, immer beim Verkauf helfe, habe, schreibt er, auf seine »Sprache und Garderobe einen merkwürdigen Effekt« gehabt.

Stephen hat schon in kleineren Magazinen veröffentlicht und ist, zu meinem großen Stolz, »halb-regelmäßiger Mitarbeiter« des sehr angesehenen Magazins Analog *geworden. Irgendwann möchte er gern einen Roman (oder mehrere) schreiben, und er erzählt, letzthin habe ihm eine Wahrsagerin unermeßlichen Reichtum prophezeit. Da kann ich nur sagen: Den wird er bestimmt nicht mit dem Schreiben erlangen. Autoren werden normalerweise weder reich noch berühmt, obwohl sie das – wenn es eine Gerechtigkeit gäbe in dieser Welt – natürlich alle werden müßten, vor allem Autoren wie Stephen, die einer ganzen Gesellschaft ihre Lieblingsträume liefern. – MZB*

STEPHEN L. BURNS

Die Brücke über den Darikill Fel

König Keronian hatte sich nach seiner Rückkunft in die Burg nur die Zeit genommen, trockene Kleider und Stiefel anzuziehen. Dann hatte er sogleich Reege, seinen Kammerherrn, rufen lassen.

»Nun?« fragte er, als der alte Diener eintrat. »Sind die Leute da?«

Reege sah ihn an wie ein Mann, der soeben erfahren hat, daß er der Gemeinde der Eunuchen beizutreten habe.

»Also, die ... Leute ... nicht gerade, Mylord«, erwiderte er so leise wie ausweichend.

Aber Keronian war nicht zu Rätseln aufgelegt. Denn er hatte sechs Tage lang, bis zu den Hüften im Schlamm, die bislang vergeblichen Versuche geleitet, den nach langem Regen geschwollenen Wanderush-Fluß einzudämmen, damit der nicht einen Großteil der besten Äcker des Königreichs forttrage. Er blickte daher den Alten böse an und grollte: »Willst du mir etwa sagen, daß niemand meinem Aufruf ... gefolgt ist?«

»Nein«, antwortete Reege mit einem Gesicht noch länger als sein eigener Bart. »Aber der Unterschied zwischen ›niemand‹ und ... dem, was gekommen ist, scheint mir, gemessen an unseren, ja, nun, Schwierigkeiten, eher belanglos.«

Der König seufzte müde und fragte sich, welcher Gott wohl auf die Laune verfallen sein könnte, sich über ihn und sein Reich lustig zu machen. »Also«, versuchte er es erneut, »wenn ich dich recht verstehe, dann ist jemand meinem Aufruf gefolgt. Die Zeit drängt, und solange dieser verdammte Fluß nicht eingedeicht ist, habe ich auch nicht annähernd so etwas wie eine Armee zur Verfügung, um die Invasion dieser gottverdammten Wilden, die sich Irsikilliki schimpfen, abzuwehren.«

Nun beugte er sich vor und sagte mit leiser, drohender Stimme: »Schluß jetzt mit den Rätseln. Er soll hereinkommen!«
Diese Kostprobe königlichen Zorns ließ Reege zur Tür hasten. Aber ehe er sie dann hinter sich schloß, hielt er noch inne und leckte sich, ganz zu einem jähen Abgang bereit, flüchtig die Lippen.
»Es ist kein ›er‹, Mylord«, rief er durch den Türspalt.
»Was?« fragte König Keronian. Aber da war sein alter Kammerherr schon verschwunden.

Keronian konnte nicht mehr an sich halten und brach in wieherndes Gelächter aus. Dann wandte er sich, kopfschüttelnd und mit Tränen in den Augenwinkeln, diesem einzigen Bewerber zu, den sein Aufruf zur Bildung einer Söldnertruppe gezeitigt hatte.
»Habe ich denn richtig gehört? Du forderst für dich ganz allein hundert Gold-Talente... also den Sold, und reichlichen fürwahr, für eine ganze Armee?« Er beugte sich vor, wie um die vor ihm Stehende besser in Augenschein nehmen zu können. »Da möchte ich fast bezweifeln, daß du eine Frau bist, denn du scheinst ja mehr in der Hose zu haben als die meisten Männer in meinem Reich.«
Clea, bei vielen als »Die Füchsin« bekannt, aber von jenen, die gegen sie gekämpft hatten, »Clea, das Miststück« genannt oder mit noch unfreundlicheren Namen belegt, Clea, also, lächelte nur mild zum König empor.
Die in ein langes, schwarzwollenes Hemdkleid gehüllte, zierliche junge Frau schien über die Zweifel des Königs keineswegs empört. Ihre weit auseinander stehenden schwarzen Augen funkelten launig, wenn auch vielleicht eine Spur irre, als sie gelassen erwiderte: »Du verwechselst wohl mannesübliche Ausstattung mit Mut, König. Erstere hat der feige wie der heldenhafte Mann gleichermaßen und gleichermaßen auch den Willen, sie zu gebrauchen. Aber letzteren? Wenn es um Mut geht, ist sie bloßes Ornament, und bei Gott, einen schöneren Schmuck als jene Manneszierde könnte ich mir auch noch auf dem schäbigsten Jahrmarkt kaufen!«
Keronia lachte von neuem. »Bei den Göttern, allein dafür, daß du mich in so harten Zeiten zum Lachen bringst, hättest du dir fast

schon eine Handvoll Gold-Talente verdient!« Aber jetzt wurde er ernst. »Ja, es gab für mich letzthin wenig Grund zum Lachen.«
»Gold würde ich nie ablehnen...«, versetzte Clea. »Aber warum mir den Hungerlohn dafür geben, daß ich dich deine Sorgen mit Späßen vergessen mache... wenn ich sie dir für die genannte Summe doch für immer nehmen würde?«
»Du kannst offenbar vom Scherzen nicht lassen?« fragte der König und musterte sie von Kopf bis Fuß. »Du bist nicht kräftiger als ein Knabe und hast nicht gerade die Muskeln eines Schwertkämpfers. Du bist jung und hast nicht eben das Gepräge einer Hexe, die derlei Aufgaben mit magischen Mitteln erledigen könnte. Folglich, wenn du nicht zufällig eine Armee hinter dir hast...«, schloß er mit wegwerfender Handbewegung und bedauerndem Achselzucken.
Clea wischte seine Einwände mit ebenso entschiedener Handbewegung beiseite und sagte lächelnd: »Eine Messerkämpferin braucht nicht so muskulöse Arme wie eine Schwertkämpferin. Was Magie anbelangt, nun, da habe ich schon ein, zwei kleine Tricks parat... Wenn ich dir sage, daß ich nicht nur für diese Aufgabe tauge, sondern für weit mehr, als du dir vorstellen kannst, dann ist das, bei Gott, nicht geprahlt.« Nun schwand ihr Lächeln. »Hör gut zu, Lord. Ich weiß um deine Notlage. Du bist erst ein Jahr auf dem Thron, als Nachfolger deines verrückt und seltsam gewordenen Onkels. Deine Gewölbe sind vor allem reich an Spinnweben, staubigen Ecken und leeren Regalen. Eine überlange, überreichliche Regenzeit ließ den Fluß so anschwellen, daß er über seine Ufer trat, und jetzt sind alle verfügbaren Leute deines Reichs damit beschäftigt, den Fluß daran zu hindern, dein bestes Ackerland zum Laichplatz von Fischen zu machen.«
Nun hielt Clea inne, um ihre Worte wirken zu lassen, und sah den König durchdringend an. Dem lief dabei vor Unbehagen ein Kribbeln den Rücken hoch, da ihn das höchst unangenehme Gefühl beschlich, daß sie einen Blick in seine Seele tat und ihn wog. Da schwanden für einen Moment die vertrauten Mauern der Burg rings um ihn, und hinter seinen geweiteten Augen flackerten Visionen auf. Visionen von einem lachenden Greis, den eine Stein-

lawine verschüttete und zerquetschte... und von einem schwarzen gläsernen Turm und einer Handvoll riesiger Nachtschattenmonster, die heldenhaft gegen eine Hundertschaft kleinerer Ungeheuer kämpften. Und diese, aber auch andere Bilder kamen und gingen in der kurzen Zeitspanne, die zwei Herzschläge trennt. Der Moment war nun vorüber. Keronian ließ den angehaltenen Atem gehen und überlegte, ob das ein Zauberwerk der Kleinen oder nur ein Produkt seiner Erschöpfung... ein Tribut an die menschliche Natur gewesen sei.

»Aber«, fuhr Clea fort, als ob nichts geschehen sei, »ich bin mir sicher, daß du derlei Schwierigkeiten gewachsen bist. Was deinen Hilferuf notwendig machte, sind die Irsikilliki an der Nordgrenze deines Reichs. Sie waren dir schon immer eine Plage... wenn auch kaum mehr als das... aber bisher hat der Darikill Fel, die tiefe Schlucht zwischen deinem und ihrem Land, ihnen jegliche Invasion in größerer Truppenstärke unmöglich gemacht.«

Auf sein zustimmendes Nicken spann sie ihren Faden weiter: »Nun haben die Irsikilliki aber vor einiger Zeit einen kundigen Mann gefangengenommen, einen Baumeister und Architekten aus einer der großen Städte im Lande Southron. Der baut ihnen eine Brücke über den Darikill Fel.«

»Dann könnten sie gleich einem Heuschreckenschwarm über mein Land herfallen«, pflichtete König Keronian, der sich inzwischen wieder gefaßt hatte, ihr ruhig bei. »Du kennst meine Not recht gut, das sei dir zugestanden. Aber was könnte eine Frau allein gegen eine solche Horde ausrichten?«

»Alles, was erforderlich ist. Außerdem bin ich gar nicht allein.«

Schon glomm in seinen Augen neue Hoffnung auf... Vielleicht gebot dieses seltsame Wesen, das von so jugendlicher Erscheinung war, aber ein altersloses Selbstbewußtsein an den Tag legte, doch über eine ganze Armee? »Wo lagern sie?« fragte er und beugte sich in jähem Eifer weit vor. »Sind sie zahlreich genug?«

»Da ist nur eine, Mylord, und die wartet draußen. Sei versichert, die Aufgabe wird uns zwei nicht überfordern.«

Damit wandte sich Clea zum Türwächter um und sagte: »Hole Maggrix herein.«

Der König erwiderte den fragenden Blick des erstaunten Mannes mit einem düsteren Nicken. Außer dem merkwürdigen Wermädchen nur noch eine weitere Frau? Wenn die auch keine Schwertkämpferin wäre... könnte er genausogut auf seinen Thron verzichten und Schiffbauer werden!
Als er die Angekündigte am Krückstock hereinschlurfen sah, machte er erst recht ein langes Gesicht. Oh, er hätte seine Krone darauf gewettet, daß die Alte gut und gern hundert Jahre auf dem Buckel hatte! Sie war klein und krumm, hatte Arme und Beine so dünn wie Stöcke und krumm wie Wurzelholz, ein Gesicht so runzlig wie eine Korinthe und Zähne... ja, wenn sie überhaupt welche besaß, dann mußte sie die wohl in irgendeiner Tasche ihres zerlumpten Gewands aufbewahren... Dieses alte Weib nun humpelte herein, stellte sich neben Clea und starrte mit Augen so hell wie Eisstückchen zu dem fassungslosen König empor.
»Zu alt«, kicherte sie dann und bleckte ihre zahnlosen Kiefer. »Ein Jammer! Hat er vielleicht einen Sohn?«
Clea lächelte zu ihrer kleinen Gefährtin hinab. »Den hat er, aber der ist zu jung für deine Zwecke. Du mußt dich einfach noch etwas gedulden.«
»Dann kann ich nur hoffen, daß es genug wilde junge Böcke gibt!« murrte die Alte. »Jung und heißblütig.« Sie kicherte von neuem und leckte sich schleckig die faltigen Lippen. »Knackig und zart im Fleisch, nicht so wie dieser alte Knacker dort auf dem Thron. Süß...«
»Es reicht!« brüllte Keronian, dem nun endgültig der Geduldsfaden gerissen war. »Ich bin hundemüde und habe keine Lust, meine Zeit mit euren merkwürdigen Spielchen zu vergeuden. Verschwindet, oder ich lasse euch für eure Unverschämtheit in den Burgkerker werfen! Dazu habe ich noch genug Wächter hier!«
»Bestimmt nicht«, bemerkte Clea sanft.
»Ich werde sie hinausschaffen, Sire«, bot Reege an, der hoffte, sich damit zumindest einen Platz im Schatten der könglichen Gnade zu sichern. Er trat auch sogleich vor, um die Alte am Ellbogen zu packen und hinauszubefördern – und blökte überrascht, als er sich plötzlich selbst gepackt sah und diese alte Maggrix ihn hoch über

ihr weißhaariges Haupt hob. Sie beäugte ihn kritisch, schüttelte aber den Kopf, grunzte bedauernd »Zu alt!« und warf ihn wie eine überreife Frucht beiseite... Reege flog zappelnd und wild um sich schlagend durch den Saal und hätte sich am Ende bestimmt noch den Hals gebrochen, wenn nicht ein dicker Vorhang, der den Durchgang zum Nebenzimmer verdeckte, seinen Aufschlag ein bißchen abgefedert hätte.
Als der Türwächter nun mit gefällter Lanze herzustürzte, brachte Clea, anscheinend aus dem Nirgendwo, ein langes schwarzes Messer zum Vorschein, wandte sich zu ihm um und schleuderte es auf ihn – und das alles in einer einzigen Bewegung und so schnell, daß der König ihr mit seinen Augen nicht nachkam.
Das Messer schoß wie ein schwarzer Blitz durch die Luft, fuhr in den Lanzenschaft, spaltete ihn im Handumdrehen, ragte dann halb aus dem Holz und wies wie ein anklagender Finger auf einen Punkt genau zwischen den hervorquellenden Augen des vor Furcht starren Wächters.
»Halte dich bereit, Mann!« rief da Clea, die das nächste Messer schon in der Hand hielt. Maggrix, die neben ihr stand, ordnete derweil sittsam ihr leicht derangiertes Lumpenkleid.
Der Wächter schluckte schwer, die Augen fest auf die bedrohliche Klinge gerichtet, und trat dann ängstlich den Rückzug an. Reege stöhnte jämmerlich und rappelte sich auf die Knie. Und der König, der alles das sehr aufmerksam beobachtete, sagte nichts, denn er war in dem Augenblick der Worte wohl nicht mehr so ganz mächtig.
Clea gestikulierte sanft zu dem Türwächter hin, und sogleich fuhr das Messer aus dem Lanzenschaft und flog wie ein zahmer Vogel in ihre Hand zurück. Kaum dort angekommen, löste es sich auch schon in Luft auf.
Da wandte sie sich lächelnd, und als ob nichts geschehen sei, dem König zu und nahm den Faden der Verhandlungen wieder auf. »Außer uns beiden ist ja niemand deinem Aufruf gefolgt. Meinst du nicht, daß wir unsere Energien besser gegen deine Feinde wenden sollten? Es ist wohl nicht gelogen, wenn ich dir sage, daß sie schon halb besiegt sind, und bei Gott, ich lasse ein angefangenes

Werk nicht gern unvollendet! Wir werden uns also jetzt daran machen, das zu Ende zu bringen, und du wärest gut beraten, bei meiner Rückkehr den Lohn dafür bereitzuhalten...« Nun verschränkte sie die Arme über der Brust und fragte: »Irgendwelche Einwände, Mylord?«
Der König lächelte säuerlich. »Ich bezweifle sehr, daß das etwas nützen würde.«
»Dann sind wir uns ja handelseinig!«
Die beiden Frauen machten kehrt und gingen zur Tür – die eine an ihrem Stock humpelnd und die andere leichten und selbstbewußten Schritts. Der Wächter ließ sie beflissen hinaus, gab dabei aber sehr acht, daß ihm die junge Kämpferin nicht zu nahe kam.
Als sie verschwunden waren, stahl sich Reege, leicht hinkend, an die Seite des Königs. »Du wirst doch ihre unverschämte Forderung nicht erfüllen wollen?«
Keronian schluckte die Antwort, die ihm auf die Zunge kam, legte die Stirn in Falten und fragte melancholisch: »Wer sonst bietet uns denn Hilfe an? Bis jetzt hat mich die Sache ja keinen Heller gekostet, und da die Götter zu Späßen aufgelegt scheinen, könnte es durchaus sein, daß die beiden obsiegen. Aber wie auch immer es ausgehen mag, im Augenblick bleibt mir nichts anderes zu tun, als mir endlich etwas Schlaf zu gönnen, sehr überfälligen Schlaf, wie du weißt.«
Seine Miene wurde hart. »All das hat meine schlechte Laune kaum verbessern können. Ich warne dich also: Wenn ich in meinem sauer verdienten Schlaf gestört werde, nehme ich mir für mein nächstes Nickerchen deinen Kopf als Ruhekissen!«
Damit erhob er sich ungnädig und schritt von dannen, um sich in seine Privatgemächer zu begeben. Reege blickte ihm verstört nach. Dabei war er sich doch eigentlich sicher, daß der König ein viel zu gutherziger Mensch sei, um eine so barbarische Drohung auch auszuführen.
Nun mußte er dringend diverse Dinge erledigen – aber das, einfach um sicherzugehen, am besten weit weg von der Schlafzimmertür des Königs...

Während Reege diese Überlegungen anstellte, stand Dessurne, ein hochgewachsener, fuchsgesichtiger Mann mit strohblondem Haar und einst prächtigem, jetzt aber zerlumptem Seidengewand, auf einem niedrigen Hügel am Darikill Fel und erwog die traurige Lage, in der er sich befand.

Er verfolgte mißmutig, wie diese nackten und abscheulich bemalten Irsikilliki-Wilden letzte Hand an seine drehbare Auslegerbrücke legten, die ihnen eine massenhafte und gefahrlose Überquerung der großen Schlucht erlauben würde.

Er hatte es gründlich satt, sie immer wieder lauthals prahlen zu hören, wie leicht sie nun das Land auf der anderen Seite erobern würden. Denn als gebildeter und scharfsinniger Mann wußte er nur zu gut, daß man ein Reich erst wirklich erobert hat, wenn man den Besiegten eine neue Ordnung auferlegt hat.

Und was diese Wilden da anging... falls die irgendein Gefühl für Ordnung besitzen sollten, dann hatten sie das in den drei Monaten seiner Gefangenschaft jedenfalls gut vor ihm zu verbergen gewußt! Wenn diese Barbaren auch nur halbwegs mit Verstand und Disziplin gearbeitet hätten, wäre seine Invasionsmaschine seit mindestens einem Monat fertig. Er hatte längst aufgehört zu zählen, wie oft er nahe daran gewesen war, dieses ganze Projekt aufzugeben.

Aber er hatte weitergemacht – aus mehreren Gründen. Der eine war, daß er nur dank jener Brücke in das Königreich entfliehen könnte, in das sie einzufallen trachteten – ein Land, das bestimmt weit zivilisierter war als dieses erbärmliche Irsikillikitien, wo der Donnerbalken eine Neuheit war (von ihm eingeführt!) und wo das noch am ehesten an Wein erinnernde Getränk ein böses Gesöff war, das Urgsk hieß und in schmierigen Gruben und aus fermentiertem Gras gebraut wurde.

Ein weiterer Grund war natürlich ihre unmißverständliche Drohung, ihm seine eigenen Gedärme als Halskrause umzulegen, wenn er ihnen seine Hilfe versage.

Nun sah er, daß da unten irgend so ein von Urgsk benebelter Idiot dabei war, eine Strebe umgekehrt festzumachen. Seufzend stieg er hinab, um den Unsinn abzustellen. Da hörte man bei jedem

Schritt, den er tat, seine grobschlächtigen, schweren Fußfesseln klirren.
Er hoffte von ganzem Herzen, daß dort drüben eine große Armee sie erwarte, daß aber ihn nicht irgendein kurzsichtiger Soldat des Königs für einen Irsikilliki-Wilden hielte.
Nur noch zwei Tage, dann wäre die Sache geklärt – wie auch immer. Für ihn war jetzt jedenfalls die Stunde der Feinplanung gekommen.

Essen und Trinken in rauhen Mengen. Glitzerkram zuhauf. Scharfe Schwerter. Und... Weiber!
Irsikubo strahlte vor Gier und Vorfreude, als er stolz auf seine Mannen hinunterblickte, die nun in voller Kriegsbemalung über das riesige Bauwerk ausschwärmten, das ihm wie ihnen leichten Zugang zu diesen und anderen Dingen mehr verschaffen sollte.
Vorbei die Zeiten, da sie herumgeschlichen waren, um, wie Mäuse, diese oder jene Kleinigkeit zu stibitzen. Vorbei auch die Zeiten, da er die Hälfte seiner Männer bei der Durchquerung der Schlucht verloren hatte und die Überlebenden kaum etwas Wertvolles – und nichts von dem am heißesten Begehrten – mitbringen konnten, weil der Weg zu beschwerlich, zu gefährlich gewesen war. Endlich war es soweit...
Aber seine staatsmännischen Betrachtungen flatterten davon wie aufgeschreckte Vögel, als seine Gemahlin Omatoo ihn fest am Ohr packte und ihn daran auf die Beine zog. Wenn er die bevorstehende Vollendung des großen Projekts nicht schon so ausgiebig mit Urgsk begossen hätte, hätte ihn ihr Gestank nach ranzigem Schweinefett, das sie wie jede Irsikillikinnerin als Schönheitslotion benutzte, noch rechtzeitig vor ihr gewarnt. Aber so...
Omatoo sagte kein Wort, als er sich sein armes Ohr rieb, sondern bleckte bloß ihre spitzen, gefeilten Zähne, und das in einer Art, die ihre Wünsche nur allzu deutlich machte. Weil sie mehr als doppelt soviel wog wie er, war jeder Widerstand zwecklos... Alle Frauen ihres Volkes waren zweimal so schwer und dreimal so wild wie die Männer. Was leicht erklärt, warum die es nicht wagten, ihnen das Zähnefeilen und die geliebte Schweineschmalzkosmetik zu verbieten.

Nun, aber zu spät, fiel Irsikubo auch wieder ein, was jener Urgsk aus seinem Gedächtnis geschwemmt hatte: daß er doch den Schamanen nach einem guten Grund hatte befragen wollen, sich seiner Frau in den letzten Tagen vor der großen Schlacht ganz und gar enthalten zu müssen.
Als Häuptling hatte er bei allen Frauen, derer sie habhaft würden... das Erstzugriffsrecht. Aber wenn er sich Omatoos unstillbarer Gier nicht entziehen könnte, würde er zu ausgelaugt sein, um auch nur das geringste mit ihnen anzufangen.
Was dieser ganzen schönen Invasion das allermeiste von ihrem Reiz nähme.

König Keronian starrte den Burschen an, der in Reeges Auftrag die kleine Irre und ihre vergreiste Komplizin beschattet hatte, die sich anheischig gemacht hatten, seinen Krieg für ihn zu gewinnen. Gut, daß Reege daran gedacht hatte, den beiden nachspionieren zu lassen. Aber warum hatte er nun ausgerechnet diesen Dummkopf dazu ausgewählt?
Sicherlich war der Kerl ein Vetter von ihm – oder Schlimmeres!
»Laß mich mal sehen, ob ich auch alles richtig verstanden habe«, sagte er mit aller Geduld, die er nun noch aufzubieten vermochte. »Die beiden haben also ein Pferd und ein Fuhrwerk und vier Fässer billigen Rotweins gekauft. Ist das so richtig?«
Der junge Spion nickte verschüchtert und ohne den Blick zu heben, erwiderte aber kein Wort.
»Danach sind sie in die Glasbläserei gefahren und haben hundert Schwerter mit Glasklingen und Holzgriffen abgeholt?«
Erneutes schüchternes Nicken.
»Du bist dann gleich, nachdem sie wegfuhren, zu Meister Petchris rein und hast ihn in dieser Angelegenheit befragt. Und er hat dir gesagt, die junge Frau habe ihm genau zwei Tage zuvor den Auftrag zur Anfertigung dieser Waffen erteilt und sie im voraus bezahlt. Richtig?«
Diesmal kam statt eines Nickens ein Seufzer.
Auch Keronian seufzte. Jetzt waren sie wieder an exakt dem Punkt angelangt, wo diese Geschichte – und ihr Erzähler – jedesmal ganz

wirr wurde. »Du sagst, sie nahmen dich gefangen, als du aus der Glasbläserei kamst. Auch richtig?«

Ein Wimmern.

Der König legte dem kleinen Spion die Hand auf die Schulter. »Ja, ja, immer mit der Ruhe, Bürschchen! Hat dich die Junge da, Clea heißt sie, gefangengenommen?«

Da stöhnte der Spion verängstigt und schüttelte recht heftig den Kopf.

»Dann war es also die Alte? Nun, die ist ja unheimlich stark. Das habe ich mit eigenen Augen gesehen ... und hatte dennoch Mühe, es zu glauben. Also diese Alte hat dich gepackt und auf den Pfad hinter der Glasbläserei geschleppt. Komm nun, Junge, ich bin dein König! Ich will dir nichts Böses. Kannst du mir nicht erzählen, was dann geschah?«

Statt nun endlich den Mund aufzumachen, brach der Spion in Tränen aus, krümmte sich schluchzend und hielt sich beide Hände zwischen die Schenkel, als ob er da irgend etwas vor einer fürchterlichen Bedrohung schützen wolle.

Keronian seufzte, da er sich noch gut ihres Interesses für junge Männer entsann und den Vorfall zu erahnen glaubte, der den jungen Burschen so aus dem Lot gebracht hatte. Er lehnte sich zurück, um die Lage zu bedenken.

Diese Frauen hatten demnach Waffen und Getränke für die Invasoren gekauft, und er sah keinerlei Anlaß, diese Neuigkeit beruhigend zu finden.

Als ob all das nicht gereicht hätte, ihm das Gemüt zu verdüstern, hörte er nun über dem Schluchzen des Spions, daß der Regen wieder eingesetzt hatte und wild auf die Dächer trommelte.

Dessurne stand neben Irsikubo, um mit ihm zusammen die Endphase des Projekts zu überwachen. Er betete stumm, daß diese ungefüge Konstruktion nicht noch zu guter Letzt wegen Materialmängeln und unkundiger, schludriger Ausführung versage.

Zu seinen Füßen schleppten die Krieger in schwanker Reihe Körbe voller Sand zu dem dicht geflochtenen, mit Blättern gefütterten Ballastkorb am einen Ende des Haupttragewerks. Und der Sand-

haufen darin wurde – obwohl ihr Schaffen mehr durch Albereien und Urgsk-trunkenes Gelächter als durch Fleiß oder Ordnung gekennzeichnet war – zusehends größer.
Dessurne kannte jetzt den wahren Grund der geplanten Invasion. Es war ein Motiv, das, neben anderen, auch hinter seinem Fluchtplan stand.
Es ging um die Irsikillikinnerinnen – die fetten, unersättlichen und schmalzbeschmierten, scharfzähnigen und scharfzüngigen Wesen, die den Männern hier den Großteil des Lebens zur Hölle auf Erden machten und daran schuld waren, daß die armen Kerle einen Gutteil ihrer wachen Momente im Urgsk-Rausch verbrachten.
Vergangene Nacht hatte er den wieder einmal besäuselten Irsikubo beiseite genommen, um ein bißchen mit ihm zu plaudern, und ihm zu diesem Zweck noch mehr von dem üblen Gesöff verabreicht. Ja, und dabei hatte er eine Menge erfahren.
Als Irsikubo noch ein Junge und sein Vater der Häuptling gewesen war, hatte der Stamm einen Gesetzlosen aus dem benachbarten Reich geschnappt, der vor den Häschern des Königs über den Darikill Fel ins damals noch ferne Irsikillikitien geflohen war. Der hatte den Irsikilliki erst mal eine zivilisiertere Sprache beigebracht und ihnen vielerlei über jenes Land erzählt. Durch ihn hatten sie von Glitzerkram, prächtigen Klingen und anderen Wundern erfahren. Der Stamm war bald darauf an den Rand des Fel umgesiedelt, um diesem sagenhaften Reich näher zu sein. Einen sehr interessanten Hinweis ihres Gefangenen hatten die Männer aber für sich behalten – also vor ihren Frauen geheimgehalten: daß nämlich die Weiber jenseits des Fel so ganz anders seien als die ihren. Zum Dank für diesen Tip hatten sie dem Mann eine der ihren verehrt, und er hatte fünf Monate später dann Selbstmord begangen.
Die Irsikillikinnerinnen glaubten, bei dem Feldzug gehe es ihren Männern darum, Gold und prächtige Gewänder, Edelsteine und andere Schätze zu rauben und nach Hause zu bringen.
Bei den Männern hingegen standen, und das war ihr bestgehütetes Geheimnis, die Weiber ganz oben auf der Liste ihrer Beutewünsche. Zierliche und stumpfzähnige, süß duftende, ungeschmälzte Nicht-Irsikillikinnerinnen.

Die Träger schafften weiter Ballastsand heran. Mit einmal ächzte es in dem gewaltigen Bauwerk. Ein Schrei ertönte. Man schüttete immer mehr Sand in den Korb. Das Ächzen wurde lauter und lauter. Ehrfürchtiges Schweigen breitete sich aus, als sich nun der große Tragarm wie der Kopf eines schlafenden Drachen hob und dann etwa eine Mannslänge über dem Boden in der Schwebe blieb. Da seufzte Dessurne erleichtert auf.

Die Männer jubelten, lärmten und tranken noch eine Runde Urgsk. Die Frauen gaben sich Mühe, unbeeindruckt zu erscheinen.

Auch Dessurne nahm einen tüchtigen Schluck von dem üblen Gebräu, betete jedoch zu den Göttern – welche immer auch da seien –, daß seine Brücke halten möge. Er mußte unbedingt hier weg.

Denn Irsikubo hatte ihm letzte Nacht noch eine seiner Frauen als Gastgeschenk verehrt. Sie war zwar, nach Irsikilliki-Maßstäben, jung, lieblich und wohlgeformt, hatte aber das Gesicht und Gemüt eines Kamels, und so war er nach dieser ihm endlos erscheinenden Nacht, die er in ihren Armen verbracht hatte, völlig verstaucht sowie über und über mit Bißwunden und blauen Flecken bedeckt. Er war sich allerdings noch nicht darüber im klaren, ob das nur ihr Überschwang im Urgsk-Rausch oder ihr grausamer, schlauer Versuch gewesen war, ihn dafür zu bestrafen, daß er den Bau seiner Brücke nicht noch im letzten Moment sabotiert hatte.

Nun wischte er sich die Lippen am Ärmel seines lädierten Gewands ab, stieß Irsikubo aufmunternd in die Rippen und sagte: »Laß sie die Seile aufnehmen!«

Der Häuptling nickte glückselig und ließ einen röhrenden Schrei los. Hundert kriegsbemalte kleinwüchsige Männer nahmen da hurtig ihre Zugseile auf und legten sich schwer ins Geschirr. Bald schon übertönte das Knirschen der gewaltigen Brücke, die sich langsam in Bewegung setzte, das Ächzen der fast zum Zerreißen gespannten Seile. Sie drehte sich schwerfällig auf ihrem Fachwerklager. Der lange Ausleger schwang hinaus und über die Schlucht, und als sein Ende über der jenseitigen Hangkante schwebte, gab man Seil nach, bis soviel Sand aus dem Gegengewichtskorb gerieselt war, daß der Brückenkopf aufsetzte.

Dessurne hatte ja ursprünglich vorgehabt, einfach den Korbboden aufschlitzen zu lassen. So hätte er den Irsikilliki den Rückzug offengehalten – und der Armee des Nachbarlandes die Möglichkeit geboten, den abrückenden oder flüchtenden Wilden nachzusetzen und sie zu vernichten.
Aber dann hatte er es sich anders überlegt, und das nicht nur aus Stolz auf seine Kunst, sondern auch, um sich auf raffinierte und endgültige Weise für seine lange Gefangenschaft und die zahllosen Demütigungen, die sie ihm zugefügt hatten, zu rächen.
Er wußte, daß diese Brücke viel zu schlampig gebaut war, um ein neuerliches Anheben und Wegdrehen überstehen zu können. Bei einem derartigen Versuch würde sie in sich zusammenbrechen – so wahr er Dessurne hieß! Das bedeutete, daß den Irsikilliki die Heimkehr gesichert war.
Eine Heimkehr geradewegs in die wartenden Arme ihrer Frauen, aus denen es dann kein Entrinnen mehr gäbe.
»Das läuft ja ganz nach Plan, nicht wahr?« brüllte Irsikubo und klopfte seinem Baumeister grinsend auf den Rücken.
»In der Tat, das läuft ganz nach Plan«, versetzte Dessurne und lächelte zurück.

Nun war es soweit.
Die irsikillikinische Armee überquerte die neue Brücke. Weil die bemalten Kämpfer, knapp hundert an der Zahl, nur mit Schleudern, Steinmessern, Steinspitzenspeeren und Holzkeulen bewaffnet waren, hätten zwei Dutzend Kavalleristen sie wohl zurückschlagen können. Aber niemand warf sich ihnen am Darikill Fel entgegen, da außer der Handvoll Wächter, die in der Burg Dienst taten, alle Soldaten des Königs an der jenseitigen Grenze seines Reichs im Kampf gegen die Fluten des Wanderush eingesetzt waren.
Drüben angelangt, trotteten die tapferen Krieger in sehr lockerer Ordnung weiter. Inmitten des wilden Haufens marschierte Dessurne, dessen Status inzwischen etwas widersprüchlich geworden war. Die Irsikilliki-Kämpfer feierten ihn zwar als großen Helden, klopften ihm, einer nach dem anderen, bewundernd auf den Rük-

ken, boten ihm Urgsk an und versicherten ihm immer wieder von neuem, was für ein feiner Kerl er doch sei und daß sie ihre Söhne nun alle nach ihm nennen würden.
Als er sie jedoch bat, ihrem Helden doch endlich seine Fußfessel abzunehmen, lachten sie nur.
Die Invasoren hatten noch nicht einmal eine Meile zurückgelegt, als sie vor sich und mitten auf dem Weg vier riesige Holzfässer liegen sahen. Eines, es lag obenauf, war sogar schon angezapft. Unter dem Zapfhahn stand ein randvoller Steinkrug, und auf jedem der Fässer war groß mit Kreide das Wörtchen WEIN geschrieben.
Das war ein so erstaunlicher Anblick, daß die Männer erst einmal verblüfft vor sich hin murmelten und stirnrunzelnd haltmachten. Sie hatten bei früheren Gelegenheiten schon kleinere, aber meist leere Fässer erbeutet – aber Stücke von diesem Format zu sehen, war für sie fast, als ob sie Mäuse so groß wie Pferde erblickt hätten. Daher waren sie sich auch schnell einig, um diese Dinger am besten einen ganz weiten Bogen zu machen.
Dessurne jedoch, den ja niemand fragte, musterte die Fässer sehr interessiert. Für ihn war klar: Die waren dort deponiert worden, damit die Irsikilliki sie fänden. Spekulierte da jemand darauf, daß diese Wilden die Invasion abblasen würden, wenn sie sich erst einmal genügend berauscht hätten? Das schien ihm unwahrscheinlich – viel naheliegender war, daß der Wein mit einem Betäubungsmittel oder Gift versetzt sei.
Was auch immer mit dieser unverhofften Gabe bezweckt sein mochte, für ihn selbst war es von größtem Interesse, seine Unterdrücker zu bewegen, das Zeug zu trinken.
»In diesen Fässern ist vermutlich Wein«, sagte er zu Irsikubo.
Der Häuptling sah ihn mißtrauisch an. »Wein?«
»Hat nicht der Gesetzlose davon erzählt? Wein ist wie Urgsk, nur süßer«, versetzte Dessurne und suchte einen Vergleich, der ihnen diese Gabe schmackhaft machen könnte. »Nicht nur ihr Weibervolk, auch ihr Urgsk ist viel angenehmer und sanfter. Du solltest ihn wirklich versuchen!«
Irsikubo verzog sein breites, schaurig bemaltes Gesicht zu einem

schlauen Grinsen und warf ihm einen vielsagenden Blick zu. »Und womöglich vergiftet, häh? Vielleicht solltest du ihn zuerst mal probieren, wenn du ihn uns schon so warm empfiehlst.«

Dessurne hatte damit gerechnet; Irsikubo war ja schließlich kein Vollidiot. Aber er sagte sich, daß der schon gefüllte Krug bestimmt nicht mit Gift verschnitten wäre – immer vorausgesetzt, hinter dieser Gabe stand wirklich ein kluger Kopf.

»Mit dem größten Vergnügen«, erwiderte er daher. Als er nun mit klirrender Kette zu den Fässern stapfte, wich das mißtrauische Stammesoberhaupt nicht von seiner Seite. Aber Dessurne scherte sich nicht darum, sondern hob lächelnd den Krug auf, roch vorsichtig daran und setzte ihn dann entschlossen an die Lippen.

Er hatte keinen verdächtigen Geruch wahrgenommen. Aber vielleicht hatte sein Geruchssinn bei dem dreimonatigen Aufenthalt inmitten so wenig badefreudiger Wilder etwas gelitten... Nun gab es jedoch kein Zurück mehr, und so kippte er den Krug mit einem Ruck. Aber so, daß ihm der Großteil des Weins seitlich vorbeilief, über Kinn und Brust rann und er nur den kleinen Rest in den Mund bekam. Und weil die Irsikilliki selbst so zu trinken pflegen, kam keiner von ihnen auf die Idee, daß er ein falsches Spiel mit ihnen spielen könnte.

Nun verkostete er seinen Mundvoll Wein. Es war ganz offenbar ein billiger Tafelwein, den er in früheren, besseren Zeiten als viel zu derb für einen Mann seiner Gaumenkultur verschmäht hätte. Aber jetzt, nach drei langen Monaten Urgsk, genoß er ihn wie ein edles Tröpfchen geradewegs von der kaiserlichen Tafel und schluckte ihn mit beredtem Lächeln.

Die schlauen Irsikilliki warteten aber noch die Zeit von gut zehn Herzschlägen ab, ob das Getränk bei ihm üble Folgen zeitige – ehe sie sich dann, so gierig wie die Ameisen über einen Honigkuchen, über die Weinfässer hermachten.

Als die irsikillikinischen Invasoren, kaum eine Meile hinter dem Schauplatz der großen Weinschlacht, um eine Wegbiegung torkelten, sahen sie sich plötzlich vor einem Haufen funkelnder Schwerter, die wie gemacht für sie schienen.

Die meisten Krieger waren schon beim Aufbruch ins Feld betrunken gewesen, und der reichlich genossene Wein hatte sie auch nicht gerade nüchterner, heller und vorsichtiger werden lassen. Daher tanzten sie denn auch nach wenigen Augenblicken des Staunens wie Kinder lachend umher und schwangen entzückt die so unverhofft wie mühelos erbeuteten Klingen.
Dessurne war versucht gewesen, die Gelegenheit zu nutzen und sich auch ein Schwert zuzulegen. Das hätte bestimmt keiner bemerkt... Aber dann hatte er es doch für geratener gehalten, den so sorglos geschwenkten Klingen nicht in die Quere zu kommen.
Während er sich nun durch das Getümmel drängte und schlängelte, überlegte er sich, welche feindliche Logik wohl hinter dieser Gratisbewaffnung der Wilden stecke. Die Klingen waren aus Glas statt aus Metall, aber höllisch scharf und vermutlich auch nicht zerbrechlicher als die dünnen irsikillikinischen Steinklingen.
Da mußte irgendein subtiler Plan dahinterstecken. Nur leider kam er jetzt nicht darauf, wie der aussehen könnte. Warum, zum Teufel... hatte er noch eine zweite Ration von dem Wein genommen – oder war es die dritte oder vierte gewesen? Das Zeug machte ja seine Gedanken so schlüpfrig wie Aale!
Irsikubo war der erste, der sich auf den eigentlichen Zweck des Unternehmens besann. Er brüllte sogleich den Befehl zum Aufbruch und verlieh ihm mit einem Hagel von Püffen, Tritten und Stößen einigen Nachdruck.
Bald schon waren die Krieger denn auch wieder auf dem Marsch. Und sie beglückwünschten einander lauthals und prahlerisch, wie gut sie sich doch aufs Invasieren und Beutemachen verstünden.
Aber hinter ihnen auf dem Weg lagen da, wo sie sie fallengelassen hatten, verstreut und vergessen ihre alten Streitwaffen aus Holz und aus Stein.

Dessurne fragte sich natürlich, was wohl als nächstes geschehen würde.

Ja, er war jetzt sogar noch neugieriger auf das Hirn, das hinter diesen Gaben von Wein und Waffen stand. Die waren bestimmt Teil eines Planes, eines Planes, der dem seinen an Scharfsinnigkeit und Gedankentiefe vielleicht ebenbürtig war.
Was für ein Mann mochte dieser geheimnisvolle Planer sein? So vom Wein erwärmt und recht überzeugt, hinter der nächsten Kurve warte schon die Freiheit auf ihn, war sich Dessurne bald gewiß, daß der Planer mit ihm selbst geistesverwandt, also ein Mann von Verstand und Kultur sein müsse. Ihre Begegnung würde zweifellos der Beginn einer großen und fruchtbaren Freundschaft sein.
Die irsikillikinischen Eindringlinge bewegten sich inzwischen mit der Schnelligkeit raubgieriger Schnecken. Dennoch hatten sie bald darauf einen flachen, waldigen Hügel erklommen und ein Lagerfeuer erspäht, das in einer flachen Senke genau zu ihren Füßen lohte.
Ein einstimmiger Schrei des Entzückens stieg zum Himmel auf. Dort unten mußte es Fleisch und Brot, Weiber und andere Köstlichkeiten geben! Weinesmutig und wild die schönen neuen Klingen schwingend, taumelten, torkelten und kugelten sie also hügelab, um sich diese Schätze zu holen.
Und langsameren Schritts, wie sich das für seinen Rang geziemte, folgte Irsikubo ihnen. Er mußte schließlich die Kontrolle über seine Truppe behalten. Und Dessurne blieb zwangsläufig an seiner Seite. Er mußte schließlich den betrunkenen Häuptling stützen, damit der nicht noch auf die Nase fiel.

Ganze zwei Leutchen saßen am Feuer: ein kleinwüchsiges, in Lumpen gehülltes altes Weib und jemand im schwarzen Umhang, der sich die Kapuze tief ins Gesicht gezogen hatte und dicht am Feuer hockte, als ob er sich wärme.
Irsikubo beobachtete mit stolzgeschwellter Brust, wie nun seine Mannen die beiden mehr oder minder vollständig einkreisten – die monatelange Gefechtsausbildung war also nicht umsonst gewesen!
Nun drängten er und Dessurne sich durch die Kette seiner Krieger. Das alte Weib hinkte sofort auf die beiden zu, warf sich vor dem

Baumeister auf den Boden und umklammerte seine kettenbeschwerten Füße.
»Oh, wehe!« klagte sie und sah mit weit aufgerissenen Augen ganz flehentlich zu ihm auf. »Oh, Herr! ein Fluch lastet auf uns. Die Tochter meiner Tochter! Hexe! Ungeheuer!«
Dessurne blinzelte wie eine Eule auf sie hinunter. Das mußte ein weiterer Faden im Gespinst von Lug und Täuschung sein, in das sie geraten waren. Nein, die Alte zu seinen Füßen war nicht die Spinne, die es gewebt hatte und in seiner Mitte lauerte. Aber, wer weiß, vielleicht war es die verhüllte Gestalt am Lagerfeuer dort!
»Ich bin nur ein armer Gefangener, Mütterchen«, erwiderte er ihr, aber mit so lauter Stimme, daß auch die rätselhafte Vermummte es hören mußte. »Ein Gefangener, verstehst du?«
Mit einem Achselzucken schüttelte er Irsikubo ab, der sich die ganze Zeit auf seine Schulter gestützt hatte; und der Häuptling schwankte wie ein Baum im Sturm, hielt sich aber auf den Beinen.
»Höre, Alte, er ist der Anführer dieser Horde und der, der mich in Ketten hält.«
Das Weib stürzte sich auf Irsikubos Knöchel und umklammerte sie mit ihren knochigen Fingern. »Töte sie, o Herr! Der Zauber muß gebrochen werden. Ich flehe dich an, töte sie!«
»Wen töten?« fragte der Häuptling der Irsikilliki noch ganz wirr und benommen und kratzte sich am Kopf.
»Die Tochter meiner Tochter!« klagte sie. »Die vergiftete Frucht der Frucht meines Leibes. Die Hexe, die Hexe, die... Hexe!«
Irsikubo blickte sich ratlos um. »Welche Hexe?«
»Diese Hexe!« antwortete die vermummte Gestalt am Feuer, die nun aufstand und auf ihn zutrat, ihre Kapuze jäh zurückstieß und ihm ihren beinahe kahl geschorenen Schädel und ein kaltes, grausames Frauengesicht mit weit auseinanderstehenden, mitternachtsfarbenen Augen wies. Und ihre Miene war so düster, daß die Krieger nervös zu flüstern begannen und den Ring um die beiden weiter faßten.
»Tötet sie!« schrie die Alte von neuem. »Tötet die Unholdin, ehe sie euch zeigt, was sie Böses vermag.«
»Schweig, du Zaunlatte!« zischte besagte Unholdin. »Auch wenn

wir blutsverwandt sind, ich werde mir noch an dir die Hände wärmen!«

Dessurne war nicht so weinselig, daß ihm entgangen wäre, was ihre Drohung auch besagte. Er räusperte sich nervös. »Dieses Feuer da war, äh, jemand?«

Das Lachen, das ihrer Antwort vorausging, ließ ihm das Mark in den Knochen gefrieren. »Allerdings, das war jemand. Mein lieber Opa wollte mich irgend so einem tatterigen alten Hexer geben, in der Hoffnung, daß ich fügsamer würde, wenn mich eine Macht größer als die meine kontrollierte.«

Sie lachte von neuem und wies spöttisch auf das lodernde Feuer. »Soviel zu der Macht größer als die meine! Ah, aber er hat sich tapfer gewehrt, das will ich ihm lassen... Ich mußte ihn Schicht um Schicht auseinandernehmen, wie eine zähe alte Zwiebel, und das gab ihm die Zeit, einen Zauber...«

»Einen Fluch!« klagte die Alte. »Einen Fluch der schwärzesten und schrecklichsten Art! Wird denn niemand uns vor ihrer Niedertracht schützen?« Sie kroch auf Händen und Füßen zu dem ihr am nächsten stehenden Krieger, einem kräftigen jungen Recken, und umklammerte seine Beine, daß ihm sein weinseliges Grinsen rasch verging. »Du, junges Herrchen! Willst du nicht dein Leben wagen, um unser Land zu retten?«

Der Heldenjüngling blickte unruhig zum Feuer und schlurfte etwas zurück, außer Reichweite. Das alte Weib schluchzte verzweifelt, warf sich dem nächsten in der Reihe zu Füßen und wiederholte ihre flehentliche Bitte.

Da schnurrte die Hexe mit beinahe liebevollem Blick: »Es ist ein seltener, wunderschöner Fluch. Der Alte verfluchte dieses Land, das mich, die ich seinem Leben ein Ende setzte, hervorgebracht hat. Nun wird, solange ich lebe, jeder Mann, der bei einem Weibe liegt, entmannt und impotent sein. Bis daß mir irgendeiner von ihnen, um diesen unbefriedigenden Zustand zu beenden, den Kopf abschlage und so den Tod des alten Hexers räche.«

Dessurne hörte mit einem Ohr, daß der Häuptling entsetzt grunzte, und sah aus den Augenwinkeln, wie er beim weingebremsten Grübeln die Braue runzelte.

Nun richtete sich die Hexe kalten und stolzen Blicks auf. »Meinen Kopf wird mir keiner nehmen! Ich habe den Tattergreis in seinen eigenen Scheiterhaufen verwandelt und, als er zu brennen begann, selbst einen Fluch getan... Vernehmt also und wisset, daß jedem Mann, der die Hand gegen mich erhebt, zuerst die Waffe und dann die Männlichkeit zuschanden wird!«
Diese Warnung war noch nicht in Irsikubos Bewußtsein gedrungen, als ihm endlich die Bedeutung, die der Fluch des Hexers für sie hatte, aufging. »Was?« brüllte er und faßte sein Schwert fester. »Wir nehmen all diese Gefahren auf uns, und dann kommst du und sagst, wir könnten keine Weiber haben!«
Ein nervöses Murmeln lief durch die Reihen der Krieger, und die aufgewecktesten unter ihnen blickten wütend drein. Der Ring um die beiden schloß sich wieder enger.
Da warf die Hexe ihren Umhang hinter sich und hob die Hände, in deren jeder sogleich eine lange schwarze Klinge aufblitzte, und bleckte die Zähne zu einem Raubtiergrinsen. »Ich warne euch nun zum letztenmal, ihr feigen Heulsusen! Kommt nur und stürzt euch auf mich, aber dann wird zuerst eure Waffe zersplittern und dann eure Männlichkeit erlahmen und zu Staub werden...«
»Tötet sie!« kreischte die Alte. »Sie lügt! Ihr Fluch ist ja ohne Macht. Tötet sie, und alle Frauen dieses Königreichs sind euer.«
»Tötet sie!« bellte Irsikubo und hob wütend sein Glasschwert.
Dessurne stockte der Atem, als er die junge Frau all die Krieger, die sich um sie scharten, verlachen und verhöhnen sah. Sie zeigte keine Furcht, obwohl es ihrer hundert waren! Aber diese hundert Mann starrten einander nur fragend an... keiner trat vor, um die Ehre zu beanspruchen, als erster gegen die Hexe zu kämpfen.
Irsikubo war so wütend über diese Feiglinge und die Zerschlagung aller Hoffnungen auf die kostbarste der Beuten, daß er lauthals fluchte und wie ein Trampeltier auf die Hexe losstürmte.
Die Kleine hob ihre Messer und stimmte einen grausigen Kriegsruf an, stieg dabei in immer höhere Tonlagen, bis sie endlich einen Ton erreichte, beim dem sich nicht nur Dessurne die Nackenhaare sträubten.
Irsikubo führte seine Klinge beidhändig, aber unbeholfen vor sich

her. Plötzlich zersprang ihm die wunderschöne Glasklinge wie von einem Hammerschlag getroffen, und er hatte nur noch den hölzernen Griff in den Händen. Im selben Augenblick fielen auch die Klingen seiner Getreuen klirrend in abertausend glitzernde Scherben.

Da grub der Häuptling die Fersen in den Boden. Als er zum Stehen kam, starrte er mit hervorquellenden Augen auf den nutzlosen Rest seiner stolzen Waffe. Und wurde totenblaß... denn er wußte wohl, was als nächstes geschähe. Also machte er blitzschnell kehrt, um, so schnell ihn seine kurzen Beine tragen wollten, den Hügel hinan und zurück zum Fel und über die Brücke zu entfliehen.

Daß er hier wirklich der Anführer war, erwies sich auch in dieser Lage. Denn seine kriegsbemalten Mannen zögerten keinen Augenblick... seinem Beispiel zu folgen. Sie ließen ihre Waffen fallen, als ob die sich in Schlangen verwandelt hätten, und stoben in wilder Flucht hinter Irsikubo her.

Zwölf seiner Leute kamen aber nicht weit. Den Unglücklichen riß schon nach einem Dutzend eiliger Schritte eine unsichtbare Hand die Beine unter dem Leib weg, worauf sie wie Mehlsäcke zu Boden schlugen und, von ihrem Sturz gänzlich benommen, reglos liegen blieben.

Dessurne hätte fast aufgeschrien, da sich ihm eine leichte Hand auf die Schulter legte.

Als er hastig den Kopf zur Seite wandte, sah er sich von Angesicht zu Angesicht der grausigen Hexe gegenüber.

Ihm schwanden die Sinne.

Als er wieder die Augen aufschlug, sah er sie mit besorgter Miene über ihn gebeugt. Von Panik erfaßt, setzte er sich so abrupt auf, daß sie zurückschrak. »Die Irsikilliki...«, schrie er und blickte wild um sich. »Du...«

»Verschwunden«, sagte sie besänftigend. »Bei dem Schrecken, den ich ihnen eingejagt habe, dürften sie erst ruhen, wenn sie diese Brücke, die du ihnen gebaut hast, hinter sich und eingeholt und in tausend Stücke gehauen haben!«

Dessurne starrte sie ungläubig an. »Du? Dann steckst du hinter all dem?«
Sie errötete und senkte bescheiden den Kopf. »Ganz recht, Mylord. Ich heiße übrigens Clea.«
Aber bevor er seine fünf Sinne wieder soweit beisammen hatte, daß er sich seiner guten Manieren hätte erinnern und sich seinerseits hätte höflich vorstellen können, ließ ihn ein furchtbarer Schrei aufschrecken. Er fuhr herum. Aber der Anblick, der sich ihm bot, war so seltsam, daß er erst mit einiger Verzögerung begriff, was da vor sich ging.
Er sah die Alte, die wie ein Aasgeier den Rand des Schlachtfelds absuchte. In dem riesigen Sack, den sie hinter sich herschleppte, zappelte und wimmerte einer der zu Boden gegangenen Krieger. Sie scherte sich nicht um seinen Jammer, sondern humpelte, so schnell ihre dünnen Beinchen sie trugen, zum nächsten weiter, beugte sich über ihn und fuhr mit einem Messer dicht über seinen Füßen durch die Luft. Dann hob sie ihn leicht wie eine Strohpuppe – ja, ohne daß sich ihre spärlichen Armmuskeln merklich geschwellt hätten – vom Boden auf und stopfte ihn zu dem ersten... Vergnügt kichernd, humpelte sie dann, ihren schon zwei Mann schweren Sack wie ein Spielzeug hinter sich herziehend, weiter, um gleich den nächsten aufzulesen und einzusacken.
»Das ist Maggrix«, hörte er die junge Hexe sagen. »Meine Komplizin bei deiner Befreiung.« Clea. Ja, Clea hieß sie.
Dessurne schüttelte verdutzt den Kopf. Er hätte ihr tausenderlei Fragen stellen wollen; aber die dringlichste war ihm die nach der Alten und ihrem sonderbaren Verhalten. »Was hat diese Männer denn zu Fall gebracht? Und wie kann eine Frau ihres Alters so kräftig sein?« Er schluckte mühsam. »Was hat sie mit den... armen Kerlen vor?«
»Maggrix weiß um viele Dinge«, erwiderte Clea respektvoll. »Sieh, das hat sie umgerissen.« Sie kauerte vor ihm nieder und hatte mit einmal ein Messer in der Hand... Er hätte schwören können, daß es aus dem Nirgendwo aufgetaucht war! Nun strich sie damit an seinen Füßen vorbei und hob etwas empor, das einem Spinnwebband glich.

»Das hat sie zu Fall gebracht. Es ist zwar spinnwebfein, aber so fest wie das dickste Seil. Das Geheimnis seiner Herstellung und der Stärke der Alten kennen nur wenige Auserwählte, und die haben es zumeist von ihr. Und warum sie sich diese Kerle einsackt? Nun, sie glaubt, daß sie selbst wieder jung werde, wenn sie mit genug jungen Männern schlafe.«

»Aber das ist doch lächerlich«, murmelte er. Als Clea ihre Arme breitete, gewahrte er stirnrunzelnd, daß das Messer verschwunden war.

»Ich bezweifle auch, daß das anschlägt«, erwiderte sie. »Aber sie hat zumindest viel Spaß dabei, und wer wollte ihr widersprechen?«

»Ich nicht«, versetzte Dessurne und schluckte schwer, denn er sah gerade, wie die Alte einen Burschen, der fast dreimal so groß war wie sie, leichthändig hochhob und in ihren Sack warf.

»Ich auch nicht! Sollen wir nicht besser aufbrechen und sie ihrem Vergnügen überlassen?«

Dagegen hatte Dessurne nichts einzuwenden, fürchtete er doch, er könnte am Ende selber noch in diesem Sack landen.

»Je früher, desto besser«, erwiderte er daher, erhob sich hastig und wies auf seine Fußfessel. »Aber wir würden weitaus schneller vorankommen, wenn ich diese Kette da los wäre. Sie behindert mich sehr beim Gehen.«

»Wir brauchen den Weg zur Burg ja nicht zu Fuß zurückzulegen. Ich habe ganz in der Nähe Pferd und Wagen stehen«, meinte Clea. Dann zog sie ein langes Gesicht. »Was die Kette angeht... es ist mir sehr peinlich, aber ich vergaß leider, das dafür nötige Werkzeug mitzubringen. Ich hoffe, du kannst mir meine Schusseligkeit, ohne diese wichtige Ausstattung zu deiner Befreiung aufzubrechen, noch einmal verzeihen...«

Dessurne klopfte ihr auf den Kopf wie einem dummen Kind. »Mache dir doch keine Vorwürfe, hübsches Kind.« Sie war in der Tat sehr hübsch – und das beileibe nicht nur für die Augen eines Mannes, der drei Monate lang bloß Irsikillikinnerinnen gesehen und zudem gerade noch eine so qualvolle Nacht mit einer von ihnen verbracht hatte.

Er schenkte ihr ein gewinnendes Lächeln. »Du hast mich aus langer Gefangenschaft erlöst. Ertrage ich also diese Kette noch für eine Weile! Sie ist jetzt nicht mehr als eine Unannehmlichkeit.«
Da fiel ihm noch etwas Wichtiges ein. »Mußt du König Keronian... über all das denn Bericht erstatten?«
Clea zog den Kopf ein und blickte ihn bedauernd an. »Ja, das muß ich wohl.«
»Dann ist das doch bestens... Diese Kette wird für den König der sichtbare Beweis sein, daß ich ein Gefangener der Irsikilliki und nicht irgendein in ihrem Sold stehender Mitverschworener war.«
»Damit könntest du recht haben, Mylord«, erwiderte sie. Überzeugt wirkte sie jedoch nicht. Aber Dessurne überraschte es nicht, daß ihr die Brillanz seiner Überlegung offenbar entging; hier war ja nicht die weibliche Kunst, Männer in ihren Aktionen zu behindern, sondern die männliche Kunst politischer Strategie gefragt!
Er schenkte ihr sein gewinnendstes Lächeln – eines, das schon so manche Frau in sein Bett gezaubert hatte. »Mach dir keine Sorgen, meine schöne Retterin. Du hast damit bestimmt nichts verpatzt. Es wird sich alles zum Guten wenden.«
Da sah sie zu ihm auf und bedachte ihn mit einem scheuen Lächeln, das ihm als der schönste Beleg dafür erschien, daß sie wie Wachs in seinen Händen sei. »Wenn du meinst«, antwortete sie. »Aber wir könnten doch auch bei irgendeinem Bauernhof haltmachen, um diese Kette zu entfernen...«
»Ach, wir lassen sie dran«, erwiderte er. »Das ist am besten so. Du wirst schon sehen...«

»Holz?« brüllte Omatoo, Irsikubos Gemahlin, mit wutrotem Gesicht. »Ihr kommt mit eingezogenem Schwanz zurückgerannt und bringt uns nichts als Holzgriffe mit, die angeblich zu prächtigen Schwerten gehörten?«
Irsikubo blieb stumm. Sein Weib bleckte ihre gefeilten Zähne und fauchte frustriert, packte ihr Gespons an dem von ihr bevorzugten Ohr, dem Ohr nämlich, das sie im Lauf ihrer Ehe schon doppelt so

lang gezogen hatte wie das andere. »Du wirst mir das jetzt gleich mal erklären, du Wurm, und zwar zu meiner vollen Zufriedenheit!« zischte sie und begann, ihn an besagten Ohr zu ihrer gemeinsamen Erdhütte zu schleifen.

Der Häuptling ließ sich widerstandslos abschleppen. Er war müde, der Kopf tat ihm weh, und ihm war klar, was sie von ihm verlangen würde, sobald die Zeit der Erklärungen vorbei wäre, und er dankte den Göttern, daß er wenigstens das heil zurückgebracht hatte, was er benötigte, um ihr das Verlangte zu geben.

Sein Beutetraum war zerstoben, sein Gefangener, der Brückenbauer, entflohen und sein Herz durch eine Frage beschwert, die ihm wohl noch einige Zeit den Schlaf rauben würde. Die Frage nämlich, ob er nicht besser auch dort geblieben wäre – entmannt vielleicht, aber dafür ein für allemal Omatoos zärtlichen Klauen entronnen...

Aber soviel war gewiß: Er hätte viel Zeit, darüber nachzudenken, nun, da diese verdammte Brücke über den Darikill Fel in Stücken und nur noch Brennholz war!

König Keronian starrte auf Clea hinab. Seine Stimmung schwankte zwischen Hoffen und Bangen. »Du bist also zurückgekehrt«, sagte er mit tonloser Stimme.

»Das bin ich, Mylord«, erwiderte sie lammfromm. »Die Irsikilliki sind zurückgeschlagen und vertrieben. Daher muß ich leider, nun, die Sache mit meiner Belohnung...« Sie verstummte, verschränkte die Arme auf der Brust und blickte wie zerknirscht zu Boden.

Keronian runzelte, über ihre ungewohnte Bescheidenheit erstaunt, die Brauen. Dessurne war von Cleas Verzagtheit und Zurückhaltung keineswegs überrascht. Sie war schließlich nur eine Frau. Sicher, sie hatte die Invasoren in die Flucht geschlagen und ihn befreit; aber das hatte sie doch nur mit List und Tücke zuwege gebracht – typisch weiblichen Waffen also. Für eine Situation wie diese, wo es auf Mannesmut vor Fürstenthronen ankam, war sie aber natürlich nicht gewappnet.

So beschloß er, ihr jetzt beizuspringen. Schließlich war er nicht unerfahren im Umgang mit Fürsten und Königen. Außerdem war er ihr das ja dafür schuldig, daß sie ihn aus der Gefangenschaft erlöst hatte!

Zudem könnte er sich ihren Dank verdienen, und was lag näher, als daß sie ihre Dankesschuld im Bett abtrüge? Höchstwahrscheinlich würde ja, wenn er erst gebadet und rasiert und hergerichtet wäre, sein bloßer Anblick schon beinahe genügen, sie dorthin zu ziehen. Aber der kluge Mann kalkuliert eben die Unberechenbarkeit und die Launenhaftigkeit der Frau mit ein und baut vor. Die kleine Hilfe wäre eine weitere Strebe in seiner ohnehin soliden Konstruktion.

»Eine wohlverdiente Belohnung das«, rief er also und reckte sich und blickte dem König unerschrocken in die Augen.

»Wer bist denn du?« fragte Keronian ironisch, weil er sich recht sicher war, die Antwort bereits zu kennen.

Dessurne verbeugte sich. »Dessurne il-Apsangir, Chefarchitekt und Oberbaumeister des Kaisers Mansu in der großen Stadt Sessaria.« Er blickte Clea von der Seite an, um zu sehen, welchen Eindruck er mit der Nennung seines Titels und Amtes auf sie gemacht habe, und ihre ehrfürchtige Miene ließ ihn innerlich lächeln. Selbst König Keronian wirkte sehr beeindruckt.

»Seht die Kette an meinen Füßen, Mylord«, fuhr er zufrieden fort. »Ich war drei Monate lang Gefangener dieser Wilden.«

»Dann bist du also der«, bemerkte Keronian ruhig, »der es ihnen ermöglicht hat, in mein Königreich einzufallen?«

»Aber doch nur, weil sie mich sonst getötet hätten«, verteidigte sich Dessurne. »Außerdem schien es mir unwahrscheinlich, daß die Trunkenbolde einem auch nur einigermaßen organisierten Königreich gefährlich werden könnten.«

Der König runzelte die Brauen. Jetzt erst ging Dessurne auf, daß seine letzte Bemerkung als sehr kränkend empfunden werden konnte. »Schließlich...«, beeilte er sich hinzuzufügen. »Eine Hundertschaft tüchtiger Kavalleristen hätte sie mit Leichtigkeit zurückschlagen können.«

»Da hast du sicher recht«, gab der König widerstrebend zu. »Und zu anderen Zeiten wären uns diese Kerle wohl auch nicht mehr als lästig gewesen. Aber ich hatte ja nicht einen Mann mehr, den ich ihnen hätte entgegenstellen können... Die andauernden Regenfälle, weißt du. Denn der Wanderush tritt über die Ufer und reißt unsere Dämme schneller mit sich, als wir sie errichten können. Fast alle meine Untertanen sind dort nun im Einsatz.« Er seufzte matt. »Und doch schaffen wir es nicht.«

Dessurne nickte verständnisvoll. »Überschwemmung, sagst du? Ein Jammer, daß die Irsikilliki mich gefangennahmen, und nicht ihr. Ich kann von mir behaupten, daß ich noch immer mehr von Dämmen und Deichen verstehe als der Beste deiner Männer... auch wenn ich mehr davon vergaß, als der je davon gewußt hat. Wußtest du, daß es einfache Maschinen gibt, die derlei Fluten mit der Kraft des fließenden Wassers in den Fluß zurückpumpen können? Oder daß man Flüsse, die man nicht aufhalten kann, oft auch ableiten und lenken kann... wie eine durchgehende Viehherde?« fragte er und verdeutlichte mit abfälliger Handbewegung, was für Bagatellen das für ihn seien. »Das Wasserwerk in Sessaria gilt als das weltweit beste und größte seiner Art. Ich prahle nicht, wenn ich sage, daß sie das in der Tat sind und daß ich sie dazu gemacht habe.«

Keronian lehnte sich zurück und strich sich mit unergründlicher Miene übers Kinn. »Das ist sicher nur Prahlerei«, sagte er nach einer Weile.

»Verzeih, das ist die reinste Wahrheit«, versetzte Dessurne und lachte selbstgefällig. »Also... wenn ich diese Operation leiten würde, wäre dein Fluß im Handumdrehen so zahm wie ein Schoßhund, und du hättest obendrein noch die technischen Mittel, deine Äcker während der Trockenzeit zu bewässern.«

Der König seufzte nachdenklich und sah dann zu Clea hinüber. Sie erwiderte seinen Blick mit einem lieblichen Lächeln.

Da verzog er das Gesicht und sprach: »Ich sollte dir wohl meinen Dank aussprechen. Aber damit warte ich lieber, bis ich weiß, wie sehr ich dafür geschröpft werde.«

Clea setzte ein noch strahlenderes Lächeln auf. »Oh, nicht allzu sehr. Ja, für hundert Talente gehört er dir, natürlich zusätzlich zu den hundert, die du mir für den Sieg über die Irsikilliki schuldest.«

Dessurne fuhr zu Clea herum und starrte sie entgeistert an. Diese plötzliche Wendung der Dinge verschlug ihm die Sprache!
»Was, wenn ich nicht zahle?« fragte König Keronian mürrisch. »Was für Unheil droht mir dann?«
Clea lachte fröhlich. »Willst du das wirklich wissen?«
»Nein«, seufzte er, als er es bedacht hatte. »Lieber nicht.« Dann wandte er sich seinem Kammerherrn zu und starrte den böse an, als ob der an allem schuld sei. »Reege! Hör auf, hier rumzustehen und das Maul auzureißen, als ob du Fliegen fangen wolltest! Geh schon und hol endlich das Gold, das sie mir abpreßt...«
»Aber man kann mich doch nicht so einfach verkaufen oder kaufen«, flüsterte Dessurne. Sein Protest fand jedoch nicht mehr Beachtung als das Muhen einer Kuh auf der Auktionsrampe.
Keronian blickte dem davonschlurfenden Graubart mißmutig nach und wandte sich dann erneut an Clea: »Schämst du dich denn gar nicht, so meinen Staatsschatz zu plündern?«
»Bekommst du dafür nicht diesen Schatz von einem Baumeister? Aber da du dich übervorteilt fühlst, möchte ich dir gratis noch einen guten Rat geben. Laß diesen Baumeister eine feste Brücke über den Darikill Fel, zum Land der Irsikilliki, schlagen. Die hätte man mit Glitzerkram von nicht mehr als fünf Talenten Wert und einem halben Dutzend Huren leicht von ihren Invasionsgedanken abbringen können. Biete ihnen an, dir in einer eigenen Einheit als Söldner zu dienen. Versprich ihnen Wein und Weiber und eine Möglichkeit, von ihren eigenen Frauen weit weg zu sein. Dann werden sich mehr als Freiwillige melden, als du brauchen kannst. Aber sei gewarnt: Wenn Maggrix an den jungen Böcken, die sie auf dem Schlachtfeld einfing, Gefallen gefunden hat, könnte es leicht sein... daß die Irsikilliki sie zur Königin und Herrin haben, wenn du ihnen das nächste Mal einen Besuch abstattest.«
Nun kehrte auch schon Reege zurück, und er schleifte zwei schwere Satteltaschen hinter sich her. Clea nahm sie an sich, warf einen kurzen Blick hinein und warf sie sich mit zufriedener Miene über die Schulter. »Das wäre erledigt. Mit deiner gütigen Erlaubnis, mein König, werde ich nun Abschied nehmen.«
Keronian brachte ein schmerzliches Lächeln zuwege. »Die hast du.

Ich fürchte, wenn du noch länger bliebest, würde ich am Ende noch meine Krone an dich verlieren.«

Nun fand Dessurne endlich seine Stimme wieder. »Aber was ist nun mit mir?« rief er, trat auf Clea zu, hob die klirrende Kette und schüttelte sie anklagend. »Was ist damit?«

»Du selbst hast mich doch überzeugt, daß sie... besser noch dran bliebe«, antwortete Clea mit honigsüßer Stimme. »Und jetzt hat ja der König darüber zu befinden... Aber schicke mir doch bitte eine Nachricht, wenn du wieder frei bist und glaubst, für die Heimkehr in dein Land einen guten Begleitschutz zu brauchen... dann komme ich spornstreichs zurück.«

»Was?« rief Dessurne und starrte sie ungläubig an.

Sie lehnte sich an ihn, küßte ihn inniglich und flüsterte ihm ins Ohr: »Der Kaiser wird doch wohl dem, der dich wiederbringt, guten Lohn geben. Und wer weiß, ohne einen tüchtigen Begleiter könntest du ja leicht verlorengehen.«

Dann küßte sie ihn noch einmal und ging. Er stand fassungslos da und horchte auf ihr allmählich leiser werdendes Lachen. Endlich wandte er sich zu dem König um und schüttelte verzweifelt seine Kette. »Was ist damit?«

Keronian erhob sich. »Die kommen erst ab, wenn du das, was ich für dich bezahlt habe, abgearbeitet hast«, erwiderte er barsch und winkte ihm, ihm zu folgen. »Komm, wir müssen dich noch für den Regen und den Schlamm einkleiden, bevor wir dich die Wunder ins Werk setzen lassen, die du mir versprochen hast.«

Dessurne ließ resigniert seine Kette fallen und schlurfte, immer noch ein Gefangener, hinter dem König her. Aber wenigstens gibt es hier Wein statt Urgks, war der einzige tröstliche Gedanke, der ihm einfallen wollte.

»Mylord?« fragte er, als er neben den König aufschließen konnte. Die Frauen hier... pflegen die sich auch mit Schweineschmalz einzuschmieren oder sich die Zähne zu feilen?«

Da sah Keronian seinen neuen Baumeister an, als ob er um dessen Geisteszustand fürchte. »Nein, keinesfalls.«

Vielleicht bin ich ja verrückt geworden, dachte Dessurne, da er spürte, wie sich sein Gesicht zu einem resignierten Grinsen zog.

»Dank sei den Göttern für die kleinen Freuden des Lebens«, sagte er und folgte dem Mann, der für einige Zeit sein Herr und Meister sein würde.

Und was den Tag anging, an dem man ihn freiließe ...

Nein, keine Frau auf der Welt konnte zweimal hintereinander einen Mann seiner Bildung und Erfahrung austricksen ...

LYNNE ARMSTRONG-JONES

Lynne Armstrong-Jones steht für einen der Ratschläge, die ich den jungen AutorInnen immer zuerst gebe: Laßt euch durch Ablehnungen nicht entmutigen! Wer mit derlei Ablehnungen, dieser ersten und Grunderfahrung wohl jedes Autors, nicht umgehen kann, sollte sich besser ein anderes Metier suchen.
Ich habe einmal im Spaß gesagt – hätte dabei jedoch, außer in der Wortwahl, kaum ernsthafter sein können –, daß ich Schriftstellerin geworden sei, weil ich den Verlagen so oft Manuskripte geschickt hätte, daß die Lektoren es irgendwann einmal müde geworden seien, sie mir wieder zurückzuschikken. Auch Lynnes Beispiel spricht für die Richtigkeit meines Ratschlags. Ja, ich hatte eine Zeitlang in meinem Stapel unverlangt zugesandter Manuskripte allwöchentlich eine Story von Lynne und begann, ihre Beharrlichkeit zu bewundern und zu loben, lange ehe ich ihr dann eine abkaufte.
Mein erster Mann gab mir den etwas zu laienhaften Rat, doch nicht so viele Manuskripte einzureichen: Sonst würden die Lektoren sie sicher bald ungelesen zurückschicken, weil sie mir, aufgrund der vorausgegangenen Ablehnungen, sowieso nichts mehr zutrauen würden. Ich bin seinem Rat zum Glück jedoch nicht gefolgt, sondern ging – was ich auch meinen Autoren empfehle – zu jemandem, der wußte, wovon er sprach: zu dem inzwischen verstorbenen Sam Merwin. Er sagte mir zum einen (was ich schon wußte), daß mein Mann völlig falsch liege, und zum anderen, daß alle Autoren – als Beispiele führte er etliche meiner Idole an – haufenweise Ablehnungen einstekken mußten und müssen. Daher versuchte ich es weiter – wenn auch drei Jahre ohne jeden Erfolg. Aber der Rest ist Geschichte.

Deshalb sage ich den Autorinnen und Autoren bis heute: Gebt nicht auf, laßt euch nicht beirren. Denn der Lektor weiß oft gar nicht, was er will – bis er es bekommt. – MZB

LYNNE ARMSTRONG-JONES

Der Eid einer Kriegerin

Die große, kräftige Reiterin starrte zu dem Turm hin, der sich da aus dem grünen Blätterdach erhob und bis in den Himmel zu wachsen schien. Eine flauschige Wolke verbarg ihn für einen Moment ihren Augen, teilte sich sodann in zwei krause Streifen und zog langsam weiter.

»Dort ist es also«, murmelte die Reiterin und trieb ihren grauen Wallach mit leichtem Schenkeldruck auf ein nahegelegenes Wäldchen zu. Ja, dort könnte sie haltmachen und sich auf das Kommende, was immer es auch sein mochte, vorbereiten.

Sie hatte durchaus eine Vorstellung von dem, was nun zu erwarten stand. Denn sie hatte sich von dem Edelmann die Zahl der Wächter sagen lassen und alles, was er und seine Spione über die Anlage der Burg in Erfahrung gebracht hatten.

Gaalan hoffte, daß seine Informationen sich als korrekt erwiesen. Die Vorstellung, am Ende für nichts Leib und Leben gegen Schwert und Magie zu riskieren, war alles andere als reizvoll. Aber sie tröstete sich mit dem Gedanken, daß der Edelmann ja seine Nichte heil und unversehrt zurückbekommen wolle und deshalb sie, die zu ihrer Befreiung und Rettung auszog, sicherlich nach bestem Wissen und Gewissen unterrichtet habe.

»So, mein Rubin!« sagte die große, kräftige Frau und streckte dem Vogel, der auf ihrer Schulter saß, den Finger hin. »Jetzt brauche ich deinen Beistand. Fliege zur Burg hin und halte nach Anzeichen für einen Zauber Ausschau, der sie gegen die Außenwelt abschirmen könnte. Wenn du nichts findest, singst du mir bei deiner Rückkehr dein freudigstes Lied. Wenn du aber Magie entdeckst, laß mich bei deiner Rückkunft nichts als dein Schweigen hören. Los, jetzt!«

Damit warf sie den purpurroten Vogel in die Lüfte und blickte ihm nach, als er rasch davonflog, dieser alles andere als gewöhnliche Vogel. Und sie lächelte. Denn es kam ihr in den Sinn, wie sie ihn einst von einem bösen Zauber, der ihn gefangenhielt, erlöst hatte und daß sein Talent, jegliche Magie aufzuspüren, sich seither als eine höchst nützliche Gabe erwiesen hatte.

Gaalan blinzelte gegen das helle Sonnenlicht an. Die Fältchen um ihre blauen Augen zeugten von den dreißig und mehr Jahren ihres Lebens. Auch die fast zwanzig Jahre, die sie mit Söldnerdiensten und einer Fülle ähnlicher Beschäftigungen verbracht hatte, hatten hier und dort Spuren hinterlassen: Die kleine Narbe am Kinn und der lange Schmiß quer über dem Unterarm erinnerten sie an weit zurückliegende Kämpfe.

Aber ein Leben ohne solche Herausforderungen wäre undenkbar für sie gewesen. Nach einem prüfenden Blick ringsum stieg sie nun ab und begann, ihre Ausrüstung vorzubereiten.

Als Rubin zurückkam, saß sie recht zufrieden, an den Stamm einer uralten Eiche gelehnt, beim Imbiß. Ihr langes, dunkles Haar, das nicht mehr als ein oder zwei graue Strähnen hier und da aufwies, hatte sie gelöst, damit es frei walle: die Gelegenheit dazu böte sich ihr vielleicht nicht so bald wieder... Sie kaute ruhig und gleichmäßig. Der Käse, den sie zu ihrem Kanten Brot aß, war hart, aber wohlschmeckend.

Neidvollen Blicks beobachtete sie den wie schwerelosen Flug des von einem kecken Häubchen gezierten kleinen Vogels und lächelte breit, als er sich auf ihrem ausgestreckten Finger niederließ und zu singen anhob. Sein Liedchen war so schön und reich in Ton und Melodie, daß sie die Augen schloß, um ihm ganz ungestört lauschen zu können.

»Ich danke dir, mein lieber Rubin«, flüsterte sie, als er geendet hatte, und holte aus einem Beutelchen eine Handvoll Samen, die er sogleich emsig aufpickte.

Als die Abendsonne den Himmel orangerot färbte, prüfte Gaalan den Sitz ihres Schwertes und vergewisserte sich, daß ihr Haar straff geflochten war. »Jetzt«, flüsterte sie leise, und Rubin schwirrte herbei und setzte sich ihr auf die Schulter.

Also stieg sie auf ihren Wallach und ritt auf die Burg zu. Nicht lange, da erreichte sie einen Hain unterhalb der dunklen Festung. Dort stieg sie ab und band ihr Pferd an einen Baum.
Rubin, der sofort aufgeflogen war, ließ sich ganz nahe bei einem Turmfenster auf einem Spalier nieder. Und der Gedanke, daß sein leuchtendrotes Gefieder ihr wie ein Leuchtfeuer zur Orientierung dienen würde, machte Gaalan erneut lächeln. Jetzt ließ sie ihren Blick schweifen, um eine gute Aufstiegsmöglichkeit zu erspähen.
Als sie sich schlüssig war, nahm sie aus ihrem kleinen Hüftbeutel den Wurfanker, ließ ihn am Halteseil kreisen, und als er genügend Schwung hatte, ließ sie ihn jäh sausen, und er flog hoch hinauf, schlug gegen die Mauer und holperte ein Stück daran herunter. Nur gut, daß das Rascheln des in der Abendbrise wehenden Laubs seinen Lärm überdeckte!
Aber nun hakte er in einer Mauerspalte ein! Einige Mörtelbrocken und Kieselsteine fielen in den Burggraben. Gaalan zog ruckartig am Seil, um den Anker festzusetzen, und begann, beruhigt, ihren Aufstieg, der auch verhältnismäßig leicht und zügig vonstatten ging, da ihre Stiefelsohlen ihr gute Haftung und sicheren Tritt gaben.
Sie kletterte geräuschlos bis unter die Mauerkrone und klammerte sich mit den Fingern daran fest, zog sich langsam, sehr langsam hoch, bis sie einen Blick über die Kante werfen konnte.
Ihre Ohren meldeten ihr, daß jemand auf dem Wehrgang näherkomme, aber ihre Augen sahen niemanden. Als sie plötzlich Rubin zirpen hörte, ließ sie sich blitzschnell bis auf die Höhe des Wurfankers herab und wartete geduldig, bis die Schritte des Wächters wieder verklangen.
Endlich zwitscherte Rubin erneut – zweimal nun, zum Zeichen, daß die Luft rein war. Da streckte sie die Rechte zur Mauerkante aus, suchte sich dort einen guten Halt und löste sodann mit der Linken den Anker. Als das geschafft war, zog sie sich hoch, schwang sich behend über die Mauer und verstaute den Wurfanker im Hüftbeutel. Und schon huschte sie, jetzt mit dem Dolch in der Hand, durch die Schatten.

Sie hastete den Wehrgang entlang, bis sie die Stelle genau unter dem Fenster erreicht hatte, bei dem der Vogel saß, zerrte einmal prüfend an dem Spaliergitter, fand es aber für zu schwach, um ihr Gewicht tragen zu können.

Da ließ sie wieder den Anker kreisen, fand auch eine gute Nische für den Haken und kletterte so sicher wie eine Spinne im Netz an dem straffen Seil empor.

Die Hände an den Fenstersims geklammert, zog sie sich vorsichtig hoch, bis sie in das Turmgemach hineinblicken konnte. Aber Rubin antwortete auf ihre fragende Kopfbewegung mit einem leisen Pfiff.

Oh, dachte die Kletterin, Rubin hat hier also einen Abwehrzauber entdeckt. Kein Wunder, daß das Fenster unvergittert ist und offen steht und in der Schlafkammer kein bewaffneter Wächter ist.

Nur eine schlafende junge Frau, der das Mondlicht einen goldenen Schimmer verlieh, war zu sehen. Gaalan nahm einen kleinen Kiesel und warf ihn durchs Fenster. Der Vogel blieb jedoch stumm. Auch sonst gab es keinen Hinweis auf irgendeine Magie, die den Zugang zur Kammer verwehren würde...

Etwas überrascht, schwang sich Gaalan hoch und stieg geräuschlos wie eine pirschende Katze in die Kammer ein. Das war ihr alles zu glatt gegangen, kein wie immer geartetes Hindernis...

Als sie sich dem Bett mit dem schlafenden Mädchen näherte, hörte sie Rubin zweimal leise pfeifen. Aber da war es schon zu spät – Gaalan hatte die Grenze des Zauberbanns bereits überschritten.

Sie prallte zurück und hob schützend die Hände vors Gesicht, als die sengenden Flammen jäh vor ihr aufloderten, und wich vor der fürchterlichen Hitze. Da waren jedoch schon alle Gedanken in ihr ausgelöscht – alle, bis auf den einen:

Ich sehe nur eine Erscheinung, eine Illusion!

Sie mußte sich sputen. Der Zauberer hatte ihre Anwesenheit sicher bemerkt...

Da zog sie ihr Schwert und schritt, ihr Bewußtsein ganz auf ein Gefühl von Kälte konzentriert, durch den Feuerwall...

Jetzt war sie hindurch. Es war leichter gewesen, als sie gedacht hatte. So als ob dieser Zauber nicht so stark wie jene sei, mit denen sie es früher zu tun gehabt hatte.
Aber das war nicht die Zeit für Mutmaßungen... Die junge Adlige schlummerte noch fest. Gaalan beugte sich vor und legte ihr sacht die Hand über den Mund, um jeden Aufschrei ersticken zu können. Nun öffnete die Kleine die Augen, riß sie weit auf in ihrem jähen Erschrecken.
»Fürchte dich nicht, Lady Anna«, flüsterte die Schwertkämpferin. »Ich bin Gaalan, die Kriegerin, und bin gekommen, dich nach Hause zu holen...«
Die arme Lady Anna blickte ziemlich verstört drein und schien gar nichts zu begreifen.
Ich muß mich beeilen, dachte Gaalan, als Rubin schon wieder seine Zauberwarnung gab und im Flur der Lärm schwerer Schritte erklang. Die Zeit lief ihr davon!
Sie steckte ihr Schwert in die Scheide und faßte die Gefangene um die Taille. Aber die junge Frau sträubte sich wild und verfluchte sie und schrie, sie wolle nicht mehr nach Hause.
Da blieb der Kriegerin keine andere Wahl. Mit einem Fausthieb, so genau bemessen, daß er keine unnötigen Schmerzen und Verletzungen hervorrief, schlug sie die sich Wehrende bewußtlos, fing sie auf, als sie erschlaffte, hievte sie aufs Fensterbrett und zog sodann wieder ihre Waffe.
Aber schon flog die Zimmertür auf, und drei junge Kerle stürmten, die Klingen kampfbereit, herein... Gaalan ließ den Blick ihrer blauen Augen von einem Gesicht zum anderen wandern – ohne dabei aber je eines davon aus ihrem peripheren Sehfeld zu lassen.
Welcher zuerst? überlegte sie – aber dann sah sie ihn. Er schien der Jüngste der drei: Er war also wohl noch ein Heißsporn.
Und der Unerfahrenste.
So ließ sie ihren Blick weiterwandern. Der Kühlste, Überlegteste der drei wäre ihr am gefährlichsten.
Sie fühlte... wie seine Augen jede ihrer Bewegungen und Regungen maßen, ihre Kraft und ihre Statur schätzten – und sah, wie seine Augen dem dritten Wächter seinen Befund signalisierten.

Schon hob sie ihr Schwert, um den Hieb zu parieren, und trat dem Ältesten der drei, den sie im Augenwinkel behalten hatte, gegen das Knie und wirbelte nach dessen beredtem Stöhnen herum, um sich ganz den anderen zwei zu widmen.
Sie saß wie in einer Zwickmühle – denn die beiden griffen sie von zwei Seiten zugleich an. Also ließ sie sich jäh zu Boden fallen, rollte sich weg und sprang blitzschnell wieder auf die Beine, als die beiden gegeneinanderkrachten.
Sie warf sich die nun recht schwere Bewußtlose über die Schulter. Aber als sie nach dem Seil griff, um hinabzuklettern, sah sie auf der Schwelle eine Zauberin stehen, die drohend den Finger auf sie richtete.
Feuer... schon wieder Feuer! Gaalan holte tief Luft, verdrängte die Illusion aber dank Rubins Warnruf aus ihrem Bewußtsein.
Mit dieser Last auf der Schulter fiel ihr der Abstieg schwer. Als sie flüchtig nach oben blickte, sah sie die Zauberin, die wütend zu ihr herabstarrte. Also sputete sich die Schwertkämpferin noch mehr.
Das Seil, o das Seil... begann, unmittelbar über ihr zu reißen. Aber sie war noch zu hoch, um sich fallen lassen zu können!
Da hörte sie den Warnpfiff Rubins, und sie schüttelte den Kopf – ärgerlich über sich, darüber, daß sie sich erneut hatte hinters Licht führen lassen. Auch das Reißen des Seils war bestimmt nur Illusion, ein Augentrug. So zwang sie sich, nicht mehr daran zu denken, und weiter abzusteigen, als ob sie nichts Ungewöhnliches und Bedrohliches wahrgenommen hätte.
Als sie den Fuß der Mauer erreicht hatte und eben den Wurfanker löste, sah sie die Bogenschützen nahen. Zeit... die Zeit wurde ihr knapp!
Sie hievte sich und ihre Last in den Schutz des Blätterdachs und bedeutete Rubin mit lautem Pfiff, den Grauen zu holen. Nun schlug sie sich schwer beladen durchs Unterholz und hob ihre Bewußtlose hoch, als sie auf den wartenden Wallach stieß, legte sie ihm quer über den Rücken und sicherte sie mit einem Seil, das sie schnell, aber fest knotete.
Dann trieb sie den Grauen mit einem leichten Klaps davon, sprang

mit einem Satz in die Büsche und hetzte unter einem ganzen Hagel von Pfeilen, deren einer ihr den Oberarm durchbohrte, davon.

Plötzlich verlor sie den Boden unter den Füßen und rollte, laut fluchend, den jähen Abhang hinab. Als sie, arg zerschrammt und recht benommen, auf ebenem Grund wieder zum Halten gekommen war und sich zu inspizieren begann, sah sie, daß der Pfeil bei ihrem Sturz vollends aus dem Muskel herausgedrückt worden war. Weil die Wunde jetzt heftig blutete, säumte sie nicht und holte aus ihrer Hüfttasche einen Fetzen Tuch mit Heilkräuterpflaster und verband sich damit notdürftig.

Einen Notverband anzulegen, war alles, was sie im Augenblick tun konnte. Noch ziemlich benommen, erhob sie sich, als sie unweit hinter sich laute Rufe vernahm, und hastete im Schutz des Waldes weiter.

Daß so schnell schon einer der Wächter vor ihr auftauchen würde, überraschte sie. Aber sie hatte im Nu ihr Schwert wieder in der Hand und bot dem grinsenden jungen Burschen die Stirn. Er schien sich so sicher, daß er sie erledigen würde.

Da wußte Gaalan, daß das Gegenteil der Fall sein würde.

Sie setzte ein fassungsloses und dann ängstliches Lächeln auf und sah dem Wächter dabei fest in die siegesgewissen Augen.

Er bemerkte in seiner Selbstgefälligkeit gar nicht, daß sie ihre Waffe schon wieder in der Hand hatte – wenn auch gut hinter ihrem Rücken verborgen... Mit einem widerlichen Grienen im Gesicht hieb er nach ihr, und sie, scheinbar immer noch die verängstigte Frau, ließ ihre Klinge vorschnellen und schlug ihm mit einem einzigen Streich die Hand vom Arm.

Aber sie brachte es rasch zu Ende mit ihm und eilte nun ungesäumt weiter.

Endlich erreichte sie den kleinen Hain. Sie sah zu ihrem Wallach hinüber, der sich am grünen Klee gütlich tat. Die junge Frau war offenbar wieder zu sich gekommen, denn sie zappelte auf seinem Rücken hin und her und zerrte an dem gut verknoteten Seil.

Der Gedanke daran, wie heftig sich dieses »arme Opfer« gegen ihre Befreiung gewehrt hatte, erfüllte die Kriegerin mit Zorn...

Aber sie zügelte sich und half, wenn auch vor Wundschmerz aufstöhnend, der Kleinen aus ihrer mißlichen Lage.
»So, Lady Anna«, zischte sie nun, fast geifernd vor unterdrückter Wut, »ich habe dich befreit... willst du mir noch einmal sagen, für dich hätte ich Leib und Leben nicht zu wagen brauchen?«
Die Kleine sah erstaunt auf. Nun wurde ihr erstmals bewußt, welch beeindruckende Erscheinung Gaalan war... diese hochgewachsene, muskulöse Frau, die zornbebend und mit in die Hüften gestemmten Fäusten vor ihr stand.
»Es... es tut mir leid. Wirklich... aber ich will einfach nicht ins Haus meines Onkels zurück!«
Gaalan löste ihren Blick von der zierlichen, jungen Frau mit den grauen Augen und den hellblonden Haaren, die so zerknirscht wie trotzig vor ihr stand, und spähte zum Wald hinüber und überlegte, wieviel Zeit ihnen noch blieb. Rasch entschlossen, führte sie die seltsame Kleine zu ihrem Wallach, half ihr hinauf und setzte sich hinter sie. Dieses Mädchen hatte etwas – ihr Vertrautes? Gaalan schüttelte unwirsch den Kopf, um dieses Gefühl zu verscheuchen... Aber es wollte nicht weichen.
So ritten sie eine Weile schweigend dahin, bis Anna schließlich wieder zu sprechen anhob.
»Gaalan? Wie ist das so, als große Kriegerin?«
Gaalan mußte lachen. Sie hatte sich noch nie in irgendeiner Weise für »groß« gehalten. »Sag, was bringt eine junge Lady wie dich zu so einer Frage?«
Als Anna ihr jedoch die Antwort schuldig blieb, fuhr sie seufzend fort: »Nun, Lady Anna, kannst du dir denn ein Leben ohne Samt und Seide vorstellen? Kannst du dir vorstellen, so Nacht für Nacht im Heu, am Lagerfeuer und auf harter Diele zu schlafen oder tagelang ohne einen Happen Essen auszukommen? Oder soviel Tod zu sehen, daß der Tod dir gleichgültig...«
Gaalan unterbrach sich, weil Rubin herbeigeschwirrt kam, sich auf ihrer Schulter niederließ und ein Liedchen zwitscherte. »Oh, mein kleiner Freund! Dann ist also alles in Ordnung. Was für eine gute Nachricht! Dann essen wir hier zu Abend.« Damit lenkte sie ihren braven Grauen in eine von felsigen Hügeln geschützte Senke, half

Anna absteigen und kraulte ihrem Wallach dann liebevoll das Maul.
»Aber da ist doch noch mehr dran als das«, spann Anna ihren Faden fort.
»Unsinn! Ich mache das, weil ich zu sonst nichts tauge«, murmelte Gaalan, während sie ihren Vorratssack abschnallte.
»Du liebst doch das Leben. Das sehe ich dir an... und ich höre es auch, wenn du sprichst.«
Die Schwertkämpferin hielt überrascht inne, wandte sich dann um, um Anna anzusehen... und rang mit einmal nach Atem.
Dieses Gesicht... kein Wunder, daß sie sich so irritiert gefühlt hatte! Solch ein Gesicht hatte sie schon gesehen. Vor sehr, sehr langer Zeit. Gaalan war wie erstarrt, so sehr verblüffte die... Ähnlichkeit diese Gesichts sie: dieselben grauen Augen und runden Wangen, dasselbe hellblonde Haar. Selbst der Schnitt ihrer Lippen erinnerte sie an Melanie.
O liebe Melanie... meine beste, liebste Freundin. Fast sechs Jahre lang meine ständige Gefährtin...
Ein Bild trat ihr vor Augen: Melanie, die, mit von der Klinge des Feindes durchbohrter Brust, in ihren Armen starb...
»Ich habe gefragt, ob es dir nicht gutgehe, Gaalan!«
»Was? Oh, doch, doch... mein Kind, mir geht es gut. Ich habe nur an etwas denken müssen. Aber jetzt... ist alles in Ordnung.«
»Gaalan«, fuhr Anna fort. »Ich möchte eine Kriegerin sein, so wie du. Sicher, ich gehe gern in Samt und Seide und schlafe auch gern in einem weichen Bett. Aber das Leben ist doch mehr als das! Und du weißt das ja genau!« sagte sie, derweil sie der Kriegerin die Armwunde säuberte und frisch verband.
»Zum Beispiel, mein Kind?«
»Zum Beispiel, die Bewährung in einem Kampf, bei dem man ganz auf seine Kraft, seinen Kopf und seine Klinge angewiesen ist! Und die Vertrautheit mit jedem Winkel wilder Wälder! Oder jenes Prickeln, wenn dir beim scharfen Galopp auf dem schnellem Roß der Wind ins Gesicht bläst! Oder das Glücksgefühl, dem Schwächeren, Hilflosen beizustehen, das Leben zu retten...«
»Genug nun!« Wären diese Worte von jemand anderem gekom-

men, hätte Gaalan kaum gezögert, diesem Jemand eine Ausbildung als Kriegerin wärmstens zu empfehlen... aber der Tochter von Melanie?
Gaalan seufzte, ihres Eides gedenkend – eines heiligen Eides nach der ehernen Regel des Kriegerinnenordens, den letzten Willen der sterbenden Kampfgefährtin zu erfüllen.
Nun klang es ihr wieder in den Ohren, überdeutlich: Diese letzten Worte Melanies, mit brechender Stimme geflüstert... und auch das Versprechen, das sie der Sterbenden gegeben hatte... Es war eine Ehre für sie gewesen, ihren Schwur zu erfüllen, auch wenn es sie dann Monate gekostet hatte, die alten Freunde Melanies ausfindig zu machen, die gewillt waren, dieses kleine Kind als ihr eigenes großzuziehen.
Der Schwur, dachte Gaalan. Sie sah Melanie genau vor sich, wie sie die Worte sprach: Laß die kleine Annabel nicht einfach in die Fußstapfen ihrer Mutter treten. Bitte, sorge dafür, daß sie einst ein besseres Leben hat...
Gaalan war so in den schmerzlichen Erinnerungen verloren, daß sie die Hand, die plötzlich nach ihrem Schwert griff, fast übersehen hätte. Aber schon packte sie zu, hielt Annabel, Melanies Tochter, eisern am Handgelenk fest und starrte ihr wütend in die Augen.
»Was hast du vor, Kind?«
»Ich will dir zeigen, was mich mein Vetter gelehrt hat. Vertraue mir!«
Gaalan zögerte noch einen Augenblick, ließ dann aber Annas Hand gehen. Und ruhig sah sie zu, wie das Mädchen das im Sonnenlicht funkelnde Schwert bewunderte.
Plötzlich schoß die Kleine zu ihrer Befreierin herum und stürzte sich mit gefährlich geschwungener Klinge auf sie! Gaalan wich dem Hieb mit einem raschen Seitschritt aus und zückte dann, froh, daß sie nicht am Waffenarm verwundet war, ihren Dolch.
»Was soll denn das, Annabel? Bitte, laß die Narretei...«
Aber Annabel lächelte nur und attackierte erneut. Wieder brauchte Gaalan all ihre Schnelligkeit, um dem Hieb auszuweichen... Heißer Zorn wallte in ihr auf. Sie wollte nicht riskieren,

die Tochter Melanies zu verwunden. Aber ohne ihr Schwert konnte sie sich in der Tat schlecht schützen.
Annabel hatte ihre Angriffe eingestellt, stand nun lässig da und hielt Gaalan das Schwert spöttisch hin.
»Meine Entführer hielten mich des Lösegelds wegen gefangen, waren aber nicht grausam zu mir. Und es waren auch Kriegerinnen unter ihnen. Oh, Gaalan, was die mir auch für Geschichten erzählten! Du glaubst, ich sei eines Schwertes unwürdig. Ha! Dann nimm dir doch das deine wieder... wenn du kannst!«
Gaalan bekam Bauchschmerzen bei dem Anblick. Die Kleine war gut. Sie besaß die natürliche Kraft und Behendigkeit ihrer leiblichen Mutter. Wäre sie irgendeine Fremde gewesen, hätte Gaalan sie sich gern zur Schwertgefährtin erkoren.
Sie seufzte schwer und ließ den Kopf hängen.
»Du hast mich überzeugt, Annabe... Lady Anna. Du hast den klaren Kopf und die Reaktionsschnelligkeit einer Kämpferin... aber ich habe einen Eid geschworen!«
Annabel trat zornig auf sie zu, reichte ihr die Klinge und spie verächtlich vor ihr aus.
»Einen Eid, ja? Meinem Onkel geschworen, daß du mich in sein und meiner Eltern Haus zurückbringst, auf daß ich das öde Leben einer ›Lady‹ fortführe? O ja! Kreuzstich und Plattstich! Wie aufregend! Sage mir ehrlich, Gaalan, würdest du gern zu einem solchen Leben zurück?«
Die Kriegerin schüttelte den Kopf, berichtigte aber nicht Annas Annahme, daß sie dem Onkel durch einen Schwur verpflichtet sei, und fuhr mit ernster Miene fort: »Eine Kriegerin muß nicht nur kämpfen können, sondern auch einen Eid, den sie geschworen hat, halten. Das Wort der Kriegerin ist unverbrüchlich. Daher müßtest gerade du verstehen, daß ich nun meinem Gelübde folgen muß.«
Da seufzte Annabel und nickte.
Gaalan legte ihr die Hand auf die Schulter. »Das Leben fordert manchmal Dinge von uns, die wir eigentlich nicht geben wollen. Glaube mir, Anna, es ist die lautere Wahrheit, wenn ich dir sage, daß ich dich liebend gern zu meiner Gefährtin nähme. Aber ich

muß dich in dein Adelsleben heimbringen. Solltest du aber immer noch den Wunsch hegen, Kriegerin zu werden, wenn wir uns, sagen wir in einem Jahr, wiederträfen, könnte ich dir vermutlich dabei helfen, ohne meinen Eid zu brechen.«
Nun blickte Anna zu ihr auf und lächelte.

An dem kleinen Lagerfeuer in einer Waldlichtung saß eine einsame Reiterin. Der graue Wallach, der unweit von ihr weidete, war im Zwielicht kaum noch auszumachen, der Vogel mit dem purpurroten Gefieder aber funkelte im Schein der Flammen wie ein Edelstein.
Die einsame Reiterin schlürfte das dampfende Gebräu, das in ihrem Becher schwappte, und seufzte.
»Oh, Melanie... o meine Melanie! Ich wünschte, du hättest deine Tochter sehen können! Was für ein prächtiges Mädchen sie geworden ist! Ich hätte sie wirklich gern zur Gefährtin gehabt!«
Nach einem neuerlichen Seufzer fuhr sie fort: »Ich glaube nicht, meinen Schwur verletzt zu haben. Schließlich habe ich sie in ihr behütetes, vornehmes Leben zurückgebracht. Aber, liebste Melanie, man muß ja die Wahrheit aussprechen dürfen. Sie hat wahrlich die Voraussetzungen für eine Kämpferin! Oh, wie es schmerzte, sie in ihr ungeliebtes Leben heimzuführen. Wenn sie schon eine Kriegerin wäre, würde ich sicher nicht meinen Eid brechen, wenn ich sie mir zur Gefährtin nähme... Aber, das ist nicht meine Entscheidung. Ob sie Kriegerin wird oder bei ihrem Adelsdasein bleibt, hat mit mir jetzt wenig zu tun.«
Gaalan fuhr sich mit dem Ärmel über die feuchten Augen. Seltsam, dachte sie, ich hatte ganz vergessen, daß sogar eine Kriegerin sich einsam fühlen kann...
Ein Zwitschern riß sie aus ihrem melancholischen Sinnen. Und als sie da aufblickte, sah sie Rubin auf ihrem Arm sitzen. Er öffnete den winzigen Schnabel und stimmte eine Weise an so süß und schön, daß es für ihr wundes Kriegerinnenherz wie Medizin und wie Balsam war.

ALISON BROOKS

Wir kommen ans Ende unserer Reise durch die Fülle der in diesem Band vereinten Fantasy-Geschichten. Ich habe versucht, Ihnen ein klein wenig über ihre AutorInnen und meine Entscheidungskriterien zu sagen – um Sie so an meinem Gang durch meinen Manuskriptstapel teilnehmen zu lassen und zu zeigen, warum und wie diese Auswahl, und nicht etwa eine andere, zustande gekommen ist.
Alison Brooks ist Britin und hat über fossile Würmer promoviert; das ist, soweit ich weiß, etwas ganz Neues. Sie hat einmal eine Vampir-Story in einem englischen Magazin für Fantasy-Rollenspiele veröffentlicht, das »prompt in Konkurs ging und mir mein Honorar schuldig blieb«. Das ist eine klassische Erfahrung; mir ist bei meiner ersten Geschichte dasselbe passiert. Dann geht der »Spaß«, sie zu verkaufen, wieder von vorn los. Alison hat auch »ein paar Storys« (schon wieder so eine typisch britische Untertreibung!) in Rollenspiel-Zeitschriften publiziert und sagt, sie »arbeite an einem Roman« – aber tut das nicht jeder?
Jedenfalls alle meine AutorInnen.
Hier also, zum guten Schluß dieser Anthologie, ein Text, der die mythische Qualität eines Volksmärchens hat, aber eine echte Story ist. Für mich ist es eine starke und ergreifende Geschichte – mit genau der richtigen Stimmung, um all das zu veranschaulichen, was ich über das Schreiben – und das Lesen – von Fantasy gesagt habe. – MZB

ALISON BROOKS

Die armen Seelen

Die Winde heulten und klagten. Kalte Windfinger drangen durch die Ritzen der kleinen Hütte und stahlen dem Kaminfeuer die wärmende Kraft. Draußen krachten die Bäume im Wintersturm.
Die alte Frau zog ihre Wolldecke enger um sich und rückte näher ans Feuer. »Kannst du sie hören, Fremde?« flüsterte sie.
Da sah die junge Frau, eine Ausländerin, die sich Aldith nannte, von dem Messer auf, das sie mit einem Stein schärfte, und fragte: »Wen?«
»Die Stimmen im Wind!«
Aldith schnaubte spöttisch. »Alte Frau, sag, bist du etwa schon senil?«
Die Alte sah sich ängstlich um. »Ich mag ja alt sein, aber ich spotte wenigstens nicht über Dinge, die ich nicht verstehe. Du mußt doch... diese Stimmen hören?« Aber das war mehr Bitte als Frage.
»Es gibt da draußen keine Stimmen zu hören«, versetzte Aldith und blickte der Alten ruhig in die Augen. »Du hast selbst gesagt, es sei ein Wunder, daß ich es noch bis hierher schaffte, und ich bin kurz nach Ausbruch des Sturms gekommen. Wer jetzt noch da draußen ist, ist mausetot.«
Die alte Frau nickte. »Ich weiß«, erwiderte sie und fuhr dann mit eindringlicher Stimme fort: »Aber sie sind dort draußen. Ich höre sie seit dreißig Jahren doch in jedem Unwetter. Die armen Seelen, die toten Kinder, die nach Rache schreien. ›Mutter... Mutter‹... Bei jedem Sturm.«
Aldith sah sie mit einem merkwürdigen, fast behutsamen Blick an. »Das sind abergläubische Vorstellungen«, sagte sie besänftigend. »Warum sollten die Seelen der toten Kinder es denn ausgerechnet auf dich abgesehen haben?«

Da lachte die Alte bitter. Aber ihr Lachen klang beinahe wie ein Schluchzen. »Das verstehst du nicht«, antwortete sie. »Du bist eine Fremde, eine Kriegerin, und noch jung dazu. In deinem Land ist das alles anders. Deine Eltern ...«
»Ich bin Waise!« fiel Aldith ihr trocken ins Wort.
»Entschuldige, ich wollte dir nicht weh tun«, sagte die alte Frau und starrte schwer atmend wieder ins Feuer. »Hier bei uns im Wald werden die verwaisten und die unehelichen Kinder ausgesetzt, ja, sogar die Kinder, die einfach zuviel sind. Die Mütter müssen das machen. Weil sie die Kleinen schließlich geboren haben, sagt man. Als ob nicht immer zwei zum Kindermachen gehörten... Die Geister dieser toten Kinder gehen im Wald um und suchen Rache zu nehmen.«
»An ihren Müttern?«
»Natürlich. Wem sonst sollte ein Kind die Schuld geben? Bei jedem Sturm der vergangenen dreißig Jahre«, wiederholte sie traurig.
»Seit du dein Kind ausgesetzt hast?« fragte Aldith ahnungsvoll. Die Alte nickte stumm.
Immer lauter heulten nun die Winde. Aldith horchte, aber für sie waren dort draußen keine Stimmen zu hören. »Erzähle mir davon«, bat sie und trat zu ihr ans Feuer.
Die alte Frau zuckte hilflos die Achseln. »Da gibt es nicht viel zu erzählen. Es war wie bei vielen anderen hier. Ein uneheliches Kind, und da zwangen sie mich, es im Wald auszusetzen. Ich wollte es nicht tun, aber wenn ich mich geweigert hätte, hätten sie mich umgebracht.«
»Du hättest dein Kind nehmen und von hier, aus dem Wald fortgehen können«, versetzte Aldith mit verhaltenem Zorn. »Nein, du hättest es nicht tun müssen.«
»Das war mir unmöglich«, erwiderte die Alte mit schmerzverzerrtem Gesicht. »Ich war von der Geburt noch sehr schwach. Ich habe in all diesen Jahren meine Schwäche wieder und wieder verflucht und mir tausenderlei Möglichkeiten überlegt, wie ich mein Kind hätte retten können, aber da war es zu spät. Zu spät.« Sie schluchzte still vor sich hin. Aldith wartete geduldig, bis sie, wenn

auch mit stockender Stimme, fortfahren konnte: »Ich habe später dann geheiratet. Aber ich bekam keine Kinder. Dafür riefen die armen Seelen nach mir. Jeder hat es gehört. Meine tote Tochter...« Sie blickte auf. »Hörst du sie nicht rufen?« fragte sie flehentlich.

»Nein.«

Die alte Frau stand langsam auf und wischte sich die Tränen von ihren runzligen Wangen. »Ich habe niemanden mehr. Meine Familie ist fortgegangen. Niemand will mich mehr, niemand außer meinem toten Töchterchen. Wenn sie einen einzelnen rufen, bedeutet das, daß sie ihn bald holen. Keiner kann sie daran hindern. Sie wird mich bekommen... und sie soll mich jetzt bekommen!« stieß sie hervor, warf die Decke von den Schultern und schritt entschlossen zur Tür.

Als sie den Riegel lösen wollte, bekam Aldith sie aber zu fassen. »Hör auf damit! Bist du denn wahnsinnig?« rief sie und wollte die Alte aufhalten, wurde aber von ihr mit so erstaunlicher Kraft zurückgestoßen, daß sie taumelte, rücklings über einen Holzstuhl stolperte und der Länge lang hinfiel. Und als sie wieder auf die Beine kam, stürmte die alte Frau bereits zur Tür hinaus.

»Nein!« schrie Aldith. Aber der Wind drang auf sie ein und trug ihren Schrei davon. Mit einem Satz stand sie auf der Schwelle und starrte in die vom Schneegestöber gebrochene Dunkelheit und auf die Fußspur, die der wütende Sturm zusehends verwehte. Da stürzte sie ohne langes Besinnen in die Nacht hinaus.

Schon nach wenigen Schritten sah sie in dem schwachen Licht, das aus der offenen Tür fiel, die Alte im Schnee liegen: eine dunkle Gestalt, über der schwach leuchtende Schemen tanzten. Schemen so groß wie kleine Kinder.

Aldith fluchte wütend. »Laßt sie in Ruhe!« tobte sie, das Heulen des Windes übertönend. Sie kämpfte sich bis zu der Liegenden vor, nahm sie auf, ohne sich um all die Geister zu scheren, und wandte sich um. Sie sah das Licht in der Hütte. Kleine Fingerchen faßten nach ihr, kleine Fingernägel zerkratzten ihr die Haut. Sie hörte im Sturm die Schreie der armen Seelen. Aber sie verschloß ihnen ihr Herz. Sie machte einen Schritt, und noch einen. Denke nur an die

Hütte, sagte sie sich, da sind wir in Sicherheit. Mache einen Schritt auf die rettende Hütte zu. Noch einen. Und noch einen...

Plötzlich war sie über der Schwelle. Sie trug die alte Frau zum Kamin, bettete sie sacht auf ihre Decke, eilte dann zur Tür und stemmte sich mit dem Rücken dagegen, kämpfte gegen die Kraft und Wut des Sturmes an, bis es ihr gelang, die Tür zu schließen, und legte dann den Riegel vor. Mit einmal herrschte Stille. Aber im Wind draußen vermeinte sie, ein Wutgeheul zu hören.

Aldith lief hin zu der alten Frau, die wie aus Eis war, aber noch schwach atmete, und bürstete ihr den gröbsten Schnee ab, damit er ihr nicht auf dem Gewand schmelze und es durchnässe, und nahm sie in die Arme, um sie zu wärmen. Mehr konnte sie für sie nicht tun. Der Wind hatte die Kerze ausgeblasen, ließ aber dafür das Feuer heller und heißer lodern.

Die Alte bewegte sich etwas. »Wo...?«

»In deiner Hütte.«

»Aber, hast du sie nicht gesehen?« fragte die alte Frau, setzte sich ächzend auf und sah Aldith an. »Sie haben dir das Gesicht zerkratzt!«

Die Kriegerin fuhr sich mit der Hand über die Wange und zog sie blutbeschmiert zurück.

»Wie hast du es geschafft?« fragte die Alte mit zittriger Stimme. »Ja, wieso konntest du mich den armen Seelen entreißen? Ich hatte geglaubt, daß das niemand vermag.«

Aldith seufzte. »Vielleicht, weil ich eine von ihnen bin«, sagte sie. »Ich wurde gleich nach meiner Geburt ausgesetzt, hatte aber das Glück, daß mich ein Reisender fand und adoptierte... Ich habe meine Mutter immer dafür gehaßt, daß sie mir das angetan hat. Die armen Seelen wußten das vielleicht.« Alte... oft geweinte Tränen brannten ihr in den Augen, und sie beugte den Kopf.

Die alte Frau strich ihr übers Haar. »Bist du...? Nein...«, sagte sie traurig, »dafür bist du zu jung. Warum hast du mich gerettet? Du müßtest mich doch auch hassen.«

»Du hast nun schon dreißig Jahre lang für deine Schwäche ge-

büßt«, antwortete Aldith. »Mein Haß würde keiner von uns helfen. Sobald das Unwetter vorüber ist, gehen wir fort... fort von hier, von diesem Wald und seinen Stürmen.«
Die Alte starrte sie entgeistert an. »Aber ich kann doch meine Tochter nicht allein lassen!«
»Jeder muß irgendwann einmal gehen. Deine Tochter ist gegangen. Wenn du willst, nehme ich ihren Platz bei dir ein.«
Da sah die alte Frau Aldith erst erstaunt, dann ungläubig... und dann freudestrahlend an. Und die Tränen der beiden mischten sich mit Aldiths Blut, als sie einander nun innig umarmten.
Draußen aber erstarb das Klagen und Schreien.

Marion Zimmer Bradley (Hg.)

Schwertschwester
Magische Geschichten I
Aus dem Amerikanischen von Günter Panske
Band 2701

Wolfsschwester
Magische Geschichten II
Aus dem Amerikanischen von Hans J. Schütz
Band 2718

Windschwester
Magische Geschichten III
Aus dem Amerikanischen von V. C. Harksen
Band 2731

Traumschwester
Magische Geschichten IV
Aus dem Amerikanischen von V. C. Harksen
Band 10678

Zauberschwester
Magische Geschichten V
Aus dem Amerikanischen von Wolfgang F. Müller
Band 13311

Mondschwester
Magische Geschichten VI
Aus dem Amerikanischen von Wolfgang F. Müller
Band 13312

Drachenschwester
Magische Geschichten VII
Aus dem Amerikanischen von Wolfgang F. Müller
Band 13313

Fischer Taschenbuch Verlag

fi 1610 / 5

Marion Zimmer Bradley

Die Feuer von Troia
Roman
Aus dem Amerikanischen
von Manfred Ohl und Hans Sartorius. Band 10287

Luchsmond
Erzählungen
Aus dem Amerikanischen
von V. C. Harksen und Lore Straßl. Band 11444

Lythande
Erzählungen
Aus dem Amerikanischen
von V. C. Harksen und Lore Straßl. Band 10943

Die Nebel von Avalon
Roman
Aus dem Amerikanischen
von Manfred Ohl und Hans Sartorius. Band 8222

Tochter der Nacht
Roman
Aus dem Amerikanischen
von Manfred Ohl und Hans Sartorius. Band 8350

Die Wälder von Albion
Roman
Aus dem Amerikanischen
von Manfred Ohl und Hans Sartorius. Band 13312

Die Herrin von Avalon
Roman
Aus dem Amerikanischen
von Manfred Ohl und Hans Sartorius
592 Seiten. Geb. Wolfgang Krüger Verlag

Fischer Taschenbuch Verlag

fi 1588 / 9